유라시아
신화
기행

여행하는 인문학자

유라시아
신화
기행

시베리아에서 히말라야까지
2만 5000킬로미터
유라시아 신화의 현장을 찾아서

공원국

민음사

시베리아의 벌판, 온갖 나라의 여관에 한 권씩 혹은 몇 장씩 남겨져

돌아오지 못한 나의 책들, 그리고 카르파티아의 너도밤나무 숲 속에서

나에게 우정의 의미를 가르쳐 주고 다시 너도밤나무 숲으로 떠나 버린

친구 고(故) 이고르에게 이 기록을 바친다.

어리석은 사람의 사랑 이야기

"장미에게 들인 시간만큼 장미가 너에게 소중한 거야." ―『어린 왕자』

지난 2012년 5월 봄부터 11월 초겨울까지 태평양에서 흑해에 이르는, 유라시아 신화와 서사시의 현장을 찾는 여행을 떠났다. 만주에서 시작해 몽골 고원과 시베리아를 가로질러 흑해와 카프카스를 돌고, 아나톨리아와 이란 고원을 통해 중앙아시아를 통과하여 중국으로 들어가고, 다시 히말라야 남쪽의 인도 아대륙까지 탐사하는 데 여섯 달이 걸렸다. 그 와중에 중국, 몽골, 러시아, 우크라이나, 터키, 조지아, 이란, 우즈베키스탄, 키르기스스탄, 인도 등 열 개 나라 신화의 현장들을 뒤졌다. 호쾌한 여행이었다. 툰드라, 사막, 타이가, 우림을 비롯해, 해수면보다 더 낮은 곳에서 눈 덮인 지구의 지붕까지, 걷고 또 걸으며 보이는 것을 보고 들리는 것을 들었다.

그사이 얼마나 많이 울고 웃었는지 모르겠다. 아직 작은 아쉬움들이 남아 있다. 항가이 산에서 늑대와 함께 춤을 추었으면 좋았을걸. 카프카스 북부에서 보드카를 홀짝였으면, 엘부르즈 정상에서 김밥을 먹었으면, 바그다드에서 캔맥주를 마셨으면, 시베리아의 타이가에서 쉬파리 대신 곰과 우정을 나눴다면, 길에서 만난 친구들에게 좀 더 다정스럽게 굴었더라면. 그러나 큰 후회는 없다. 약간 수정되었지만 바람은 거의 실현되었으니까. 늑대 대신 들개를 만나고, 보드카 대신 포도주를 마시는 식으로.

왜 길을 떠났던가? 언젠가 작가라는 길에 들어섰을 때, 도대체 이 지지부진한 직업을 어떻게 이어 나갈지 엄두가 나지 않았다. 그러다 '무지개를 좇는 소년'을 생각해 냈다. 뭔가 터무니없이 큰 목표, 영원히 이룰 수 없는 꿈을 하늘에다 매달아 둔다면, 거북이걸음으로도 계속 걸어갈 수 있지 않을까? 작가에게 가장 원대한 꿈은 영원히 쓰는 것이다. 그때 갓 태어난 아들을 두고 아내에게 약속했다.

"아이가 두 팔을 활짝 펴야 안을 수 있는 이야기책 더미를 만들 거야. 우리가 서 있는 대륙의 모든 이야기가 들어 있는 책 말이야."

그렇게 아이들을 위한 '유라시아 신화 전집'을 만들겠다는 꿈을 두서없이 떠들고 다녔다. 그러나 당장 가장 친한 이들이 걱정했다. "너 그 세계가 얼마나 큰지 알아?"

꿈은 꼭 산소 같다. 바늘구멍만 한 틈만 있어도 어디든지 갈 수 있으니까. 하룻밤 사이에도 꿈은 풍선처럼 부풀기도 하고, 뻥 터지기도 한다. 신기하게도 꿈에 취한 어른들끼리는 어떻게든 알아보고 모인다. 누군가 나의 꿈을 받아들였던 것이다. 그리고 이런 제안을 덧붙였다. "먼저 어른들을 위한 전집을 만들자. 어린이를 위한 것은 그것을 기반으로 만들 수 있으니까."

처음에는 그런대로 소박했던 꿈은 이렇게 덩치가 커지고 말았다. 과연 유라시아 대륙의 도저한 서사의 물줄기를 이 박약한 두뇌로 정리할 수 있을까? 새 언어를 익히고, 새 책을 읽고, 더 넓은 지역을 돌아다녀야 하는 일이 발등에 떨어졌다. 그러다 첫 작업으로 여행을 떠났다. 일단 현장을 봐야 하니까. '어리석은 사람이 산을 옮긴다(愚公移山)' 했던가. 얼마만큼 시간이 걸릴지 기약할 수도 없다. 그러나 내가 들인 시간만큼 그들의 이야기를 사랑할 수 있을 테니, 아둔할수록 오히려 깊은 사랑을 얻으리라.

니콜라이 프르제발스키, 프랜시스 영허즈번드, 스벤 헤딘. 모두 내가 밟은 길을 먼저 간 위대한 탐험가들이다. 그들은 광대한 유라시아 대륙 지도의 공백을 메운 이들이며 하나같이 야심가에다 애국자였고, 무엇보다 투사요 정복자였다. 지적(知的)인 탐험가들의 목록은 더 화려하다. 윌리엄 존스, 막스 뮐러, 조지 프레이저, 조르주 뒤메질이 연이어 이 분야에서 지식의 지도를 새로 그렸다.

어찌 거인들과 비교할 수 있으랴. 나는 그들의 발뒤꿈치에서 출발한 가난한 여행자일 뿐이다. 그럼에도 나는 내가 그들이 아니라는 사실이 다행스럽다. 나는 애국자도 투사도 정복자도 아니며 나의 지적인 틀에 세계를 밀어 넣으려는 야망도 없다. 저 위대한 탐험가들은 나처럼 친구를 찾아 나선 것이 아니었다. 나의 꿈이라면 한글을 쓰는 사람, 특히 이 땅의 어린아이들을 이야기의 강으로 인도하는 것이다. 그리하여 우리 모두의 가슴에 광대한 유라시아 사람들이 친구로서 다가오도록 돕는 것이 내 야심의 전부다. 친구를 파는 가게는 어디에도 없으므로 어린 왕자처럼 우리는 친구에게 다가가 정성을 쏟아야 한다.

나는 이야기를 찾아 헤맸지만, 스스로 이야기를 만들기도 했다. 나는 친구들, 특히 어린이들의 우정 때문에 수시로 눈물을 흘렸다. 가끔은 심장을 맞대고 울기도 했다. 이 세기에, 우리는 어쩌면 종전에 없던 이야기들을 만들지도 모른다. 호모 사피엔스의 후예들이 자신의 지혜와 언어에 기대어, 눈 덮인 산맥과 거친 강과 바다를 건너 무한대의 우정을 나누는 시절이 올지도 모른다. 지리적, 인종적, 문화적 경계들이 모조리 무너지고 새로운 정체성이 탄생할지도 모르니까. '호모 사피엔스의 후예'라는 오직 하나의 정체성이.

이 책을 읽을 독자들에게 사과드릴 점이 있다. 분명 이 책에는 소화하기 버거울 정도로 많은 이야기들이 들어 있다. 어떤 이는 이렇게 질책할 것이 분명하다. 심심풀이로 읽는 여행기에 이렇게 복잡한 이야기들을 욱여넣으면 어떻게 하느냐고. 심심찮게 각주까지 단 여행기에 질릴 법도 하다. 그러나 이 여행기는 나 자신을 위한 일기나 감상문이 아니다. 작가로서 나는 배울 거리가 없는 책을 출판하는 것은 독자와 나무에 대한 예의가 아님을 믿고 있다. 인문학이란 결국 사람에 대한 사랑과 믿음을 배우는 과정일 뿐인데, 꼭 우리가 들인 정성만큼 우리는 남을 사랑하고 믿을 수 있다.

마지막으로 감사의 말과 다짐을 전해야겠다. 도저히 글로 다할 수 없을 정도로 많은 사람들에게 빚을 졌다. 몽골에서 동학 설배환 형의 자취방에서 보낸 며칠은 여행자에게 가장 중요한 것, 인정(人情)을 보충하는 시기였다. 러시아어 선생님 크세냐, 바이칼 구간을 함께한 뭉코, 북극해 가까이까지 가서 통역을 해 줬던 성훈과 나제즈다는 모두 훌륭한 젊은 스승들이었다. 모스크바에서 주인 없는 신혼 방을 빌려 준 박정곤 형 덕분에 절약한 비용과, 비용 이상의 감동도 꼭 전해야겠다. 이란 대사관의 김중식 시인과 그의 가족과 함께 지냈을 때는 나도 모르게 여행을 그만두고픈 충동을 받았다. 엘부르즈 정상 문턱에서 좌절하고 있을 때 만난 아나히타와 그 동료들이 보내 준 우정 때문에 지금도 일상이 버거울 때면 해발 5000미터 고지를 회상한다. 카르파티아의 숲

속을 함께 헤맨 친구 이고르 차쉬코와 마리안나는 요즈음 세상에서 점점 희귀해지고 있는 순수의 의미를 각인시켜 주었다. 아쉽게도 이고르는 더 순수한 세상으로 떠나고 말았다. 그리고 여행지에서 만났던 수많은 어린이들께 감사를 드린다. 특히 벵골 만의 인도 소년들은 나에게 바다의 진정한 의미를 가르쳐 주었다. 또한 후배 임장혁 형은 필자가 여행을 빨리 떠나도록 자극을 주었고, 정강현과 하현옥 기자는 초기 원고를 검토해 주었다. 그리고 민음사에 있으면서 이 책의 출간을 흔쾌히 맡아 준 장은수 선배와 박향우 팀장도 언제나 든든한 후원자였다. 시베리아의 숲 속에서 박향우 팀장에게 받은 격려의 메시지들은 아직도 나에게 힘을 준다. 또한 코오롱 스포츠에서 지원한 장비는 극한의 기후를 견디도록 옆에 있어 준 든든한 파수꾼이었다. 장비를 지원해 준 Fnc코오롱과 관계자들께 감사를 드린다.

그리고 진정 감사해야 할 두 여인이 있다. 따뜻한 가슴의 어머니와 넉넉한 가슴의 아내다. 평탄한 길을 걸을 때는 어머니의 염려에 기대고 힘든 길 위에서는 아내의 넉넉함에 힘입어 순탄하게 걸었다. 어쩌면 나는 아직도 두 여인의 가슴 속에서 잠자고 싶은 어린애에 불과하다. 그리고 반년 동안 아버지의 공백을 참아 준 두 아들과, 두 아들을 책임져 준 장인 장모께도 감사를 드린다.

헤치고 나가야 할 문헌의 목록들이 가슴을 친다. 아마도 '유라시아 신화 전집'이 나올 때쯤 내 청춘이 거의 지나갈 것이다. 그날이 오기 전에 먼저 독자들께 이 여행의 기록을 바친다.

2014년 9월

공원국

유라시아 여행 경로

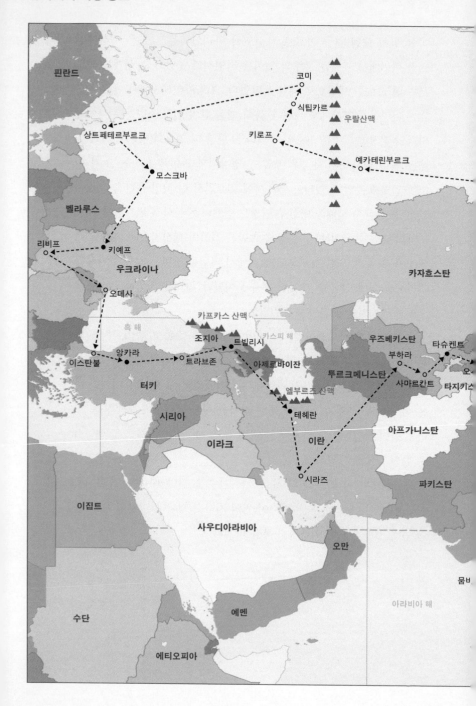

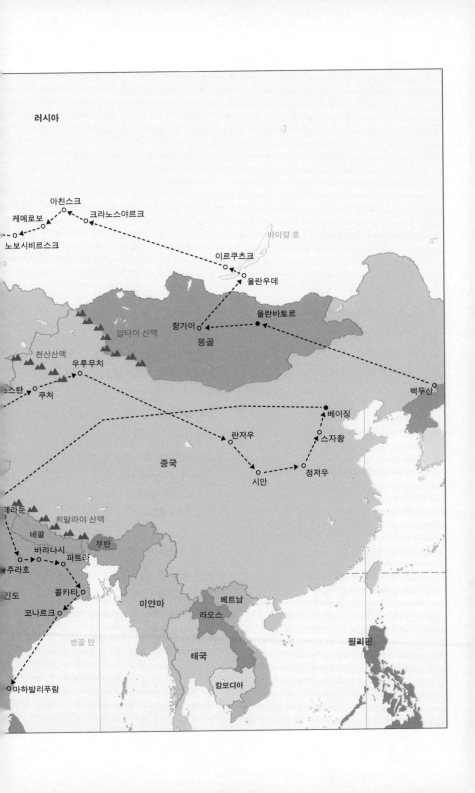

차례

어리석은 사람의 사랑 이야기 7

프롤로그 이야기는 이어져야 한다 18

1 시베리아로 가는 길

1 항가이 연가 24

울란바토르의 인사법 24

항가이로 가는 길 28

별의 바다에서 33

부르지 못한 사랑 노래 36

2 바이칼의 염원 42

여행의 동반자 42

곰이 사라진 날 44

이야기의 바다-구세주 아바이 게세르 50

사람의 바다를 기다리며 53

3 시베리아 자전거 여행 57

숲의 주인을 찾아서 57

타이가의 진짜 주인들 60

목욕을 하다 65

곰, 그는 누구인가? 69

그러나 올 수 없는 임 73

길에서 만난 사람들 76

이야기를 품은 사나이 79

자전거 여행을 하는 이유 84

곰이 없는 슬픈 풍경 87

정복인가 공존인가? 91

4 툰드라의 봄꿈 94

백야, 북극의 영혼 94

밤을 잊은 이야기 96

인간은 무엇으로 완성되는가? 100

하얀 밤, 검은 강, 푸른 풀밭 105

5 그리스로 간 알타이 108

박물관-포악한 아버지의 착한 아들 108

유리 상자 속의 연인 114

그리핀의 고향을 찾아서 118

넵스키, 몽환의 거리 125

피스카료프들의 도시 133

6 슬라브 세계의 중심,
  풍요의 땅 우크라이나 138

허술한 악당들 138

낮지만 깊은 산맥, 카르파티아 141

이야기에는 국경이 없다 150

오데사의 밤 153

신화는 살아 있다 156

국가와 신 159

역사의 잔혹한 역설 167

2 오리엔트 세계

1 서쪽 세계와
　동쪽 세계의 만남　174
보스포루스를 건너다　174
신들이 서쪽으로 가다　177
하투샤, 가시 달린 풀의 도시　181
신들의 귀환-넴루트 다으　185
스쳐 가는 도시 트라브존　192

2 카프카스의 프로메테우스　197
얼음산에 숨은 이야기를 찾아서　197
카프카스의 두 얼굴　199
신에게 대항한 영웅 아미라니　204

3 페르시아 시간 여행　210
이란으로 가는 길-
자라투스트라는 어떻게 말했나　210
페르시아를 위한 변명　213
살아 있는 박물관과 박제된 거리　215
지구라트-신이 머무는 곳　218
비시툰-나는 왕 중의 왕, 다리우스다　220
왕과 기록　224
관대한 사나이의 도시 파사르가다에　226

페르세폴리스, 영광의 황혼　229
페르세폴리스의 기둥이
무너지기까지　234

4 여신을 기다리며　245
세상의 중심 다마반드 가는 길　245
'여신'을 만나다　249
산은 잘못이 없다　253
엘부르즈를 넘어 카스피 해로　258
상처 입은 여신들　261
다시 아나히타를 부르며　268

5 산 자들이여,
　나약한 일상에 감사하라　273
인간이라는 운명　273
영웅, 아들을 죽이다　275
『샤 나메』, 서사시의 왕　279

3 중원으로 가는 길

1 중앙아시아를 가로지르다　284

독재자 카리모프와 티무르　284

부하라의 뽕나무　288

웃음으로 복수하라　291

다시 변경으로　294

경계를 넘어 오시의 하루　298

공존의 고원 파미르　303

국경의 밤　308

원칙주의자들　310

2 중국 신화 기행　314

중국 신화 넓게 보기　314

황제와 인드라　317

「천문」과 「옥기」　323

이야기의 전파-천지 창조　326

캐릭터의 전파-하누만과 손오공　329

3 이야기에 소유권은 없다　331

신화와 고고학의 잘못된 만남　331

백두산에서-인자무적　334

4 신들의 나라로

1 영혼의 땅으로 간 속물   342
이야기의 보물 창고   342
사람이 사람을 잡아먹는가?   344
델리의 이야기꾼   349

2 히말라야 기행   356
마음속 이상향 샹그릴라   356
꽃의 카르마   361
강고트리 가는 길   364
럴리 사이, 너는 나의 시바!   368

3 달리트,
    신의 채찍을 빼앗아라   376
카주라호에 도착하다   376
관능의 사원에서 원숭이 왕을 만나다   381
여기 사람이 있다   387
서글픈 재회   409

4 아르주나, 당신은 크리슈나보다
    위대하다   412
마하바라타─큰 싸움에 관한 이야기   412
아르주나의 고뇌와 크리슈나의 확신   414
영혼의 스승과 영혼 장사꾼   420

5 갠지스 강을 따라서   425
바라나시─붓다를 떠올리다   425
신분이 아닌 행위로써   427
선이 무르익으면 복을 받으리라   430

6 태양신의 사원을 찾아   433
배낭 추적자   433
생명력의 사원   436
태양신의 동생과 바다에 빠지다   444

에필로그 여행의 시작   448

주   452

이야기는 이어져야 한다

단지 두 점을 연결하기 위해 만들어진 길은 없다. 태초에 길이 생겨났을 때, 그때엔 그런 길이 있었을 것이다. 사회가 생기기 전 아마도 암컷과 수컷이 서로 왕래하던 짧은 길이었을 것이다. 그러나 사회가 생긴 후의 길들은 모두 이어져 있다.

아프리카, 혹은 지구상의 다른 어딘가를 떠난 호모 에렉투스가 남긴 발자국을 따라 호모 사피엔스도 길을 떠났다. 걸을수록 길은 길어졌고, 여러 명이 움직임으로 해서 길은 계속 이어졌다. 움직일수록 그들은 점점 더 지혜로워졌다. 지혜는 길에서 생겨나고, 길은 다리에서 생겨났다. 그렇게 다리에서 지혜가 생겨나고, 다리가 굵어질수록 머리가 커졌다.

길이 생기자 지혜가 통하기 시작했다. 최초의 지혜는 몸짓이었지만, 언어가 생긴 이후의 지혜란 바로 이야기였다. 최초의 이야기는 이렇게 구성되어 있었다. '나는(누가) 어제(언제) 저 들판에서(어디서) 먹을 것을 (무엇을) 보았다(어떻게).' 그들은 너무나 나약했으므로 함께하기를 원했다. '너도 가서 먹을래?' 이렇게 길, 지혜, 이야기는 각각 태어나면서부터 홀로 설 수 없는 삼발이의 다리가 되었다.

길이 끊어지면 이야기가 끊어지고, 이야기가 끊어지면 반지혜(反智慧)가 생겨난다. 무지와 무시, 혐오와 집착, 학살과 숭배가 양두사의 머리처럼 동시에 자라난다. 오늘날 길은 국경으로 인해 너무나 자주 끊어지고, 길이 끊어지는 곳에서는 여지없이 반지혜의 결정체, 바로 우생학과 대학살이 벌어졌다. 분단 반세기는 한반도가 유라시아 대륙과 이어져 있다는 사실마저 잊게 만들었다. 우리의 이야기 길은 끊어져 있다.

이야기가 끊어지자 반지혜가 득세했다. 예컨대 우리에게 5000년 이집트 문명 혹은 메소포타미아 문명은 질투 혹은 부러움의 대상이다. 이 한반도에는 뭐하나 변변한 것이 없다고 한탄하다가, 우리보다 '못한' 이들을 찾는 데 공을 들인다. 그리고 결국 열등감과 우월감이 뒤섞인 인종주의의 수렁에 빠진다. 제국주의 시절 오리엔트 세계에 대한 유럽인의 질투와 적개심을 이제야 느끼고 있는 것이다.

그러나 400만 년 직립 원인의 역사, 혹은 4만 년 현생 인류사의 관점에서 이런 우열 가리기는 얼마나 우스꽝스러운가. 산업 혁명 이전의 인류사란 우연과 환경에 의해 지배되는 자연사의 일부일 뿐이었다. 인류는 언제 어디서나 생존을 위해 분투했고 문명이란 그저 특수한 현상에 불과하다. 우열감도 열등감도 무한한 시간 속의 점처럼 하잘것없지만 고립된 우리는 이 두 감정 사이에서 널을 뛰고 있다.

이야기의 관점에서도 마찬가지다. 복잡한 신화를 남기는 것 또한 특이한 예외에 불과하다. 기록 없이 사는 인간도 똑같이 지혜로웠다. 동서남북 이디니 사람이 있는 곳에는 신이 있고, 영웅이 있고, 이야기가 있었다. 어떤 이야기는 잊혔고, 어떤 이야기는 기록되고 전승되었지만 그것마저도 우연에 의한 것이었다. 호메로스나 헤시오도스가 신의 계보를 정리하지 않았으면 그리스 신들의 이야기는 흩어졌을 것이다. 그보다 훨씬 오랜 문명들의 신들의 계보는 지금도 땅속에서 발굴을 기다리고 있다. 땅속에는 우리가 알고 있는 것보다 훨씬 많은 사실들이 아직 잠을 자고 있다. 땅속에서도 인간이 보기에는 우연, 그러나 사실상 필연의 자연법칙은 끊임없이 작동한다. 열대에서는 미생물이 이야기를 해체할 것이고, 사막에서는 좀 더 오래 보존될 것이다.

세상의 모든 문명 지대는 거미줄처럼 이어진 길 위의 한 점에 위치하고 있다. 독자적인 것이란 세상에 없다. 어떤 문명 지대의 역할이란 도도히 흐르는 지혜, 즉 이야기의 물줄기들이 다른 지대로 막히지 않고 흘러가도록 하는 것이다. 운이 좋으면 거기에 얼마간의 영양소를 보탤 수 있을 것이지만 그저 통로 역할을 하는 것도 똑같이 중요하다.

나는 왜 이야기(신화와 서사시)에 주목하는가? 서사는 문명의 상부 구조, 즉 문화의 뼈대이기 때문이다. 이야기는 흘러야 한다. 그러나 우리는 태평양에서 대서양 사이의 거대한 유라시아 대륙에 사람이 살지 않는 양 무턱대고 지중해 일대의 서사를 소비하고 있다. 그마저 해석하기도 벅차서, 그것들을 받아서 흘리고 영양소를 보태는 재생산은 우리들 상상 밖의 일이다. 급기야 우리는 유라시아 대륙이 이어져 있다는 사실조차 잊어버렸다. 정원에서 사슴이 살 수 없듯 대륙과 분절된 곳에서 재생산은 불가능하다. 이제 고립되어서는 살 수 없다.

알타이는 몽골 고원을 넘어 한반도로 이어지고, 다시 투르크를 통해 유럽-페르시아 세계로 연결된다. 페르시아는 유럽을 인도-투르크로 연결시켰고, 파미르와 히말라야의 낮은 봉우리를 따라 중국과 인도가 이어졌다. 인도는 해안을 따라 동남아시아와 이어지고, 동남아시아는 북쪽의 주름진 산길을 따라 중국과 이어진다. 태고부터 유라시아 세계는 이야기로 이어져 있었다. 비단보다 훨씬 가벼운 이야기는 비단보다 훨씬 먼저, 그리고 빨리 이동하면서 유라시아의 문화를 하나로 묶었다.

우리는 신화를 제대로 기록하지 못했고, 사실 우리의 것이라고 말할 서사가 없다. 그러나 오늘날 가진 것이 없는 것은 오히려 축복이다. 덕분에 지구상의 위대한 문명들의 이야기를 편견 없이 다시 엮을 수 있다. 이것은 새로운 창조 작업이다. 옷은 실에서 나오지만 옷이 실타래는 아니듯이, 위대한 이야기들이 엮이면 이야기의 묶음이 아니라 새로운 이야기가 될 것이다.

나는 몽골 초원과 시베리아, 메소포타미아, 페르시아, 중국, 인도와 동남아시아 권역으로 유라시아 대륙을 나눌 것이지만, 그저 편의상의 구분일 뿐이다. 지중해 너머 세계를 제외하는 이유는 새삼 내가 언급하지 않아도 될 정도로 알려졌기 때문이지, 그 세계의 이야기가 지금 내가 이야기하려는 세계의 반대편에 있기 때문은 아니다. 길이 이어져 있듯이, 이야기는 모두 이어져 있기 때문이다. 지금 나는 무모하게도 끊어진 길을 이으려 한다. 그 긴 여정의 첫 걸음이 이 여행기다.

1 시베리아로
가는 길

1 항가이 연가

울란바토르의 인사법

나의 첫 여행지는 몽골이다. 원래는 가장 가까운 이웃이었고, 아마도 우리 조상들 땅이었을 시베리아와 후손들의 터전인 한반도 사이에 있는 땅, 그러나 거리가 무색하도록 근대에 의해 정서적으로 멀어진 땅. 아마도 그곳 사람들은 태곳적 우리 조상들과 함께 숲과 초원의 언저리에서 먹을 것을 찾아다니던 이웃이었을 것이다. 나는 초원과 숲이 만나는 지점에서 우리 북방 아시아인들의 옛 정서에 조금이나마 공감하면서 긴 여정을 시작하려 한다.

아침 8시 5분 열차는 북경 역을 떠났다. 열차는 오후 늦게 싱안링(興安嶺) 산맥과 타이항(太行) 산맥이 가느다랗게 이어지는 지대를 지나며 가끔 몸을 비틀었다. 그러나 산맥을 지나자 평원을 따라 곧장 북서쪽으로 시원스레 달린다. 새벽 5시, 열차 안이 차서 깼다. 창밖을 보니 날은 어슴푸레 밝았고 지평선으로 밝은 빛의 모래사막이 보였다. 동쪽에서 오는 태양빛은 아직 긴 구름 띠를 벗어나지 못하고 있었다. 이제부터는 몽골 땅이다.

매연, 자동차, 좁은 책상, 거리마다 물결처럼 휩쓸리는 사람들. 꼭 짜인 일정에 따라 하루하루를 보내는 현대의 도시인에게 초원은 날이 갈수록 더 그리워지는 연인이다. 한때 그 연인이 얼마나 쌀쌀맞았는지, 얼마나 나와 어울리지 않는지는 이제 생각할 겨를이 없다.

모든 매력적인 사물들과 마찬가지로 초원은 선명하게 갈리는 두 얼굴을 가지고 있다. 어떤 이는 그곳에 자유로운 사람들이 살고 있다 하고, 어떤 이는 잔혹한 사람들이 살고 있다 했다. 어떤 이는 일망무제의 초원이 우리들 마음의 고향이라 하고, 어떤 이는 그곳이 혹한과 혹서가 반복되는 한계지라고 한다. 그러나 초원 한복판에도 이제 거대 도시가 들어섰다.

몽골의 수도 울란바토르에서 유학하는 동문 선배가 기다리고 있었다. 그를 따라 저녁을 먹고 그의 자그마한 자취방으로 향했다. 날이 많이 풀렸지만 몽골의 오월은 아직 겨울이다. 가는 길에 어떤 키 큰 청년이 권투 자세를 잡고 선배를 노려보며 다가와 위협한다. 그다음 몇 발짝을 가니 이번에는 다른 청년이 "망할 놈의 중국인!" 하고 욕을 내뱉고는 우리를 쩨려본다. 선배는 재빨리 "중국 사람 아냐. 한국 사람이다."라고 대답한다. 환영 인사치고는 좀 투박했다.

다음 날 이번 몽골 여행을 함께할 고등학생 상민과 함께 시내를 걸어 다녔다. 상민은 고등학생 딸에게 야성을 불어넣고 싶어 하는 선배의 부탁을 받은 탓에 데리고 왔다. 높지 않은 산을 양쪽에 두고 동서로 길게 뻗은 울란바토르는 몽골에서 보기 드문 큰 도시다. 이곳에 몽골 인구의 반이 살고, 나머지 모든 공간에 반이 산다. 일본산 자동차, 러시아산 보드카, 경적과 스카이라인, 현대는 다양한 모습으로 펼쳐져 있지만 과거는 칭기즈 칸이라는 인격신으로 환원된 듯하다. 공원에서 음식점까지 온통 칭기즈 칸이 중심을 차지하고 있다.

울란바토르 친구들의 환영식은 특별했다. 좁은 계곡에 길게 늘어선 시내를 걸으려면 사람들이 모여 있는 버스 승차장을 여러 번 지나쳐야 한다. 어느 승차장을 지나는 중에 어깨가 무거워 옆을 돌아보았다. 옷으로 슬쩍 가방을 덮고는 능청스레 가방 안에 손을 넣은 사나이와 눈이 마주쳤다. 내게서 시선도 돌리지 않고 천천히 손을 뺀다. '감히 네가 무슨 말을 할 수 있을쏘냐.' 매서운 눈초리다. 그러나 나도 대답할 수밖에. '내 가방에는 자네가 필요한 것이 없네.' 손을 넣는 솜씨는 좋지만 물건을 재빨리 찾는 수준까지는 도달하지 못했나 보다. 그다음 승차장에서는 상민의 가방으로 손이 들어오더니, 얼마 후 나의 가방으로 손이 한 번 더 들어왔다. 두 번째 친구는 좀 순진해서 차마 내 눈을 보진 못했다. 프로의 자질을 갖추지 못했군. 있어 보이는 사람을 노려야지.

이곳에서는 어둠이 오기 전에 추위가 다가온다. 길가에서 한 아이가 술 취한 아버지를 깨우고 있다. 아버지는 일어나려다 넘어지고, 고개를 들려 안간힘을 쓰다 다시 눕는다. 아이는 포기하지 않았다. 추위가 다가오고 있으니까.

늦게 출발해서 빨리 커지는 도시의 이면은 대체로 비슷하다. 먹고살기 위해 사람들이 모이고, 그 사람들에 기대어 사는 사람들이 몰려든다. 기대 사는 사람들은 그들 나름의 방식으로 손님을 반긴다.

몽골인의 삶은 드러난 수치보다 더 팍팍하다. 땅속에서 소득의 3할을 길어 올린다. 초지에서 2할을 구하고, 2할은 찾아오는 손님들에게 구하고, 여타 산업이 그 나머지를 차지한다. 광물 가격은 물론이거니와 날씨나 손님들의 마음도 변덕스럽기는 마찬가지다. 이 어쩔 수 없는 변덕스러움에 살림살이를 맡기고 있으니 경제는 수시로 흔들린다. 지금 몽골에는 제조업이 없다. 그러나 내가 알고 있는 이야기에 의하면 몽골은 한때 대장장이였다. 몽골 제국 시대에 편찬한 역사서 『집사(集史)』는 이렇게 전한다.

투르크 종족과의 싸움에서 그들 부족은 몰살당하고 남녀 두 쌍만 가까스로 살아남아 에르게네 쿤으로 달아났다. 다행히 후손이 번창해 몽골 부족을 이루었지만 사는 땅이 너무 좁았다. 수가 너무 많아졌을 때 그들은 계곡을 나서기로 마음먹었다. 말가죽 소가죽으로 70개의 풍구를 만들고, 장작과 석탄을 가득 쌓아 불을 붙이고 계곡으로 바람을 불어 넣었더니 쇠가 녹으면서 커다란 길이 뚫렸다. 이리하여 몽골은 초원으로 다시 나왔다. 그래서 칭기즈 칸은 정월 초하루에 대장장이 역을 맡아 쇠를 두드리며 조상들에게 감사를 드렸다.

이렇게 그들이 세상으로 나온 것은 '제조업' 덕분이었다. 늑대 어머니의 열 아들이 퍼뜨린 돌궐(투르크)도 알타이 산의 철공이었다고 사서는 적고 있다. 그러나 지금 몽골에는 제조업이 없다. 울란바토르는 제조업 없는 사회의 핵, 즉 시간적으로 조상들의 첫 걸음과 멀어지고 공간적으로 대장장이의 쇠가 필요했던 초원과 멀어진, 그런 육지의 섬 같은 공간이었다.

울란바토르는 내게 버거웠다. 아서라, 내 할 일은 울란바토르를 분석하는 것이 아니다. 나의 목적지는 이곳이 아니라 항가이다. 부르테 치노(잿빛 푸른 늑대)와 코아이 마랄(흰 사슴)의 후손들(몽골)이 남긴 이야기보다 더 오래된 이야기들이 있는 곳, 신화 속에 하늘을 뚫는 무시무시한 화살이 숨어 있는 곳 항가이.

항가이로 가는 길

초원은 바다처럼 사방으로 트여 있고 말은 배처럼 빠른 존재였기에, 이야기들은 말 등에서 동서남북으로 종횡무진 움직였다. 스키타이, 흉노, 몽골 등 초원의 지배자들은 해면처럼 주위 세계의 장점들을 흡수했지만, 막상 자신들에 대해서는 별다른 기록을 남기지 않았다. 그 속에서 어떤 것이 원래 초원 이야기의 핵이었는지 알아내기는 무망하다. 이야기가 보존되기 위해서는 경계가 필요하다.

몽골에서 경계다운 경계를 찾으려면 역시 서쪽으로 가야 한다. 그래서 몽골 고원 서부에서 이리저리 골짜기를 드리운 알타이는 초원 이야기들의 보고다. 그러나 나는 언젠가 중국의 신장에서 알타이로 접근해 보았고, 시베리아 쪽에서 다시 접근할 계획을 가지고 있다. 그래서 이번 몽골 여행에서 알타이는 포기하고 조금 동쪽의 항가이를 목표로 삼았다. 서쪽의 알타이보다 조금 낮지만 동쪽의 헨티보다는 높은 곳, 항가이는 몽골의 중부에서 삼림과 초원의 균형을 맞추고 있는 고원의 척추 같은 곳이다. 초원과 산림 지대의 경계에 옛 흔적이 남아 있을 거라는 기대를 안고서, 타이가 낙엽송이 빽빽한 항가이로 초원과 산림의 이야기를 들으러 간다.

상민, 안내자인 역사학 박사 과정의 몽골인 민진, 역시 현지인 운전사, 그리고 나는 항가이 산으로 떠났다. 먹을 것 마실 것을 세심하게 챙기고, 특히 몽골산 보드카를 잘 싸서 넣은 후 지프를 몰고 서쪽 아르항가이 아이막(aimag, 몽골의 행정 구획)으로 떠났다. 민진이 잘 아는 이야기꾼이 있다고 하기에.

민진은 거구의 아줌마다. 영어가 능통하고, 역사학도라 초원과 사막 여기저기에 흩어진 유적들을 찾는 데 적임이라고 울란바토르의 선배가 추천한 사람이다. 민진의 어머니와 아들도 친척을 찾는다고 우리와 동행했는데, 민진의 어머니는 덩치가 크고 몸이 불편한 분이라 조수석에 앉을 수 없었다. 이리하여 나와 민진을 비롯한 네 명이 뒷좌석에 앉았다. 몽골 간선도로는 여행자에게 지루할 틈을 주지 않았다. 구덩이를 지날 때마다 일본산 지프의 튼튼함에 감탄하며 억지로 친일파가 된다. 안타깝게도 민진의 훌륭한 체격은 지프 뒷자리 여행의 압박감을 심각하게 높여 주었다. 노면에서 전해지는 압박과 함께 좌우에서 전해 오는 압박을 한꺼번에 견뎌야 했으니까.

울란바토르에서 나는 차가운 물 위에 떨어진 기름방울처럼 어찌할 바를 모른 채 한자리를 빙빙 돌고 있었다. 그러나 초원으로 나오자마자 나는 재빨리 초원의 일부가 되었다. 늦봄의 대지는 낮에 서서히 끓어오르다 밤이 되면 급하게 식는 동작을 반복하며 스스로를 단련하고 있었다. 비가 오고, 바람이 불고, 눈이 오고, 얼음이 얼었지만, 초원은 꿋꿋이 푸르게 바뀌고 있었다. 나 또한 뜨거워졌다 식으며 대지의 동작을 반복했다. 따로 길은 없었고 나는 일정대로 무수한 유적지들을 하나하나 짚으며 앞으로 나갔다.

초원의 비바람과 혹독한 기온을 견딜 수 있는 것은 돌멩이들뿐이다. 남은 유적들도 거의가 돌로 된 것이다. 돌멩이들과 대화를 나눴다. 무덤, 석비, 녹석(鹿石, 사슴돌), 성터, 바위그림. 무수한 이야기의 형태소들이 이토록 오랜 시간을 견디고 있는 모습이 대견했다. 바위에 남아 있는 것을 어루만질 때면 고대인의 손길이 그대로 손끝으로 느껴지고, 심장도 친구를 만난 듯 따라 뛰었다. 항기다이 암각화 유적지에서 발은 없고 뿔만 있는 용의 몸통에 손을 대었을 때는 보물창고의 자물쇠에 열쇠를 끼워 넣는 이처럼 몸을 떨었다. 반면 사람의 손에 의해 부서져 가고, 값을 매길 수 없기에 오히려 배척당하는 유물들을 볼 때는 마치 호송 중의 죄수처럼 무기력감에 얼어붙었다. 까마득한 옛날부터 투르크 몽골을 거치며 당대인의 염원을 새겨 놓은 타미르 석비가 페인트투성이 광고판이 된 것을 보고는 완전히 맥이 풀리고 말았다. 과연 이곳에서 신성한 이야기들을 찾을 수 있을까?

그러나 밤이 되면 과거 초원인의 소박한 이야기에 등장하는 단순하고 강력한 형상들이 낮의 번뇌를 씻어 준다. 게르의 환기 구멍으로 예외 없이 빛나는 것들이 들어왔다. 하얗고 가느다란 선을 그리며 눈송이가 들어오지 않으면 영락없이 별빛이 쏟아졌다. 나와 저 별 사이에 빛을 내는 존재는 하나도 없기에 별은 더 은밀하게 다가온다.

게르의 얇은 막을 벗어나면 바로 대지와 하늘에 무한정으로 노출되는 사람들. 하늘과 땅의 구조를 따라, 그 자연을 심하게 비틀거나 인격화하지 않고 단순하고 강렬한 심상 그대로를 경배한 것도 당연하리라. 하늘과 지상과 지하, 이 삼계가 세상을 구성한다는 믿음은 사슴돌에 뚜렷이 남아 있다. 유라시아 초원 지대에 펼쳐져 있는 거석 기념물에는 주로 사슴이 새겨져 있기 때문에 이를 사슴돌이라 부른다. 하늘에 별과 달이 떠 있고, 땅 위를 질주하는 사슴들의 힘찬 도약, 그리고 잘 모르는 곳이거나 역시 지상처럼 사슴이 뛰노는 곳으로 묘사된 지하 세계가 명쾌한 선으로 구분되어 있다. 그럼 우리 사람은 어떤 존재인가? 오르콘 강가 항가이 벌판에 서 있는 돌궐 제국의 지도자 퀼 테긴 석비에는 이렇게 쓰여 있다.

위의 푸른 하늘과 아래의 검은 땅이 처음 생겨날 때, 사람들이 그 중간에서 생겨났다. 그 군중의 위에 우리 선조 부민 카간과 이스테미 카간께서 군림하셨다.

이렇게 사람은 천지와 함께 평등하게 생겨났다. 그리고 꼭 그 중간에서 하늘과 땅을 잇는 존재가 된다. 그래서 지도자는 하늘의 인격적인 권위에 매달리는 대신 자신의 능력을 강조한다. 울란바토르에서 멀지 않은 곳에 서 있는 톤유크 비문에는 이렇게 쓰여 있다.

(훌륭한 카간을 버려서 무너진 국가를 재건한 사람) 그는 나, 현명한 톤유크다. 돌궐의 카간과 민중을 이 외티겐 산으로 데리고 와서 살게 한 사람은.

아마도 이 초원인들의 반대편에 바로 태양신의 아들이 있는 것 같다. 파라오들은 이렇게 주장한다. "태양신 아문이 세상을 지배할 아들을 낳고 싶었다. 그는 파라오로 변하여 이집트의 왕비에게 다가가 그다음 파라오를 낳았다. 그래서 파라오는 태양신의 아들이다."

초원 사람들은 그런 정교한 논리를 만드는 데 관심이 없었는지, 아니면 초원에서는 그런 '사기'가 통하지 않는다는 것을 알았는지 자연을 있는 그대로 경배하는 데 그쳤다.

흉노의 선우는 아침에 해가 뜨면 막영지를 나가 떠오르는 태양에 절을 하고, 저녁이면 달에 절을 했다. ―『사기』「흉노열전」

해가 없으면 세상 모든 생물이 살 수 없고, 별과 달이 없으면 초원민이 살 수 없다. 달빛은 가축을 지키는 파수꾼이며 별빛은 육지의 바다에서 길을 찾아주는 등대다. 선우는 파라오처럼 태양의 권위를 독점하지 않고 초원민들과 공유했다.

별의 바다에서

드디어 우리는 항가이의 깊은 곳까지 도달했다. 깊은 곳에는 역시 깊은 이야기가 숨어 있고, 또 깊은 사람이 있다. 우리는 항가이에서 세 번째 밤을 보내기 위해, 길잡이를 계속 바꿔 가며 민진의 외삼촌이 사는 오두막을 찾아갔다. 그가 항가이의 깊은 이야기를 간직하고 있다고 한다. 출발이 늦었던 탓에 자정을 넘기고 어둠이 무겁게 깔리자 차는 산속에서 길을 잃었다. 이 봉우리에 잔설이 있으면 저 봉우리에도 있고, 여기 있는 나무는 저기에도 있다. 밤에 모조리 똑같은 자세로 쭈뼛쭈뼛 서 있는 타이가 낙엽송은 이정표로 낙제점이다. 낮에 깊은 산중의 흉노 무덤을 찾아가느라 힘을 뺐던 터라 기진맥진한 일행은 바다 같은 초원의 암흑을 헤맸다. 길잡이의 지시를 따라 차는 산을 빙글빙글 돈다. 마치 파도를 헤치고 나가는 작은 배처럼. 그러나 산은 점점 가팔라지고 배의 회전 반경은 점점 줄어든다. 현지 길잡이마저 계속 고개를 갸우뚱하자 우리의 의구심은 더욱 커 갔다. 드디어 새벽 3시, 길잡이가 손을 앞으로 뻗는다. 목적지에 무사히 도착한 것이다. 항가이 깊은 곳, 삼면이 산으로 둘러싸인 아늑한 분지에 시커먼 오두막이 보인다. 우리의 배는 이제 쉴 수 있으리라.

개가 사정없이 울어 대고 한참이 되어 주인이 나온다. 이 늦은 시각, 이곳에 짐승이 아닌 사람이 찾아오는 일은 아주 드물었으리라. 이 산중의 오두막은 나이 든 연인들의 작은 천국이었다. 좁은 오두막 안에 불이 켜지고 그들의 침실이 드러날 때 나는 무안함을 느꼈다. 할머니는 다리를 쓰지 못하기에 일어나지 못했다. 나이 든 바깥주인은 귀찮은 내색도 없이 난로를 데우고, 우유차를 내오고, 장작을 피워 오두막에 온기를 더한다. 사냥꾼이며 시인인 할아버지, 그리고 한때 글도 쓰고 춤도 췄다는 그의 아내. 그 둘은 이름도 같아, 밤바자브. 이 둘은 산속에서 얼마나 많은 이야기를 나누었을까?

오두막 밖으로 나와 하늘을 보니 별의 바다가 펼쳐진다. 삼면을 산이 감싸고 있으니 별의 호수라고 부르는 것이 낫겠다. 언젠가 히말라야 동쪽 언저리 높은 곳에서 별을 내려다보면서, 나는 저 별이 사람들이 사는 동네의 등불일 거라고 상상해 보았다. 그러니 몽골인이 별을 하늘의 초원에서 풀을 뜯는 양 떼라고 생각하는 것은 당연한 일이리라. 몽골인은 사람도 태초에는 빛을 가지고 있었다고 생각했다. 그들은 살아 있는 것을 모두 삼키는 괴물 망가스를 피하기 위해 빛을 버렸다고 한다. 망가스가 저 높은 곳까지는 올라가지 못하는지 하늘나라의 양 떼는 그대로 빛을 지니고 있구나. 초원 하늘의 은하수는 더욱 깊어 보이고 견우와 직녀는 오늘도 서로 비스듬히 바라보기만 하며 여행자를 비감하게 한다. 북두칠성은 산꼭대기에서 손을 뻗으면 잡힐 것 같다. 하늘의 국자를 잡아 은하수를 퍼내고 저 연인들을 만나게 해 볼까나? 나는 이런저런 몽골의 별 이야기를 떠올렸다. 북두칠성 이야기는 특히 푸근하다.

형제가 사냥을 나갔다. 어떤 사나이가 땅에 누워 하늘을 쳐다보고 있었다.

"형씨는 왜 공연히 하늘만 쳐다보고 있소?"

"어제 새를 잡으려 쏜 화살이 아직도 떨어지지 않는구려. 화살을 기다리고 있소."

"명궁이구려. 우리 앞으로 형 동생 합시다."

"좋습니다."

이리하여 세 형제가 길을 떠났다. 한참을 가는데 어떤 사람이 땅에다 귀를 대고 꼼짝도 하지 않고 있었다.

"형씨는 왜 땅에다 귀를 대고 있소?"

"어떤 집에서 송아지가 젖 빠는 소리, 어떤 집의 망아지 태어나는 소리를 듣고 있습니다."

"대단하구려. 우리 형제하고 같이 갑시다."

또 한참을 가다 보니 어떤 이가 산을 이 손 저 손으로 옮기며 빙글빙글 돌리고 있었다.

"형씨는 장사구려. 지금 산으로 무얼 하고 있소?"

"그냥 손목을 좀 풀고 있습니다."

이리하여 장사도 형제가 되었다. 또 얼마를 가자 어떤 이가 영양을 따라잡아 뿔을 낚아채는 것이 아닌가.

"참으로 빠른 용사군요."

"제 아버지는 영양을 제쳤는데, 저는 겨우 따라잡을 정도지요."

또 얼마를 가자 어떤 이가 바다의 물을 다 들이켜고 있었다.

"그대는 엄청난 배를 가졌구려."

"바닷물이 많다더니 마셔 보니 겨우 한 모금이군요."

이리하여 일곱 영웅이 형제가 되어 세상을 도탄에 빠뜨리려는 망가스에게 도전장을 내밀었다. 그들은 각자의 재주를 뽐내며 망가스와 그의 용사들을 다 해치우고, 세상이 평안해지자 하늘로 올라가 북두칠성이 되었다고 한다.[1] 그러니 저 별은 지상에서의 영웅적인 행동을 통해 태초의 빛을 되찾은 인간들이다. 초원에서는 서로 돕지 않으면 살 수 없다. 서로 돕는 이는 모두 영웅이며 빛을 내뿜는 존재가 될 수 있다.

은하수는 저 산에서 저 산을 연결하는 커다란 무지개다리 같다. 몽골 사람들은 은하수가 천신들이 다니는 길이라고도 하고, 신 할머니가 뿌린 젖이라고도 하고, 하늘을 기우는 재봉선이라고도 한다. 서양에서도 은하수를 '젖길(milky way)'이라고 하니 세상 어디서도 은하수는 끊어진 것을 이어 주거나 넘치는 젖으로 먹여 주는 고마운 존재다. 내일 나는 사냥꾼의 이야기를 들으리라. 그렇게 그날 별의 바다 위에 떠 있는 조그만 항구에서 별들과 나의 연인 생각을 하며 밤을 보냈다.

부르지 못한 사랑 노래

날이 밝자 오두막의 전모가 드러났다. 삼면은 과거와 자연이 여전히 살아 있는 곳으로 사람과 짐승이 공존하는 땅이었다. 오두막의 앞쪽만 터져서 지프 같은 현대의 손님이 가끔 드나들었다. 왼쪽으로 아주 작은 시내가 흐르고 그 가로 버드나무가 도랑이 무너지지 않을 만큼 적당한 밀도로 서 있었다. 겨울은 살얼음으로 남아 끈질기게 시위하고 있었지만 물을 줘서 가꾸는 반 평짜리 텃밭에는 이미 파란 감자 싹이 나와 있었다. 마당 한편에는 암각화에서 보았던 그 수레도 버젓이 한자리를 차지하고 있었다.

아침에 사냥꾼 할아버지에게 항가이 이야기를 청해 들었다. 툭 튀어나온 광대뼈를 하얀 수염이 살짝 덮고 있는 얼굴에, 작지만 반짝이는 눈을 가진 사나이였다.

"작년에 커다란 늑대 한 마리를 잡아 죽였지. 남은 새끼 여섯 마리를 데리고 와서 키웠는데, 좀 크더니 다 떠나네."

그 늑대의 머리는 지금 집 지붕에 올려져 있다. 지붕에 있는 것을 기어이 가지고 내려와 보여 준다. 어미를 죽이고 새끼를 키운다는 것은 정주민의 감정으로 봐서는 모순이지만, 그런 모순은 산속에서 자연스레 극복된다. 어미는 죽일 만하고 새끼는 살릴 만하다고 생각하니까. 서로 직접적인 위협이 될 때, 혹은 죽임으로써 이득을 얻을 때만 싸움이 시작된다. 사냥꾼도 늑대도 그 이상 복잡하게 생각하지 않는다. 둘은 모두 삶을 위해 경쟁하는 사이니까, 이 둘 사이에는 죽임이 원한으로 전환되지 않는가 보다.

"백 마리도 넘는 늑대들에게 둘러싸인 적도 있지. 그놈들과 서로 버티기를 하면서 아침을 기다렸지."

아침이 오자 적군은 포위를 풀고 말았다고 한다. 낮에는 사냥꾼의 손에 들려 있는 불을 뿜는 막대기를 당할 수 없었으리라. 그의 이야기는 거침이 없다.

"한번은 늑대 굴 밖에 불을 피우고 새끼들을 꺼냈지."

"곰도 잡아 보셨나요?"

"여기 곰은 없어. 큰 사슴, 늑대는 많지."

초원과 삼림에서 인간과 짐승은 대립하지만 은원은 대물림되지 않는다. 어느 짧은 순간 이 광대한 공간에서 인간과 자연계의 강자들은 구체적인 적으로 대면하지만, 나머지 영겁의 시간 동안 이 공간은 은원을 녹이는 화해의 공간이다. 더 북쪽 시베리아에서는 자연의 강자는 늑대에서 곰으로 변신할 것이다. 인간 사냥꾼과 자연계의 사냥꾼은 영겁을 대립하지만 서로 말살해서는 안 되는 형제다.

비록 민진을 통역으로 쓰면서 느릿느릿 이야기를 주고받았지만 시인과 나는 이미 까닭 모를 동질감에 싸여 헤어지기 어려운 지경에 도달했다. 떠날 시간이 되어 작별 인사를 드리러 오두막으로 들어가니 할머니는 밤에 본 모습과는 완전히 다른 단정한 자태로 곱게 머리를 빗고 앉아 계셨다. 고운 전통 의상을 차려입은 할머니에게서 여성스러움이 묻어 나왔다. 할아버지는 할머니를 정성스럽게 일으켜 세웠다.

"나는 예전에 무용수였어."

잠깐 과거를 회상하더니 "다시 와." 하며 주소가 적힌 쪽지를 내민다. 그렇게 오두막을 나서니 사냥꾼 할아버지도 기어이 따라 나섰다.

"내가 안 가면 또 길을 잃는다."

딴은 그렇겠다. 차는 산길을 또 두 시간 달려 읍내로 식료품을 보충하러 갔다. 그때까지 나는 할아버지가 무엇을 하려는지 잘 몰랐다. 우리가 식료품을 보충하고 있을 때 할아버지도 바삐 움직였다. 은행에 들르고 이것저것 먹을 것과 술을 샀다. 할아버지를 다시 모셔 드리고 우리는 내친김에 산 반대편을 넘어 동쪽으로 갈 것이다. 차는 다시 산을 넘는다. 저 멀리 오두막이 내려다보이는 능선이의 어버(ovoo, 돌무더기로 만든 기도터)에서 할아버지가 차를 세운다.

"우리 어버에서 내리자."

영문도 모르고 따라 내렸다. 할아버지의 술은 나를 위한 것이었다. 보드카를 한 잔 가득 따라 고수레를 하고, 술 잔 아래 2000투그릭을 고이 깔아 내게 건네면서 덕담을 한다.

"한 번에 다 마셔라. 길이 멀다. 앞으로 길 위에서 안전하도록."

아침도 먹지 않은 속으로 보드카가 들어가자 짜릿하다. 민진이 설명해 준다.

"미스터 공이 마음에 들어서 어버에서 술을 하고 싶었대요."

그는 나에게 시를 써 준다고 했다. 그는 시인이니까. 여기서 내게 약속한 시를 건네줄 것이다. 시를 짓기 위해 하늘을 몇 번인가 쳐다보았다. 그리고 우리는 계속 술잔을 들었다. 그러나 술잔이 몇 번 돌고 취기가 올랐을 때도 시인은 좀처럼 시를 써내지 못했다. 나는 용돈을 얹어 다시 술을 드렸다. 시인은 시 대신 감사의 말을 건넸다.

"좋은 가계에서 좋은 머리를 주셨는데."

그는 작은 눈으로 허공을 응시하며 계속 나를 위한 시를 구상한다.

이제 커다란 잔을 단숨에 들이켰지만 시상은 좀체 떠오르지 않고, 우리는 그저 사는 이야기로 화제를 돌렸다. 편견덩어리 과객의 눈으로 보면 이곳 몽골에서는 한 치의 공짜도 없다. 대가 없는 관계가 없는 곳에서 여행자들은 쉽게 지친다. 이 술이 이번 여행에서 내가 처음으로 받는 대가 없는 대접이었다.

"숲 속은 외롭지 않으세요? 사냥할 때, 할아버지는 안전을 위해 무엇을 믿나요?"

"텡그리(하늘)와 항가이 보르한(항가이 산신)이 모든 것을 주셨지."

취하기 직전의 상념들이 머리를 어지럽힌다. 옛날, 가족을 위해 오늘은 반드시 항가이 산에서 사슴을 잡아야 할 사냥꾼이 무엇을 믿겠는가? 항가이 자체를 믿어야겠지. 유목과 사냥은 지루한 것일까? 생존의 경계에 처해 있다면 삶은 다 마찬가지겠지. 어차피 삶은 삶 자체를 위해 존재할 뿐인데.

어느덧 우리는 이미 보드카 두 병을 비우고 있었다. 결국 취해 버린 우리는 어깨동무를 하고 항가이 산을 바라보았다. 그때 나는 얼굴을 붉힐 정도로 엉뚱한 말을 했다.

"저는 칭기즈 칸에게 별로 관심이 없어요. 오래전 사람이잖아요. 칭기즈 칸을 잊어야지요."

시인이 웃을 때 빠진 앞니 사이로 속마음까지 다 보이는 듯했다. 시인은 나의 모자를 다시 씌워 주었다. "못나게 쓰면 안 돼."

나는 사냥꾼 시인의 장수를 축원했다.

"20년 후에 다시 오겠습니다. 그때 다시 보드카를 마시지요. 지금처럼 물같이."

그리고 이런 덕담을 들었다.

"내가 73살이다. 20년 후에 나는 없다. 대신 너에게 내 나이를 주마."

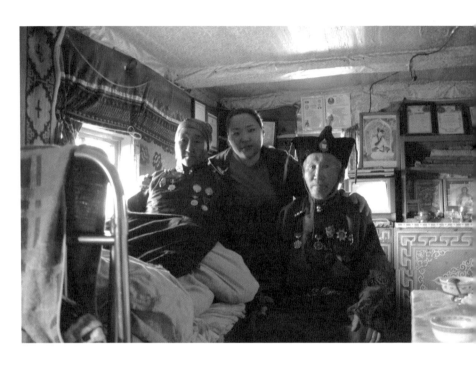

그 말을 듣고 왜 그랬는지 마른 샘이 다시 터지듯 눈물이 쏟아졌다. 생존을 위한 투쟁의 와중에서 잃어버린 우리의 신성함에 대한 보상일까? 결국 생각해 내지 못한 그 시 때문일까? 노인과 젊은이는 부둥켜안고 울었다. 낮은 구름이 다시 초원으로 몰려오고, 날은 살짝 어두워지고 있었다. 나는 울란바토르 이야기, 도시에서 살아가는 이야기, 그리고 몽골의 미래에 대해 두서없는 물음들을 던졌다. 그리고 젊은이는 크게 울고, 노인은 눈물만 흘렸다. 움직이지 못하는 부인과 함께 점점 항가이를 닮아 가고 있는 그 노인이 나의 칭기즈 칸이다. 항가이의 등대지기는 칭기즈 칸처럼 사람을 사냥하는 사람이 아니다. 작별 인사를 나누고 차에 올라탄 후 나는 잠에 빠져들었다.

그날 밤, 항가이에 진눈깨비가 날렸다. 게르 안 난로 위로 칙칙 소리를 내며 눈 떨어지는 소리를 들으며 항가이에서의 마지막 밤을 보냈다. 별은 보이지 않는다. 오늘 저 구름 너머 견우와 직녀는 만나고 있을까. 밤바자브 두 분이 계신 곳에도 눈이 내리리라. 부디 오늘 밤이 춥지 않기를.

2 바이칼의 염원

여행의 동반자

이제 첫 번째 여정의 주인공, 곰의 땅으로 더 가까이 다가간다. 다음 목적지는 바이칼이다. 바이칼은 육지 속의 바다, 샤먼을 믿은 사람들의 예루살렘, 그리고 타이가의 주인의 집이다. 나는 바이칼의 이야기를 듣고, 곧장 자전거를 타고 타이가를 관통할 것이다. 극동 연해주에서 출발해 깊은 협곡을 건너 바이칼까지 이어진 시베리아 횡단열차는, 바이칼 동쪽에서는 끝없이 이어진 타이가 숲을 뚫고 모스크바까지 이어진다. 바이칼의 동쪽은 곰과 호랑이가 숲의 공동 주인 행세를 하고, 그 서쪽은 온전히 곰의 땅이다. 이미 슬라브인이 절대 다수를 차지하고 있지만 시베리아와 북극해 일대에는 퉁구스, 몽골, 핀-우그르, 사모예드계 주민들이 여전히 그들의 이야기를 간직하고 있다. 이제 곰을 찾는 여행의 출발지이자, 어쩌면 정점일지도 모르는 바이칼을 찾아간다.

5월의 마지막 날. 울란바토르를 떠나 러시아 영토 내 부랴트 공화국의 수도 울란우데로 향했다. 시베리아 동부에 있는 울란우데는 시베리아 철도와 몽골로 가는 철도가 이어지는 교통 요충지이다. 바이칼로 가려면 이 도시를 꼭 거쳐야 한다.

러시아로 들어가는 열차 안에서 나는 약간 긴장했다. 그 긴장을 잊게 해 준 사나이 이야기를 곁들이지 않을 수 없겠다. 그는 열차 안의 곰 같은 이였다. 이름은 안드레이라 했다. 이번 여행에서 내가 본 첫 번째 러시아 사나이이자 여행 내도록 본 사람들 중에도 가장 기묘한 인물이 마치 맞지 않는 옷을 입은 것처럼 커다란 덩치를 구부리고 내 맞은편에 앉아 있었다. 해리슨 포드를 닮은 미남인데, 어쩐지 이 밤에도 선글라스는 벗지 않았다. 다리지 않은 와이셔츠에 살짝 때가 묻은 데다 선글라스도 오래 안 닦은 티가 역력했다. 옷걸이에 걸린 구겨진 외투처럼 뭔가 빈 구석이 있어 이상스레 정감이 가는 친구였다. 안 어울리게도 그의 직업은 컴퓨터 프로그래머다. 안드레이는 수통에 든 음료를 규칙적으로 들이켰는데 알고 보니 보드카였다. 옆 좌석의 러시아인 할머니는 그가 보드카를 들이켤 때마다 핀잔을 주었지만 안드레이는 묵묵히 수다를 견디며 벌컥벌컥 마신다. 술이라면 가리지 않는 나지만, 안드레이가 수통에 입을 대고 보드카를 들이켤 때는 뭔가 범접해서는 안 될 위엄이 느껴지는 것 같았다. 마치 소용돌이를 일으키는 범고래, 술을 위해 태어난 고래랄까. 자칫하면 그가 일으키는 소용돌이에 빨려들어 갈 것 같았다. 안드레이는 보드카를 이름 그대로 물로 여기는 듯했다. 물통이 바닥나면 역시 안드레이처럼 키가 장대 같은 친구가 와서 도움을 주었다. 객실 사이로 가서 둘이 1리터짜리 보드카를 공평하게 나누어 각자의 객실로 돌아간다. 그리고 다시 '물'을 들이켜고, 얼마 후에는 침대에 누워 끙끙거리며 잠을 잔다. 마시고, 지고, 채우고, 마시고, 자고, 채우는 동작을 이틀 동안 반복하는 것이었다. 고래들 사이에 낀 새

우처럼 긴장하며 부러움과 두려움으로 보드카 마시기의 달인들을 살폈다. 하루 이틀 동안에 저런 경지에 달한 것은 아니겠지.

저녁 7시 자작나무 숲이 등장했다. 시베리아의 주인이 불쑥 등장하자 가슴이 뛴다. 커다란 호수를 낀 구시노 오죠르스크를 지난다. 이제 울란우데가 멀지 않다.

늦은 밤 도시의 외곽을 천천히 돌며 국제 열차는 울란우데 역으로 들어갔다. 안드레이는 술 취한 몸을 이끌고 기어이 내 짐을 내려 주었다. 이번 바이칼 여행을 함께할 부랴트 청년 뭉코가 마중 나와 있었다. 키는 약간 작지만 다부진 몸매에 눈썹이 위로 올라간 몽골 청년이다. 간단히 식사를 하고 잡아 놓은 숙소로 향했다.

만나자마자 우리 둘은 밤늦도록 술을 마셨는데 안드레이가 내 가슴에 질러놓은 불을 진압할 필요가 없었다. 뭉코는 흥이 있는 녀석이다. 한국에서 공부한 적이 있기 때문에 한국어도 적당히 한다. 뭉코의 미덕은 적당함이다. 열정이 있지만 넘치지 않기에 행동에 절제가 있었다. 가수 백지영을 좋아하고 그 노래를 멋들어지게 불렀는데 안타깝게도 나로서는 모두 처음 듣는 것들이었다. 그날 밤 뭉코는 나의 훌륭한 여행의 동반자임을 그렇게 증명했다.

곰이 사라진 날

바이칼이 바다보다 모자란 것이 있다면 그저 소금기 정도일까? 러시아 시베리아 남동쪽, 이르쿠츠크와 부랴트 공화국 사이에 위치한 바이칼 호수는 2500만 년의 역사를 간직한 세계에서 가장 오래된 호수이자, 최대 수심 1742미터로 또한 세계에서 가장 깊은 호수고, 남한의 3분의 1에 달하는 크기로 빙하를 제외한 지구상 담수의 5분의 1을 품고 있는 물의 저장고다. 끝없이 땅으로만 이어진 시베리아의 무미건조함을 덜기 위해 어느 날 바이칼이 육지로 들어왔다. 그리고 바이칼은 바로 육지로 고립되었다. 파도가 치고, 안개가 서리고, 호수를 건너는 구름이 물 위로 떨어지고, 바람마저 숨을 헐떡거리는 육지 속 바다 바이칼은 눈 덮인 산봉우리들을 난쟁이로 만들고, 하늘을 찌를 듯 자란 시베리아 사스나(소나무)를 바늘처럼 줄이고, 언덕 위의 소 떼를 점으로 만들 만큼 압도적인 몸집을 드리우고 있다. 고갈을 모르는 풍요의 바다.

그러나 속사정은 다르다고 한다. 오랜 역사와 고립된 위치로 인해 이곳에 서식하던 바이칼바다표범을 비롯해 담비, 수달, 족제비, 고라니, 흰꼬리수리 등 수천 종의 희귀 동식물이 러시아인들이 도착한 지 겨우 200년 만에 불과 몇 분의 일로 줄고 말았다. 새로 들어온 러시아인들은 바이칼의 생물들을 존중하지 않았다. 그들에게 바이칼은 양식장, 혹은 노다지에 불과했다. 이곳에 터를 잡고 살던 부랴트인들과 산림 부족들은 이 호수를 조상의 혼과 자연의 영이 깃든 신성한 곳으로 존중했다. 그러나 러시아인이 온 후 이 공존의 규칙은 산산이 깨어지고 말았다.

"(미래 알혼 섬이 사라진다는 날) 그때는 더 큰 바다에서 온 사람들이 숲을 이루어 바이칼을 파내고 부랴트인들이 설 곳이 없어질 것이라고 해요. 최후의 부랴트 사람이 떠날 때 알혼 섬은 가라앉을 거래요."

"지금 섬에 곰이 있나요?"

"1954년에 마지막 곰이 죽었어요."

바이칼에 있는 20여 개의 섬 중 가장 큰 알혼 섬의 딸부자 아버지 료냐는 알혼에서 곰이 사라지던 날을 똑똑히 기억하고 있었다. 러시아인들은 숲의 주인이던 곰도 존중하지 않았다. 시베리아의 민족들은 곰에

45

게 자연의 권력을 양도하고 그들과 함께 자연 속에서 세세토록 번영할 것을 소망했다. 그들은 인간계의 주인과 자연계의 주인이 서로 대립하되 상대에게 치명타를 가해서는 안 된다는 암묵적인 합의를 수천 년 동안 지키며 살았다. 곰은 털가죽을 뒤집어 쓴 사람이요, 인간의 조상이었다. 그러나 러시아인들에게 곰은 담비와 같은 털가죽 동물에 불과했다. 곰의 최후는 부랴트 민족의 쇠퇴를 상징하기에 툐냐는 그날을 기억하는 것이다. 정말 그 마지막 곰의 운명처럼 알혼에서 최후의 부랴트인이 떠나는 날이 올 것인가?

최소한 18세기까지 초원에서 몽골인이라는 것은 강력한 특권이었다. 여전히 그들은 가장 숫자가 많고 싸움에 능한 대몽골의 후예였기 때문이다. 그들의 빠른 말과 활과 숫자를 이겨 낼 산림 민족은 없었다. 이들과 접한 시베리아의 거의 모든 산림 민족들은 그들에게 공물을 바쳤다. 초원과 산림의 세력 관계는 이전의 흉노나 몽골 제국 시기와 별로 다르지 않았다.

그러나 러시아의 총포 앞에서는 그들도 산림 민족들과 마찬가지였다. 러시아인들은 물을 따라 몰려다니며 모피와 인간을 동시에 약탈했다. 부랴트인들도 러시아인들의 호전성을 당해 낼 수 없었다.

다행히 부랴트인들에겐 상당히 이른 시기에 자치가 허용됐는데, 물론 시베리아의 여타 집단보다 규모가 훨씬 크기도 했지만 러시아 당국이 이 뛰어난 기마 전사들을 남쪽 국경의 파수꾼으로 세울 필요를 느꼈기 때문이다. 그렇게 그들은 자기 친척인 할하 몽골과 갈라서고 러시아 편에 섰다. 원래 노예가 없는 초원에서 살던 사람들은 그렇게 반노예적인 이등 민족으로 전락하고 말았다. 그러나 그들의 염원마저 죽은 것은 아니었기에 결국 자치 공화국을 이뤄 냈다.

"그때는 부랴트 아이들과 러시아 아이들이 무리를 지어 싸웠죠. 러시아 사람들 때문에 우리가 나라를 갖지 못했다고 생각했죠. 지금 생각하면 유치하죠. 러시아 사람도, 우리도 다 그냥 사람일 뿐인데."

몽코는 소비에트 해체 후 얼마 동안 있었던 일을 그렇게 이야기한다. 그러나 어떤 이들에게는 모든 인종이 평등하게 보이지 않는 듯하다. 열차 역마다 나 같은 노란색이나 투르크 풍의 까무잡잡한 '유색인종'을 보면 어김없이 경찰들이 다가와 신분증을 요구한다. 아직도 그런 방법으로 다스릴 수밖에 없는 그들의 수준이 씁쓸하다.

이야기의 바다 ─ 구세주 아바이 게세르

"옛날에 어부들은 바늘을 물에 빠뜨렸죠. 그리고 그 바늘이 바다에 닿는 것을 볼 수 있었어요." 알혼 섬의 민박집 아줌마가 한 말이다. 지금도 바늘은 아니라도 동전이 가라앉는 모습은 지켜볼 수 있다. 주위의 산업지와 주거지에서 오물이 쏟아져도 지구상 담수의 5분의 1을 간직하고 있는 이곳은 쉽사리 탁해지지 않는다. 바이칼은 그만큼 품이 넓다.

민박집에 짐을 풀어 놓고 나와 섬을 돌아다니다 바이칼에 몸을 담갔다. 물은 아직 얼음처럼 차서 오금이 저려 그만 그 깨끗한 물에 오줌을 놓치고 말았다. 바이칼은 깊은 만큼 경망스럽게 체온을 바꾸지 않는다. 고작 한 시간이면 나를 자신의 체온에 맞추어 버릴 것이다. 멀리 잔설을 이고 있는 산처럼 바이칼은 봄에도 겨울을 품고 있었다.

이런 곳에 웅숭깊은 이야기가 없을 수가 없다. 이곳에는 우리의 이야기와 놀랄 만큼 비슷하고, 또 사람이라면 모두 꿈꾸었을 법한 이야기들이 널려 있다. 저녁이면 나는 바이칼의 수면 위를 벌겋게 물들이는 황혼을 보며 어떤 부랴트 영웅의 이야기를 읽었다. 물의 바다는 이야기의 바다와 겹쳐져 특이한 애수와 생동감을 만들어 낸다.

부랴트인들은 『반지의 제왕』은 저리 가라 할 정도의 판타지 신화를 만들어 냈다. 하늘의 싸움이 지상의 싸움으로 전이되고, 그 지상의 싸움을 마무리할 구세주가 등장하는 장편 서사시 「아바이 게세르」는 이렇게 시작한다.[2]

한 히르마스를 수장으로 하는 선한 서쪽 하늘 신 55명과 아타이 울란을 위시한 악한 동쪽 하늘 신 44명은 무시무시한 천상의 싸움을 벌이게 되는데 그것은 중립 지대, 즉 신들의 중재자인 세겐 세브덱을 자기편으로 만들려는 경쟁에서 시작되었다. 아타이 울란의 용맹한 세 아들이 세겐 세브덱에게 파견되었으나, 벨리그테(영웅 게세르가 천상에 있을 때의 이름)에게 패해서 모두 죽고 말았다. 아타이 울란은 절규했다.

"내 아들 셋을 한 히르마스가 모두 도륙했구나. 내 혈육, 하사르 삼형제가 모두 비명횡사했구나. 이제 전쟁이다. 쓰러져 간 나의 사랑하는 세 아들의 원수를 갚기 전에는, 서쪽 하늘 진영의 방어선이 무너져 서쪽 하늘의 신들이 살려 달라고 무릎을 꿇고 애원하기 전에는, 나의 복수와 전쟁은 멈추지 않을 것이다."

폭풍과 불꽃을 동반한 엄청난 싸움이 있었으나 결국 아타이 울란은 패배하고 말았다. 승리한 서쪽 진영의 신들은 동쪽 진영의 우두머리 아타이 울란의 사지를 갈기갈기 찢어 지상으로 던지는데 그 사지 하나하나가 지상의 악으로 환생하게 된다. 이름 하여 그들은 호닌 호토의 강력한 마법사 갈 둘메, 알타이 산맥에 떨어져 타이가를 삼키는 오르골리 사간, 죽음의 세계 저편의 신들도 두려워하는 마법사 쉬렘 미나타 등이다.

지상으로 떨어진 아타이 울란의 찢어진 몸통들은 살아나 인간 세계에 기근과 온갖 고통을 가져다주게 된다. 그러자 서쪽 하늘에서 신들의 회의가 열리고 누가 인간 세계를 구할 것인지 열띤 토론이 벌어졌다. 그리하여 한 히르마스의 둘째 아들이 결정되었으니, 그가 바로 게세르 어르신, 즉 아바이 게세르다.

"지상의 세계가 사악한 힘에 의해 위기에 처한 바로 그때, 인간을 괴롭히는 나쁜 마법사의 무리를 응징하고 우주의 조화를 회복시켜, 살아 숨 쉬는 모든 생명에게 환희와 행복을 가져다 줄 우리의 영웅 아바이 게세르가 태어났다."

지상에 사람의 몸으로 태어난 게세르의 첫 원정 상대는 오르골리 사간이었다. 알타이 산 정상에서 타이가 숲을 빨아들여 황무지로 만드는 이 숲의 지배자는 폭풍이 주 무기였다. 게세르와 이 괴물의 싸움은 영화의 한 장면처럼 극적으로 묘사되어 있다.

"틈을 타서 게세르는 온 힘을 다해 오르골리 사간의 열린 입 속으로 뛰어올랐다. 그런데 그만 등에 맨 활의 시위가 오르골리 사간의 톱니 같은 이빨에 걸려 게세르는 괴물의 이빨 사이에 엉덩방아를 찧으며 나가떨어져 버렸다. 함정에 빠진 듯했지만 아바이 게세르는 정신을 잃지 않았다. 오히려 침착하게 자리에서 일어나 괴물이 자신을 짓이기지 못하도록 마법의 창을 윗니와 아랫니 사이에 찔러 넣어 고정했다. 그리고 바닥을 알 수 없는 듯 깊어 보이는 괴물의 목구멍 속으로 조금씩 나아갔다."

앞으로 어떤 일이 벌어질 것인지는 독자들이 더 잘 알 것이다. 괴물은 내장이 토막 나서 죽게 된다. 게세르는 힘만 센 것이 아니라 모든 신들의 도움을 받는 존재다. 난공불락의 쉬렘 미나타는 만잔 구르메 할멈(삼신할멈과 비슷하다.)이 게세르에게 준 부드러운 버드나무 채찍에 어이없이 무너지고 만다.

"버드나무 회초리가 닿은 부분에서는 불꽃이 튀었고, 쉬렘 미나타의 머리통은 두 쪽으로 갈라졌다. 아바이 게세르가 버드나무 회초리를 휘두를 때마다 쉬렘 미나타의 몸통은 몇 갈래로 쪼개졌고 급기야 간장에 숨어 있던 영혼이 빠져나갔다. 도저히 이길 수 없을 것처럼 보였던 무시무시한 저승의 괴물이 연약한 버드나무 가지 회초리를 맞고 황천길로 간 것이다."

이렇게 임무를 마쳤지만 게세르는 지상을 떠나지 않았다.

"나는 하늘로 돌아가지 않고 지상에서 영원히 살 생각입니다. 온 세상에 우리의 자손들을 번성시키며 이 지상 세계를 더 살기 좋은 복된 땅으로 만들겠습니다."

1940년대 말 게세르 서사시의 출판이 추진될 당시 소비에트 당국이 이 이야기의 '이데올로기'를 의심한 것은 당연했다. 혹시 이것은 러시아에 대항하는 몽골 민족주의의 발로가 아닐까? 물론 소비에트보다 몇 배나 긴 역사를 가진 이 서사시에 그런 올가미를 씌우는 것은 불가능한 일이었다. 악 없는 세계에 대한 열망은 지구상 모든 민족들의 신화 속에 들어 있는 공통의 테마니까.

이 이야기는 티베트에서 한번 현지화 과정을 거친 인도의 서사시 문화, 티베트의 샴발라 전설, 조로아스터교의 선악 대결 논리, 중국의 활자로 된 영웅 전기들 위에 초원의 상상력과 샤머니즘의 세계관이 결합되어 탄생한 것이다. 그럼에도 그들은 인도, 티베트, 서아시아, 중국과는 또 다른 세계를 창조했으며, 그 뿌리가 샤머니즘이라는 것은 명백하다.

샤머니즘을 한마디로 정의하라면 외부 힘의 내부화다. 추상적인 악을 굴복시켜 발아래 두고, 선을 나의 조력자로 삼으며, 굴복시킬 수 없는 자연을 나의 친구로 두는 것이 핵심이다. 그러니 이 이야기는 여전히 시베리아의 전통 속에서 읽혀야 한다.

사람의 바다를 기다리며

비가 온다. 뭉코가 부랴트 노래를 부른다. 바이칼은 깊고 넓어서 어찌할 수 없는 무게로 내게 다가온다. 멀리 햇살, 가까이 비, 그 가운데 바이칼, 또 그 너머의 산. 하루는 비가 오고, 하루는 태양이 강하고, 하루는 구름 너머로 해가 지는 것을 보았다. 뭉코가 조언한다.

"러시아에서는 과묵한 표정을 지어야 돼요. 웃으면 딴생각이 있나 의

심해요."

　속으로 또 웃었다. '그러면 자네들 부랴트 사람들은 왜 저렇게 활짝 웃나?' 부랴트 사람들은 여러 부족으로 나뉘는데 그중 호리 부랴트 사람들은 자신들이 토끼의 후손이라고 믿는다. 이 이야기는 뭉코도 잘 기억하고 있었다.

　"뛰어난 궁사가 있었어요. 그런데 토끼가 숲 속 호수로 들어가더니 선녀가 되어 목욕을 하는 거예요. 궁사는 그 선녀의 옷을 숨겼지요. 그리고 목욕이 끝나자 궁사는 선녀에게 다가가 말했지요. 나와 결혼해 주면 옷을 주겠소. 그리고 그들이 결혼해서 아이들을 낳았으니, 이들이 호리 부랴트의 조상이에요."

　다시 옷을 요구하고, 또 떠나는 이야기는 우리의 나무꾼과 선녀 이야기와 거의 똑같다. 토끼처럼 많은 후손을 보고 싶은 그들의 염원이 이 이야기를 만들어 냈을 것이다. 최후의 부랴트는 섬을 떠나지 않을 것이다. 어쩌면 공존을 사랑하는 이로서 '더 큰 바다에서 온 사람들(백인들)'의 삶이 가라앉는 것이 안타까워 그 섬을 떠나지 못할 것이다. 최후의 부랴트인이 알혼을 떠나는 날 이 섬은 가라앉을 테니.

　더 좋은 공동체가 더 많은 아이들을 낳는다. 도시 러시아인 공동체는 살벌한 현대 사회에 찢겨 아이 없는 공동체가 되고 있다. 부랴트 공동체에서 토끼처럼 많은 아이들이 태어나고 자라면, 누가 초원과 타이가의 주인이 될 것인가? 더 격렬한 싸움이 아니라 더 많은 사랑으로 자신의 땅을 찾으리라. 지상에서 자손들이 평화롭게 살아갈 복된 땅을 만드는 것, 그것은 게세르와 모든 샤먼들의 꿈이니까.

　바이칼을 떠나 이르쿠츠크로 가는 길에 바이칼의 유명한 샤먼 발렌친을 기어이 만났다. 그는 '아바이 게세르'를 연창할 수 있는 샤먼으로, 국내 무속인들에게도 꽤 알려진 사람이다. 그러나 막상 만나자 우리의

54

이야기는 겉돌았다. 카메라맨도 대동하지 않고 나타난 방문객이 너무 초라했던가, 아니면 여느 한국인처럼 그에 대한 존경을 표시하지 않았기 때문일까. 약간 지친 듯한 그와 인사하고 나서 나는 똑같은 질문을 세 번 반복했다.

"현대 사회에서 샤머니즘이 가지는 의미는 무엇일까요?"

"샤머니즘은 불교, 기독교, 이슬람교처럼 누가 만든 것이 아닙니다. 사람의 역사와 함께 시작된 것이죠. 샤머니즘의 전통을 지키고 아끼는 사람, 부랴트의 전통을 지키는 사람이 샤먼입니다."

"단순히 말해 오늘날, 바로 지금 샤머니즘이란 무엇일까요?"

"샤머니즘은 대단히 중요한 문화적 자산입니다. 샤머니즘은 전통을 보존하는 방법입니다. 소비에트 붕괴 후 사람들이 샤머니즘으로 회귀하는 속도를 보고 과학자들도 놀라고 있습니다."

"샤먼으로서 당신은 현대 사회와 현대인을 위해 무엇을 할 수 있을까요?"

"나의 임무는 부랴트의 문학, 언어, 역사를 후대에 전하는 것입니다."

우리는 평행선을 달리고 있었다. 나는 세 번이나 말을 바꾸면서 바로 '지금' 샤머니즘의 의미를 물었지만 발렌친은 계속 '전통'을 이야기한다. 그 짧은 시간에 문화적인 장벽을 허물고 본론으로 들어간다는 것은 무망한 일이었다. 1920년대에 샤머니즘이 공식적으로 금지되었을 때, 샤먼들은 '설득'을 통해 계속 자신들의 직을 포기했다. 그렇다면 오늘날 샤먼들을 위한 자리는 어디에 있을까, 그리고 한때 처절하게 핍박받던 샤먼으로서 현대사에 의해 유린된 오늘날 부랴트인, 그리고 시베리아의 여러 민족들을 위해 어떤 역할을 맡을 것인가를 물었지만 그 대답을 들을 수 없었다. 그날 우리는 인간 세계를 더 행복히 하겠다는 게세르와 알혼 섬 최후의 곰 이야기를 나누지 못했다.

3 시베리아 자전거 여행

숲의 주인을 찾아서

자전거로 시베리아를 건너기로 작정한 후 스스로 대견해했다. 자동차(自動車)는 스스로 움직이지만, 자전거(自轉車) 바퀴는 스스로 돌지 않는다. 인간의 근력이 동력원이라는 점에서 자전거는 기원전의 마차보다 오히려 원시적이다. 그러나 말이 달린 거리와 수레바퀴 자국의 길이가 똑같은 마차와 달리, 안장에 앉은 사람은 느긋하고 바퀴는 바쁜 것을 보면 역시 자전거에서는 근대의 향기가 느껴진다. 기어와 체인을 통해 힘이 적절한 속도로 전환하는 것은 자동차와 하등 다를 것이 없다. 이렇게 자전거는 자연과 문명, 원시와 현대 사이의 공간을 잇는 다리 같은 존재다. 기수처럼 라이더는 원시의 속도 속에서 대기와 피부가 직접 만나는 쾌감을 느끼지만 단지 정해진 길로만 갈 수 있다. 그러나 그 길이 차도처럼 넓을 필요는 없다.

자전거는 나를 길로만 인도할 것이다. 그러나 시베리아의 숲이 좌우에서 다가오는 것을 막지는 않을 것이다. 자전거는 끊임없이 내 두 다리의 인내력을 시험할 것이다. 그러나 중력을 나 혼자 감당하게 내버려 두지는 않을 것이다. 자전거는 중용(中庸)이다. 무엇보다 자전거는 시베리아 이야기들의 향기를 가로막지 않을 것이다. 아주 오래전 개썰매와 스키가 전해 주던 이야기들을 자전거가 다시 들려줄 수 있을 것이다.

나는 자전거를 타고 시베리아를 건넌다. 시베리아를 관통하는 53번 간선도로를 따라 스무 날 동안 자전거를 타고 서쪽으로 갈 것이다. 크라스노야르스크에서 예카테린부르크까지 타이가의 심장부를 뚫고 약 2500킬로미터 거리를 달린다. 달리며 누군가를 기다릴 것이다. 타이가의 주인, 모든 시베리아 민족의 신화의 주인공 곰 말이다.

출발지 크라스노야르스크에서 하룻밤을 보내고 스포츠용품 백화점에서 자전거를 샀다. 러시아에서 공산품을 살 때는 약간의 마음의 준비가 필요하다고 생각하기는 했지만 그렇게 큰마음이 필요할 줄은 몰랐다. 짐실이가 1500루블, 한화 6만 원이다. 한국이면 허름한 자전거 한 대 값이지만 눈물을 머금고 산다. 짐 묶는 고무줄을 800루블에 살 때는 살짝 눈물이 나려 했다. 이런 것은 그냥 끼워 주는 것 아닌가? 결국 허름한 보통 자전거 한 대를 1만 6000루블을 지불하고 샀다. 여기서 자전거를 타려면 다리보다 심장이 좀 튼튼해야겠다. 그래도 이 녀석이 스무 날 동안 달려 주기만 한다면 본전은 찾게 되겠지. 숲 속에서 내가 만든 호텔은 숙박비를 받지 않을 테니까.

안장 위에 앉자 까닭 모를 자신감이 넘친다. 시베리아 자전거 여행의 가장 큰 장점을 하나 꼽으라면 갈림길이 거의 없다는 사실. 일단 간선도로에 들어서면 지도도 볼 필요가 없다. 길은 가차 없이 서쪽으로 뻗어 있고 도시는 하루를 달려야 하나씩 나타난다.

오후 3시가 조금 넘어 크라스노야르스크를 떠났다. 자전거를 끌고 삐질삐질 식은땀을 흘리며 무작정 서쪽을 향해 시내를 빠져나간다. 곰과 만날 시간을 예약하지도 않고. 러시아 도시 안에는 유난히 로터리가 많다. 팔방으로 뻗은 도로들의 중간에 들어서면 갑자기 공황 상태에 빠진다. 로터리를 벗어나지 못하고 위험하게 한 바퀴 돈 후 갓길로 물러나 소리쳐 묻는다.

"아친스크, 어디로?"

문법은 다 생략한 나만의 생존 러시아어를 사람들은 용케도 알아듣는다.

"저기. 아니, 저기."

혼신의 힘을 다해 길을 가르쳐 주는 택시 기사 할아버지의 몸짓이 훈훈하다. 그렇게 자전거 여행은 시작되었다. 타이가의 주인, 바로 곰이 사는 숲에서 나도 잠을 자고, 운이 좋으면 그의 흔적을 볼 수도 있을 것이다. 물론 흔적만 만나야 한다. 실제로 그분이 나타난다 해도 그분의 뒷모습이면 족하다.

시가지를 벗어나자마자 바로 자신감을 반쯤 꺾어 놓는 언덕이 등장한다. 책 20킬로그램, 배낭 20킬로그램, 몸무게 72킬로그램, 자전거 15킬로그램. 도합 120킬로그램에 달하는 덩어리가 허덕허덕 언덕을 오를 때 경찰들이 등장했다. 도시를 벗어나면 경찰마저도 친구다. "안녕하세요." 경찰들에게 '선제적'으로 인사를 했더니 "젊은이, 다바이 다바이.(힘내, 힘내.)" 하는 응원 구호를 들려준다.

첫날은 뇌가 전혀 작동하지 않았다. 거친 노면, 숲, 지나는 자동차, 사람들의 시선, 곤충들까지 모든 것이 낯설기에 그저 긴장 속에서 환경을 받아들일 뿐이었다.

결국 저녁 9시쯤 일찌감치 언덕 위의 숲 속으로 인적이 없는지 살피면서 기어들어 갔다. 텐트를 치고 나니 밖에서 모기들이 붕붕거린다.

『법구경』을 열심히 읽었다. 이 책을 제일 먼저 읽은 이유는 제일 먼저 버리기 위해서다. 반쯤 읽고, 읽은 부분은 찢어서 버렸다. 1그램이라도 줄여야지. 아직 길은 2400킬로미터나 남았으니까. 그렇게 백야를 즐기며 책을 읽다 잠이 들었다.

타이가의 진짜 주인들

모기를 피해 어설프게 만든 숲 속 호텔에서 깊은 잠에 빠져들 때만 해도 밤은 막연한 두려움의 대상이었다. 그러나 밤이 아니라 낮이 훨씬 무섭다는 것을 깨닫는 데 이틀도 걸리지 않았다. 자전거 여행은 대개 오후 3시가 고비다. 이 지루한 무게와의 싸움. 무엇보다 책이 너무 무거웠다. 시베리아의 길은 직선이다. 아마도 누군가가 지도에 자로 직선을 긋고 그 선을 따라 고지식하게 도로를 만들었을 것이다. 이 길은 정직하게 곧아서 웬만한 언덕이 아니라면 에둘러 가는 법이 없다. 기복을 하나도 거스르지 않고 만들어 놓은 '정직한' 길이 자전거 주자의 진을 다 뺀다. 언덕과 내리막의 지루한 반복이었다. 언덕은 완만하고 길었다. 주위는 온통 자작나무 천지. 그사이에 가끔 미루나무와 전나무가 보인다. 길가에는 가끔씩 곰 가죽을 널어놓고 꿀이나, 자작나무 어린 순을 파는 노점상들이 보인다. 순해 보이는 아줌마의 가게 앞에 내려 사진을 한 장 찍었다.

"무쉬나…… 에네르기아.(남자, 정력)"

대충 그런 말씀을 하면서 곰 쓸개즙을 한 병 사라고 한다. 나의 체력 상태로는 그게 절실히 필요했지만 정중히 거절했다. 그분의 발자취를 따라가면서 그분의 쓸개를 먹을 수야 있겠나. 더군다나 나는 무늬나마 채식주의자인데. 걱정스러운 아줌마의 눈길을 뒤로하고 달린다. '아줌마, 겉모습으로 사람을 판단하지 마시라니까요.' 그래도 얼마 지나지 않아 '에네르기아'라는 단어가 문득문득 생각난다. 오, 비참하게 퇴락한 나의 허벅지여.

저녁 무렵의 자전거 타기는 햇살과의 투쟁이다. 북국의 햇살은 수평으로 날아든다. 아스팔트 도로에 부딪혀 떠오르는 빛의 입자들이 눈을 때린다. 나는 서쪽으로 달리고 있고, 저 태양은 서쪽 하늘에 몇 시간 동안 버티고 좀시 내려갈 기미가 보이지 않는다. 허벅지를 노리는 시베리아의 저녁 햇살은 정수리에 내리쬐는 남국의 햇살보다 더 무섭다. 단위 면적당 일사량은 적지만 수평으로 비추니 피폭되는 절대 면적이 크게 늘어나니까.

밤 10시가 가까워지자 고마운 어둠이 서서히 내리기 시작한다. 오늘은 자작나무와 전나무가 적절하게 섞인 숲 속에 집을 만들었다. 숲이 점점 더 친근해진다. 숲은 나의 방패요 요람이며, 아름답고 시원한 녹색 이불이다. 다만 숲에는 밤낮을 가리지 않고 배고픈 날짐승이 기다리고 있다. 시베리아의 희박한 인구 밀도와 대비되는 극히 높은 흡혈 날짐승의 밀도 때문에 이 털 없는 포유동물은 지극한 대접을 받는다. 자기들 땅으로 먹이가 들어서면 이 날짐승들은 환영회를 여는 수고를 아끼지 않는다. 땀에 찌든 놈이 스스로 기어들어 오니 어찌 반갑지 않을쏘냐. 5분 안에 텐트를 치지 않으면 혈액 부족으로 사망할 것 같은(?) 예감이 든다. 텐트를 치고 날듯이 안으로 들어갔는데 그사이에 이미 두 마리가 따라 들어왔다. 물론 그 녀석들은 나에게 잔혹하게 피살되었다. 녀석들과 같이 들어온 파리 두 마리는 쫓아냈다. 놈들은 귀찮기만 할 뿐 나의 적은 아니다.

길에서 무려 200미터나 떨어진 숲 속이다. 절대로 밖으로 나갈 수 없다는 것만 빼면 사방 어디를 봐도 나무뿐인 이곳은 작은 천국이다. 텐트 밖으로 저녁 햇살에 비낀 저 흡혈 전사의 늠름한 자태. 삐죽 앞으로 내민 창에 날이 서 있고, 한껏 구부린 다리에 힘이 느껴지누나. 그대는 강렬한 모성에 끌려 덩치를 고려하지 않고 나에게 도전한다. 그러나 나는 한 방울의 피도 자네에게 줄 수 없네. 그대는 지금 그대와 나를 가로막고 있는 얇은 천을 원망하고 있겠지. 그러나 그 천이 우리 사이의 평화를 지켜 주고 있다네. 군이 이 먼 곳에서 자네와 내가 서로 피를 볼 필요가 있겠나. 이 텐트에 빈틈을 발견할 생각은 말게. 자네의 수고를 덜어 주고자 진심으로 하는 말일세.

몽골 전설에 원래 모기는 독수리보다 더 컸다고 한다. 그런데 우리의 영웅 게세르가 저 밉살스러운 짐승을 채찍으로 깎아서 지금처럼 작게 만들었다는 것이다. 목숨을 걸고 먹겠다는데 어찌 당하리. 그저 그대가 독수리보다 작다는 사실에 안도감을 느낀다. 하지만 나는 자네와 다툴 시간이 없단 말이다. 타이가의 주인 갈색곰을 만나야 돼.

밤이 깊어 가면 어김없이 서늘한 바람이 불고 나무들이 서로 의지하며 부대끼는 소리가 들린다. 하늘을 보고 서로 경쟁하며 달렸지만 바람이 불 때는 서로 돕는다. 경쟁이란 대개 그런 것이다. 하늘을 향해 달리다 보니 모두 대나무처럼 곧은 모양이 되었다. 그런 모양으로는 혹한의 강풍을 견디며 홀로 설 수 없어서, 경쟁자들과 또 협력한다. 숲이 되어야 바람을 맞을 수 있으니까. 이기기 위해 경쟁하지만 막상 경쟁자 없는 홀로 설 수 없다. 반면 경쟁 없이 벌판에 홀로 선 나무를 보라. 곧지도 않고 길지도 않다. 그러나 그는 언제나 홀로 설 준비가 되어 있다. 낮게 퍼진 가지들은 어디로든 달리며 태양을 맞이하고 굵고 굽은 몸통은 바람을 견뎌 낸다. 사람들은 이런 나무를 폭목(暴木, 난폭하게 자란 나무)

이라 부르니 인간이란 세상을 모두 자기의 눈으로만 판단하는 종이다. 늑대 나무(Wolf Tree)라는 영어 표현이 오히려 자연적이다. 이기려고 하면 홀로 서지 못하고 결국 의존하게 된다니 이런 역설이 또 어디 있을까. 하나 그대들, 그렇게 태어났고 힘들게 자랐다. 이제 서로 도우며 사시라.

오늘 우리 집에는 손님 한 분이 오셨다. 어느 틈에 집 안으로 들어와 그 안에 또 집을 짓고 있는 개미만 한 거미 친구. 안타깝게도 친구는 모기를 잡을 정도의 덩치가 되지 않는다. 하지만 오늘 나의 집으로 들어온 유일하게 우호적인 손님이다. 내일까지 잘 쉬시게나. 그리고 밖에서는 전나무 한 그루가 나의 창을 지키고 있다. 애기지만 이미 키는 나보다 더 커서 그물 창으로 고요히 불청객을 내려다본다. 초록색 새순 끝에 손을 대 봐도 따끔하지 않다. 소담스러운 그 모습이 꼭 우리 아들 고사리손 같다.

타이가에서는 10시쯤이면 어김없이 뻐꾸기 소리가 들린다. 멀리서 공기를 찢고 달리는 차들의 파열음만 없다면야 천막 안은 고요의 안식처다. 따뜻한 저녁 공기가 나를 어루만지다 이윽고 밤의 서늘한 공기가 그 자리를 바꿀 때, 나무가 내뿜는 가는 숨소리를 들으며 잠을 잔다. 그리고 깊은 잠에 빠지면 새벽바람 소리가 나를 깨운다. 매일 밤바람과 나무가 어우러져 춤추는 곳, 타이가. 혼자서 두렵지 않느냐고 묻는다면 "글쎄요, 이곳에서는 마음의 표면에 잔잔한 파문도 일지 않는군요."라고 대답해 주리.

아침에 출발하려니 각다귀들이 다리를 공격한다. 이놈들은 모기, 쉬파리는 저리 가랄 정도로 저돌적이다. 모기는 우아하게 원을 그리며 날갯짓으로 자신의 존재를 알리며 접근한다. 정정당당한 대결이다. 쉬파리도 살갗에 앉으면 잠시 명상에 잠긴 후 시식에 들어간다. 일종의 예의를 갖추는 것이다. 그러나 이놈들은 직선으로 날아와서 살에 머리를 처박고 바로 피를 빨아 댄다. 동료의 죽음 따위는 아랑곳하지 않는다. 시베리아의 혹독한 환경에서 진화한 이놈들은 모든 흡혈 곤충들의 강점을 다 흡수한 모양이다. 양말 사이로 빼곡히 박히니 하얀 양말이 거뭇거뭇한 얼룩 양말로 변한다. 손으로 때리니 불그죽죽한 무늬 양말이 된다. 이놈들과 경쟁하다 보면 부질없이 살생의 업만 쌓게 되리라. 짐을 묶는 동안에도 놈들의 만찬은 계속된다. 놈들을 피하는 유일한 방법은 놈들보다 더 빨리 달리는 것이다. 너희들이 진정한 타이가의 주인이다.

목욕을 하다

아침부터 달리려니 살짝 열과 오한이 난다. 그래서 주행 중에 메모를 할 수가 없었다. 오늘도 짐과 싸운다. 언덕을 오를 때면 허벅지가 터질 것 같은 고통이 따르고, 내리막에서 자전거는 자동차만큼 속력을 낸다. 긴 고난과 짧은 안도의 반복이다. 좌우의 숲이 죄어들었다 멀어졌다 반복한다.

이제 쉬어야 할 시간이 다가오는데 숲이 다가오지 않는다. 숲이 없는 곳에서는 야영을 할 수 없다. 치타에서 일본인 자전거 여행자가 강도를 당하고 살해되었다는 소식을 들었다. 개활지는 가도 가도 끝이 없다. 저녁이 되면 너무 지쳐 수백 미터 개활지를 짐을 들고 건너갈 엄두가 나지 않는다. 숲이 도로 가까운 곳에 나타나길 바라며 페달을 밟는다. 그래도 아이들은 나를 보기만 하면 손을 흔든다. 새까만 얼굴에 웃음이 어찌 저리 고운지.

아친스크를 40킬로미터 지난 지점, 멀리 들판에 작은 섬이 하나 떠 있다. 이것이 내가 바라던 오아시스다. 목장으로 개간하기 위해 불을 지를 때 타다 남은 자작나무와 포플러 숲이었다. 지름 100미터 정도의 빽빽한 숲이 거짓말처럼 목장 가운데를 차지하고 있었다. 허겁지겁 목초를 헤치며 들어갔다.

오늘 나의 침실 문을 지키는 이는 애기 포플러. 한 꼬투리에 잎이 꼭 여섯 개씩이다. 작지만 내게는 소중한 친구다. 잎 한 장 한 장이 다 소중하다. 그 잎이 없다면 이 숲은 나와 저 길 사이의 장벽이 되지 못할 것이다. 잘 자라, 친구. 내일 몸살이 사라지길 기도해 다오. 태양에 두들겨 맞은 왼쪽 허벅지에 물집이 생기고, 넘어져서 다친 곳이 붓는다. 제발 내일 아침에는 다 낫기를.

65

텐트 속으로 들어온 파리는 이제 나가지 못해서 안달이다. 사랑하지 않는 이와 함께 있기가 너도 민망하겠지. 그러나 지금 텐트를 열 수도 없다. 오직 안으로 들어오겠다는 일념으로 텐트 밖에 한 겹의 층을 이룬 모기들이 밀려들 테니까. 어색하지만 함께 잠을 자자.

다음 날은 음식과 물 계획을 잘못 세웠다. 오직 무게를 줄인다는 일념으로 물과 음식을 낭비했던 것이다. 물도 음식도 없이 30킬로미터를 달렸다. 내내 인적이라고는 없다. 인구 밀도로 따지면 이 숲의 바다는 사막과 다를 바가 없다. 드디어 휴게소 팻말을 보았지만, 그 휴게소는 언덕 위에 있었다. 식당을 고작 1킬로미터 남겨 두고 쉬고, 100미터 남겨 두고 또 쉬었다. 크라스노야르스크 227킬로미터 서쪽 휴게소에서 식사를 하면서 심각하게 반성했다. 나는 지금까지 무턱대고 달려왔다. 곰을 만날 시간도 없었다. 이제부터 여행을 좀 더 즐기리라. 양배추국에 검은 식빵이 이렇게 달콤하게 느껴질 줄이야. 맥주는 침만 삼키고 포기했다. 마시면 물을 더 먹어야 할 것 같아서.

다시 달린다. 지형의 굴곡이 조금 줄어드는 것이 다행이라면 다행이다. 4시 30분. 주유소에서 나와 같은 여행객을 만났다. 모스크바를 출발하여, 카프카스(코카서스)를 지나, 극동을 돌아오는 한 달짜리 오토바이 여행을 하는 멋진 친구들. 단단한 체격에 눈에 선의가 넘치는 호남들이었다.

6시 주유소에 도착했다. 거대 독점 기업 가즈프롬에서 운영하는 주유소 겸 편의점이다. 물 없이 100리를 달린 기억이 선해서 맥주 캔을 여러 개 집어 들었다. 발치카 맥주는 여느 유럽 맥주 못지않은 진한 호프의 향을 간직하고 있다. 시베리아 여행에서 내가 즐기는 최대의 호사가 바로 이 맥주다. 이 러시아산 맥주에는 0부터 9까지 숫자가 붙어 있는

데, 숫자가 커질수록 도수도 높아진다. 대개 발치카 3과 발치카 7을 진열해 두는데 나는 항상 7을 마신다. 편의점이 보이면 빠지지 않고 들어가서 마신다.

편의점 밖으로 나와 이번에도 맥주의 향을 음미하고 있었다. 그때 한 중년의 사나이가 몸짓 발짓을 한다. 말이 빠르고 몸짓도 별로 익숙한 것이 아니라서 나는 무시하고 맥주를 마셨다. 대충 추리해 보니, 밖에서 술을 마시면 안 된다는 뜻이었다. 실제로 러시아에서 지정된 공공장소에서는 술을 마시면 안 된다는, 제정된 이래 한 번도 제대로 지켜지지 않은 법이 있다. 그러나 편의점 앞이 금주 장소란 말인가? 속으로 빈정거리며 그대로 마셨다. '알았다. 이 친구야. 그렇게 잘 금해서 러시아는 주정뱅이 천국이 되었냐?'

오늘도 목장 한가운데 있는 숲의 섬에서 잔다. 도로 쪽은 숲이 막고 뒤쪽은 탁 트인 초원이다. 드디어 자기 전에 샤워를 해냈다. 고작 800밀리리터의 물로 멋지게. 방법은 간단하다. 몇 방울을 머리에 붓고, 물이 발로 흘러내릴 때까지 위에서 아래로 순식간에 몸을 문지른다. 절대로 물을 많이 흘려서는 안 된다. 인내를 가지고 반복하는 것이 관건이다. 목욕하는 이 짧은 순간에 쉬파리들이 온몸에 구멍을 낸다. 그래도 이 상쾌함을 얻으려면 충분히 지불할 수 있는 대가다.

오늘 100킬로미터를 달렸다. 5리터의 물과, 맥주도 마셨지만 오줌으로 나온 것은 1리터도 안 된다. 나머지는 다 땀과 호흡으로 나갔겠지. 옷에서 나는 냄새 때문에 벌레들이 더 모인다.

어둠이 깔리고, 밤바람이 불고, 나는 잠을 자야 한다. 그러나 자기 전에 할 일이 있다. 우선 책을 읽고 버려야 한다. 오르막길에서 카메라 거치대를 포기했다. 새것이니 누군가 가져가겠지. 그럼에도 포기하지 못한 저 책 보따리. 초등학생 시절 나는 학기 중반만 되면 책이 없었지. 교과서는 김치 국물 때문에 금방 해체되고 공책은 잃은 지 오래고. 그런 내가 저 책 보따리를 금덩어리처럼 끌고 다니고 있다. 그래도 러시아어 교재는 한 장씩 조심스레 찢는다. 무거운 것 순서대로 일단 표지를 떼어 내고 계속 읽으면서 찢어 버린다. '운이 좋으면' 하룻밤에 반 권을 버릴 수 있다. 오늘은 '운 좋게' 『천일야화』가 지나치게 재미있다는 이유로 먼저 읽히고 버려진다. 잘 가시게, 나의 이야기 선생님.

그날 철거덕거리는 열차 소리에 잠을 깼다. 벌판 멀리 숲 속으로 열차 길이 있나 보다. 그 속에 어떤 사람들이 타고 있을까 상상해 본다. 승객 중에 이 숲 속에서 누군가 자고 있을 거라 생각하는 사람이 있을까? 공연히 한 사람 한 사람의 사연을 듣고 싶다.

곰, 그는 누구인가?

아침 겸 점심으로 러시아식 국수 한 그릇에 복숭아주스 1리터를 마시고 다시 달린다. 러시아, 특히 시베리아에서 채식이란 연목구어(緣木求魚) 같은 것. 오후 3시, 폐지 차를 모는 청년 둘이 마린스크의 한 강가에서 먹을 감고 올라와서 인사를 한다. "어디서 왔나?" "한국." "갈 길이 머냐?" "그래." 웃음이 좋다. 바짝 말랐지만 단단하고 군더더기 없는 정직한 노동자의 몸이다. 시베리아에는 가로수가 없다. 나도 자전거도 말라 간다. 물가에 닿자 쉬고 싶어진다.

이제 내가 왜 이 숲을 헤매는지 밝힐 시간이 온 것 같다. 나는 지구상에 존재하는 가장 큰 털북숭이 잡식 동물과 교감하기 위해 이곳으로 왔다. 그 이름은 곰, 대개 이곳에 살던 사람들이 감히 그 이름을 부르지 않고 주인, 혹은 타이가의 주인이라고 부르며 섬기는 어른이다.

우리를 포함하여 북반구에 살던 모든 민족은 곰을 단순한 짐승이 아닌 신령스러운 존재 혹은 사람의 친족으로 여겼다. 크로마뇽인의 곰 숭배는 이미 알려져 있으므로, 곰 숭배의 역사는 몇 천 년이 아니라 최소 만 년 이전의 구석기 시대로 소급된다. 우랄 산맥 서쪽으로 간 사람들이나 남쪽 문명 지대로 이동한 사람들은 점점 이 신성한 존재에 대한 예의를 잊어 갔다. 한때는 열렬한 곰 숭배자였던 고(古)유럽인이나, 인도-아리아인들은 어느 순간 곰의 영혼 대신 그 가죽을 숭배하는 지경에 이르렀다. 그러나 시베리아의 종족들과 북아메리카의 인디언들은 좀 더 의리가 있었다. 시베리아의 거의 모든 종족은 곰을 숭배한다. 그들은 곰이 원래 사람이었다고 믿는다. 시베리아 동부의 소수 민족 오로치족은 이런 이야기를 가지고 있다.

누이동생이 어쩌다 오빠를 좋아했다. 그래서 어찌 하여 신분을 속이고 사랑의 목적을 이뤘는데 어느 날 오빠가 이 사실을 알게 되었다. 둘 사이에는 벌써 자식 남매가 있었다. 오빠는 참을 수 없어 누이 아내를 죽이고 자식들을 차마 죽이지 못해 숲 속에 버렸다. 그런데 호랑이가 와서 사내아이를 데려가고, 곰이 와서 여자아이를 데려가 키웠다. 남매는 각각 곰과 호랑이와 결혼하여 아이들을 낳았다. 그들이 오로치족과 우데계족을 이루게 되었다.[3]

이보다 더 전형적이고 슬픈 곰 숭배 기원 설화가 시베리아의 거의 모든 부족들 사이에서 구전되고 있다.

역시 오누이가 살고 있었다. 이번에는 남동생이 누나와 결혼하고 싶었다. 이를 눈치챈 누나는 숲으로 들어가고 만다. 누나는 숲에서 숲의 주인, 즉 곰을 만나서 결혼한다. 동생은 결국 누나가 그리워 길을 떠났고, 급기야 곰의 집에서 살고 있는 누나를 만나게 된다.

집으로 돌아온 곰은 그 남동생을 자신의 처남으로 인정했다. 자형 곰은 매일 다른 곰과 싸움을 하기 위해 집을 나섰다. 밖에서 무슨 일이 벌어지는지 남동생이 기어이 알고 싶어 하자, 누나가 다짐을 주었다.

"자형은 나쁜 곰과 매일 싸운다. 목에 하얀 반점이 있는 이가 네 자형이고 붉은 반점이 있는 곰이 악한이다. 자형을 쏘지 않도록 조심하렴."

그예 몰래 곰 자형을 따라가 보니, 과연 숲에서 두 곰이 격투를 벌이고 있었다. 동생은 자형의 적을 향해 활을 쐈지만 그만 자형이 맞아 즉사하고 말았다. 남동생은 돌아와 울며 누나에게 고백한다.

"실수로 자형을 맞혔어요."

누나는 슬픔에 빠져 그 길로 다시 숲 속으로 들어간다. 그러며 또 다짐을 주었다.

"새끼 두 마리를 거느린 곰을 쏘지 마라. 그 곰이 바로 네 누나다."

누나는 이렇게 떠나고 남동생은 숲 속에서 사냥을 하며 살았다. 그런데 그가 사냥하러 가는 곳마다 새끼 두 마리를 거느린 곰이 나타났다. 어느 날 그는 생각했다.

'모든 곰이 누나는 아닐 거야. 누나가 매일 나를 따라다닐 리는 없어.'

그리고 그만 그 어미 곰을 쏜다. 어미 곰을 잡아 배를 가르는데, 아뿔싸, 내장을 가르는 칼에 누나의 장식물이 걸리는 것이 아닌가? 이렇게 동생은 곰 자형과 곰으로 화한 누나를 다 쏘아 죽이고 말았다. 그는 고아가 된 새끼들을 거두어 돌아왔다. 그래서 그들은 곰이 원래 사람이었다고 믿는다고 한다.

수많은 이형들이 있지만 곰 이야기의 뼈대는 유사하다. 곰과 사람의 결합, 그리고 사람이 곰이 되고, 그 곰을 사람이 죽이게 된다. 이 원죄의 모티프는 시베리아의 숲 속에서는 필연적으로 생겨날 수밖에 없었으리라. 동생은 핑계를 대고 있지만 사실은 고의로 자형 곰을 죽인 것이다. 최근까지 남아 있는 곰 사냥 의식에도 그런 핑계는 끊임없이 등장한다. 예를 들어 오로치족이 곰을 잡으면, "예벤키(퉁구스 부족명. 크라스노야르스크 지방 동쪽의 자치구) 사람들이 당신을 죽였어요." 하고 핑계를 댄다. 그 핑계는 이렇게 발전한다. "비록 죽였지만 잘 대접할 테니 우리에게 복수하지 마십시오." 그리고 여자들이 곰 고기를 먹지 못하게 한다. 곰은 사람의 자식이기 때문이다.

거의 모든 부족이 곰을 숲의 주인, 혹은 자신들의 조상, 혹은 사냥의 수호자로 생각하고 숭배했다. 부족 사람들은 곰을 키우거나 혹은 사냥해 죽이거나 먹을 때면 성대한 의식을 올린다. 죽인 후 온 부족이 모여 고기를 한 조각도 남김없이 먹고, 두개골은 좋은 장소에 모시고 곰과의 화해 의식을 벌인다.

곰 숭배의 기원은 이렇게 추리할 수 있다. 타이가의 최강자는 곰이다. 곰은 연해주에서 우랄 산맥 너머 핀-우그르족의 땅, 그리고 베링 해 너머 북아메리카까지 변함없는 신화의 주인공이다. 곰은 인간 한 명이 절대 사냥할 수 없는 강력한 짐승이며, 겨울에 잠을 자다 봄에 되살아나는 불사의 거인이다. 그는 숲 속에서 무적이므로 온갖 짐승이 그를 우두머리로 인정하고 있음이 틀림없다. 그러니 인간은 그를 친구로 만들어야 한다. 그는 숲의 주인이다. 그가 자주 보일 때 숲은 풍요롭다. 그의 등장은 짐승, 과일, 식용 식물들이 넘친다는 것을 의미하니까. 그는 숲의 인간이며 협상의 대상이다.

그러나 현실적으로 곰은 사냥의 대상이다. 때로는 가죽을, 때로는 고기를 얻기 위해 곰을 잡아야 한다. 때로 곰과 사람은 경쟁자로 만난다. 사내들은 곰을 극복함으로써 전사이자 사냥꾼으로 거듭나기에 때로는 그를 죽여야 한다. 이 모순을 극복하는 장치가 바로 곰 숭배 의식이다. 신화는 때로 자연과 인간 사이에 놓여 있는 거대한 대결과 모순을 무마하는 장치로 등장한다.

곰은 나무들의 정령이며, 숲의 주인이고, 사냥꾼의 보호자다. 그러니 곰이 있는 숲 속의 나무는 당연히 함부로 벨 수 없다. 그러나 때로는 곰을 극복해야 하기에 인간 전사는 이 숲의 주인에게 영광스러운 죽음을 주기 위해 노력해야 한다. 최고의 전사에게 주는 최고의 예우는 정정당당한 대결이다. 곰을 잡을 때만큼은 활과 창 등 가장 보수적인 무기를 쓴다. 총포가 등장한 후에도 아주 오랫동안 시베리아의 사냥꾼들은 곰을 대면할 때는 창과 활을 고집했다. 친구에게 결투를 신청하는 마음으로. 그리고 곰을 잡았다고 해서, 그 얼굴에 상처를 내는 따위의 행동을 해서는 절대 안 된다. 어쩔 수 없이 자연에서 적으로 만났지만 곰은 엄연히 사냥꾼의 친구니까.

그러나 올 수 없는 임

오늘은 좁은 개활지를 건너 길에서 그리 멀지 않은 자작나무 숲을 야영지로 점찍었다. 멀리서 보기에는 소담스러웠는데, 다가가니 허리 높이의 관목이 짙게 깔려서 출입을 막고 있었다. 관목 숲을 천천히 돌아보며 좁은 틈을 찾아 안으로 들어갔다. 그 안에 마치 나를 위해 누군가가 오랫동안 공들여 만들어 놓은 듯한 터가 있었다. 꼭 텐트 하나 들어갈 공간을 두고 굵은 자작나무 여러 그루가 둘러싸고 있었다.

자작나무 숲 속에 잠자리를 만들고 일단 드러누웠다. 멀리서 '컹컹' 거리는 소리가 들린다. 다시 귀를 기울였다. 좀 더 가까이서 소리가 들린다. 한두 마리가 아니다. 등골이 싸늘해진다. 주인 손을 떠난 사냥개든 몰려다니는 들개든 한가지로 위험하다. 최대한 소리를 죽이고 냄새나는 것은 다 텐트 안으로 넣었다. 숨 막히는 순간이었다. 모기에게는 철옹성이지만 저 개들에게 이 텐트는 얼마나 하찮은 존재인가.

한참 동안 숨죽이고 있으니 소리가 점차 멀어져 갔다. 그때 문득 깨닫고 말았다, 오늘도 그가 오지 못함. 자작나무 둥치가 아무리 굵어도, 관목이 눈을 가릴 정도로 빽빽해도, 딸기가 익어도, 깊은 밤 이 숲에 사람이라곤 하나 없어도 결국 타이가의 주인은 오지 못한다는 것을. 형언할 수 없는 허무함이 밀려왔다.

인간보다 수백만 년 전에 곰은 지구상에 나타났다. 그들이 시베리아에 터를 잡은 후 무수한 해가 가고 인간들이 도착했다. 시베리아에 도착한 구석기인들은 그들에게 큰 위협이 되지 못했다. 신석기인은 공동 정권을 제안했다. '우리 서로의 영역을 존중하며 함께 숲에서 삽시다.' 청동기 시대가 도래한 후에도 그 관계는 바뀌지 않았다. 심지어 철기 시대에도. 이 관계가 끔찍스러운 종말을 맞은 것은 백인, 좀 더 정확히

말하면 기독교도 슬라브인들의 등장 때문이었다. 그들의 전지전능한 신은 인간과 협상하며 공존하던 숲의 주인을 전혀 존중하지 않았다. 그들은 기독교 문명과 야만을 날카롭게 구분하기 시작했고 곰은 야만 세계의 교주로 전락했다. 그렇다면 곰과 어깨동무를 하며 살아온 시베리아의 인민은 야만의 창조자인가, 아니면 모두가 벗어난 야만 상태에 아직도 머무르고 있는 미개한 원시인인가?

그들과 함께 시끄러운 탈것들이 나타났다. 처음에 등장한 마차 따위는 무섭지 않았다. 그러나 거대한 기관차, 그리고 최후에 등장한 시끄러운 자동차는 그들의 운명을 완전히 바꾸어 놓았다. 수백만 년 동안 이곳에서 자신보다 큰 존재는 매머드와 말코손바닥사슴뿐이었다. 그들은 조용하게 움직이고 곰과 협력했다. 그러나 자동차는 달랐다. 곰을 존중하지 않는 이들은 끊임없이 숲을 파괴했고 짐승들이 사라졌다.

시베리아 간선도로를 달리는 차들은 꼭 뭉쳐서 달린다. 추월하고자 하는 이와, 추월당하지 않으려는 이들의 동상이몽이 그들을 한데 뭉치게 했다. 중앙선을 아랑곳하지 않고, 18세기의 마차나 20세기의 철마와는 비교도 되지 않는 속도로 달리는 이 화물차들은 시베리아의 적혈구다. 시베리아 횡단 간선도로는 거대 러시아 제국의 동쪽 대동맥이다. 이 길은 분명 지금의 러시아 신민들에게는 소통의 길이다. 그러나 광대한 산림을 오르내리는 덩치 큰 짐승들에게는 끔찍한 분단의 길, 공포의 길이다. 시베리아의 삼림은 저 53번 간선도로에 의해 남북으로 완전히 두 동강이 났다.

모든 것이 비싼 시베리아에서도 우유는 탄산이 든 물보다 싸다. 쉬파리를 견뎌 가며 우유를 만든 소들이야 무슨 죄가 있으리. 경공업이 완전히 무너져 내려 모든 공산품이 끔찍하게 비싼 이곳에서 빵과 우유라도 싸야 사람들이 살아가겠지. 하지만 물보다 더 싼 우유를 먹는 이의 마음이 편하지는 않다. 저 우유를 만들기 위해 시베리아의 거대한 숲을 남북으로 나누어 놓았기 때문이다. 그리고 숲이 단절되면서 곰의 터전도 양분되었다. 우유는 응당 물보다 비싸야 하고 곰은 남북을 자유자재로 옮겨 다녀야 한다. 하긴 모두 주제넘은 생각일 뿐이다. 도로와 건물로 곰은커녕 개미가 다닐 틈마저 다 막아 놓은 누더기 같은 내 조국에 사는 이가 시베리아의 곰을 이야기하니 얼마나 가소롭겠는가? 그래도 시베리아에서 낙원을 꿈꾼다. 여전히 이곳은 북반구의 덩치 큰 동물들에게는 최후의 낙원이니까.

모든 진실한 사랑은 막연한 기대 속에서 부푼다. 행여 임이 올지도, 임이 기다릴지도. 안 오신다고 하지는 않았으니. 그러나 모든 시베리아 민족들의 살아 있는 신이자, 영원한 친구인 곰은 내 잠자리 근처로는 올 수 없다.

자작나무 굵은 둥치 아래서 숲 찬가를 불렀다. 이 수많은 나무들이, 역사 이래 한 번도 사람과 짐승을 해치지 않았다는 사실이 정말 믿기지 않는다. 곰이 오면 곰을, 사슴이 오면 사슴을 받아 주다 오늘은 나를 받아 준다. 누구는 숲 속에서 두렵지 않느냐고 묻겠지만, 숲이 깊으면 깊을수록 마음이 편안하다. 어느 날은 교목 아래서, 어느 날은 관목 수풀 속에서, 어느 날은 동쪽으로, 어느 날은 남쪽으로 하늘을 향한 창문은 항상 열어 놓고. 모기의 비행, 개미의 정탐, 쉬파리의 돌진을 구경하며, 뻐꾸기 울음소리, 들쥐와 솔개가 경쟁하는 소리를 다 들으며 이 얇은 천 하나를 사이에 두고 나와 숲은 같이 서 있다.

길에서 만난 사람들

다섯 날을 내리 달리니 이제 저 벌판이 있는 그대로 가슴에 들어온다. 둘째 날부터는 쉬지 않고 하루에 110킬로미터를 달렸다. 이제야 큰 동요 없이 타이가의 슬픔과 기쁨이 모두 여과 없이 받아들여진다. 새삼스레 물어본다. 저 벌판의 끝은 어디일까? 저 숲은 어디쯤에서 얼음으로 바뀔까?

나비가 눈꽃처럼 날린다. 도로 양옆으로 녹지 않은 눈이 되어 하얗게 깔린다. 차들이 달리면 하늘로 하염없이 다시 솟구치다 떨어지는 하얀 눈송이들. 어김없이 부러진 날개, 때로는 완전히 흩어져 버린 몸통. 오르다 다시 땅에 떨어진다. 모든 약하고 아름다운 것들의 운명처럼 그들의 몸은 그렇게 유린당한다.

농부들이 보인다. 시베리아의 농부들은 다 흑인이다. 풀무에서 쇠가 만들어지듯 들판은 사람들의 피부를 검은빛으로 다시 창조했다. 태양 아래 평등한 검은색이 쌓였던 서운함을 다 밀어낸다. 아무리 지친 이가 도착해도 그냥 외면하는 식당의 주인, 얼굴도 쳐다보지 않으며 거스름돈을 던져 주는 하얗다 못해 창백한 시베리아의 얼굴들에게 지쳤다면 들판으로 나가 보라. 호의에 찬 눈빛으로 어김없이 "어디서 왔느냐, 어디로 가느냐?"라고 묻는 검은빛 미소를 만나게 될 테니.

오후 2시. 다시 구릉들이 반복된다. 내리막을 원하는 것이 아니다, 제발 평평하기만 해 다오. 이 시간에는 만유인력의 법칙이 좀 쉬어 줬으면 좋겠다. 허벅지가 불타듯 달아올랐을 때 우즈베키스탄에서 온 부부가 운영하는 식당으로 들어갔다. 후불제, 공짜 짠지, 볶음밥, 우리와 비슷한 이런 관행과 음식들이 얼마나 큰 안도감을 주던지. 주인 내외 말로는 내일은 비가 온다고 한다. 오늘은 여관에서 자야 하나? 괜히 정다워서 말을 건넸다.

"우즈베키스탄은 좋은 곳이라는데 어쩌다 이곳으로 오셨어요?"

"온 지 오래됐어요. 우즈베키스탄 좋지요. 그런데 돈이 안 돼요."

동그라미를 그리며 웃는다. 맞다, 마음 맞는 부부가 어딘들 못 가리오.

든든히 밥을 먹고 얼마 못 가 이내 내가 나비의 산이라고 이름 붙인 산악 지대로 들어섰다. 아마도 이 여행에서 가장 거친 구간인 듯하다. 도저히 자전거로 올라갈 수 없는 오르막들이 반복되고, 허벅지에 열이 오르면 어쩔 수 없이 자전거를 끌고 간다. 하얀색 나비들이 온 산을 뒤덮고 날아오르고 있었다. 저들은 숲 속이 답답했던 것일까? 달리는 차에 휩쓸리면서도 달아나지 않는다. 녹색 전나무 숲을 배경으로 하얀 점들이 기류를 따라 휘날린다. 나 또한 언덕을 오를 때는 나비의 친구가 되고, 언덕을 내리 달릴 때는 그들의 적이 된다. 자전거와 안경에 부딪혀 나비들이 부서진다. 나비의 산에서 속도는 폭력이다. 그들은 나의 속도를 받아들일 준비가 되지 않았으므로. 아마도 저들은 겨울을 나는 종이 아닐 것이다. 영하 40도를 견딜 리는 없으니까. 저들은 내 몸과 자전거에 부딪혀 깨어지며 생의 가장 좋은 날을 서둘러 마감한다. 나는 그런 오름과 내림의 지루한 동작을 반복하며 끊임없이 앞으로 나갔다.

지쳐 거의 탈진했을 때 산나물을 뜯어 놓고 파는 할아버지를 만났다. 누구라도 좋으니 다가가 신세를 한탄하고 싶었으므로 자전거를 세웠다. 할아버지의 이름은 발료자였다.

발료자의 작은 쉼터, 나무 둥치에 억센 칼이 꽂혀 있었다. 발료자는 황급히 칼을 빼서 나무 둥치 아래로 밀어 넣는다. 사냥꾼은 손님에게 칼을 보여서는 안 되지. 단순하지만 사려 깊은 야생의 예법이 마음에 물기를 준다. 거친 생활 속에서 비록 손가락 몇 개를 잃었지만 젊은 내 손을 으깨듯이 악수를 하는 그는 장사다. 애초에 나의 러시아어 실력으로 대단한 대화는 될 리가 없고, 뜬금없이 곰 이야기를 꺼낸다.

"여기 곰 있어요?"

"그럼 세 달 전에 잡았는데, 바로 죽였지."

익살스럽게 목을 자르는 시늉을 한다.

"정말요?"

"내 집이 저 숲 속에 있다. 어디서 왔어? 혼자서 다니냐?"

"한국요. 이 배낭 속에 제 집이 있어요."

배낭 속에 집이 있다는 말을 듣고 웃는다.

"안 돼. 숲은 위험해. 꼭 호텔에서 자야 돼."

"곰 때문에요?"

"아니, 사람. 사냥꾼들."

그와의 대화를 일기장에 적으니, 그가 보면서 히죽 웃는다.

"한국말이냐? 나는 글을 쓸 줄도 읽을 줄도 몰라. 길에서 행운을 빈다."

따듯하면서도 아린 대화였다. 이렇게 우리는 곰이 아니라 사람이 무서운 시절을 살고 있다. 이 깊은 숲 속에서조차. 그가 가지고 있는 것을 다 팔아도 국수 한 그릇 값에 지나지 않으리. 전나무 숲을 헤치며 그의 오두막으로 들어가고 싶은 유혹이 강하게 일었지만 떨쳤다.

그렇게 나는 헤어져 또 달렸다. 발료자는 곰 같은 산사람이다. 그가 허락을 받은 사냥꾼인지 아니면 밀렵꾼인지는 모르겠다. 그러나 그는 내게 곰의 존재를 알려준 사람이다. 어쩌면 시베리아의 어떤 전설처럼 그가 진짜 곰일 수도 있으리.

이야기를 품은 사나이

그날 저녁 나비 산은 너무 깊었다. 길은 산속으로만 이어지고 정신이 혼미해질 정도로 고도 변화가 계속된다. 길옆에 모깃불을 피우고 몇 명씩 무리를 지은 사내들이 소리를 지른다.

"자전거, 이리 와 봐."

사냥꾼들이다. 분명 악의 없이 하는 말이겠지만 발표자 할아버지의 말이 생각나 덜컥 겁이 난다. 가끔 자전거를 세워 주위를 돌아봤지만 사냥꾼들이 다니는 오솔길이 거미줄처럼 얽혀 있고, 숲이 도로와 너무 가까이 있어서 야영할 엄두가 나지 않았다. 사냥꾼들의 모습이 심심찮게 보인다. 허가받지 않은 이들이리라. 숲이 파괴된 곳에서는 몸이 드러날까 두려웠는데, 이렇게 숲이 바싹 다가온 곳에서는 사냥꾼들이 두렵다. 구름 때문에 이미 날이 어둑어둑하다. 이대로 어두워지면 위험을 무릅쓰고 길옆에다 텐트를 쳐야 한다. 총을 가지고 있는 사냥꾼들과 만날 자신도 없지만 여기서 멈춘다면 그들을 피할 도리도 없다.

그러나 이 광막한 무인 지대도 계속 달리다 보면 분명히 적당한 지점에 사람 사는 곳이 있다. 9시 반, 사냥꾼들 때문에 자전거에서 내리지도 못하고 무작정 달리는데, 저 멀리 길고 긴 내리막길이 보이고, 점처럼 작은 표지판도 보인다. 레카 바르자스(바르자스 강). 전나무 장벽을 벗어나자 바로 보이는 저 자그마한 인공 구조물이 형용할 수 없는 안도감을 주었다. 이제 나는 멈출 수 있다. 게다가 강가 언덕 위로 희미한 불빛과 통나무집들이 보였다. 달리 선택의 여지가 없어 자전거를 오른쪽으로 돌려 바로 마을로 들어갔다. 그날 운은 겹으로 찾아왔다. 마을에서 첫 번째 만난 사람이 바로 나의 귀인이었으니까.

비탈진 산기슭에 있는 마을로 들어서니 러시아인답지 않은 자그만

키에 단아한 얼굴을 한 할아버지 한 분이 넌지시 바라본다. 바로 자전거에서 내려 목례를 하니 의외의 인사가 기다린다.

"사인 베이노?"

아니 몽골어를?

"사인 베이노. 그런데 저는 한국 사람입니다. 혹시 여기 여관 있습니까?"

"없어요."

두 번 생각하지도 않고 바로 물었다.

"그럼 혹시 댁에서 쉬어 가도 될까요?"

그리고 이런 대답을 들었다.

"괜찮으시다면."

물에 빠졌다 건져진 기분이었다. 알렉산드르는 덩치가 작지만 관대하고 묵직한 사나이였다. 그리고 어디에서도 들을 수 없는 기이한 이야기를 간직한 분이었다.

"커피 한 잔 합시다."

모기 퇴치제를 건네 뿌리게 하더니 나를 방으로 이끈다. 이 집은 세사람이 사는 곳이었다. 할아버지와 할머니, 그리고 그 아들. 할머니는 이 이방인이 못내 못마땅하다. 왜 조용한 집에 사람을 들인담. 그러나 염치 불구하고 나는 도저히 나갈 수가 없다. 곧 어둠이 내릴 텐데 이 지친 몸을 끌고 어떻게 나간단 말인가? 커피를 건네고 알렉산드르가 말을 걸었다.

"여름에만 이 다챠(러시아식 소형 별장)에서 살지. 전화번호 있소?"

그러자 할머니가 쏘아붙인다.

"전화번호는 뭐하게?"

사람 좋아하는 할아버지 때문에 한평생 고생한 티가 역력하다. 할아버지도 심드렁하게 대꾸한다.

"친구 아닌가?"

그렇게 우리는 전화번호를 주고받았다. 그는 베트남전 참전 용사였다. 이 시베리아의 산중에서 몇 안 되는 소비에트의 베트남전 고문관 한 사람을 만나다니. 나의 형편없는 러시아어 실력 때문에 대화를 나누는 데 애를 먹었다.

"한국이라. 베트남에서 한국 사람 봤지. 대단한 친구였는데."

"베트남에는 어떻게 가셨어요?"

"호치민을 도우러. 1970년부터 4년간 있었지."

"군인(사병)이었어요?"

"아니, 장교였지."

나는 계속 군인(사병)이라 하고, 그는 계속 장교라고 고쳐 줬다. 어떻게 한국 사람을 만났는지 그가 이야기를 해 주었지만 내 러시아어 수준으로는 해석할 방법이 없었다. 아마도 한국인 포로를 이야기하는 것 같았다. 나의 러시아어 수준도 낮고 할아버지는 러시아어 외에는 알지 못하니 다른 방법이 없었다. 그래도 우리는 온갖 몸짓을 써 가며 이야기를 이어 나갔다. 쉽게 들을 수 없는 이야기였다. 그가 나 같은 아시아인에게 호감을 가진 것은 베트남에서의 경험 때문이었다. 소비에트 인민공화국은 베트남이 프랑스 제국주의와 싸우던 1940년대 후반부터 군사 고문관을 파견했다. 그리고 베트남에서 미군이 철수할 때까지 고문관들을 통한 간접 지원전을 수행했다. 알렉산드르는 아시아에 커다란 향수를 갖고 있었다. 아마도 그때가 그의 전성기였으리라. 총을 들고 싸우지는 않았지만 그는 전장의 한국인, 아마도 포로들을 보았으리라. 그 대단한 한국인 친구의 성이 '강'이라고 했다. 냉전기 한국과 소련은 좋은 만남이 없었다. 한국전에서 만난 소련제 탱크, 베트남전에 파견

되어 만난 소련제 AK 소총, 그리고 한국인 포로가 보았을 소련 장교들. 이 시베리아의 외진 숲속 마을에서 나는 냉전의 첨병을 만나고, 그의 호의를 입는 기이한 경험을 한 것이다.

커피를 마시고 할아버지는 나에게 소련 장교 모자를 선물했다. 소련 장교의 모자라. 그러고 나서 창고이자 별실인 곳으로 나를 안내하고 몸소 이부자리를 깔아 주었다. 밤이 너무 늦었다.

"편히 쉬시길."

알렉산드르에게는 어느 것 하나 함부로 하지 않는 섬세함이 있었다. 그날 조금만 시간이 있었더라면 보드카라도 한 잔 했을 것이다. 밖에서 할머니의 음성이 높아진다. 다 들리지는 않아도 알렉산드르의 오지랖 넓은 행동에 불만이 폭발한 것 같다. 역전의 용사도 아내 앞에서는 별수가 없었다. 그래도 나는 내 자리를 고수했다. 피로를 이길 도리가 없었으니까. 창고로 쓰고 있는 통나무집 한편에 나무 침대가 놓여 있었다. 오랫동안 씻지 못해 온몸이 몹시 간지러웠다. 밤이 깊기를 한참 기다리다 밖으로 나와 물 한 통으로 온몸을 씻었다. 마을 개들이 짖을까 조마조마해하면서. 11시가 다 되었지만 간간히 떠 있는 구름에는 지는 태양의 흔적이 서려 있었다. 그렇게 나무로 얽은 소박한 창고에서 하루를 보냈다.

더 이상 폐를 끼치지 않으려고 아침 일찍 일어났다. 부지런한 할머니도 깨어 있었다. 할아버지는 아직 주무신다. 손짓으로 할머니께 부탁했다. '깨우지 마세요.'

그리고 아침에 준비해 둔 숙박비를 할머니께 드렸다. 나로서는 제법 큰돈이었다. 작은 도시의 호텔 숙박비 정도였으니까. 할머니가 놀라서 정색한다. 사례를 하며 속으로 말했다.

'알렉산드르와 같이 산다는 것은 할머니의 복이죠.'

사내답게 따뜻한 행동은 오히려 실속 없는 짓이라 폄하하고 알맹이 없는 허세를 사내다운 행동으로 오해하는 이 우스꽝스러운 시절에 알렉산드르 당신은 사나이의 길을 가고 있구려. 그 늙고 자그마한 사나이의 우정은 나의 가슴을 다시 뛰게 했다. 나도 새로이 호기로운 사나이가 되어 달린다.

자전거 여행을 하는 이유

나비 산은 끝나지 않았다. 제대로 먹지도 못하고 아침부터 산길을 달리니 체력 소모가 심하다. 케메로보 다리를 건너니 비가 온다. 이번 자전거 여행에서 처음 만나는 비다. 지친 차에 비를 맞으니 한기가 든다. 몸살이 나지 않기를, 비가 그치기를. 그때부터 약간 기이한 패턴이 반복되었다. 기나긴 오르막 동안 땀과 더위에 지치고, 똑같이 긴 내리막이 오면 비와 추위 때문에 기겁하고. 오르막과 내리막이 천천히 반복되기에 체온도 따라 요동쳤다. 그리고 평지에서는 눈을 파고드는 땀 섞인 빗물 때문에 괴로웠다. 이번 100킬로미터 구간은 대개 고통이었다.

다행이 저녁이 되니 비가 그친다. 멀리 검은빛이 나도록 깊은 자작나무 숲이 보인다. 오늘은 저기서 야영을 하리라. 숲에 다가서니 자전거를 타고 마음대로 사이를 다닐 수 있을 만큼 나무들이 컸다. 마지막 힘을 내어 숲으로 달린다. 그러나 이 숲에는 약점이 있었다. 관목은 하나도 없고 오로지 교목만 있었던 것. 나무 아래는 초지여서 훤했다. 숲으로 수백 미터를 들어왔건만 아직 관목이 보이지 않는다. 아무리 깊이 들어가도 도로 쪽이 훤하게 보인다. 아, 나의 침실을 지키던 어린 나무들은

다 어디로 갔단 말인가?

할 수 없이 숲을 나왔다. 이곳에서 잠을 청할 수는 없다. 나는 아버지니까, 안전한 곳에서만 자야 한다. 아무리 지치고 힘들어도 완전한 잠자리를 찾아야 한다. 희망이 허사로 끝날 때 마음보다 몸이 먼저 반응한다. 에너지는 거의 제로 상태. 입에서 단내가 난다. '이제 이런 모험을 할 나이는 지난 것인가.' 하는 회의마저 든다. 비가 그치고 한기가 가라앉자마자 달려드는 벌레들. 모기가 등짝에 까맣게 달라붙는다. 옛날 숲 속의 사람들은 어떻게 이 짐승들을 물리쳤을까? 모기들 때문에 걸을 수가 없다. 위험을 무릅쓰고 숲에서 자전거를 탔다. 이제 허벅지와 심장은 내 몸이 아니다. 자작나무 숲으로 난 틈을 따라 비칠거리며 다시 몇 킬로미터를 달렸다.

도로 아래로 아늑한 숲이 펼쳐지고 있었다. 낮게 깔린 나무들 때문에 숲 속은 몇 미터 앞도 제대로 보이지 않았다. 다만 도로에서 가까워 좀 시끄러우리라. 그날 처음으로 너도밤나무를 보았다. 이 추운 곳에 너도밤나무가 살 수 있는 건가? 하지만 확실히 너도밤나무였다. 오늘 나의 침실을 지킬 이로 청소년 너도밤나무 한 그루를 정하고 텐트를 펼쳤다.

조심해서 보물을 꺼냈다. 저녁 먹을 때 사 둔 1리터짜리 발치카 흑맥주와 홍당무 짠지. 이 기이한 음료 1리터는 세상의 거의 모든 것을 보상할 수 있다. 아끼고 아끼지만 얼마 지나지 않아 깡통은 비고 만다. 너도밤나무 잎 너머로 어둠이 보인다. 수북이 쌓인 낙엽이 이 길가 숲이 나름대로 내력 있는 곳이라는 것을 증언한다.

자전거 여행을 다시 생각해 본다. 하루가 끝날 때 뭔가를 해냈다는 생각은 들지 않는다. 밤에 필요한 것은 오직 잠이다. 그러나 새벽바람에 잠에서 깨어 짐을 챙기고 인적 없는 초원으로 자전거를 끌고 나가면 이상하게 또 다시 힘이 나는 것이다. 이곳에서 자전거 타기는 긴 좌절과 짧은 안도감의 반복이다. 이상하게도 아무리 짧더라도 한번 안도감을 느낀 몸은 다시 새로워진다. 넓게 펼쳐진 풍경이 나오는 아무런 상관이 없는 것 같아 스치는 바람에도 외로움을 느끼다가, 풍경이 옥죄어 오면 여지없이 외로움을 떨쳐 버리려고 몸부림치며 스스로의 하찮음을 확인한다. 이것이 내가 자전거를 타는 이유의 전부다. 행색이 초라해질수록, 풍경에 압도될수록, 외물과 나를 분리하던 장벽도 낮아진다.

오늘 밤도 나의 텐트는 모기와 온갖 벌레가 아무리 구애해도 거부할 특권을 나에게 선사했다. 어릴 적 열 살 무렵 이 천으로 된 집을 경험한 이후, 한 평도 안 되는 이 집은 언제나 옷보다 더 몸에 맞았다. 더욱이 이 텐트는 하늘로 구멍이 나 있다. 아주 깜깜한 밤에도 하늘은 완전히 검지 않다는 것을 알았다. 너도밤나무야, 잘 자라.

곰이 없는 슬픈 풍경

여덟 번째 날, 호기롭게 페달을 밟았다. 그러나 이상스레 마음이 처연해진다. 노보시비르스크 198킬로미터 지점의 휴게소에서 쉬파리들 때문에 상념에 잠겼다. 식당 안으로 들어온 쉬파리들이 멀쩡한 출입문을 두고 계속 창에 부딪친다. 창틀에는 먼저 죽은, 그리고 죽어 가는 동료들의 몸뚱이가 가득하다. 그럼에도 그들은 그 죽음의 길을 고수한다. 방향을 한 번만 틀고 2미터만 날아가면 창공인데 그들은 계속 유리창에 부딪치다 최후를 맞는다. 우리도 그렇게 살고 있지 않을까? 그런 엉뚱한 생각을 해 본다. 새카만 시체들이 창틀을 메우도록 치우지 않는 주인장의 취미도 과연 독특하다. 과객들에게 교훈을 주려는 걸까.

오후 3시, 노보시비르스크 120킬로미터 지점에 닿았다. 이제 몸과 자전거는 거부감 없이 하나가 되어 달린다. 자전거는 힘겹게 도로에 그어진 하얀 선을 따라간다. 도로 안쪽으로 한 자만 들어가도 길은 더 매끈하고 힘이 덜 든다. 그러나 자전거 곁에 딱 붙어 달리는 화물차와 수시로 반대편 차도로 뛰어들어 추월을 시도하는 차량들에게 놀라다 보면 감히 선 안으로 들어갈 엄두가 나지 않는다. 나는 흰 선을 따라 아슬아슬하게 곡예를 벌이고 있었다. 10센티미터 남짓한 폭의 저 선은 어쩌면 나에게는 생명선인 것이다.

얕은 오르막을 달리는 중에 갑자기 왼쪽에서 '퍽' 하고 무언가가 깨지는 소리가 들린다. 경황이 없었지만 왼쪽 팔이 무거워진다. '아뿔싸, 사고다.' 자전거가 일순 휘청거렸지만 균형을 다시 잡았다. 나를 친 것은 하얀 승용차였다. 그 차는 100여 미터를 더 달리더니 길옆에 멈춰 섰다. 흰색 도요타 코로라 승용차. 운전자인 여자가 내린다. 여자는 차의 부러진 사이드미러를 본다. 다행히 나의 팔은 차의 본체에 부딪히지는 않았나 보다.

나는 서서히 다가가며 자전거를 세웠다. 그때까지 나는 앞으로 닥칠 일을 예상하지 못했다. 어쨌든 나는 이렇게 멀쩡하지 않나. 사고는 어디에서나 일어나는 법이다. 가까이 가자 드디어 그녀가 나를 쳐다본다. 그러나 그녀의 첫 마디는 나를 충격에 빠뜨렸다.

"이거 어떻게 할 거야?"

"……."

두 번째 마디는 이것이었다.

"이거 어떻게 할 거냐고. 2000루블 내놔라."

아들인 듯한 청소년은 창문을 열지 않고 조수석에 가만히 앉아 있었다. 갑자기 러시아 말이 들리기만 하고 입에서 나오지 않는다. 일단 영어로 대답했다.

"나는 팔을 다쳤다. 내가 아니고 당신이 나를 쳤다."

팔을 들어 보였다. 이제 러시아 말이 조금 나온다.

"다쳤다. 병원에 가 봐야 한다."

"다쳤다고, 그게 다친 거냐? 내 차를 봐라. 부서졌다. 2000루블 내놔라. 당장."

갑자기 억장이 무너지는 듯하다. 어떻게 대응해야 할지 감을 잡을 수 없다. 그러나 또렷이 러시아어로 대꾸했다.

"경찰에게 전화해라. 나는 병원에 가야 한다."

여자는 계속 돈 내놓으라는 소리만 반복하고, 나는 빨리 지껄이는 말을 알아들을 재간이 없다. 그러다 불쑥 내뱉는다.

"키타이?(중국인이냐?)"

"카레에츠.(한국인이다.)"

여자는 계속 악을 썼지만 못 알아듣는 것이 나로서는 오히려 다행인 듯도 했다. 분명 그다지 아름다운 말은 아니었을 테니. 그때 여자가 내뱉는다.

"러시아 말로 해라."

좋다. 어렵게 문장 하나를 구성했다.

"나는 다쳤다. 차가 사람보다 더 크냐(볼쉐)?"

이런, '중요하다'라는 말이 생각이 안 나서 '크냐'라고 말하고 말았다. 물론 차 더 크지, 제기랄. 그녀는 계속 돈 이야기를 하고, 수갑을 채우겠다는 몸짓을 한다. 이번에는 내가 한국어로 추임새까지 넣으며 고함을 질렀다. 고함이 아니라 절규였다. 여자가 아니었다면 한 방 날렸을 거다.

"네가 나를 쳤잖아.(한국어) 차가 사람보다 더 크냐? 나는 최소한 1만 루블을 받아야겠다.(러시아어) 이 돼지 같은 *아.(한국어) 정말 끔찍하군, 러시아는.(영어)"

그녀는 돈을 내놓으라며 악을 쓰고 나는 경찰을 부르겠다는 말만 반복했다. 그러나 경찰에 연락하는 방법도 모른다. 그녀는 '돈'을 물고 늘어지고, 나는 '돼지'로 갚아 줬다. 그사이 다행히 팔이 꾸준히 부어올라 주었다. 충분히 부어오른 팔을 다시 보여 주었다. 이제 경찰이 와도 상관없다. 물증이 있으니. 그러다 그녀는 큰 인심을 쓴다는 듯이 차를 타더니 욕설을 퍼부으며 간다. 여자가 떠날 때 나는 묵묵히 차 사진을 찍었다. 차 번호 A400AB 142.

사고는 불행이었고, 이어진 일은 그보다 더 큰 불행이었다. 그러나 지금은 그녀가 떠났다는 사실이 이 모든 부조리를 보상해 주었다.

그때까지는 팔이 아픈 줄도 몰랐다. 그녀가 떠나자 팔에 멍이 맺히고 손목에 통증이 느껴진다. 그까짓 거 통증이야 아무것도 아니다. 넘어진 자전거를 수습하면서 숨이 막혔다. 어쩌다 이 지경이 되었을까? 혹시 지옥이 아닐까? 아니다, 다행이다. 그 여자의 차에 건장한 사내들이 타고, 그들이 내게 돈을 요구하면 어떠했을까? 아니면 우악스러운 트럭에 자전거가 깔렸으면? 혹은 중앙선을 넘어오는 트레일러와 부딪혔으면? 그리고 저 여자처럼 어떤 죄책감도 느끼지 못하고 떠나 버리면.

슬픔이 통증을 잊게 만들었다. 잠시 공황 상태에 빠져 있었다. 새파란 하늘을 배경으로 왼쪽에는 미루나무 숲이 오른쪽에는 초원이 펼쳐진 지독스레 아름다운 곳이었다. 그러나 곰이 없는 풍경이었다.

정복인가 공존인가?

그 자리에서 결정했다. 시베리아의 속살을 이제부터 느끼는 중이었다고 해도, 아직 길을 반도 오지 못했다고 해도 나는 포기해야 한다. 이 상황에서 다시 자전거를 탄다면 그건 아비의 의무를 방기하는 것이다. 전진하려는 의지를 잃은 채 억지로 20킬로미터를 더 달려 버스 정류장에 닿았다. 그리고 버스에 자전거를 실었다. 죽음 같은 잠에서 깨어나니 노보시비르스크 버스 정류장이었다.

사고를 당한 차에 한마디 해야겠다. 길에서 심심찮게 보이는 '예르마크'란 이름의 카페들. 대낮에 시비를 걸어오는 술 취한 청년들. '백인의 러시아'를 외치는 군중에 관한 끊임없는 기사들. 저 무지와 독선을 미워해야 할지 측은히 여겨야 할지 심히 고민스럽다.

시작은 미미했으나 그 끝은 실로 창대한 민족이 러시아인이다. 언제나 물을 따라 움직이고 그 수가 엄청나서, 시베리아의 어떤 민족들은 러시아인(슬라브족)이 갈대에서 나왔다고 믿었다.

시베리아에 슬라브족이 발을 들여놓은 것은 비교적 근래의 일이다. 1552년 이반 4세가 '성모와 성령'의 힘을 빌려 카잔을 멸해 칭기즈 칸 제국의 굴레에서 벗어나던 때에도 시베리아 민족들은 슬라브족이 몽골-투르크보다 더 강한 세력으로 성장할지 예측하지 못하고 있었다. 슬라브족이 몽골의 지배에서 벗어나 나날이 동쪽으로 확장하던 16세기 후반에도 우랄 산맥 서쪽에서는 여전히 코미족이 슬라브족에 복속되기를 거부하고 있었고, 볼가 강 일대에서는 몽골-투르크 부족들이 슬라브족과 대립하며 한때 그들에게 공물을 받던 몽골 제국 시절의 과거로 돌아가는 순간을 기대하고 있었다.

그때는 야트막한 우랄 산맥만 넘으면 금이야 모피야 노다지가 있다는 소문이 이미 파다했다. 야망으로 똘똘 뭉친 이반 4세는 시베리아를 착취하여 모스크바(슬라브족의 중심지)를 살찌우고 유럽까지 나아가자는 야망으로 시베리아 진출을 결심했다. 그러나 욕심만으로는 안 되는 것이 인간사라 누군가 억센 놈이 총대를 메야 했다. 그 총대를 멘 사나이가 바로, 볼가 강의 도적(江賊)인 코사크인 예르마크 티모페예비치였다. 그는 총포로 무장한 강도 집단 800명을 이끌고 활과 화살이 전부인 시베리아의 원주민들을 사냥하기 시작했는데, 시비르한국의 쿠춤 칸을 이르티시 강에서 격파한 후 거침없이 동쪽으로 달렸다. 3년 후 타타르인들에게 피살될 때까지 예르마크는 약탈과 살인에 의존해서 동쪽으로 전진했다. 오직 남의 피와 땀과 양식을 먹으며. 소비에트 이전의 역사가들은 그를 러시아 정교의 순교자로 묘사했고 소비에트 성립 후 무려 50년이 지난 1960년대 말에 나온 시베리아 역사 교과서도 그를 "타타르의 굴레로부터 서부 시베리아를 해방한 영웅"으로 묘사했다. 그럼 시베리아의 민족들은 스스로를 해방할 능력이 없단 말인가?

이어 400년 동안 진행된 정복의 역사 속에서 시베리아의 원래 주인들은 반노예로 전락하고 만다. 모스크바인들은 몽골인에게 당한 것을 시베리아 원주민들에게 고스란히 되돌려 주었다. '야삭'이라는 공물 강제 징수는 레닌의 혁명이 성공할 때까지 무려 400년 동안 시베리아 인민들의 목을 옥죄었고, 연간 수만에서 수십만에 이르는 대 살육을 견디지 못하고 모피 동물들은 빠르게 멸종의 문턱에 다가갔다. 18세기 말에 시작된 시베리아 간선도로 건설로 러시아인들이 물밀듯이 동쪽으로 밀려오자 원래 주인들은 그 길을 피해서 북쪽으로, 동쪽으로, 혹은 남부의 산악 지대로 피했다. 그리고 19세기 말에 시작된 시베리아 철도 건설은 원주민들에게는 재앙이었다.

몸값 요구, 강간, 보복 학살, 강제 노역, '암컷'과 '수컷'으로 불리며 인간 사냥이 이루어졌다. 자신들의 땅에서 이 모든 학대를 견뎌 낸 시베리아 원주민들은 급격하게 인구가 감소하여 19세기 말에는 20분의 1 수준의 소수 민족으로 전락한다. 시베리아의 슬라브인들은 거칠 것 없는 인종주의자들로서 나치의 대선배였다. 심지어 1900년 중국에서 의화단의 난이 발생했을 때 코사크 용병들은 무려 5000명에 달하는 중국인을 남녀노소 가지지 않고 아무르 강에 빠뜨려 죽였으니, 그들보다 더 호소할 곳 없는 시베리아 민족들을 죽이는 것은 대수도 아니었으리라. 러시아 혁명 직후 잠깐의 희망이 보이는 순간 공산주의의 탈을 쓴 인종주의자 스탈린이 나타나 민족 간 평등한 관계의 가능성들을 모조리 지워 갔다.[4]

그런 러시아인들이 어찌 감히 '백인의 러시아'를 말할 수 있나?

우데게 사람들은 땅의 정령이 썩은 나무 등걸에 산다고 생각한다. 그래서 썩은 나무를 자를 때면 "정령이시여, 팔다리를 치우소서."라고 통보를 한다. 물의 정령이 물속 썩은 나무에 산다고 생각하기에 고기를 잡다가 썩은 나무를 찌르기라도 하면 "실수로 그랬습니다." 하고 사과를 한다. 어떤 이들은 나무를 벨 때 숲의 정령에게 사죄했고, 어떤 이들은 버드나무와 전나무에서 사람이 나왔기에 함부로 대하지 않았다. 무엇이 문명인가? 썩은 나무도 함부로 찌르지 않는 것인가, 아니면 산 사람도 함부로 찌르는 것인가?

미술관과 박물관을 가득 채운 젊은이들이 아니었다면, 가난을 무릅쓰고 작업에 몸을 맡긴 학자들과 예술가들을 목격하지 않았다면, 관대한 알렉산드르, 술 취한 몸으로 기어이 무거운 짐을 옮겨 주던 안드레이, 그리고 길에서 만난 수많은 선량한 농부들이 아니었다면 나는 이 땅 사람들에게 욕을 퍼부었을지도 모른다. 참지, 큰 나라에서는 온갖 일들이 벌어지는 법이니까.

4 툰드라의 봄꿈

백야, 북극의 영혼

지구상의 수많은 문명권에서 꿈(夢)을 꿈(所望)과 비슷하게 생각하는 것은 신기하다. 나 같은 떠돌이의 여정이란 하찮은 것이라서 계획대로 일이 된 적이 별로 없다. 그럴 때 가끔 꿈같은 일들이 벌어지곤 한다. 자전거를 열차에 싣고 예카테린부르크로 왔을 때 처음 생각나는 것은 차가운 보드카였다. 나는 서울에서 유학하고 있는 러시아인 학생 율리아를 통해 접선할 친구로 로만을 이미 물색해 놓은 차였다. 순진한 러시아 청년 로만은 앞으로 며칠 동안 나와 동고동락할 한국인 친구를 데리고 왔다. 유학 생활을 마치고 귀국을 기다리고 있는 대학생 성훈이었다. 분해해서 가져온 자전거는 로만에게 선물했다. 친구들이 몇 명 더 모이고 취흥이 올랐을 때 내가 불쑥 제안을 했다.

"성훈, 귀국하기 전에 북쪽을 여행하자. 북극 가까운 곳으로."

성훈은 이 뜬금없는 제안에 잠깐 침묵했지만 5초 안에 답을 줬다.

"그러지요, 뭐."

'뭐'라는 말이 듣기 좋았다. '뭐, 그까짓 거.'라는 의미 아닌가. 젊은이들의 맛이란 이런 담담함이다. 그다음 날 우리는 음모를 숨기고 일군의 청년들을 또 만났다. 목적지에 대한 한국어로 된 정보를 하나도 얻지 못했던 우리는 러시아인 한 사람을 더 끌어들이기로 결심했다. 북쪽으로 가면 엄청난 뭔가가 기다리고 있는 양 우리는 바람을 넣었고, 어쩌다 나제즈다(나쟈) 곧 소망이라는 이름의 스무 살 아가씨가 눈을 반짝이는 것을 포착했다. 친구들이 아무도 가 보지 않은 북극해 근처라는 사실이 그녀의 모험심을 부채질했고 그날 그녀도 결정했다. 역시 대답은 "그러지요, 뭐."

이렇게 우리는 겨우 열 몇 시간 만에 꿈의 팀을 만들었다. 바람잡이 나, 러시아어 고수 성훈, 그리로 현지 코디네이터 나쟈. 우리의 목적지는? 이름도 생소한 코미 자치 공화국의 북쪽 어딘가 원주민들이 사는 마을. 어느덧 북극해권 핀-우그르계 민족의 이야기를 들을 차례가 왔다. 핀-우그르계 코미인들은 오래전 슬라브인들에게 복속되어 러시아 정교를 받아들였지만, 소비에트 붕괴 시에는 다시 독립 공화국이 되고자 했다. 남북으로 우랄 산맥 북부에서 북극해에 걸쳐 자리를 잡고, 북극해를 따라 동으로 사모예드인들과 만나고 서쪽에서 '핀 사람들의 나라' 핀란드까지 세운 핀-우그르 민족 또한 오래전부터 유라시아 북부의 터줏대감이었다.

예카테린부르크에서 중간 기착지인 코미 공화국의 수도 식팁카르까지는 열차를 두 번 갈아타고 하루 반을 달려야 한다. 그러나 나쟈와 성훈이 기지를 발휘해 키로프(뱟카)에서 열차를 버리고 버스로 갈아탔다. 그리하여 8시간 동안 북쪽으로 달리면서 버스 안에서 백야를 보았다. 자정께 날이 잠깐 어둑어둑해졌지만 더 이상의 어둠은 내려오지 않는다. 저 멀리 지평선에서 대지가 접혀 올라가 두 개가 된 듯, 검푸른 대지 위에 불타는 듯 붉은 대지가 겹친 모습이 두어 시간 지속되더니 다시 날이 밝고 있었다. 이것이 북극의 영혼인 하얀 밤이구나. 허리가 살짝 결리기도 했지만 생전 처음 보는 광경에 흥분되어 잠을 청할 수가 없었다.

새벽에 도착하니 어디 갈 곳이 없었다. 러시아에서 백야를 제대로 즐기는 이들은 보드카와 함께한다. 어둡지도 밝지도 않은 새벽길을 취한 젊은이들이 흔들흔들 걸어간다. 새벽까지 문을 연 카페에 들어가 휴식을 취하고 러시아식 사우나에 들어가 잠시 눈을 붙이고 나서 코미 여행에 나섰다.

밤을 잊은 이야기

러시아는 어디를 가나 박물관이 넘친다. 박물관은 러시아의 자존심이자 문화적인 힘의 원천이다. 식팁카르는 작은 마을이었지만 코미족 민속 박물관과 민족 박물관이 연이어 있다. 민족 박물관의 전시품들을 살펴보면 코미의 문화가 시베리아를 거쳐 중국 동북부의 홍산(紅山) 문화까지 이어져 있다는 것을 단박에 알 수 있다. 우리의 여행 목적을 설명하니 그날 박물관을 지키던 나이 든 큐레이터 한 분이 기어이 전화를 걸어 전문 큐레이터를 불렀다. 그녀의 이름은 나탈리아. 이지적인 갈색 눈동자를 고정하고 무려 한 시간 이상 차근차근 이야기를 해 주던 하자이노바 나탈리아의 열정이 지친 우리에게 다시 에너지를 불어넣었다. 그녀는 코미 창조 신화를 이야기해 주었다.

"세계는 원래 끝없는 늪으로 이루어져 있었어요. 그 위로 오리들이 날아다녔지요. 그중 한 마리가 둥지를 찾고 있었는데 알 하나가 늪으로 빠졌어요. 그 알이 깨져서 대륙이 되었다고 해요. 오리가 품고 있던 다른 알들은 신이 되었는데, 그중 하나가 옌이고 하나는 오말이었어요. 그들이 세계를 창조했는데, 옌은 세상의 모든 좋은 것을 만들고 오말은 모기 같은 나쁜 것들을 만들었대요."

사전 지식이 있는 이들은 당장 태초에 '하나님의 영이 수면 위를 운행했다'는 「창세기」의 이미지와, 세상 탄생 이전의 알, 그리고 선과 악의 대비를 기반으로 만들어진 이란의 창조 신화들을 떠올릴 것이다. 그러나 친숙한 오리의 등장으로 이 신화는 동쪽의 시베리아와 깊숙이 이어진다. 물에서도 땅에서도 하늘에서도 살 수 있는 존재, 태초의 이야기꾼들에게는 그런 다면적인 존재가 필요했다. 짧지만 묵직한 이야기에서 시작해 다음으로 이어진다.

"코미 사람들은 사슴이 뿔로 태양을 이고 하늘로 나른다고 생각했어요. 사슴이 가장 높은 지점에 달하는 시각이 정오지요. 그 사슴 뒤를 곰이 쫓아가요. 곰이 사슴을 따라잡으면 사슴을 죽이고, 그러면 해는 떨어지고 밤이 돼요. 하지만 그다음 날 사슴은 부활하여 다시 태양을 하늘 위로 들어 올리고 곰은 또 사슴을 쫓아요."

이 신화는 기록의 도움만 받았다면 충분히 더 복잡한 신화로 이행했을 것이다. 하늘의 쇠똥구리가 태양을 굴리고 태양이 지하 세계를 지나 다시 부활한다는 이집트인의 모티프와 일견 비슷하지만, 코미인은 천구의 정해진 길을 따라 기계적으로 움직이는 쇠똥구리보다 훨씬 역동적인 이미지를 창조했다. 커다란 두 짐승이 지상에서 경주하듯 하늘에서도 한바탕 경주를 벌인다.

태양의 상승, 곰의 추적, 태양의 추락. 이 강렬한 이미지들은 초원의 사슴돌에 묘사된 사슴의 과장된 뿔, 태양을 향해 비스듬하게 솟구치는 역동적인 동작과 어떤 관련이 있을까? 나의 상상력도 사슴을 따라 날아간다. 북방에서 어찌 곰이 빠질쏘냐. 이야기는 이어진다.

"지나라는 여자가 있었어요. 그녀의 시아버지는 매일 동틀 무렵에 집을 나서는 거예요. 그녀는 시아버지가 어디로 가는지 궁금해서 참을 수가 없었어요. 그래서 결국 시아버지를 따라 나서기로 마음먹었지요.

그날 새벽에도 시아버지는 숲으로 나섰어요. 지나는 몰래 시아버지를 따랐지요. 시아버지는 자작나무 숲 가장자리로 들어가더니 통나무를 굴렸어요. 지나는 놀라운 광경을 목격했어요. 시아버지가 곰으로 변해서 숲 속으로 사라지는 거예요. 지나는 호기심을 멈추지 못하고 다가가 역시 그 나무를 굴려 보기로 했어요.

아뿔싸, 통나무를 굴리다 나무뿌리에 걸려 넘어졌어요. 그래서 그녀는 몸은 곰으로 변했으나 다리는 그대로 사람 모습으로 남았어요. 인간으로 다시 돌아갈 수가 없어서 그녀는 숲 속을 방황했지만 사냥꾼을 피할 적당한 굴을 찾지 못했어요. 결국 그녀는 봄에 죽고 말았고, 사냥꾼들이 이 인간의 다리를 가진 곰의 이야기를 퍼뜨렸대요."

수많은 모티프들이 한꺼번에 들어 있는 이야기다. 나무를 굴리는 곰의 행동을 통해 인간이 곰으로 변한다. 우리는 곰이 마늘과 쑥이라는 인간의 음식을 통해 인간으로 변하는 우리 신화를 알고 있다. 사람이 곰이 되고 곰이 사람이 된다. 그 경계는 동굴이거나 숲의 가장자리다. 고대인에게 자연과 문명의 경계는 얼마나 얕았던가. 얼마나 쉽게 곰이 되고 사람이 되었던가.

이 이야기 속에는 사냥꾼들의 금기가 들어 있다. 사람의 다리를 한 곰이란 아마 다쳐서 털이 벗겨진 곰일 것이다. 사냥꾼들에겐 그런 곰을 죽이지 않는다는 금기가 있었을 것이다. 혹은 다친 곰은 위험하니 피하라는 실용적인 필요에 따라 만든 이야기인지도 모르겠다. 나는 코미 사람에게서 실제로 동면에 들지 못한 곰이 대단히 위협적이라는 이야기를 들었다.

인간은 무엇으로 완성되는가?

"식팁카르에는 코미 사람들이 없고, 이라욜 지나 시잡스크에 가면 순록 유목민 마을이 있어요. 여름이라 순록은 떠났지만 노인들이 이야기꾼이죠."

나탈리아가 풀어 놓은 이야기보따리에서 나온 이야기들을 주워 모으고, 밤 9시에 다시 열차로 이라욜로 떠났다. 이 거대한 나라에서는 일단 움직이면 반나절은 기본이다. 우리 바로 아래 침대에서 아기의 똥 냄새가 올라온다. 미혼인 성훈은 창문을 열고 싶어 하지만 나는 두고 온 둘째 아이 생각에 그 냄새를 조금 더 맡으려 문을 닫아 둔다.

오전에 이라욜에 도착해서 다시 택시를 탄다. 거의 60킬로미터를 다시 올라가야 한다. 한 시간을 달리자 눈앞에 검은 강이 나타난다.

"이건 이즈마. 저 너머는 페초라."

페초라? 드디어 북극권이다. 페초라는 온갖 지류를 모아 북극해로 들어가는 우랄 산맥 서쪽의 가장 큰 강이고, 이즈마는 시잡스크 마을을 지나 흐르는 자그마한 지류다. 여기에서 나탈리아가 소개해 준 바쿠에나 지나이다 파블로프나 할머니를 만났다. 할머니는 겨우 이틀간이지만 정직하게 살아온 어른이 보여 줄 수 있는 모든 모범을 보여 주었다. 그리고 나는 이곳에서 툰드라의 단단한 바닥에 뿌리를 내린 견실한 공동체를 보았다. 코미족 화자-나쟈-성훈-나로 이어지는 세 번의 통역 과정을 거쳐 이야기는 정리되었다. 젊은 통역자들은 글자 한 자도 틀리지 않으려고 가끔 격론을 벌인다. 핀-우그르 민족의 신화와 전설을 통해 나는 우랄 산맥 동쪽과 남쪽까지 이해하는 실마리를 포착했다.

러시아인들은 처음 툰드라 사람들과 접하고 그들로서는 이해하기 힘든 관습 하나를 발견했다. 툰드라 사람들은 누가 잡았든 사냥의 결과

물을 모두 동등하게 나눈다. 지나이다 할머니는 위대한 사냥꾼의 전설을 하나 들려주었다. 이 이야기 속에 비밀의 열쇠가 남아 있다.

"코미에는 이르카프라는 위대한 순록 사냥꾼의 이야기가 있어. 그는 어떻게 그런 능력을 얻었을까? 그에게는 뛰어난 사냥개가 있었는데, 이 개가 항상 어떤 자작나무를 보고 짖어대는 거야. 개가 3년 동안 그 나무를 지날 때마다 짖어대자 이르카프는 성가셔서 참을 수가 없었어. 어느 날, 개가 또 그 자작나무를 보고 짖어대자 이르카프는 화가 나서 그 나무를 잘라 버렸지. 그런데 그 나무에서 피가 나는 거야. 이것은 '로브야쁘', 즉 살아 있는 나무였지. 전설에 따르면 모든 사람에게 이 나무가 존재하는데 다만 이를 찾기는 힘들다고 하지. 자신의 나무를 찾는 사람은 부자가 되며 행복해진대.

이르카프는 나무를 다듬어 스키를 만들었어. 그 자작나무로 만든 스키는 여느 스키와는 달랐지. 이 스키를 타고 그는 원하는 만큼 빨리 달릴 수 있었고, 결국 세상에서 가장 빠르고 뛰어난 사냥꾼이 되었지."

그 나무는 자신의 분신이다. 삼손의 머리칼처럼 힘의 원천이 자기 신체의 일부일 수도 있고, 이르카프의 자작나무처럼 몸 밖에 있을 수도 있다. 고대인에게 이런 관념은 흔한 것이었다. 그러나 빠른 스키를 얻은 그는 그저 달릴 뿐 멈추지 못했다. 이제 큐레이터 나탈리아의 이야기로 보충해 보자.

"이르카프는 언제나 다른 사냥꾼은 엄두도 못 내는 사냥감을 잡곤 했지요. 항상 쉽게 사냥감을 찾고 따라잡았는데 이는 다 마법 스키 때문이었어요. 그런데 그는 사냥감을 남기지 않고 싹쓸이했기에 다른 사냥꾼들의 분노를 샀어요.

그의 꿈은 지상 최고의 사냥꾼이었어요. 이 자신만만한 사나이는 자신의 야망을 멈추지 못하고 결국 마법사와 내기를 하게 됩니다. 마법사는 '경솔하게 서른 마리 순록을 죽인 이르카프여, 서른한 번째 순록은 절대 잡지 못할 것이다.'라고 단언했어요. 서른 번째 사냥감을 가볍게 취한 이르카프에게 그런 경고는 곧이들리지 않았어요. 그러나 그 서른한 번째 사냥감은 여간내기가 아니었어요.

금색 뿔과 파란 다리를 가진 이 순록은 바람처럼 달렸는데 따라잡았다 싶으면 사라지고, 가까스로 찾아내면 믿을 수 없는 속도로 달아났죠. 그러나 포기할 그가 아니었지요. 이르카프는 이 순록을 쫓아 우랄 산맥까지 달렸어요. 결국, 이르카프의 끈질긴 투지와 마법 스키의 힘을 이기지 못하고 막다른 골목에 몰린 순록. 그때 놀라운 일이 벌어졌어요. 순록이 가죽을 벗어 던지고 눈부시게 아름다운 여인으로 변하는 것이 아니겠어요? 그러고는 애원했어요.

'이르카프, 당신은 지상 최고의 사냥꾼입니다. 제발 목숨만 살려 주세요.'

그러나 이르카프는 이 여인을 죽여야만 지상 최고의 사냥꾼이 된다고 믿었기에 그녀의 간청을 무시했어요. 이르카프는 그녀를 죽이고, 그 심장을 꺼내서 마법사를 찾아 나섰어요. 마법사를 찾은 이르카프는 여자의 심장을 꺼내 보여 주었지요. 마법사는 절규했어요.

'네가 죽인 건 내 딸이다. 그 애는 자네와 결혼하고 싶어 했다.'

아버지의 분노는 온 우랄 산맥을 뒤덮었어요. 마법사는 이르카프의 몸을 독극물로 뒤덮고는 얼어붙은 신도르스크 호수에 던져 버렸어요. 이렇게 이르카프는 얼음 위에서 죽어 갔고, 그의 스키도 마법을 잃어 버렸다고 해요."

자신을 제어하지 못하고 비참한 최후를 맞은 활잡이 후예. 몽골에서 시베리아까지 후흐다이, 하다우 등의 이름으로 명명되는 뛰어나지만 교만했던 활잡이들의 이야기와 이르카프 이야기는 상통한다. 조금만 자제했더라면 지상 최고의 사냥꾼이 아니라 지상 최고의 사나이가 될 수 있었을 이르카프. 이 신화는 인간이 무엇으로 완성되는가를 묻고 있다. 인간은 달리고 모음으로써 강해지지만 멈추고 나눔으로써 완성된다. 마법사로 등장하는 이는 원래는 분명 곰이었을 것이다. 곰은 숲의 주인이니까. 곰이 신으로서 영향력을 미치는 그 시기에 인간은 자연과 함께 가야 한다는 단순한 사실을 알고 있었다. 아무리 뛰어난 사냥꾼이라도 마구잡이로 순록을 죽여서는 안 된다.

우리는 멈추지 않았다. 다음 날 지나이다 할머니는 마을에서 가장 나이 드신 분들을 모아 주었다. 툰드라에서 태어나 여든일곱 평생 순록을 키우며 살아온 큰 어른 할머니는 아직도 정정한 목소리로 이런 이야기를 들려줬다.

"예전에는 늑대가 참 많았어. 늑대가 계속 내 순록을 공격하는 거야. 나는 총을 들고 막았지. 늑대가 나한테 달려드는 바로 그 순간에 엽총으로 맞혔지."

엽총의 명수였다는 할머니. 거침없이 웃고 이야기한다. 그녀 역시 빠질 수 없는 주인공을 언급했다.

"코미 사람들은 어쩔 수 없는 일이 아니면 절대로 곰을 죽여서는 안 된다고 믿었어. 곰은 숲의 주인이거든. 곰은 사람의 마음을 안다고 해. 사냥할 경우가 아니면 적대하지 말아야 해. 그러면 곰도 사람을 공격하지 않는대. 그리고 곰을 죽였다면 반드시 그 어금니를 차고 다녀야 돼."

어금니를 차고 다니는 것은 물론 죽은 곰이 살아나 보복할 수 없게 하기 위해서일 것이다. 타이가나 툰드라에서 곰과의 조우는 생사의 갈림길. 어찌 그런 신앙이 생기지 않을 수 있겠는가.

"곰과 순록은 친구래. 그래서 사람이 순록을 사냥할 때 곰이 순록에게 먼저 알려 준다. 순록을 사냥하려 하면 곰이 추궁한대. '순록을 죽이지 마라.' 그러면 사람은 '알았다. 순록을 죽이지 않을게.' 하고는 그리고 몰래 잡는대."

그러나 할머니는 이런 이야기도 해 주시며 웃었다.

"순록이 겨울에 내려오고 봄에 올라갈 때 곰은 기다렸다가 공격해. 둘이 사실은 친구가 아닌가 봐."

할머니다운 해석이다. 이야기를 마치고 할머니는 아들이 아침에 잡은 물고기로 우리를 대접했다.

그날 밤 나쟈는 코미 사람들의 특이한 러시아어 구술을 필기체로 쓰고 다시 인쇄체로 고쳐서 성훈에게 건네줬다. 성훈은 나쟈의 난해한 글씨체에 투덜거리며 끈기 있게 한 자씩 한글로 옮겼다. 그들의 젊은이다운 이타심은 나에게 여행을 계속할 용기를 주었다. 작업이 끝나자 러시아식 사우나에서 피로를 풀었다. 저녁 내내 지나이다 할머니가 자작나무 장작으로 데워 놓은 곳이다.

하얀 밤, 검은 강, 푸른 풀밭

이즈마 강변에는 노란 야생화가 지천이었다. 습지 초원 위로 말들이 풀을 뜯고, 그 버드나무 숲 너머로 최후의 타이가가 길게 뻗어 있다. 이제 북쪽으로 조금만 올라가면 타이가도 사라지리라. 밤도 낮처럼 밝은 이곳에서는 낮에도 꿈을 꾸는 듯하다.

지나이다 할머니가 소유한 개인 민속 박물관의 울타리는 M 자형으로 되어 있다. 바로 '평화(Mir)'를 뜻한다고. 할머니의 아버지는 참전 용사였는데 폭격으로 다리를 다쳐서 귀향하셨다고 한다.

이곳은 작지만 활력 있는 공동체다. 순록 떼는 소중한 고기와 가죽을 남겨 두고 북쪽으로 떠났다. 이 작은 마을에 순록 가죽으로 제품을 만드는 제법 큰 공장이 있다. 작은 채마 밭, 가축을 위한 초지, 순록의 땅 툰드라, 가죽 공장, 이즈마 강 어장, 이것들이 모여 이 공동체를 이토

록 아름답게 만들어 놓았다.

정말 이 꿈같은 공간에서는 알렉의 과거를 이야기하고 싶지 않다. 한때 핀-우그르어족에 속하는 사람들도 러시아인과 격렬하게 싸웠다. 한티, 만시, 네네츠 사람들의 격렬한 투쟁의 기록은 많으나 코미 사람들이 강렬하게 저항했다는 기록은 보이지 않는다. 그들은 아주 빨리 러시아인들과 관계를 정립하고 오히려 이를 기반으로 번성했다. 비록 결과론이지만, 갈대에서 나온 민족(슬라브족)과의 정면 대결을 벌였던 민족들이 치른 대가는 너무나 참혹했다. 러시아 정교도 이제는 그들 삶의 일부분이다. 100년이 넘은 교당은 주위 풍경과 어울려 고즈넉하다. 지금, 한때 그들이 믿었던 샤머니즘을 말살하기 위해 광적으로 설쳤던 선교사 스테판 페름스키를 존경하는 것도 이해할 수 있다. 그들은 이제 개종했고 새로운 신을 믿고 있으니까. 소비에트 해체기 잠깐 독립을 선언했다가 이내 주장을 거둬들인 그들의 행동도 이해할 수 있다. 그저 이곳에서만은 대자연의 힘으로 인간의 갈등들이 치유되고 무서운 싸움이 벌어지지 않기를 바랄 뿐이다. 이곳은 아직도 순록과 곰이 공존하는 신성한 땅이 아닌가. 강에서 물고기를, 초지에서 우유를, 툰드라의 이끼에서 순록 고기를, 그리고 그 순록 가죽에서 일자리를, 희미하나마 긴 여름 햇살에서 채소를, 이미 내부화된 러시아 정교에서 안식을 얻는 이 자그마하고 안정된 마을을 존중하기로 했다.

마지막 점심을 순록 고기로 준비하신 할머니는 아직도 하고픈 이야기가 많다. 할머니는 큰 도시에서 40년을 보내신 분이다.

"나는 이곳에서 죽고 싶어. 여기서도 세상 돌아가는 것 다 알 수 있고, 외국인들도 실컷 볼 수 있어. 태어난 곳에서 마감하고 싶어."

이 살코기를 비롯하여 사우나에 물고기까지 나는 모두 공짜로 누렸다. 이 마을의 안정감이 그런 여유로운 마음을 만들어 내었으리라. 내가 대답했다.

"저도 똑같은 소망이 있어요."

"겨울에 아이들하고 같이 와. 아이들이 순록 썰매를 좋아할 거야."

다시 올 수 있을지 모르겠지만 이곳의 하얀 밤, 검은 강, 푸른 풀밭은
오랫동안 나의 꿈으로 남을 것이다.

5 그리스로 간 알타이

박물관 — 포악한 아버지의 착한 아들

자연은 동서로 달릴 때는 어디를 가나 비슷한 이미지를 만들어 낸다. 적도를 따라가면 지구 한 바퀴를 다 돌 때까지 공기는 똑같이 뜨겁고 가끔 비가 쏟아지며, 울창한 활엽수가 지표를 덮고 있을 것이다. 북회귀선을 한 바퀴 돌아도 비슷한 풍경이 이어진다. 사막도 동서로 이어지고, 초원도 동서로 이어진다. 시베리아의 동쪽에서 서쪽 끝까지 걸어간다 해도 자작나무와 가문비나무 숲은 그대로다. 자전축이라는 것이 바뀌지 않고 지구가 태양의 주위를 도는 한 이 진리는 바뀌지 않을 것이다.

자연은 우리 인간의 인식 너머에서는 어마어마한 복잡성을 품고 있지만, 일단 인간의 오감 영역 가까이에 오면 복잡성을 버리고 가장 단순한 이미지로 다가온다. 시베리아의 수억 그루의 자작나무 중에 잎의 개수가 같은 것은 몇 그루나 될까? 가지의 개수가 같은 것은? 수억 그루 나무 중 꼭 같은 모양인 것은 하나도 없다. 그러나 유럽의 자작나무나 시베리아의 자작나무를 우리는 구별하지 못한다. 하얀 껍질과 타원형의 잎들은, 우리 시야에 포착되는 순간 전체로 하나의 숲이 된다.

그러나 인간이 만든 것들의 이미지는 자연의 이미지와는 다르다. 동서로 움직이면 인공적인 풍경들이 끊임없이 바뀌며 단절을 만들어 낸다. 나무 기둥이 대리석으로 바뀌고 진흙 벽이 콘크리트로 바뀔 때 우리는 날카로운 차이를 느낀다. 곡선을 그리며 떨어지는 추녀를 보다가 타협 없는 직선의 지붕을 볼 때도 마찬가지다. 세상 어디에서든 '집'이란 사람이 들어가 사는 동일한 목적을 수행하는 건물임에도 우리는 동쪽의 집과 서쪽의 집을 본질적으로 다른 것으로 이해한다.

생소한 인공의 이미지를 대할 때 오감이 방어 태세를 취하는 것은 어쩌면 우리 생명의 보호 본능일지도 모르겠다. 이방의 도시에 갑자기 떨어져, 그 도시 전체를 사랑할 수 있는 사람이 몇 명이나 있을까? 또한 그 도시에서 들리는 소리가 우리에게 익숙하지 않은 것이라면 그 방어 태세는 배가된다. 거리거리마다 해석할 수 없는 의미들은 뒤엉켜 있고, 찰나의 순간에도 그곳의 인간들이 만드는 이해할 수 없는 행동의 고리는 이어진다. 왜 이 도시는 이렇게 조직되어 있으며 이렇게 흘러가고 있는지 우리는 이해할 수 없다.

모든 인공물은 고유의 시간을 가지고 있다. 그것은 자기만의 역사를 가지고 끼리끼리 뭉치며, 이렇게 뭉친 서로 배타적인 인공물들이 하나의 문화 지대를 구성하여 다른 문화 지대를 밀어낸다. 우리는 지난 몇 세기 동안 어떤 문화 지대의 인공물과 그 배후에 있는 정신이 다른 문화 지대의 그것들을 덮쳐누르는 것을 보았다. 그 정신은 제국주의였고 구체적인 행동 양태는 침략 전쟁이었다. 유럽인은 아시아와 아메리카를 침략하는 것이 유럽의 시간, 이른바 근대가 아시아의 '고대'와 아메리카의 '원시'를 밀어내는 것이라고 생각했다. 오늘이 어제를 밀어내는 것이 시간의 법칙인 것처럼 그들의 눈에 '미개'한 사회를 침략하는 것은 당연한 것이었다. 우리의 간사한 오감은 자신이 이해할 수 없는 시간들에 '미개'라는 딱지를 붙인다. 원시적 방식을 따르는 미개한 아시아와 아메리카의 이미지는 그렇게 만들어졌고, 이렇게 의식이 오감이 던져 주는 이방의 이미지를 이해할 수 없는 것으로 치부할 때 우리는 이방을 적대시하게 된다.

박물관이야말로 시공이 만들어 낸 패러독스의 결정판이다. 물론 내가 말하는 박물관은 대체로 고고학 박물관이다. 이 좁은 공간에서 인공물들은 시간과 공간의 이질성을 극복하고 화합을 시도한다. 피부가 맞닿으면서 애정이 시작되듯이 이렇게 가까이 붙어 있는 사물들이 서로를 미워하기는 쉽지 않을 것이다. 지난 수백 년 동안 함께했고 앞으로도 무수한 날들을 함께해야 할 동무이니까.

동서남북의 인공물들은 이 공간에 한데 모여 대체로 합리적인 기준에 의해 배열된다. 금이 은보다, 큰 것이 작은 것보다 더 중요한 위치에 진열되겠지만, 대개는 생산된 시간 순서에 따라 배열된다. 조악한 돌도끼가 번쩍거리는 쇠도끼보다 먼저 전시되는 것이다. 적어도 비슷한 시간대에 만들어진 것이라면 동쪽의 돌도끼도 서쪽의 돌도끼와 비슷한 대접을 받을 것이다. 여기에 현대의 스테인리스 도끼가 끼어들 틈은 없다. 박물관에서는 고대가 근대의 위에 선다. 사실 이것이 자연의 시간이다. 근대에 의해 전도된 시간을 박물관은 제자리에 갖다 놓는다.

물론 현실에서는 고대가 근대의 위에 있다는 자연사적 진리는 간단히 부인된다. 돈이 넘치는 이들은 매년 새 자동차를 사는 것을 낙으로 여기고, 언제나 신형은 구형을 극복한다. 그러나 이곳 박물관에서는 장유(長幼)의 질서가 존중된다. 오늘날 박물관이라는 지극히 근대적인 인공물이 아니면 시간의 질서를 존중하는 이가 또 누가 있을까? 인공물들에 구현되어 있는 수만 갈래의 시간과 무수히 다양한 공간들이 만들어 낸 이미지들이 이 시대의 이 공간, 바로 박물관이라는 곳에서 거대한 덩어리로 혼효되는 것이다. 현대의 어떤 공간에서도 보기 어려운 시공의 대화합이 박물관에서 일어난다.

그러나 더욱 지독한 패러독스는 그런 대화합이 일어난 과정이 그 결과와 동떨어진 것이었다는 점이다. 그 화합은 제국주의라는 역사적인 과정을 거치지 않고는 만들어질 수 없었다. 세계의 위대한 박물관들은 모두 침략자들과 손을 잡고 성장했다. 이탈리아 컬렉션으로 유명한 루브르 박물관은 루이 12세가 밀라노를 점령하면서 시작된 수집 활동을 출발점으로 성장했다. 대영박물관의 오리엔트 컬렉션은 제국주의자들에 의한 약탈의 증거인 역할을 묵묵히 하고 있다. 지금도 베를린 페르가몬 박물관의 주요 보물들의 소유권을 두고 독일과 터키는 법정 싸움을 벌이고 있다. 그리고 지금 내가 서 있는 에르미타주 박물관의 시베리아·중앙아시아 컬렉션은 러시아 제국의 '탐사' 덕분에 전시될 수 있었다. 본래의 자리를 떠난 유물들은 자기가 자란 시간과 공간의 공기를 떠나 포르말린 용액 속에 든 표본으로 전락하고 만다.

그러나 현실에서 벌어진 침략의 야만성에 비하면 위대한 박물관들 안에서 유물들이 스스로 이룩한 대화합은 제국주의의 악행이 만들어 낸 뜻하지 않은 순기능 중에서 가장 주목할 만한 것이다. 마치 천하의 악당 고수(瞽瞍)가 천하의 효자 순임금을 낳고, 자식을 잡아먹은 크로노스가 정의의 신 제우스를 낳은 것처럼. 이 악당의 아들들의 준수함과 선량함을 인정한다면 그에게 연좌제를 적용하기는 어렵다. 세계를 돌아다닐 때 한결같이 나를 반기고 위로해 준 이가 바로 이 악당의 아들이었으니까. 아들은 아버지와는 비교도 할 수 없는 품으로 넉넉한 시간을 품고 있다. 그 때문에 나는 엄청난 자연사적 시간 속에 있다는 동질감 속에서 공간의 이질감을 쉽게 떨칠 수 있었다. 아무리 낯선 이국의 거대 도시에 떨어진다고 해도 그 도시 박물관의 첫 진열대는 대개 조악한 돌도끼나 부싯돌이 차지할 것이다. 그 부싯돌은 자연의 설계로 만들어졌기에 동서의 구분이 없다. 화살촉이 살상의 기능을 하려면 그 모양이야 자연이 정해 준 살상의 디자인, 즉 맹수의 이빨을 닮지 않을 수 없다. 이 유물들의 동질성을 바라보면 그것들을 만들어 낸 사회의 구조와 그 구조를 만들어 낸 우리 종(種) 인간의 정신 구조의 변하지 않는 동질성으로 인해 무한한 안도감과 인류애를 느낄 수밖에 없다.

고고학 박물관의 문을 들어서는 순간 우리는 시간과 공간이 동시에 발효되어 제3의 시공간을 만들어 내는 것을 감지한다. 관찰자의 의식은 현재와 과거, 박물관의 유물과 실제의 유적 사이를 빠른 속도로 이동하면서 한순간도 정체되지 않고 끊임없이 뒤틀리는 시공간을 경험한다. 돌화살촉이 사냥감 혹은 적의 심장을 뚫는 소리를 들으며 추적자들의 역동적인 동작을 따라가는 순간, 시위를 떠난 화살촉이 얇은 시공간의 가림막, 저 진열장의 허약한 유리막을 뚫고 현실의 시공간으로 뛰쳐나와 나의 심장을 꿰뚫어 버리는 것이다. 고대인의 투쟁과 애환의 발자국이 나의 가슴에도 찍히고, 동서남북과 천상천하가 고대·현대·미래와 연결된 시공간, 말하자면 자연사적 질서에 의해 재정리된 시공간에서 갑작스레 겸손해지고 만다. 영광스럽게도 수천 년을 살아온 할아버지 화살이 겨우 몇 십 년 전에 탄생한 손자의 심장을 뚫고 지나간 것이다. 그때는 자기도 모르게 내가 서 있는 이 땅이 얼마나 단단한 곳인지 발을 한 벌 굴러 보고 창을 통해 들어오는 햇빛의 나이를 새삼스레 생각하며 새털 같은 현대인의 인식의 무게를 절감하게 된다. 까마득한 옛날부터 인간은 시간의 창고에 낱알 하나하나를 보태 왔고, 우리 현대인도 그저 한 알을 보태고 있다. 이 반복되는 과정에서 시간은 현

대인에게 어떠한 특권도 부여하지 않는다. '대단한 현대'란 우리들 착각
속에서나 존재한다.

유리 상자 속의 연인

13년 전인가, 피곤에 찌든 파견 노동자로서 우연히 베를린의 페르가몬 박물관에 들러 이슈타르 문을 지키는 바빌로니아의 용을 보았다. 그러나 나의 가볍고 어린 영혼은 그 세월을 들어 올리지 못했기에 흔한 사진 한 장 찍지 못했다. 기원전 7세기의 모자이크는 그저 퍼런 벽돌들의 덩어리에 불과했다. 그랬던 내가 당당한 무적자(無籍者)가 되어 지금 세계 최대 박물관의 문 앞에 서 있다. 이제 박물관 여행을 떠나자. 이 안에서 누군가가 아주 오랫동안 지구 반을 돌아 온 연인을 기다리고 있다.

에르미타주는 거대하다. 상트페테르부르크 네바 강가에 서 있는 세계에서 가장 크고 오래된 박물관 중 하나. 제정 러시아 황제의 거처로 쓰였던 겨울궁전을 본관으로 쓰는 이곳의 유물 하나하나를 1분씩 보는 데만 몇 년이 걸린다고 한다.

지금 이 거대한 박물관을 훑어보며 지나간다. 먼저 파라오의 신성 문자가 가득한 방을 지난다. 태양을 굴리는 청금석 쇠똥구리와 신성한 소 아피스가 은근히 경쟁을 하고, 뿔 없는 뱀과 뿔 달린 뱀이 함께 새겨진 검은 화강석 석관들이 가운데를 차지한 전시실을 지난다. 오시리스, 이시스, 호루스, 아누스가 유리관 속에서 사람들을 응시한다.

이 방을 통과하면 그리스의 흑도들이 제각기 이야기를 품고 사람들을 기다린다. 용사 아킬레우스가 말에 창을 겨누고, 파에톤이 어떤 영웅과 협상을 나누는 신화적인 이미지들, 그리고 낙타를 끌고 가는 이방인의 사실적인 이미지들이 그리스 문화의 섬세함을 뽐낸다. 흑해 일대를 풍미하던 그리스 도자기들은 어떤 현대적인 문화 상품보다 오히려 더 복합적이다.

그런데 이것은 무엇인가? 그리스풍이 아닌 무장을 한 기마 용사가 창을 들고 어떤 괴수와 싸우고 있다. 근육이 씰룩거리는 사자 몸통에 독수리 부리, 쫑긋한 귀를 가진 괴수가 기사와 생명을 건 결투를 벌이고 있다. 기사는 미늘 갑옷을 입은 스키타이이다. 그런데 저 친숙한 괴수는 누구란 말인가? 아, 저 녀석은 오르도스 박물관의 흉노 장신구에서 본 그놈이 아닌가? 아, 그보다 훨씬 동쪽 북경의 수도박물관에서 본 황금 괴수가 아닌가? 이 녀석이 오늘 박물관 여행을 이끌 문제의 동물이다. 강력한 발톱으로 말의 어깨를 움켜쥐고 용사의 방패를 떨어뜨렸지만 용사의 창을 피하지는 못했다. 과연 누가 승자가 될 것인가?

걸음을 계속 옆방으로 옮긴다. 먼저 중동의 점토 유물들이 기다리고 있다. 가슴을 움켜쥐고 있는 이란 고원의 대지의 여신, 아슈르나시르팔을 인도하는 날개 달린 신이 시선을 멈추게 한다. 이어서 흑해 일대에서 동아시아까지 뻗어 있는 유라시아 대륙의 문화 지대들을 하나하나 건너가다 철기 시대 초원 지대로 들어가 스키타이 황금 컬렉션 전시실에 닿으면 걸음 속도는 훨씬 느려진다. 장엄한 뿔을 꼬리까지 드리우고 하늘을 질주하는 황금 사슴의 조각들과, 헤로도토스가 감탄한 그들의 거대한 청동 솥을 보니 셔터를 누르는 손이 살며시 떨렸다. 술잔도, 장신구도, 화폐도, 칼집도 온통 황금이었다.

그리고 다시 내가 찾던 놈을 보았다. 이번에 그놈은 사슴을 공격하고 있다. 사자 몸통에 독수리 부리를 하고 날개를 단 그 녀석. 목의 갈기는 아무리 봐도 파충류의 것 같다. 엉덩이를 공격당한 사슴은 뒤를 돌아보며 비명을 지르고 있다. 금으로 도금한 청동 솥의 파편에는 그 괴수의 난폭한 힘이 생생하게 묘사되어 있었다. 여기에 오니 그놈들 천지였다. 그놈들은 사슴의 천적인 것 같다. 이번에는 목을 물린 사슴이 땅바닥에 쓰러져 있고, 그놈은 발톱으로 사슴을 움켜쥐고 있다. 그리고 몇 발자국을 더 가니 그리스 흑도에 그려진 그 미늘 갑옷이 눈에 들어온다. 그리스인들이 묘사한 것은 초원의 전사가 독수리의 부리를 한 사자 몸통의 괴수와 싸우는 것이었다. 스키타이들은 이 동물이 사슴을 유린하는 모티프를 더 선호한 것 같지만, 몸을 한껏 비틀고 파충류의 갈기를 곧추세운 초원의 녀석들이 훨씬 더 흉포하게 보인다.

이제 오늘의 목적지에 가까이 왔다. 파지리크 유물들. 얼음 속에서 피부도 손상 되지 않고 2000년 이상 묻혀 있다 나온 알타이 유목민들의 미라와 유물이 전시된 곳이다. 멀리서도 커다란 목관이 보인다. 저기가 나의 연인들이 기다리고 있는 목적지다. 그리고 또 그놈이 보인다. 모직물 문양에도, 나무 조각에도, 말 장식물에도 온통 그놈의 이미지다. 더욱 삐죽 나온 갈기와 커다란 부리, 그러나 약간 과장되고 우아한 몸짓이 서쪽과는 조금 다르다. 그리고 녀석의 몸집이 훨씬 커졌다. 이놈은 멀리 알타이 동쪽에서도 주인공이었던 것이다. 놈은 이제 사슴 발굽을 하기도 한다. 뭔가 예술적인 변형이 일어난 것을 당장 알 수 있다.

모자를 쓰고 생명수(生命樹)를 든 대머리 사제를 알현하는 코가 큰 기사(騎士)가 수놓여 있는 카펫이 보인다. 표정을 보니 그 둘은 분명 대단히 우호적인 이야기를 나누고 있다. 중국 전국 시대 초(楚)나라에서 직수입한 것으로 보이는 봉황 문양을 수놓은 비단 천. 오는 것이 있으면 가는 것도 있을 것이다. 파지리크인들은 왜 가까운 진(秦)나라 양식이 아니고 더 먼 초나라 양식을 빌려 왔을까? 아마도 그들은 정주 세계에서 가장 세련된 양식을 찾아 초나라의 문물까지 원했고, 진나라 사람들이 중계인 역할을 했을 것이다. 봉황이 오고 가면 이야기들이 오고 가지 않을 수가 없었겠지. 주인과 함께 묻힌 네 바퀴 수레는 조금도 부패하지 않고 간직되어 있다. 독수리 부리의 괴수는 봉황처럼 약간 우아한 모습에 다리도 두 개로 줄어든다. 문화의 접변 현상이다.

나를 기다리던 사람들은 모두 유리 진열장 속에 누워 있다. 파지리크 무덤의 주인공, 여전히 빛나는 황금빛 머리카락 몇 올을 간직하고 영원히 얼어 있는 대지를 나와 유리관 안으로 들어간 사람들. 목을 뒤로 젖힌 모습이 안쓰러워 베개를 받쳐 주고 싶다. 이들을 보기 위해 얼마나 먼 길을 돌아왔는가? 그들은 끝내 눈을 뜨지 않았지만 나는 그들이 들려주는 이야기를 듣기 위해 이 방을 몇 번이나 돌았다. 그곳은 현실과 예술과 신화가 이질감 없이 섞여 발효된 공간이었다.

내가 왜 이곳에서 멈춰 섰는가? 그들이 바로 독수리 머리에 사자의 몸통을 가진 괴수 '그놈'의 이미지를 가공하여 서쪽으로 퍼뜨린 사람들이기 때문이다. 분명 높은 신분이었을 사내의 어깨 피부에는 말의 발굽을 한 그놈이 또렷이 새겨져 있다. 지금 나는 동서의 이미지들이 결합하는 지점에 서서 신화적 이미지의 교류를 상상하고 있다. 그리고 초원의 이미지들이 동서로 퍼져 나가는 지점에 서서 이미지들의 발생을 추측하고 있다. 과연 신화의 이미지들은 어디에서 생겨나고 얼마나 멀리 여행할 수 있을까? 모든 접점은 신성하다. 가장 도전적인 이들만이 접점으로 다가갈 수 있다. 그리고 가장 마음이 넓은 이들만이 접점에서 변화를 시도한다. 파지리크 2호 쿠르간(kurgan, 고분)에서 발굴된 추장의 두상은 완벽한 몽골로이드(Mongoloid)다. 그 시절에는 이미 유로포이드와 몽골로이드가 섞여 살았으리라. 동서의 인간들이 뒤섞이면서 이야기들도 뒤섞이고, 또 이미지들도 뒤섞였으리라. 이제 그놈 이야기를 좀 더 해 보자.

그리핀의 고향을 찾아서[5]

현실에 존재하지 않는 환상적인 동물이나 인물은 순진한 원시인의 상상력 건축물의 맨 꼭대기를 차지하고 있었을 것이다. 예를 들어 거대한 뱀의 몸통에 날카로운 발톱을 달고 하늘을 나는 용의 모습을 모르는 사람은 없을 것이다. 전 세계에 용의 이미지를 간직하지 않은 나라는 없다. 황소나 사자가 날개를 달자 뱀도 날개를 달기 시작한다. 뱀이 먼저 달았는지 황소가 먼저 달았는지는 아직 밝혀야 할 과제지만 세상일이 대개 그렇듯 첫 번째 상상이 어려울 뿐 가지치기는 쉬운 일이다.

그렇다면 그 첫 번째의 번뜩이는 상상은 어떤 계기로 일어났을까? 하늘 아래 새로운 것은 없다고 했던가. 나는 첫 번째 상상이 역시 자연에서 왔다고 확신한다. 백지 상태에서 상상할 수 있는 사람은 없을 것이다. 보지 않은 것, 듣지 않은 것은 상상될 수 없다. 자연계의 돌연변이를 보며 사람들은 우리가 일상적으로 생각하는 것 이상의 세계가 있다고 생각했을 것이고, 아직 닿아 보지 못한 미지의 공간에는 무궁무진한 변화가 기다린다고 느꼈을 것이다. 지금도 자연계는 볼수록 이해할 수 없는 것투성이라 상상력을 제거하면 읽어 낼 수가 없다.

혹자는 저 독수리 머리 괴수의 고향으로 이곳 알타이 일대를 지목한다. 그것도 비교적 충분한 근거를 가지고. 이곳 신화의 주인공인 독수리 머리 괴수가 멀리 서쪽으로 여행을 계속하여 그리스 세계까지 들어간 것이다. 가장 서쪽으로 멀리 여행한 친구들은 그리핀이라 불렸다. 안타깝게도 그리핀은 그리스 신화의 체제로 들어가는 입구에서 멈추고 말았다. 그리스 세계에서 로고스(논리)가 뮈토스(신화)의 숨통을 조여 그 삶을 끝장낼 찰나에 막 도착했기 때문이다. 좀 더 일찍 들어갔더라면 히드라나 페가수스처럼 이야기의 주인공이 되었을 텐데. 이제 기

록의 문턱에 올라 환상의 세계로 들어가지 못한 알타이의 독수리 머리 괴수를 추적해 가 보자. 하나하나 붙이다 보면 언젠가 고대 알타이 신화의 모자이크가 전모를 드러낼 날이 올지도 모르니까.

　민속학자 아드리엔느 메이어는 날개 달린 괴수와 거인족이 실제로 존재했다는 주장을 펼쳤다. 고대인들이 바로 공룡이나 멸종한 거대 포유동물의 유해나 화석을 보고 그런 캐릭터들을 창조했다는 것이다. 그녀가 헤로도토스의 『역사』를 중요한 출발점으로 삼고 있기 때문에 나도 『역사』를 다시 찬찬히 읽었다. 그리고 그녀의 추론이 상식적이면서도 일리가 있다는 확신을 얻었다. 헤로도토스는 이렇게 말했다. "(이집트) 테베 부근에는 신성하다는 뱀이 있는데, 인간에게는 전혀 해를 끼치지 않는다. 모양은 작고 머리끝에 두 개의 뿔이 나 있다. 이 뱀이 죽으면 제우스의 신전에 묻는다."[6]

실제로 아프리카에는 뿔 달린 뱀이 있다. 비록 작기는 하지만 뿔은 뿔이다. 오늘날에도 가끔 그런 종이 발견되곤 하니까 과거에는 더 많았을 것이다. 이 뿔 달린 독사는 상형 문자(신성 문자)에도 등장하는데 f라는 음가를 가지고 있었다. 일단 뱀에게 뿔을 달면 그 뿔의 길이를 조절하거나 다리를 다는 것은 쉬운 일이다. 뱀과 똑같이 생긴 도마뱀도 다리가 있지 않은가. 뱀, 도마뱀, 악어, 뿔 달린 독사 등이 넘치는 환경에서 용의 이미지가 생겨나지 않았을까? 아주 먼 옛날 옛적에.

그러나 자연계에는 피와 살을 잃었지만 여전히 현실 속에 존재하는 신비한 존재들이 있다. 이들은 상상력의 주문 없이 부활할 수 없는 특이한 존재다. 헤로도토스는 더 재미있는 이야기를 한다.

"부토 시와 마주 보고 있는 아라비아의 한 지방이 있는데, 나는 예의 날개가 있는 뱀에 대해 조사를 하기 위해 이 지방을 방문한 적이 있다. 가서 내가 본 것은 이루 다 말할 수 없을 정도로 많은 뱀의 뼈였다. (……) 전하는 말에 따르면, 봄이 되면 날개가 있는 뱀은 아라비아에서 이집트로 날아오는데, 이비스(따오기)라고 하는 새가 나라의 입구에서 기다렸다가 이들을 공격하여, 그들의 침입을 허락하지 않고 죽여 버린다고 한다."

이집트 사람들은 다 알고 있는 존재, 너무나 유명해서 그리스인 헤로도토스가 직접 조사하겠다고 결심한 그 날개 달린 뱀이란 어떤 공룡의 화석임이 확실하다. 아마도 목이 긴 바다 공룡의 유해가 아니면 익룡의 것이었을 테다. 이집트인들은 이 뼈 무덤을 보고 신성한 따오기가 동쪽에서 날아오는 괴물 뱀을 물리친다는 이야기를 만들었다. 인간은 이렇게 자연에서 최초의 이미지를 얻고 상상력을 동원하여 서사를 만들어 낸다.

이제 우리가 찾으려 하는 신화의 이미지, 독수리 부리에 사자 몸통을 가진 괴수, 서쪽 그리스와 알타이의 파지리크, 그리고 동쪽의 북경 박물관에까지 널려 있는 그 녀석의 실체를 밝힐 차례가 되었다. 그리스 사람들이 그 괴물을 그리핀이라고 부른 것은 꽉 움켜쥐는 괴물을 형상 하기 위해서일 것이다. 자연에서 최초의 상상력이 발생했다는 가설을 믿는다면 이 그리핀은 멀리 알타이 너머 고비 사막에서 태어나 서쪽의 그리스 땅까지 여행을 온 것이다.

메이어가 펼치는 이야기에 내가 보충할 수 있는 이야기를 더해서 그 리핀의 탄생과 죽음에 대해 고찰해 보겠다. 메이어의 설명에 의하면 "기록에 따르면 그리핀은 두 마리씩 짝을 이루거나 무리지어 다녔고 땅에 둥지를 틀었으며 침입자들로부터 황금을 지키면서 말이나 수사 슴, 심지어 인간까지도 사냥했다. 그러나 초자연적인 힘은 갖고 있지 않았다." 그리고 "스키타이 유목민은 그리스인에게 그리핀에 관한 이야기 를 처음으로 해 준 사람들이었다." 그리고 문헌들을 종합해 보면 "기원 전 7세기에서 서기 4세기 사이의 문헌은 모두 그리핀의 서식지가 스키 타이 유목민들이 금을 찾아 헤매던 중앙아시아의 적막한 황무지라고 적고 있다."

그리핀을 신화적으로 각색하여 선풍적인 인기몰이를 한 사람은 바 로 그리스인 아리스테아스로 그는 지금은 사라져 버린 「아리마스페아 (*Arimaspea*)」라는 모험 서사시를 썼다고 한다. 이를 따라 위대한 시인들 도 그리핀을 소재로 쓰기 시작했으니 「아리마스페아」의 흥행은 대체로 성공한 것이다. 기원전 5세기 아이스킬로스는 『결박된 프로메테우스』 에서 그리핀을 묘사한다.

프로메테우스는 제우스의 바람기에 속고 헤라에게 저주를 받아 방 랑의 길을 떠나는 이오에게 고르곤과 제우스의 개를 조심하라고 한다. 이어지는 구절들은 「아리마스페아」에서 차용한 것이 분명하리라 짐작된다. 프로메테우스가 이오에게 동방으로 가는 길을 알려주고 있으니까. 무시무시한 고르곤 자매들을 피하면 만나게 되는 괴물이 바로 제우스의 개다. 프로메테우스는 말을 잇는다. "짖지는 않지만 날카로운 이를 가진 제우스의 사냥개들을 조심하세요. 그리핀도 조심하시고, 그리고 말을 탄 외눈박이 아리마스포이들을 조심하세요. 그들은 황금이 넘쳐흐르는 플루톤(하데스)의 물결 옆에 살고 있답니다. 그들 곁에 가지 마세요."

좀 더 시간이 지나 역사학자 크테시아스는 그리핀이 인도 북부의 커다란 산맥에 살면서 황금을 지키는데, 몸통은 늑대만 하다고 했다. 메이어는 이렇게 추론한다.

"기원전 7세기경 그리스인들은 최초로 스키타이 유목민들과 접촉했다. 이때 황금을 비롯한 이국적인 물품과 함께 유목민의 설화도 처음으로 전해졌고, 여행가이자 시인인 아리스테아스가 그리핀에 관한 이야기를 자신의 서사시에 처음 등장시킨 것이다."

이어서 이렇게 보탠다.

"지금으로부터 3000여 년 전에 사카-스키타이 유목민들은 천산(텐산) 산맥과 알타이 산맥 사이의 서부 고비 사막 일대에서 금을 찾아다녔다. 아리스테아스는 기원전 675년경 알타이 산맥의 북쪽 기슭을 여행하다가 스키타이 유목민 부족인 이세도네스 사람을 만났다. 그들은 이세도네스 너머 광대한 황무지에는 사나운 '그리핀'이 황금을 지키고 있다고 말했다. 그는 그들이, 그리핀이 사자 크기만 한 포식 동물이며 독수리 부리처럼 굽은 커다란 부리를 갖고 있는 것으로 설명했다고 덧붙였다."

아리스테아스가 실제로 알타이 산맥 북쪽까지 여행을 했는지 알 수 없다. 그리고 그가 정말 이세도네스 사람들을 만났는지도 확신할 수 없다. 하지만 아리스테아스가 스키타이로부터 그리핀의 전설과 이세도네스에 대한 이야기를 들은 것은 확실하다. 다시 『역사』의 관련 부분들을 찾아보았다.

"아리스테아스는 그의 서사시에서 다음과 같이 말하고 있다. 포이보스(아폴론)에게 영감을 받아 이세도네스에 갔는데, 이세도네스 건너편에는 외눈인 아리마스포이들이 살고, 그 건너편에는 황금을 지키는 괴조 그리프스 떼가, 그리고 그 건너편에는 히페르보레오이가 살며, 여기에서 더 가면 바다에 이르게 된다는 것이다. 히페르보레오이를 제외하면, 아리마스포이를 비롯해서 이들 모든 민족은 끊임없이 이웃 민족을 공격한다. 이세도네스인은 아리마스포이에 의해 쫓겨났고, 스키타이는 이세도네스인에 의해 쫓기고 키메르인은 스키타이에 의해 그 땅에서 쫓겨났다고 한다."

그렇다면 이세도네스인은 스키타이가 살던 곳의 동쪽에 살고, 아라마스포이는 또 그 동쪽에 산다. 헤로도토스의 서술에 의하면 아락세스 강 동쪽에 이세도네스와 마주 보는 마사게타이 사람들이 살고 있다고 했다. 그들은 페르시아의 키루스가 정복하려다 실패한 민족으로 헤로도토스도 알고 있었다. 그 강은 아마도 지금의 볼가 강일 것이다. 그 강보다 훨씬 동쪽이라면 카자흐스탄에서 고비 사막에 이르는 어떤 지대이며, 헤로도토스가 사람이 통과할 수 없는 커다란 산과 황무지라고 말한 곳을 천산과 알타이라고 추정할 수 있다. 우랄 산맥이나 카르파티아 산맥이 머나먼 동쪽의 민족 아리마스포이의 고향이 될 수 없다.

메이어는 그리핀은 고비 사막에 화석이 되어 무더기로 남아 있는 프로토케라톱스의 유해에서 탄생했다고 단정한다. 바로 내가 에르미타주에서 목격한 그 괴수의 형상들이다. 메이어는 파지리크에 주목한다.

"전사로 보이는 한 남자 미라의 피부에 검푸른 동물 문신이 새겨져 있다는 점이다. 문신에는 그리핀을 포함하여 몇몇 알 수 없는 동물이 새겨져 있다. (……) 그리핀의 이미지는 고대 그리스의 문학적 기록과 사모스 섬의 청동 그리핀 조상을 아주 많이 닮았다. 결론은 분명했다. 스키타이 유목민은 그리핀 설화를 알고 있었고 그것을 아리스테아스가 채록한 것이다."

이어서 메이어는 1922년 미국의 탐험가 로이 앤드루스의 이야기를 전한다. 그가 알타이 산맥 근처 고비 사막에서 엄청난 양의 프로토케라톱스 화석을 발굴한 것이다. 프로토케라톱스는 몸체가 2미터 정도로 대략 사자만 한 몸집에 네 개의 다리를 갖고 있다. 머리에는 험악해 보이는 부리와 커다란 눈두덩이 있다. 뼈로 보아서는 분명히 거대한 네 발 달린 새다.

금이 있는 곳에 바로 이 화석이 있다. 어떤 것은 벨로키랍토르와 싸우는 모습으로 고스란히 화석이 되었다고 한다. 금을 찾는 이들이 여기저기 널려 있는 이 유골을 보며 공포에 빠지고, 금을 지키는 괴물 이야기를 만들어 낸 것은 너무나 당연하다. 알타이-고비에서 금을 지키던 괴물이 서쪽으로 계속 여행을 해서 그리핀이 된 것이다!

고대인들은 거대한 뼈를 발견하면 흔히 신화 속 괴물과 연상시키곤 했다. 동서양의 차이가 없다. 공자는 오나라 사람들이 발견한 거대한 뼈를 우임금 시절 소집에 늦어 벌을 받아 죽었다는 거인 방풍씨(防風氏)와 연결시켰다.

마지막으로 『산해경』 「해외북경」의 의미심장한 기록을 덧붙인다.

"일목국이 그 동쪽에 있는데, 그곳 사람들은 얼굴 가운데 외눈이 있다. 어떤 설에 의하면 수족이 있다고 한다.(一目國在其東, 一目中其面而居, 一曰有手足)"

「해외북경」에 의하면 일목국의 방위는 중원의 서북(西北)이다. 혹시 알타이-고비 일대의 아라마스포이가 일목국 사람들일까? 어쨌든 그리 핀은 동쪽에서 멀리 서쪽으로 여행을 떠나 서쪽 이야기 속에 한 자리를 차지했다. 동쪽에서 불리던 원래의 이름은 잃어버린 채.

넵스키, 몽환의 거리

모스크바에서 적은 일기는 몇 장 되지 않는다. 왠지 그곳은 남의 도시 같았다. 상트페테르부르크에 오자 하고 싶은 말이 많아진다. 언젠가 온 듯 익숙한 도시.

휘적휘적 넵스키 대로를 걸어간다. 도시 서북부 네바 강에 위치한 이 거리는 해군성에서 알렉산드르 넵스키 수도원까지 약 5킬로미터 정도 뻗어 있는 번화가이다. 모스크바의 어떤 아침 거리를 술이 덜 깬 발걸음으로 걷는다면 숙녀나 신사는 물론이고, 먹잇감을 찾는 경찰들의 시선으로부터도 용서를 얻지 못할 것이다. 그러나 왠지 이 거리에서는 나도 비척거릴 권리가 있는 것 같고 사람들은 무엇이든 받아들일 준비가 되어 있는 듯하다.

페테르부르크에서 니콜라이 고골의 이름을 한번 불러 주지 않는다면 그 여행자는 게으름뱅이가 분명하다. 코가 뛰어가고, 코를 잃은 코발로프가 따라간다. 외투를 뺏긴 아카키의 유령이 네바 강의 다리 위를 어슬렁거리다 사람들 사이에 섞인다. 나는 그런대로 적당한 거리에서 약간의 쓴웃음과 연민을 가지고 그들을 바라볼 수 있다. 그러나 사랑을 잃은 화가 피스카료프의 죽음만은 아직도 받아들일 수 없다. 고골은 왜 그런 인물을 만들어 이 도시를 서글프게 만들었는지. 그러나

이 슬픈 인물 덕에 이 도시는 사랑의 도시가 되었다. 사랑, 누구에게는 휴지처럼 가벼운, 그러나 누구에게는 삶 전체보다 무거운 것.

그들 군상과 함께 정말 "외투로 몸을 꼭 감싸고 도중에 부닥치는 것들에는 일절 눈을 돌리지 않겠다고 다짐하며" 걸어오는 고골이 보이는 것이다. "오, 절대 넵스키 거리를 믿지 말라!"라고 중얼거리면서.

어제 너무 많이 마셨나 보다. 어제 도대체 나는 무슨 일을 했던가? 이제 그 이야기를 해 보자.

러시아를 떠날 때가 다가왔다. 그러나 어찌하여 정작 러시아 사나이들과 술 한 잔 하지도 못했던가. 소심한 나의 심장에 의해 외면당한 슬라브의 술꾼들에게 진 빚을 어떻게 갚을 것인가? 러시아로 들어오던 날 열차에서 만난 안드레이를 보고 싶었다. 러시아는 안드레이들의 나라가 아닌가.

그러다 이 도시에서 우군을 만났다. 코이카 봉사단으로 나온 남상철 형. 몽골에서 활동하다 짧은 휴가를 쪼개 러시아로 온 사나이다. 체육교사인 그는 믿음직한 근육을 가지고 있었다. 러시아에서 남자의 근육은 여성의 미모에 버금가는 재산이다. "혹시 한국 사람이세요?" 하면서 길을 묻는 그를 페테르부르크 역에서 우연히 만났을 때부터 나는 동행을 결심했다. 그는 러시아어를 한마디도 못했기에 더듬거리는 내 회화도 도움이 되었다.

페테르부르크를 떠나기 전날 우리는 바다를 찾아갔다. 네바 강과 핀란드 만이 만나는 곳으로. 우리 둘은 진짜 러시아를 경험하자는 데 동의했다.

"갑시다. 미인들을 만나러."

그리하여 우리는 핀란드 만으로 떠났다. 적당히 따뜻한 날씨, 적당히 따가운 햇빛, 적당히 촌스러운 건물들, 적당히 널려 있는 쓰레기. 해변

에는 적당한 수의 과자 봉지들과 치우지 않은 나뭇가지들이 널려 있고, 그리고 무엇보다 적당한 수의 사람들이 바다의 안과 밖을 즐기고 있었다. 민망스러운 무늬가 놓인 속옷도 상관하지 않고 우리도 바다를 즐겼다. 체리 한 봉지와 바나나 한 송이, 맥주 네 캔, 보드카 한 병, 이것이 우리의 재산이었다. 그러나 어떤 한가한 미인들이 이 정도 선물에 혹하겠는가. 우리는 이내 더 쉬운 목표를 찾았다.

모래밭 한 귀퉁이에서 여느 러시아 청년들처럼 수염은 꽤 자랐지만 왠지 앳된 사내 셋이서 돼지고기꼬치(샤슬릭)를 굽고 있었다. 연기를 풀풀 뿜어내며 사내 녀석 셋이 나름대로 술상을 차리고 있었다. 그런대로 보드카는 한 병 챙겨서 왔지만 고기를 굽는 폼이 심히 궁상맞다. 세 녀석이 태우다 말다 하며 억지로 익힌 고기를 들고 술을 한 잔씩 하는 차에 우리가 다가갔다. 오늘은 저 녀석들에게 뭔가를 베풀리라. 분명히 우리가 형들이니까.

"한잔할까?"

"좋지."

"왜 남자들만 왔냐?"

셋이 같이 빙그레 웃는데, 눈이 얼마나 어린지 깜짝 놀라고 말았다.

"어디서 왔냐?"

"치타에서."

"그렇게 동쪽에서? 왜?"

"돈 벌러 왔지."

녀석들도 이 해변에 나온 목적은 우리와 비슷했다. 도시보다 안전하고 아늑한 곳, 그들의 얇은 주머니로 두둑이 배를 채울 수 있는 장소가 필요했던 것이다. 이곳에서 스스로 불을 피우면 최소한 고기를 실컷 먹을 수 있지. 희박한 북구의 태양도 마음껏 누리면서.

중키에 얼굴이 예쁘장한 드니스, 검은 머리에 키가 큰 알렉세이, 그리고 수줍음이 많은 블라디미르, 이들은 고향 친구다. 그들은 갓 도착했고 아직도 일을 찾고 있었다. 하지만 이 문화의 도시에서 그들이 찾는 것도 뭔가 '부드러운(네즈니)' 것이었다. 단어를 나열하는 식의 나의 러시아어로도 우리는 거의 모든 이야기를 나누고 거의 모든 몸짓을 즐겼다. 여자, 일, 희망, 그리고 스포츠. 삼 대 이 축구 시합에서 우리는 가볍게 녀석들을 제압했다. 축구 시합에 보드카 한 병을 걸고. 하지만 오늘의 주인은 형들이다. 고향 떠나 일을 찾는 너희와 우리는 다 이 도시의 손님이다.

"오늘은 마음껏 먹어 봐."

녀석들은 아이들처럼 환호했다.

"형, 내 여자 친구를 보여 줄게."

드니스가 여자 친구를 부르겠다고 호언장담한다. 녀석은 오랫동안 전화를 돌렸다. 그녀는 오지 못했다. 그러다 다시 이런 제안을 한다.

"여자 친구가 많은 친구들을 부르지. 시내로 가자."

녀석들은 배가 고팠고, 특히 알렉세이는 술이 고팠다. 오늘은 녀석들이 우리의 보디가드다. 어떤 두려움도 없이, 술이 있는 페테르부르크의 밤을 맞을 수 있다. 일단 해변 가까운 곳에 보드카를 마시는 곳으로 갔다. 우리는 아껴 둔 여비를 풀 준비가 되어 있었고, 녀석들은 마실 준비가 되어 있었다.

"여자 친구는?"

농담을 던졌더니 알렉세이가 어깨를 으쓱한다. 아마도 녀석들이 '여자 친구'로 생각하는 그녀들은 그들을 '남자 친구'로 생각하지 않을 수도 있겠다. 녀석들은 예외 없이 형들에게 여자 친구를 보여 주겠다고 전화를 돌렸지만 그녀들은 한 명도 오지 않았다. 그러나 그 녀석들의

행동에는 차가운 샘물 같은 각성 작용이 있었다. "형!" 하고 부를 때마다 알 수 없는 애정이 끝없이 솟아났다. 그래, 형이 그 애정을 숨겨 두고 있었던 거야.

부블레프카, 처음 보는 보드카였다. 블라디미르에게 술을 줄 때는 조심스럽다. 어른 흉내를 내고 싶지만 아직 술이 익숙하지 않은 녀석이니까. 그러나 자기 이름이 레닌과 똑같은 블라디미르라는 사실에 나름의 자부심을 느끼는 녀석이었다. "레닌은 터프한 사람이었는데." 하고 추임새를 넣으면 얼굴이 벌게지는 것도 무시하고 한 잔씩 넘긴다.

우리는 시가지로 향했다. 그사이 얼굴에 술꾼이라는 표지를 쓴 친구가 한 명 합류했다. 그리고 장소를 옮길 때마다 그런 '친구들'이 하나둘 도착했다. 결국 술판이 무르익었을 때 우리 무리는 열 명을 넘겼다. 모두 동부에서 일을 찾아 페테르부르크를 찾아온 녀석들이다.

녀석들은 순진했다. 오늘 형이 산다고 다짐을 두었지만 형의 주머니 사정이 걱정되었던 것. 두 번째로 간 레스토랑에서는 물 한 잔만 마시고 나왔다. 러시아 도시의 물가 수준은 온 세상 사람들이 다 아는 사실이니까. 알렉세이가 제안했다.

"형, 슈퍼마켓에서 술을 사서 사우나에서 마시자. 술집은 너무 비싸다."

녀석은 자부심 있는 실용주의자다. 사우나를 하나 빌리면 밤새 마실 수 있을 테니. 신의 축복으로 페테르부르크에도 기어이 밤이 내려와 우리의 비행을 덮어 주었다. 열 명이 넘는 무리가 대로를 활보한다. 본의 아니게 사람들이 옆으로 갈라진다. 녀석들은 은근히 이런 일탈을 즐긴다. 우리를 가운데 두고 걷다 보니 영락없이 극동에서 온 갱스터로 보인다. 우리는 사우나로 들어갔다.

나는 안주도 없이 그토록 열심히 술을 마실 수 있다는 사실에 놀랐다. 마시고, 힘들어지면 한증막에서 땀을 내고 다시 마신다. 드디어 나는 달아났다. 번갈아 가며 잔을 권하는 녀석들을 도저히 상대할 수가 없었으니까. 러시아 사우나의 냉탕은 차라리 커다란 물탱크였는데 깊숙한 바닥을 내려다보면 두렵기까지 했다. 술을 권하는 녀석들을 피해 물탱크를 기어오르다 떨어지고 말았다. 그 일로 무릎에 심각한 부상을 입었다.

깡마른 블라디미르는 아침까지 남아 웃음을 짓고 있었고, 안드레이를 닮은 문신한 술꾼 친구는 날이 밝자 다시 맥주를 든다. 사우나를 나와 아파트 공터에서 맥주 캔을 쌓으며 또 탁구 시합이 붙었다. 모스크바행 열차표의 시간이 다가오고 있었다. 상철 형을 그곳에 둔 채, 나는 넵스키 거리로 탈출했다. 녀석들의 호언장담과 달리 미인 여자 친구들은 한 명도 오지 않았고, 근사한 식당에서 술을 들이켜지도 못했다. 하지만 당장 출근해야 할 직장이 없는 녀석들과 한 술자리는 특이하게도 조화가 있었다. 언어적인 한계를 넘기 위해 우리는 축구에서 탁구로 몸을 부딪쳤고, 말이 필요 없을 정도까지 보드카와 맥주를 들이켰다. 마치 비밀 결사를 조직하는 의식을 거행하듯이. 언어가 잘 안 통하는 남자들이 만날 때 의례히 하는 여자, 술, 운동 따위의 시시껄렁한 이야기를 나누고, 이곳에서 앞으로 성공할 거라는 희망을 전하면서.

다시 모스크바행 열차에 오르니 보드카에 밀려 있던 잠이 쏟아졌다. 그래도 열차를 놓치지 않았다는 사실에 자부심을 느끼며, 모스크바에 도착하여 역무원이 깨울 때까지 한 번도 일어나지 않았다.

피스카료프들의 도시

나는 왜 그토록 마시고 싶어 했는지, 혹시 피스카료프 때문이었을까?
니콜라이 고골이 창조한 인물들 중에서 어쩌면 가장 비현실적인 사람,
어쩌면 그 때문에 가장 현실적인 힘을 가진 사람. 그는 페테르부르크의
화가였다. 설국의 화가, 축축하고 단조롭고 우중충한 이 도시에 사는
화가. 온순하며 소심하지만 자신의 삶을 사랑한 화가, 말하자면 창백하
지만 따듯한 창조자였다. 눈의 나라에서 싹을 틔우는 자작나무 가지처
럼. 그는 우연히 만난 창녀를 사랑하게 된다. 그리고 그녀가 뜻하지 않
은 일로 인해 불가피하게 그 생활로 빠져들었다고 믿는다. 이 소심한 사
나이는 자신이 생각하는 가장 고귀한 여인에게 사랑을 고백하고 만다.

"저는 가난합니다. 하지만 우리 함께 열심히 살기로 해요. 나는 그림
을 그리고, 당신은 나를 격려하거나, 바느질을 하고. 그러면 우리는 부
족한 것이 없을 거예요."

그러나 그녀가 돌려준 대답은 이런 것이었다.

"난 빨래나 바느질을 하는 여자가 아니에요."

그 대답과 함께 무거운 눈에 꺾인 자작나무 가지처럼 소심한 화가의
짧은 생은 끝나고 말았다. 거짓의 거리에서 환상 같은 진실이 짧게 피
어났다가 사라졌다. 피스카료프의 마지막은 이렇게 고골의 마지막을
암시하고 있다.

페테르부르크에는 피스카료프들이 잠든 무덤이 있다. 피스카료프 기
념 묘지. 가짜 신화의 채찍을 맞은 피스카료프들이 잠든 곳. 백만의 피
스카료프가 미래를 위한 신화를 다시 쓴 곳. 이곳에서 나는 젊은이를
갈구하고 일상을 갈구하고, 또 경계를 부술 액제를 갈구할 수밖에 없
다. 신화라는 주제를 가지고 이 먼 길을 여행하는 내가, 바로 이곳에서

모든 진실이 사이비 신화에 의해 갈기갈기 찢긴 20세기를 추모하지 않을 수 있겠는가? 그리고 사이비가 죽은 터에서 새로 살아난 신화를.

1917년 10월 혁명은 표트르의 도시를 레닌의 도시로 바꾸어 놓았다. 대개 혁명이 그렇듯 약속한 유토피아는 오지 않았지만 인민들은 다가올 사회주의 낙원을 위해 여전히 노력하고 있었다. 페테르부르크는 가장 세련된 도시였다. 그러나 2차 세계대전이 이 도시에 부과한 사명은 너무나 무거웠다. 나치의 전쟁에 어두운 영감을 주고 전쟁터의 사병들에게 죽음의 신을 영접하라고 한 이들 중에는 현실을 가상의 신화의 족쇄에 밀어넣으려는 자들이 있었다.

구스타프 코신나(Gustav Kossinna)는 그런 자들의 정신적인 지주였다. 그는 고고학적인 기반에서 아리안의 고향이 북유럽, 사실은 독일임을 밝히려 했다. 그는 독일 본토를 떠나 사방을 휘저은 '진짜 아리아인' '인도-게르만'의 선사 시대 정복의 역사를 조작하여 독일인의 국수주의적 감정에 기름을 부었다. 실제로 그가 그런 주장을 떠벌린 후 겨우 30년도 안 되어 독일 군대는 그가 그린 '고대 아리아인의 길'을 따랐다. 니체가 말한 "금발의 야수", 강대한 신체를 가진 고귀한 혈통의 게르만인, 즉 진정한 아리아인이 미개한 슬라브인을 다시 복속시키는 것은 역사의 진리였다. 유감스럽게도 최근의 고고학은 아리안이 지금의 슬라브인의 땅에서 게르만인의 땅으로 이동했다고 증언한다. 역사와 신화의 잘못된 만남은 그 자체로 재앙이었다.

인종주의자의 군대가 1941년 9월에 레닌그라드(페테르부르크) 외곽을 점령했다. 그로부터 이어진 900일간의 지루한 포위. 포격에 대한 두려움보다 먹고 마시는 기본적인 욕구 때문에 괴로웠다. 무려 100만이 죽었다고 한다. 영양 부족과 연료 없이 견뎌야 하는 혹독한 추위가 가장 큰 문제였다.

이 인종주의자들은 같은 백인종인 슬라브인을 죽여도 되는 짐승처럼 취급했다. 인종주의와 파시즘이 기묘하게 결합된 침략자 이념이 가장 혐오하는 것이 바로 공산주의였다. 짐승 같은 슬라브인이 만든 우매한 국가. 바로 사회주의 소비에트였다. 목격자는 그 시절 페테르부르크의 한 귀퉁이를 이렇게 묘사한다.

모든 정원과 광장, 공간, 마당 등이 밭으로 가꿔져 있었다. 어디에나 채소가 자라고 있었다. 야생화가 피기 시작하는 곳이면 어디든, 길가든, 정원이든, 묘지든, 먹을 만한 것을 캐내는 여인들의 구부린 모습이 보였다. 민들레, 괭이밥, 쐐기풀, 명아주, 모두 식탁에 오를 수 있는 것이었다. 밭으로 만들어진 샹드마르 대로를 지나가며 보니 보리수나무의 낮은 가지는 손 닿는 데까지 모두 껍질이 있었다.

그러나 레닌그라드 사람들의 진면목은 넵스키 대로 끝에서 끝까지 광장과 정원을 가꾸는 모습에서 알 수 있다. 전쟁 전과 마찬가지로 이곳은 밭으로 만들어지지 않고 더없이 아름다운 꽃밭으로 남아 있었다. 네거리에서는 벌써 온실에서 나온 꽃을 살 수 있었다.[7]

그 와중에도 그들은 굴복하지 않았다. 그들은 절망의 도시에 꽃을 심는 피스카료프들이었으니까. 그러나 언제나 전쟁은 가장 약한 이들에게 가장 큰 상처를 입힌다. 목격자는 아이들의 얼굴을 이렇게 읽었다.

아이들의 얼굴에 자리 잡은 어른스럽고 심각한 표정, 그리고 아이들의 눈빛에 깃든 조심성과 슬픔, 기아의 참상을 전해 주는, 어떤 이야기보다도 더 많은 것을 아이들의 표정과 눈빛은 말해 주고 있었다.

자서전에서 밝혔듯이 그런 아이들 속에 푸틴도 있었다. 누구도 믿지 않으며 항상 차갑고 심각한 표정으로 살아온 남자. 어린 시절을 잃어버린 남자. 남의 위에 있지 않으면 불안한 남자.

겨울이 오면 라도가 호수의 얼음 위로 식량을 옮겼다. 백만의 피스카료프들의 희생으로 마침내 반격의 순간이 왔다. 사이비 인류학, 사이비 고고학, 사이비 신화학에 대항하던 페테르부르크 인민들이 집단으로 만들어 낸 평화의 신화는 그렇게 탄생했다. 우리의 광복 역시 그들의 희생과 무관한 것이 아니다. 페테르부르크에서 나는 꼭 젊은이들과 술을 마시고 싶었다. 모든 젊은이들은 피스카료프니까.

6 슬라브 세계의 중심, 풍요의 땅 우크라이나

허술한 악당들

우크라이나는 풍요롭다. 황금빛 들판이 끝나는 곳에는 원시의 숲이 있고, 원시의 숲 옆으로는 어김없이 태고의 물이 흐른다. 이 땅은 슬라브인들의 곡식 창고다. 나는 이제 카르파티아 산맥으로 가야 한다. 그곳에서 내가 마음속으로 그어 놓은 이야기의 경계를 직접 확인하려 한다.

나는 우크라이나의 최서단을 출발점으로 삼았다. 우크라이나 서쪽 끝 카르파티아 산맥 서록의 작은 마을 벨리키 베레즈니. 이름은 '큰 베레즈니'라는 뜻이지만 면소재지보다 작은 숲 속 마을이다. 카르파티아의 녹음을 느끼려고 굳이 멀리 갈 필요도 없다. 마을 건너편 숲은 대낮에도 어둡고 서늘하다. 너도밤나무 천지에 간간히 끼어 있는 서어나무가 이 숲이 인간의 간섭 없이 자랐음을 알려 준다. 여기서는 마치 나무들에게 "너도 나무?"라고 추궁을 당하는 듯 사람의 흔적이라곤 찾아볼 수 없다. 진창에는 멧돼지들의 발자국이 아직도 선명하다. 고요한 목욕을 방해한 놈이 누군지 숲 저편에서 노려보고 있을지도 모르겠다.

얕은 산을 잠시 둘러보고 마을로 내려왔다. 아무리 봐도 우크라이나 친구들은 좋게 말하면 여유가 있고 나쁘게 말하면 좀 허술한 구석이 있는 듯하다. 러시아와의 껄끄러운 관계 때문에 경제 사정은 좋아질 기미가 없지만 사람들은 그런 일에는 아랑곳하지 않고 나름대로 제 길을 간다. 먹을 것이 풍부해서 그런 것일까? 우크라이나 시골 마을의 여유를 맛보려면 선술집으로 가야 한다. 풍부한 보리와 밀 때문에 아무리 작은 마을이라도 맥주를 파는 술집이 있다. 그리고 아무리 이른 시간에도 맥주 한잔을 걸치며 여유를 부리는 사람들이 있다. 영락없는 시골 마을이지만 선술집은 결코 초라하지 않다. 시중에서 파는 맥주와는 비교할 수 없는 그야말로 땅 냄새 가득한 맥주가 있고 웬만한 레스토랑 못지않은 요리도 있다. 그리고 세계 어느 나라 술집에서도 찾아보기 힘든, 불가사의할 정도의 여유가 있다. 이곳에서 이 맥주 한잔으로 하루를 보낸들 아무도 눈치를 주지 않을 것이다. 어쩌면 맥주 한잔을 대신 시켜 줄지도 모른다. 벨리키 베레즈니 선술집은 지역 주민들의 공동 재산이다. 맥주잔을 나르는 아가씨는 분명 이 동네 사람일 텐데 나의 몰골을 보면서 꽤나 신기해한다. 맥주잔을 놓을 때 어찌나 조심스러워하는지 미안할 지경이다.

마을에서 나는 약간 밉살스러운 악당 한 명과 그보다 귀여운 악당 둘을 만났는데, 이들은 악당 짓에 상당히 서툴렀다. 나름대로 귀여운 악당 둘은 경찰이다. 우크라이나에서 공무원은 월급이 적다. 그러니 다른 소득이 떨어질까 기대하는 이들이 많다. 너도밤나무 숲이 꽉 들어찬 작은 계곡에 자리 잡은 로마(집시) 마을을 둘러보고 숙소로 돌아오는 길에 마을 숲에서 시간을 죽이고 있는 노인들을 만났다. 정확히 무슨 말인지는 모르지만 "젊은이, 우리 노는 데 좀 보태."라는 말이었던 듯하다. 그분들도 로마인지 아닌지는 모르겠지만 빠른 우크라이나 말을 구사했다. 그분들 노는 데 좀 보태라고 해서 보탰더니, 그 옆에 있는 비교적 젊은이가 나서서 러시아어로 이야기한다. 정확히는 모르지만 나도 돈이 좀 필요하다는 이야기였다. 나는 거절했다.

"당신은 젊고 건강하지 않소. 여행자가 뭔 돈이 있겠소."

그러다 숙소로 돌아가는데 숙소 앞에서 경찰 둘이 기다리고 있었다. 한 명은 영어를 꽤 구사했다.

"왜 여기에 왔지? 여행 증명서는 있소?"

나는 그런 증명서가 있다는 말도 들어 보지 못했다. 끈질기게 이것저것 물어보고 여권을 끊임없이 뒤적인다. 그러더니 뜬금없이 여권을 경찰서로 가지고 가야겠다는 것이 아닌가. 나도 우크라이나 시골 경찰들에 대해서는 들은 바가 있었다.

"나는 정상적으로 입국했고, 내 여권은 함부로 줄 수 없소."

"경찰서에서 조사를 해 봐야겠소."

"뭘 조사한단 말이오?"

"그러니까, 이 여권이 진짜인지."

황당한 이야기였지만 웃어넘기고 한마디 해 주었다.

"키예프 대사관에 일단 전화를 걸어 주시오."

그러자 이 친구들의 눈에 좌절하는 빛이 역력하더니 여권을 다시 돌려준다. 그리고 숙소로 돌아와 씻으려는 차에 또 손님들이 찾아왔다. 처음에 나에게 돈을 요구하던 친구가 경찰들과 함께 나타났다. 그렇구나. 이 느글느글한 친구가 경찰들을 불러왔구나.

"왜 또 오셨소?"

그가 협상을 시도한다.

"그러니까, 아주 적은 돈으로 해결할 수 있다는 말이지요. 아주 적은 돈이면 간다니까."

그동안 경찰 둘은 물러나 있었다. 그런 협상을 할 정도로 얼굴이 두껍지 않았던 것. 나는 협상 대리인을 무시하고 영어를 아는(별로 이해하지는 못하는 듯하지만) 친구에게 한마디 했다.

"경찰은 여행자를 보호해야 하는 것 아니오?" 그리고 내가 가장 자신 있게 구사하는 러시아어 구절을 말해 주었다. "사실, 나는 돈이 없소. 내 모습을 보시오."

그랬더니 이 경찰 친구가 이런 말을 하는 것이 아닌가.

"미안하다, 친구."

그러고는 악수를 청하고 돌아선다. 괜히 미안한 마음이 들었다. 맥주라도 한잔 대접하고 보낼걸. 러시아에서 경찰이라면 지레 겁을 먹었겠지만, 이곳에서는 무슨 일이든 각박한 지경까지 흐르지는 않았다. 어떤 갈등이든 주먹질까지 가지 않도록 하는 문화적 분위기, 그것은 하루 이틀에 생기는 전통이 아니다.

낮지만 깊은 산맥, 카르파티아

벨리키 베레즈니에서 버스를 타고, 마지막에는 택시를 대절해 서쪽에서 동쪽으로 산을 넘었다. 고도가 1000미터를 넘자 안개로 휩싸인 고원이 나온다. 습기를 머금은 바람 때문에 검문을 받는 동안 추위에 벌벌 떨었다. 이 산은 루마니아, 헝가리, 폴란드 등과 경계 지대에 서 있다. 그러니 군인들이 길을 지킨다.

카르파티아. 히말라야처럼 아예 넘을 수 없는 산도 아니고, 카프카스(코카서스)처럼 극히 넘기 어려운 산도 아니다. 그러나 나침반과 지도, 수레와 큰길이 없던 시절에는, 시야를 가리는 저 깊은 숲이 호락호락하지 않은 장벽이었을 것이다. 대개 그런 애매한 높이와 깊이의 산맥들이 역사를 바꾼다. 나는 이 산의 한 봉우리를 오를 것이다.

이렇게 산맥을 넘어 서부의 국경 도시 리비프에서 며칠을 보내고, 이번에는 산맥의 동쪽 스콜레 마을로 가서 도보로 동부 지맥을 종주하기로 했다. 목표는 파라쉬카 능선이다. 시작은 상쾌했고 길의 초입은 넓었다. 온대 숲의 바다에 들어오니 외국이라는 생각은 아예 들지 않고 그저 나무가 좀 더 굵고 원시적인 산이라는 느낌만 든다. 얼마 안 가서 후다닥 달리는 어린 사슴 한 마리. 아침잠을 깨웠나?

이곳은 투박한 원시의 생태계가 살아 있다. 일단 산에 들면 표지가 전혀 없다. 있더라도 깊은 숲에 가려 쉽사리 찾을 수가 없다. 가끔씩 누군가 나무둥치에 페인트로 표시를 해 두었지만 그런 표지는 여름의 녹음을 감당할 길이 없다. 길은 계속 갈라지고 믿을 것은 직감뿐. 초입부터 길을 잃고 헤맨다. 이국의 숲에서 방향을 잃은 느낌이 묘하다. 한참을 헤매다 이슬을 머금은 관목 지대를 지나 거대한 근육질의 너도밤나무 한 그루를 만난 후에야 안도할 수 있었다. 저렇게 덩치 큰 놈들 아래는 틈이 있기 마련이다. 길도 없는 너도밤나무 숲을 지나 점심나절에 다시 능선을 밟았다. 높지는 않지만 상상 이상으로 깊은 산이다.

능선에서 든든한 우군을 만났다. 우직한 우크라이나 사나이 이고르, 그리고 남자보다 더 끈질긴 아가씨 마리아나다.

"같이 갈까? 괜찮다면?"

이고르의 이 한마디에, 나는 1초도 망설이지 않고 대뜸 "좋지."라고 대답했다. 얼마나 기다리던 말인가? 그는 군복 바지에 군화를 신고 수시로 야생 블루베리를 따서 통에 담는다. 이쪽 산지의 전문가라는 느낌이 드는 차림새와 태도였다. 능선은 블루베리 천지다. 배가 고파도 목이 말라도 곰처럼 블루베리를 훑어 먹는다. 이 산에서 굶어 죽을 일은 없을 것 같다. 그렇게 산길을 가는 동안 친구들이 늘어났다. 산 아래 넓은 야영지에 도착한 후 우리는 폭포 아래 뛰어들어 몸을 씻었다. 내가 물속으로 들어가자 친구들이 환영의 장난을 친다. 나와 마리아나를 물속에 두고 모두 밖으로 나가 사진을 찍어 댄다.

"곰(슬라브인들은 '공'을 '곰'으로 발음한다.), 멋있는데."

나는 답례로 이고르를 물에 집어넣고 사진을 찍어 주었다.

그날 우리는 카르파티아 산맥 동쪽 탁 트인 야영장에서 캠프파이어를 준비했다. 이고르는 연신 자기의 도끼를 자랑했다.

"겨우 2유로 주고 산 중국산인데, 벌써 두 해째 쓰고 있어. 다들 중국산이라고 뭐라 했지만 괜찮아."

은회색 머리칼에 잿빛 눈동자의 이고르, 금발에 푸른 눈동자의 마리아나, 검은 머리에 검은 눈동자의 나, 그리고 중국산 도끼. 좀 심각한 상상이지만 어떤 연고로 우리가 함께 땅에 묻혔다고 가정하자. 한 5000년 뒤의 고고학자들이 우리를 발견한다면 결론을 내리기 난감할 것이다. 카르파티아에서 우리는 우리만의 이야기를 만들었다. 모닥불이 타오르면 비가 오고 비가 그치면 또 불을 피웠다.

나는 침낭이 없었다. 이고르는 이렇게 말했다.

"춥지도 않은데, 뭐. 침낭 소용없지?"

끝내 침낭을 쓰지 않고 기꺼이 나와 추위를 나누어 가졌다. 나는 재킷이 있어서 위는 따듯했다. 이고르는 깔판이 있어서 아래가 따듯했다. 그렇게 우리는 하나뿐인 침낭을 버려두고 적당한 추위 속에서 하루를 보냈다.

종주 3일째, 우리는 산을 나서기 위해 다시 숲으로 들어섰다. 어제의 일행들은 큰길로 가고 우리는 숲을 가로질러 10킬로미터쯤 더 걷기로 했다. 물을 건너고 언덕을 넘어 지도에 표기된 '터키 바위'라는 곳을 지난다. 터키 사람들이 우크라이나 여자들을 노예로 잡아가다가 거절하면 죽여서 버렸다는 곳. 오스만 제국과 우크라이나 코사크의 오랜 원한은 산속에서도 갖가지 전설로 남아 있다. 두 남녀는 누가 나쁘네 뭐네 하는 소리도 없이 묵묵히 바위의 때를 벗겨 준다.

길은 다시 좁아지고 갈라지기 시작한다. 지도는 가끔 맞기도 하고 틀리기도 했다. 어느 순간 지도를 불신하고 다시 일행은 직감에 의존한다. 그 정도 축척의 허술한 지도로는 이 산길에서 방향을 가늠할 수가 없다. 다시 원시의 너도밤나무 숲이 펼쳐진다. 그 숲에 들어서면 하늘을 볼 수가 없고 동서남북을 가늠할 수도 없다. 낮을 무색하게 하는 그 짙은 녹음 아래 비 온 후 갖가지 버섯들이 내뿜는 향기와 두껍게 깔린 낙엽, 그리고 수시로 피어오르는 안개 때문에 마치 꿈속을 걸어가는 듯하다. 이 숲은 자기 품으로 들어온 이에게 일절 조망을 허락하지 않았기에 또 계속 길을 잃었다. 개울을 건너고, 능선을 오르고, 서서히 저녁이 찾아오는데 길은 보이지 않았다.

다섯 시간을 헤매고 나서 다시 길을 찾았다. 환호작약하며 5분이나 걸었을까? 눈앞에 왠지 익숙한 바위가 떡 하니 나타난다. 터키 바위! 카르파티아는 그런 곳이다. 정상에 서면 동쪽으로 광대한 일망무제의 흑토 지대가 펼쳐지지만 일단 숲에 들면 나침반도 길을 잃는 곳, 사람이 지날 수 있을 만큼 낮지만 뚫고 나가기에는 상당한 시간이 걸릴 만큼 깊은 곳. 우리는 전략을 수정했다. 이고르와 마리아나는 나를 캡틴으로 임명했다. 이고르는 영국계 기업에서 일하는 회사원이고, 마리아나도 직장에 다니다 주말마다 산을 찾을 뿐 전문가들은 아니었다. 그들도 이 길은 처음이었기에, 산에서 동서남북을 분간하는 데는 오히려 내

경험이 더 유용했다.

"지도를 버리고 물을 따라 계속 내려가자. 물을 따라가다 보면 마을이 나오겠지."

"Yes, sir!"

이고르는 언제나처럼 멋진 목소리로 대답한다. 마리아나는 살짝 동의의 미소를 짓는다. 우크라이나 서부의 교육받은 젊은이들은 영어를 능통하게 구사했다. 마리아나는 영국인이라고 해도 좋을 정도였다. 영어로 소통하고 미묘한 단어들을 러시아어로 보충하니 거의 완벽한 의사소통이 가능했다.

"오래 헤매야 될 테니까, 많이 먹고 가자."

우리는 일단 블루베리를 배에 가득 집어넣고 한 통 따 담았다. 그리고 물길을 따라 계속 내려갔다. 습한 계곡을 따라 내려오는 동안 나는 우크라이나 친구들의 후한 심성 때문에 감동했다. 산에서 길을 잃을 때 너무나 흔히 듣는 소리, "길이 틀린 거 아니야? 대장을 잘못 뽑은 거 아니야?" 따위의 이야기는 물론 그런 내색도 없었다. 물을 따라가면 마을에 닿을 것이라는 확신을 가지고, 지친 발길을 묵묵히 옮겼다. 마리아나는 방수가 안 되는 낡은 신을 신고 있었지만 발걸음은 우리보다 더 확고했다. 물이 고인 곳에는 물방개, 올챙이, 소금쟁이 등이 노니는데 내가 이 친구들을 본 게 언제던가. 이국이 아니라 어린 시절 내 고향으로 돌아간 듯한 기분을 느꼈다.

배가 고프면 딸기를 따 먹었다. 낮은 곳에는 블루베리 대신 딸기가 지천이었고 내가 고국에서 먹던 것과 꼭 같은 맛이었다. 딸기를 발견할 때마다 "말리나(딸기)!"를 외치며 감격스럽게 달려들었다. 오후 늦은 시각에 큰길을 발견하고 저녁이 다 되어서 마을에 도착했다. 마을 우물가에서 할머니 한 분이 물을 긷는다. 우리는 기진맥진하여 물을 청했다.

할머니는 굵은 팔뚝의 근육을 유연하게 움직이며 한 두레박 물을 길어 건넨다. 한 사람을 위해서 한 두레박씩, 나눠 마시라고 하지 않는다. 엄청나게 깊은 우물 속으로 두레박을 넣고 다시 들어 올리는 수고를 마다하지 않는다. 안기고 싶도록 편안한 느낌을 주는 굵고 아름다운 팔뚝이었다.

그다음 날 폴란드와 접한 국경 부근의 도시 리비프에서 우리 셋은 다시 만났다. 이고르에게 넌지시 물어보니 마리아나가 은근히 마음에 드는 모양이다. 마리아나에게 이런 말을 해 줬다.

"남자는 무조건 밝아야 돼요."

그리고 이고르에게는 이렇게 말해 주었다.

"여자는 은근한 웃음이 있어야 돼. 마리아나처럼."

그 둘이 연인이 되고 어느 날 함께한다면 나는 만사를 제쳐 두고 이곳으로 오리라. 이고르에게 내 장갑을 선물로 주었다. 해맑은 이고르는 자기 포부를 말했다.

"중국산 차를 하나 살 거야. 중국산도 좋다고. 내 도끼 봤죠? 그 차로 마음껏 여행을 해야지."

마리아나는 그저 묵묵히 웃었다.

*

여행 중에도 이고르는 계속 나의 안부를 물었다. 언제나 "오, 나의 친구"로 시작되는 그의 메일을 한참 받았다. 사진을 보내 달라는 요청도 받았지만, 나는 시간을 끌며 사진을 보내 주지 못했다. 여행이 끝날 무렵 그로부터 소식이 전해지지 않았다. 내 답장이 너무 뜸해서 그런가.

새해가 시작된 지 며칠 후 그의 페이스북 계정에 들어가서 나는 사건의 전말을 알았다. 우크라이나어로 그의 친구들이 남긴 글들이 보였지만 정작 그의 답글은 없었다. 발음으로 짐작해 보면 "착한 이고르", "영원한 휴식" 따위의 말이었다. 두려운 마음에 우크라이나 유학생 엘레나에게 전화를 걸어서 우크라이나어로 된 친구들의 글을 읽어 주었다. 전화기 너머로 머뭇거리던 엘레나의 목소리가 들렸다. "그분, 돌아가셨어요." 가슴 한편이 무너지는 느낌이었다. "오, 캡틴."이라고 나를 부르던 그의 목소리가 바로 들리는 듯했다. 코사크 기병의 칼을 들고 아이처럼 웃는 그의 모습이 눈에 선하다.

그날 밤 방바닥을 닦다가 마루가 너도밤나무로 된 것을 알았다. 그가 끓여 준 보리죽, "남자한테 정말 좋은 거라고요, 캡틴." 하면서 한 손 가득히 전해 주던 블루베리의 향이 떠오르고, '터키 바위'를 정성스럽게 닦던 그 진지한 손길이 떠올랐다. 나는 가슴을 잡고 울고 아내도 울었다. 그토록 건강한 젊은이가 어떻게 갈 수 있단 말인가?

며칠 후 그의 친구가 그의 죽음에 대해 알려 줬다. 원발성(原發性) 간(肝)정맥 폐색증(Budd-Chiari syndrome). 들어 보지도 못한 병명이었다. 주인 없는 페이스북 계정에 한글로 조문을 남겼다.

고마웠다, 친구. 자네는 내 마음속에 있다.
너무 늦었다, 친구. 눈물도 내 마음속에.

세상 어디에서 그런 심성을 가진 사람을 다시 만날 수 있을까. 카르파티아의 그 깊은 너도밤나무 숲에서 나는 아주 잠깐 지구로 내려온 하늘나라 사람을 보았다.

이야기에는 국경이 없다

나는 지금 카르파티아가 내가 돌아설 지점임을 고백하려 한다. 사람들은 내게 의아한 시선을 보낸다. 굳이 왜 아시아 신화가 아니고 유라시아 신화인가? 지중해 일대의 이야기는 제외할 것이면서 왜 유라시아 신화라는 이름을 쓰는가? 갑자기 카르파티아와 흑해라는 생소한 산맥과 바다를 끌고 들어오는가?

나는 흑해를 염두에 두고 방황하다 카르파티아에서 돌아섰다. 그러나 내가 멈추는 것은 어떤 간단한 이정표를 확인했기 때문이지 대륙의 길이 끊어졌기 때문은 아니다. 지금껏 아시아와 유럽을 양분하려는 시도는 거의 모두 실패했고 앞으로도 실패할 것이다. 이야기에 국경 따위는 없으므로 국경을 단위로 구분하려는 시도는 애초에 설 땅도 없다. 다만 우리는 갈 수 있을 데까지 갈 정도로 용감하고, 힘이 부치는 수준에서 멈출 정도로 지혜로우면 될 뿐이다.

필자가 새로운 경계선을 만들어 보려는 것은 이야기의 각도에서 볼 때 기존의 이정표들이 뭔가 부족한 느낌이 들었기 때문이다. 성급한 구분 짓기는 상상력에 한계를 지운다. 잘못된 구분 짓기는 비극적인 결말까지 치닫는다. 나치는 독일 민족이 고귀한 백인의 뿌리라고 생각했기에 결국 똑같은 백인을 학살하고 말았다. 알타이의 아파나시에보에서 백인의 유골이 발견되자마자 서방 문명 집단의 이식설이 고개를 들었고 알타이를 기준으로 문명을 구분하려는 시도들이 활개를 쳤다. 그러나 조금만 더 조사하면 알타이에도 선행 문명들이 있었음이 확인된다.

고대인은 피부색을 기준으로 집단을 짓지 않았음이 명백하다. 예를 들어 청동기 시대 알타이의 지배자는 아마도 코카서스 인종이었던 것 같지만, 초기 철기 시대에는 혼혈인이 주류를 이루고 이후에는 몽골리

안이 우세해졌다. 변화는 자연계나 인간계에서 지극히 자연스러운 것이다.

흔히 백과사전들은 아시아와 유럽의 경계를 우랄 산맥과 카스피 해로 본다. 이것은 타타르의 지배를 벗어나 유럽이 되고 싶은 러시아의 염원을 담은 것이었으리라. 그러나 타타르 지배의 상징인 카잔과 사마라를 산맥의 동쪽으로 옮길 수는 없는 노릇이었다. 그래서 깔끔한 경계는 만들기 어렵다.

이야기의 관점에서 보면 문제는 더 심각하다. 핀-우그르 민족들은 산맥의 서쪽에 자리를 잡고 동쪽으로 뻗어 있다. 그리고 경계가 거의 없는 북극 해변을 따라 아메리카 북부까지 영향을 미치고 있다. 어떻게 산맥을 기준으로 이들을 나눌 것인가?

카스피 해를 기준으로 한다면 투르크 세계를 둘로 나눠야 한다. 그들의 기원이 알타이에서 인산(陰山) 산맥 사이 어딘가라는 것은 잘 알려져 있다. 그러나 지금 그들은 카스피 해에서 무려 2000킬로미터 서쪽 이스탄불에 근거지를 만들어 놓았다. 물론 카스피 해 동쪽으로 수천 킬로미터도 투르크 지대로 만들어 놓았다. 투르크 지대를 물리적으로 나눌 근거를 찾기는 앞으로도 난망하다.

심지어 어떤 이는 인도의 신화가 '서양' 신화와 오히려 비슷하기에 아시아 신화로 보기 힘들다고 한다. 그렇다면 아시아는 도대체 어디까지인가? 인도의 신화는 경도상으로 거의 북경과 비슷한 인도네시아에까지 광범위한 영향을 미치고 있다. 그렇다면 아시아는 우리 생각보다 훨씬 미미할 것이다. 그리고 인도의 신화는 이란의 것과 뿌리가 같기 때문에 이란도 당연히 제외될 것이다.

그러나 이런 구분마저 깔끔하지 않다. 달마는 서쪽의 이야기보따리를 들고 동쪽으로 왔지만 앞으로 자주 언급할 자라투스트라(조로아스티)는 동쪽의 이야기보따리를 들고 서쪽으로 왔다. 그는 어디에서 왔는가? 이설은 있지만 그동안의 연구를 종합하면 공간적으로 아마도 지금의 이란 영토보다 훨씬 동쪽에서, 시간적으로 조로아스터교 경전 『아베스타』 '가타'의 성립 시기로 짐작하면 기원전 15세기 무렵에 태어났을 수도 있다.[8] 그의 고향은 오늘날 중국령 투르키스탄에서 겨우 몇 백 킬로미터 떨어진 곳으로 짐작된다. 자라투스트라의 생존 시기보다 더 오래전에 만들어졌을 것으로 보이는 『아베스타』의 태양신 미트라와 인도 경전 『베다』의 미트라는 무슨 차이가 있을까? 분명히 같은 전승을 가진 집단들의 같은 이야기지만, 우리는 이를 히말라야 남쪽에서도 보고 힌두쿠시 서쪽에서도 본다.

인도 신화가 유럽 신화와 비슷한 계열이기에 최소한 우리와는 무관한 것으로 간주해야 할까? 그렇다면 불교를 따라 들어온 무수한 인도의 신들은 우리 의식에서 말끔히 지워졌는가? 사천왕에게 인사하는 할머니들은 다른 나라 사람들인가?

중요한 것은 머리카락 색깔이 아니라 어떤 이야기를 누구와 어울려 만들었느냐 하는 것이다. 페르시아는 엘람 문명의 기반을 차용했다. 엘람은 수메르에 빚을 지고 있고, 수메르 또한 동쪽에서 이동한 흔적을 남겼다. 아나톨리아의 히타이트는 인도 유럽어족에 속한 사람들이었지만 그들은 카프카스 북쪽과 카스피 해 일대의 이야기까지 끌고 왔다. 그리고 그들은 지중해와 유럽 대륙의 이야기에 모티프들을 던져 주었다.

유라시아 신화를 이야기할 때 아리안이라는 사람들이 만든 거대한 이야기군을 포기할 수 없다. 그 이야기는 전 아시아로 광범위하게 확산된 인도 신화의 근간을 이루며, 또한 동서 이야기의 집대성을 이룬 페르시아 이야기의 뿌리이기 때문이다.

어쩌면 우리의 상상력은 중국이 만들어 놓은 세계에 멈추어 있고, 중국은 아편 전쟁의 정신적 외상에 멈춰 있고, 유럽은 산업 혁명 이후의 짧은 성공에 멈춰 있다. 고대인은 현대의 아시아를 기준으로 세계를 상상하지 않았다. 지중해를 건너지 않고 카르파티아 산맥에서 돌아선 이유는 그곳의 이야기에 대한 연구가 충분히 이루어졌기 때문이다. 앞으로 우리는 아나톨리아와 카프카스에서 이른바 유럽 이야기들의 모티프들을 보게 될 것이다.

오데사의 밤

우크라이나에서 마지막 밤이다. 배로 흑해를 건너 이스탄불로 가려던 계획은 무산되었다. 그놈의 경제 위기. 염원이던 러시아로부터의 독립을 쟁취하자 경제 위기가 찾아왔다. 최근에 배를 타고 유람을 떠나는 사람들이 턱없이 줄어들어 유람선 운행이 끊겼단다.

한밤중에 무거운 짐을 끌고 이곳 오데사에 도착했다. 우크라이나의 밤을 감싸고 있는 기묘한 평온함 때문인지 밤에 숙소 예약도 없이 떨어진 이곳이 두렵지 않다. 이리저리 방향을 틀며 이름을 익혀 둔 유스호스텔을 찾아갔지만 만원이다. 벌써 자정이었다. 끈기 있는 독일인은 또다른 유스호스텔을 찾으러 떠났지만 나는 짐에 발목을 잡혔다. 가까운 호텔로 가자. 우크라이나의 숙박비는 충분히 받아들일 수 있는 수준이니까.

아침 일찍 흑해 해수욕장에서 느긋이 수영을 즐기러 해변으로 향했다. 길에 졸다 말다 하며 좌판에 앉아 있는 까무잡잡한 처녀에게 수박을 한 덩이 샀다. 수박 한 덩이가 1000원도 되지 않는다. 흑해의 태양은 그렇게 통이 크다. 그러나 나는 잔돈이 2그리브나(약 300원)밖에 없다. 큰돈을 꺼내자니 돈 내지 말고 그냥 먹으란다. '나를 귀찮게 하지 마.' 그녀의 대범한 손짓이 왜 그렇게 마음을 사로잡았는지 모르겠다. 태양은 하얀 피부를 갈색으로 만들어 놓았다. 타타르나 투르크 혈통이 엿보이는 검은 머리카락과 갈색 눈동자, 맨발 한쪽을 수레 위에 턱 걸쳐 놓고 '살 테면 사시오.' 하는 표정, 그리고 수박 하나쯤은 그저 줄 정도의 대범함이 '저 수레의 수박을 다 팔아도 3만 원쯤 되겠군.' 하던 천박한 내 가슴에 찬물 한 바가지를 뿌린다. 깊고, 무심하고, 당당한 그녀의 시선 앞에서 우적우적 수박을 먹는다. 돌아오는 길에 한 덩이 더 사야겠다.

건강한 가슴을 드러내고 누워 있는 젊은 여인들, 아빠의 손을 잡고 물속에서 첨벙거리는 여자아이들, 옥수수를 파는 소년들, 방파제 아래로 뛰어내리는 소년들. 멀리 오데사 항으로 들어오는 그리스, 터키, 그리고 온갖 슬라브 국가의 배들. 태양을 남쪽으로 둔 이 해변에서 사람들은 더없이 느긋했다. 이곳은 밀과 수박이 넘치는 곳, 억지로 가난해졌지만 여전히 여유가 넘치는 곳이다.

아직 그리브나가 많이 남았다. 우크라이나의 경제를 위해 맥주를 마시기로 결정한다. 나무로 된 미닫이문이 있는 호텔 옆 선술집에는 사람이 별로 없었다.

"우크라이나 맥주로 주세요."

감자를 푸짐하게 시키고 맥주를 마시는데, 이렇게 마시다가는 그리브나를 다 쓰지도 못하겠다. 슬라브 지역에서의 마지막 밤, 바다에 금이 간 독에 물을 붓듯이 맥주를 들이켠다. 안타깝게도 감자 요리가 맥주 소비에 지장을 준다. 천천히 이 항구 도시의 선술집을 관찰한다. 꼭

1980년대 어느 날 그런대로 멋을 부린 서울의 대폿집 같은 곳이다. 두부나 김치에 과도하게 인심을 쓰는 서울 선술집처럼 이 술집은 감자로 인심을 쓴다.

그러나 우크라이나의 선술집을 가볍게 봐서는 안 된다. 아무리 허름한 곳이라도 여행자의 마음을 공중으로 들어 올릴 마법의 양탄자 한 장쯤은 갖추고 있으니까. 이 선술집의 마법의 양탄자는 벽화였다. 술을 들이켜는 코사크 무인들 곁에 겁먹은 사환 아이가 서 있다. '우리는 거친 놈들이야.' 그 옆에 누렇게 빛이 바랬지만 범속한 화가는 결코 모방할 수 없는 강렬한 힘을 가진, 어쩐지 눈에 익은 듯한 유화 작품의 사진이 하나 걸려 있다. 나중에 확인하니 오스만 투르크 술탄에게 회신을 보내는 자포로제 코사크를 묘사한 그림이었다. 신속(臣屬)을 요구하는 술탄에게 강렬한 비웃음으로 역공을 하는 코사크들의 얼굴에서 나는 다시 고골과 그가 창조한 인물 타라스 불바를 떠올렸다. 투르크를 비웃으면서도 투르크적인 복장에 무장을 하고, 투르크식으로 말을 달리며 싸우는 이들. 불바의 지독하게 뒤틀린 운명을 생각하자니 때가 되면 이름을 바꿔 가며 나타나 이 슬라브 민족의 운명을 뒤흔들었던 신을 떠올리지 않을 수 없다. 빛바랜 그림 한 장이 그동안 잘 갈무리해 두었던 상념의 보따리를 풀어 버렸다.

2000년도 더 전에는 스키타이 유목민들에게 그리스산 공예품을 팔고 초원의 생산물을 거둬들이던 약삭빠른 그리스 상인들의 미소가, 300년 전이었으면 오스만 제국의 변경을 습격하고 돌아온 코사크 약탈자들의 거친 웃음이 항구의 선술집을 가득 채웠을 것이다. 벽화 속의 인물들은 하나같이 호탕하고 취해 있는데 오늘 이 술집에 있던 손님들도 다 나가고 나 혼자 맥주병을 늘리고 있다. 그리브나가 남았냐는 핑계를 대면서. 그러면서도 펜을 잡고 지독스레 상념들을 정리해 나간다.

신화는 살아 있다

몽골이 키예프를 파괴한 까닭은 정주 세계의 화려함에 대한 질투심 때문이 아니었을까? 1240년 바투의 몽골 원정군은 끈질기게 저항하던 키예프를 함락한 후 대 파괴를 자행했다. 몽골에 의해 파괴되기 전까지 키예프는 슬라브 세계의 중심이자 비잔틴에 버금가는 기독교 세계의 중심이었다.

수많은 파괴의 흔적을 뒤로하고 여전히 키예프는 그때처럼 슬라브 세계의 꽃이다. 하릴없이 드네프르 강가를 걸어 다녀도 마음은 이유 없이 들뜨고, 조금 높은 곳이면 어김없이 서 있는 교회의 첨탑 아래를 지날 때는 신앙 없이도 경건해진다. 빵과 맥주가 싼 곳에서는 사람이 비싸질 수밖에 없다. 하루하루를 보내다 보면 이곳이 왜 슬라브 세계의 최초 중심지였는지 이해할 수 있다. 강은 유유하고 도시의 숲은 그윽하며 사람들은 웅숭깊다. 이 도시에는 언제나 아픔이 없을 듯하다. 그렇다면 드네프르 강이 내려다보이는 언덕, 도시에서 가장 전망 좋은 언덕에 참혹하도록 깡마른 소녀의 동상이 왜 서 있는 것일까? 그 동상 옆으로는 뽀얗고 통통한 얼굴을 한 발육 상태가 좋은 소녀들이 걸어 다닌다. 청소년이란 그저 잘 먹는다는 이유만으로도 그렇게 아름다운 것이다. 그러나 저 동상의 주인공은 무엇 때문에 저렇게 말랐을까?

우리는 흔히 신화를 인간의 원초적인 의식을 비추는 성스러운 거울로 미화하거나 그저 황당하고 재미난 이야깃거리로 축소해 생각한다. 그러면 얼마나 좋으련만 실상은 그렇지 않다. 신화란 존재는 엄연히 살아 있는 사회적인 생명체다. 특히 국가가 생긴 이후 신화는 통치자에 기생하는 짓도 서슴지 않았다. 신화와 통치자가 가까이 붙을 때, 역사와 신화가 뒤섞일 때, 우리가 신화에 대해 일반적으로 알고 있는 모든 특성을 초월하는 기괴한 괴물이 등장한다. 실체가 없으면서도 실체가 있는 그 어떤 것보다 강력하고, 실체가 없기 때문에 더욱 상대하기 어렵다. 마치 허공에다 칼을 휘두르는 이들이 제풀에 쓰러지듯 이 생명체를 상대하는 이들도 그렇게 쓰러진다. 그저 눈을 부릅뜨고 국가와 신화가 어떻게 이종 교배 하는지, 그들이 결합하여 낳은 괴물이 어디로 걸어가는지 지켜보는 것만이 능사다. 사이렌의 노래 사이를 헤치고 배는 앞으로 가야 한다. 마음의 눈을 뜨고 방향을 잡아야 한다. 우크라이나 땅의 슬라브인들은 사이렌보다 훨씬 강력한 권력을 가진 인격신(人格神)들에 의해 휘둘렸고 그때 입은 생채기가 아직도 남아 있다.

슬라브, 그들은 누구인가? 로마 시절 게르만들이 사는 땅보다 더 동쪽에 그들보다 훨씬 원시적인 부족들이 있었다고 한다.

페우키니족, 베네티족, 펜니족은 게르마니족에 포함시켜야 할지 사르마타이족에 포함시켜야 할지 모르겠다. (……) 베네티족은 사르마타이족 관습을 많이 받아들였다. 그들은 페우키니족과 펜니족 사이에 뻗어 있는 산림지대와 산악 지대를 구석구석 돌아다니며 약탈 행위를 일삼기 때문이다. 그럼에도 이 부족은 게르마니족으로 분류되어야 할 것이다. 그들은 일정한 주거지가 있고 방패를 들고 다니며 빨리 걸어 다니는 것을 좋아하기 때문이다. 이런 점들은 모두 수레나 말 등에서 살아가는 사르마타이족의 관습과는 다른 것이다.[9]

대략 오늘의 벨라루스에 살던 베네티족이 과연 오늘날의 슬라브인들일까? 사실 알 수 없는 일이다. 지하에서 아무리 많은 유적이 발굴되더라도 주인의 부족명까지 기록되어 있을 리는 없으니까. 당시 그들에겐 문자가 없었다.

그러나 중세가 되면 그들은 타인들의 기록에 종종 나타난다. 특히 비잔틴 제국은 이들의 존재를 확실히 알고 있었다. 키예프에 자리를 잡고 나름대로 국가를 만든 루스(그들은 스스로를 그렇게 불렀다.)인들이 오늘날의 우크라이나인을 포함한 동(東)슬라브인의 선조라는 것은 확실하다. 그들의 복잡한 역사를 다 이야기할 필요는 없고, 다만 국가와 신의 특수한 관계에 대해서만 이야기하겠다.

나는 시베리아에서 카르파티아 산맥까지 오늘날 슬라브인들이 자리를 잡고 있는 땅을 가로질러 왔다. 몽골계, 퉁구스계, 핀-우그르계 사람들 모두 풍성한 신화를 간직하고 있다. 그러나 정작 이 거대한 땅에서 절대 다수를 차지하는 슬라브인은 그럴싸한 신화를 가지고 있지 않다. 슬라브 신화 개설서는 너무 얇아서 베개로 쓰기에도 부족하다.

이들 동슬라브인의 땅에서 서쪽으로 가면 게르만 세계다. 게르만 세계의 신화는 『에다』라는 중세의 신화 책 한 권으로 인해 지금도 가지를 치며 왕성하게 유통되고 있다. 동쪽과 북쪽의 시베리아·북극해 권역에서는 샤먼이 온갖 신화를 노래로 불렀고, 남쪽으로 흑해를 건너면 지구상에서 가장 빨리 문명이 시작된 아나톨리아와 메소포타미아에서는 엄청나게 다양한 신화가 만들어지고 살아남았다. 서쪽으로 비껴서 흑해를 건너면 루마니아인이 자신들의 토착 신화 위에 라틴 신화의 색깔을 입혀서 형형색색의 신화를 만들어 냈다. 물론 동쪽으로 흑해를 건너도 카프카스의 골짜기마다 독특한 신화들이 있다. 그런데 왜 유라시아 북부의 가장 광범위한 땅을 차지하고 있는 슬라브인은 자신들의 신화를 거의 남기지 못했을까? 그것은 후계자 신들이 선임자를 잔인한 수법으로 제거했기 때문이다. 슬라브 세계만큼 정치적 변동에 따라 신들이 바뀐 지역도 없을 것이다. 신화와 정치가 결탁하고 정치가 신화를 변색시키면서 그들의 신화는 원형과 변형의 부드러운 하모니 대신, 제거와 대체의 불협화음이 주를 이루고 말았다.

물론 그들에게 신화가 없었던 것이 아니다. 패배한 신화가 사라진 것이다. 아무리 작은 민족도 자신들의 신화를 창조했다. 동슬라브인처럼 큰 집단이 자신을 둘러싼 환경과 스스로의 행동 방식을 설명하기 위한 신화를 만들어 내지 않았을 리 없다. 신화시대에 이미 문자를 보유한 민족은 자신들의 신화를 보존하는 경향이 있다. 그러나 국가를 이룬 후 외부에서 문자를 도입한 민족, 게다가 그 문자와 함께 종교도 함께 도입한 민족들의 신화는 거의 형체를 알아보기 힘들 정도로 파괴되는 경우가 있다. 그들이 자신들의 신화를 기록해야겠다는 강한 목적의식을 가지지 않았다면.

우리는 10세기 키예프의 군주 블라디미르의 만신전에 열거된 신들의 이름을 알고 있지만, 그러나 그 신들이 어떤 이들이었는지 밝혀 주는 자료는 남아 있지 않다. 1000년 전 신의 이름은 남아 있지만 기독교로의 개종 이후 이들에 관한 이야기는 거의 사라졌다. 잠시 그들 신화의 흔적을 찾아 길을 떠나 보자.

국가와 신

12세기 키예프의 정교회 성직자 실베스트르가 편집한 『지난날의 이야기(Повести временных лет)』(혹은 『근본 연대기』로 불린다.)는 동슬라브인의 역사를 언급할 때 언제나 첫머리에 등장한다. 이 책에서 우리는 동슬라브 고대 신화의 실마리를 발견한다.[10]

이 책에는 907년 키예프 루스의 올레그가 비잔틴 제국을 공격하던

당시의 일이 기록되어 있다. 키예프 루스는 882년 북유럽 노르만 출신의 올레그가 키예프 일대를 정복하고 스스로를 대공(大公)이라 칭한 것이 그 시작이다. 루스인은 200대의 함선과 대규모 군대를 거느리고 흑해를 건너 콘스탄티노플을 공격하려 했지만 콘스탄티노플은 이미 단단히 대비하고 있었다. 루스 군대는 콘스탄티노플 공략은 포기하고 변방을 괴롭히며 시간을 보내다가 정전 협상에 들어가고, 결국 키예프 루스와 비잔틴 제국은 각자 신의 이름을 걸고 평화 협정을 체결한다.

그 협상장에서 비잔틴의 그리스 정교도들은 십자가에 입을 맞추며 맹세했고, 키예프의 루스인은 자신들의 신 페룬과 볼로스(벨로스)를 걸고 맹세했다고 한다. 그러니 당시에는 페룬이라는 최상의 신이 슬라브인의 섬김을 받았음이 확실하다. 전쟁에서 그의 이름을 걸고 서약했으므로 제우스나 인드라, 혹은 토르 같은 천둥 번개의 신이었음이 밝혀졌으나, 안타깝게도 이 주신(主神)의 정체는 그 이상 밝혀지지 않았다. 올레그의 원정 당시의 평화 협정 장면은 이렇게 묘사되어 있다.

이리하여 황제 레오와 알렉산더는 올레그와 평화 협정을 맺었고, 조공과 동맹의 서약에 협의했다. 황제들은 십자가에 키스하고 올레그와 그의 사람들도 똑같은 형식으로 맹세를 맺자고 했다. 루스의 종교에 의하여 그들은 자신들의 무기와 신 페룬, 그리고 가축의 신 볼로스의 이름으로 맹세했다.

그로부터 얼마 후 올레그가 죽은 후 대공의 자리에 오른 이고르의 비잔틴 원성 당시의 루스 측 사자의 발언도 살펴보자.

우리의 위대한 이고르 대공과 그의 공 및 귀족들, 그리고 모든 루스 인민은 그리스의 위대한 황제들인 로마누스, 콘스탄티누스, 스테파누스뿐만 아니라 그 휘하의 모든 귀족과 그리스 나라(당시 루스인은 동로마를 그리스 나라로 불렀다.) 전체와 태양이 비추고 세상이 그대로 서 있는 한 영원히 지속될 우호 관계를 맺기 위해 우리를 파견했습니다. 루스의 땅에 살고 있는 이로서 그 누구라도 이 우호 조약을 위반할 생각을 가진다면, 기독교의 신앙을 받아들인 이라면 전능한 신으로부터 저주와 파괴라는 합당한 처벌을 받을 것이고, 세례를 받지 않은 이라면 신이든 페룬이든 그들을 도와주지 않을 것입니다.

이 기록으로 보아 당시 기독교가 루스 땅에 얼마간 뿌리내렸음을 알 수 있지만 페룬은 아직 건재했다. 이고르는 성심껏 페룬을 섬겼다.

아침에 이고르는 사절들을 소집하여 페룬의 상이 있는 언덕으로 올라갔다. 그들은 그들의 방식으로 맹세를 했고, 기독교인 루스들은 성 엘리아 교회에서 맹세를 했다.

세월이 또 얼마간 흘렀다. 이제 대공 블라디미르 1세의 만신전은 어떤 모습일까?

그는 성 밖 언덕 위에 페룬 상을 세웠는데, 은으로 만든 머리에 금으로 만든 수염을 가진 목상이었다. 호르스, 다쥐보그, 스트리보그, 시마르글, 그리고 모코쉬의 상도 함께 세웠다. 사람들은 이 우상들을 신이라 부르며, 이 악마들에게 희생으로 바치기 위해 자신들의 아들딸을 데리고 갔다. 그들은 제물로 대지를 더럽혔고, 루스의 땅과 이 언덕은 피로 얼룩졌다. 그러나 자비로우신 우리 주는 이들 죄인을 죽이려 하지 않으셨고, 지금 이 언덕 위에는 성 바실리에게 봉헌된 교회가 서 있다.

페룬은 블라디미르의 만신전이 만들어지기 훨씬 오래전부터 동슬라브뿐만 아니라 발트 해 연안에서도 숭배되었다.[11] 열거된 신들은 동슬라브의 6대 주신으로, 여러 곳에서 왔을 것이다. 그중 불의 신 시마르글이 페르시아 신화에 나오는 시무르그(센무르브)라는 데 학자들은 대체로 동의한다. 그러나 페룬만은 슬라브어 어원을 가진 슬라브 신이다. 키예프 루스가 만들어진 후 페룬은 국가의 수호신이 되었을 것이다.

그러나 열렬한 토착 신 숭배자였던 블라디미르는 10세기 말 어느 해(기록에는 988년이라고 한다.) 그리스 정교로 방향을 튼다. 그것은 페룬이 정치적 소임을 다했기 때문이다. 이제는 여호와를 받아들이는 것이 그의 나라에 득이 될 것이라 보았다. 국가의 결속력을 키우기 위해서 다신교보다 기독교가 더 효과적이라는 정치적 판단을 한 것이다. 그는 얼마나 뼛속까지 정치적인 인간이었는지, 기독교의 여러 분파들을 자세히 살펴보고는 예배 의식이 가장 웅대한 그리스 정교를 받아들였다. 의식(儀式)을 지배에 이용하는 것, 고전적인 이데올로기적 지배의 한 형태로서 지금까지 면면히 살아남은 통치 방식이다. 한때 페룬처럼 인신공양을 즐기던 여호와는 그 당시에는 충분히 문명화되어 인신공양을 거부하고 있었다.

이제 페룬 최후의 날을 살펴보자. 물론 그 이전부터 기독교는 루스 민중 속에 깊이 파고들어 있었다. 블라디미르는 비잔틴의 공주를 아내로 맞아들이고 케르소네소스에 정교 교회를 세웠다. 우리는 이렇게 슬라브 주신의 죽음을 확인한다.

공주에게 주는 결혼 선물로 그는 케르소네소스를 그리스인에게 돌려주고 키예프를 향해 떠났다. 대공(블라디미르)은 자신의 수도(키예프)에 도착하자 우상들을 타도하라 하고, 일부는 조각조각 부수고 일부는 불에 태우라고 명했다. 그러고 나서 나무로 만든 페룬 상을 말 꼬리에 묶어 보리체프 거리를 따라 강가로 끌고 가라고 명령했다. 그는 열두 명을 골라서 우상을 막대기로 때리게 했는데, 이 나무 덩어리가 감각이 있다고 여겼기 때문이 아니라, 이 나무 가면 안에서 사람을 속였으므로 사람의 손에 징벌을 받는 모욕을 주려는 목적이었다. 오, 주여, 놀라워라, 당신의 역사여! 그(페룬)는 어제는 사람들의 찬양을 받더니 오늘은 조롱거리가 되고 말았다. 우상(페룬)이 물길을 따라 드네프르 강으로 끌려가는 동안 불신자들은 슬픔에 겨워 눈물을 터뜨렸다. 그들은 아직 성스러운 세례를 받지 않았기 때문에. 우상은 드네프르 강에 던져졌다. 그러나 블라디미르는 이렇게 명령했다. "우상이 (강둑에 걸려서) 멈추거든 다시 밀쳐 내라. 폭포 위로 떨어지도록. 그 후에는 내버려 두라."

이리하여 언제부터인지도 모르는 시기부터 동슬라브인에게 숭배를 받았던 신은 급류에 휩쓸려 떠내려갔다. 블라디미르는 루스인에게 모두 드네프르 강에 몸을 담그라고 명하고 집단 세례식을 거행했다. 사람들은 모두 기뻐하며 축복을 받았다고 한다. 그러나 '악마'는 이렇게 슬픔에 빠져 신음했다고 한다.

"슬프도다. 어쩌다 내가 몰려나고 말았던가? 내가 이곳은 나의 터전이라 생각하고, 사도들의 가르침(기독교)이 이 땅에 깃들지 않았다고 여겼기 때문이지. 이 사람들은 신(여호와)을 알지도 못했고, 나는 그들의 숭배를 받았지. 그러나 이제 나는 저 무지렁이들에 의해 부서졌다. 사제도 순교자도 아닌 이들에 의해. 이곳에서 나의 지배는 끝났도다."

세상 어디에서나 숭배의 대상은 바뀐다. 신들도 경쟁을 해야지 않겠는가. 그러나 나를 두렵게 하는 것은 변화의 무시무시한 속도와 철저함이다. 합리성의 세례를 받은 우리는 두 가지 중요한 문제를 제기할 수 있다. 우선 정교회 사제인 연대기 편자는 친절하게 물에 빠진 '악마'의 목소리를 들려준다. 악마의 목소리가 너무 생생하게 묘사돼 있어 마치 그가 직접 들은 것처럼 들린다. 그의 신앙과 '악마'에 대한 적개심이 혹시 그 '악마'의 '악행'을 과장하지는 않았을까? 페룬이 정말 인신공양을 받은 신이었을까?

영국의 인류학자 프레이저는 『황금가지』에서 신의 죽음에 관한 과감한 통찰을 제시한다. 요약하자면 계절의 신은 주기적으로 살해되었다. 살해됨으로써 새 계절이 시작되기 때문이다. 처음에는 신의 역할을 하던 인간이 살해되었고, 그다음은 대속자가 살해되다가, 마지막에는 실제로 사람이 살해되지 않고 살해 의식만 남는다. 신의 형상을 한 인형이 대신 살해되거나 혹은 인간이 살해되는 시늉만 하는 것이다. 아마 예수 그리스도는 대속자의 살해 단계에서 죽임을 당했을 것이다. 그때가 인신공양이 횡행하던 단계다.

나는 페룬이 한때 인신공양을 받던 신이었다는 사실 자체에 의문을 제기하는 것이 아니다. 하지만 10세기 당시까지 페룬이 인신공양을 받았을까? 어쩌면 우리의 연대기 편자가 악마의 목소리를 들은 것과 마찬가지로, 먼 옛날 페룬이 행한 '악행'을 과장하지 않았을까?

두 번째 의문은 신과 왕의 관계에 관한 것이다. 블라디미르가 페룬을 이용했는가, 페룬이 블라디미르를 속였는가? 키예프의 대공은 슬라브 세계의 우두머리였다. 그 우두머리가 페룬 신전을 세웠을 때는 그의 힘이 바야흐로 절정으로 치닫던 때였다. 그때 인신공양이 행해졌다면 그것은 그의 통치 행위인가, 아니면 민간의 자율적인 활동인가? 대개 국가와 그 군주는 권력의 정점에 있기 때문에 중요한 의식(儀式)을 독점하고자 한다. '인신공양'과 같은 민간의 중요한 의식은 강력한 국가가 성립되면 그에 의해 금지되거나 혹은 포섭된다. 또 국가는 인문학의 통제를 받아 그런 의식을 합리적으로 개선해 나간다. 예를 들어 중국 최초의 국가인 상(商)은 적극적으로 인신공양을 행하던 국가였으나, 상을 전복한 주(周)는 인문학의 영향하에 인신공양을 금해 나간다. 대략 기원전 10세기에서 5세기 무렵까지 중국에서 일어난 일이다.

내가 블라디미르가 페룬을 이용했다는 혐의를 품은 이유는 바로 이 때문이다. 불과 하루 사이에 페룬은 블라디미르에 의해 힘없이 쓰러지고, 매를 맞고, 강에 처박히지 않았나. 사람들은 블라디미르의 행위에 감히 이의를 제기하지 못했다. 한때 그 우상이 '악행'을 저질렀다면 그것은 군주의 방조 없이는 불가능했을 것이다. 그 우상에게 죄를 뒤집어씌우고 물에 던진 것은 그의 통치 기술이다. 모든 것을 인정해서 페룬이 시대착오적인 우상에 불과했다 하더라도, 그날 페룬과 함께 원래 슬라브인이 가지고 있던 종교와 신화의 흔적도 강물에 떠내려가 버렸다.

그리스도의 인문 정신과 보편 이성의 힘에 의해 한 단계 진화한 여호와는 페룬보다 훨씬 강했다. 이제 루스의 군주는 더 강한 신에 의지하기로 했다. 정교는 실제로 슬라브 민족의 정체성 형성에 단단히 한몫을 했다. 정교는 동슬라브인의 삶 속으로 깊이 들어와 그들의 일상 전체를 지배했다. 그러나 정교가 슬라브 세계를 하나로 만든 것은 아니다. 역사는 신상보다 훨씬 복잡하니까.

역사의 잔혹한 역설

오늘날의 지도를 들고 동슬라브의 역사를 살피다 보면 커다란 역설 덩어리들이 쉽게 보인다. 첫 번째 역설은, 키예프 루스라는 뿌리에서 우크라이나, 러시아, 벨라루스 등 슬라브 세계의 줄기들이 갈라져 나왔지만 현재는 오히려 모스크바(러시아)가 키예프(우크라이나)를 흔들고 있다. 이리하여 슬라브 세계는 마치 거꾸로 선 나무 같은 형국이 되었다. 나무가 거꾸로 선 것은 또 하나의 역설 때문에 일어난 일이다.

키예프 루스는 13세기 중엽 몽골 칭기즈 칸에 의해 멸망한다. 그리고 몽골의 지배가 끝나자 폴란드-리투아니아 공국의 지배가 찾아왔다. 폴란드-리투아니아 공국 하에서 우크라이나의 루스인은 차별 대우를 받았다. 농노가 되거나 정교를 버리고 가톨릭을 받아들이도록 강요당했다. 우크라이나 루스의 일부 지배층은 폴란드와 협력하여 지위를 보존하고 가톨릭을 받아들였지만, 다수인 농민은 정교를 고집했다. 한때 페룬을 버리고 받아들인 종교였고 이미 생활의 일부가 된 종교였다. 그들 중 차별을 감내하면서 농노가 된 이도 있지만 자유를 찾아 드네프르 강과 볼가 강 사이의 넓은 땅으로 달아난 이들도 있었다. 이들이 이름도 유명한 코사크다. 고골이 창조한 코사크 타라스 불바도 바로 그런 사람이다. 『타라스 불바』는 동슬라브인의 민족 서사시로서 17세기 폴란드 지배에 대한 코사크의 반란을 다루고 있다.

또 하나의 역설이란, 자유를 찾고자 했던 코사크의 선택이 결국 예속의 지름길이 된 점이다. 완전한 국가를 이루지 않고 수렵, 어로, 약탈, 유목에 의존하던 코사크는 우크라이나 동남부 드네프르 강 기슭의 도시 자포로제에 중심을 둔 느슨한 군사 집단이었나. 이들은 싸움이 필요하면 모이고 끝나면 흩어졌고, 외부의 위협이 있는 한 여전히 강했다.

오스만 투르크 제국의 영향 아래에 있던 크림한국(슬라브인이 타타르인이라 부르던 이들)은 오스만 제국이 필요로 하는 노예를 공급하기 위해 계속 우크라이나 땅을 침입해 여자들을 약탈해 갔다. 이에 대응하면서 코사크는 군사 능력을 발전시켰고, 폴란드의 확장에 대응하면서 더욱 강해졌다. 소아시아와 볼가 강 일대를 노략질하는 것도 일종의 군사 훈련이었다.

17세기 폴란드의 압박이 강해질수록 코사크들의 칼 가는 소리도 높아졌다. 그리고 타라스 불바의 모델이 등장하니 바로 우크라이나 농민 운동의 우두머리인 보그단 흐멜니츠키다. 그 자신이 소지주였으나 폴란드 대영주에게 토지를 뺏기고 아들까지 잃자 동쪽으로 와서 자포로제의 코사크들을 선동했다. "폴란드 착취자들과 싸우자." 명민한 정치가였던 그는 크림한국과 동맹을 맺고 폴란드를 공격했다. 처음에는 대성공이었다. 그러나 크림한국이 이들과 손을 끊고 폴란드와 손을 잡자 전세는 확 뒤바뀌었다. 그러자 흐멜니츠키는 모스크바의 대공에게 손을 내밀었다. 모스크바 공국은 같은 정교도인의 국가였다. 그러나 모스크바 공국은 코사크 집단과 같은 느슨한 군사적 연합체가 아니라 이제는 슬라브 세계에서 가장 강력한 차르의 국가였다. 흐멜니츠키는 황제를 앞세워 폴란드에 대항하려 했으나, 이 황제에게 정복될 것에는 코사크인 자신들은 물론, 특히 그들이 그토록 갈망했던 자유도 포함되어 있었다.

흐멜니츠키를 모델로 고골이 창조한 가공의 인물이지만, 시간상으로는 흐멜니츠키에 앞서는 타라스 불바는 절규한다. "악마 같은 폴란드 놈들아. 네놈들이 원하는 게 무엇이냐?"까지는 당시 코사크의 분노를 대변하는 말이다. 그러나 "네놈들도 우리 정교가 어떤 것인지 알게 될 것이다. 우리 러시아 땅에서도 황제가 나타날 것이다. 이 세상의 어떤 세력이든 이 황제에게 정복되고 말 것이다." 바람대로 슬라브 세계의 황제는 나타났지만 우크라이나에 자유는 오지 않았다.

폴란드에 대항하기 위해 우크라이나의 코사크들은 같은 정교도인의 국가인 모스크바(러시아)의 종주권을 받아들인다. 이 조약이 바로 1654년 페레야슬라프 협약이다. 러시아인은 이 협약을 동슬라브의 재통합이라고 찬양하지만 오늘날 우크라이나인은 이 조약을 종속의 첫걸음이라고 생각한다.

러시아는 길들여진 코사크를 선호했지만 코사크를 필두로 한 우크라이나인들은 자기들의 운명을 온전히 러시아에 맡기고 싶지는 않았다. 1709년 러시아의 표트르 1세가 스웨덴과 전쟁을 벌일 때 코사크 군대는 러시아에 등을 돌리고 스웨덴군과 손을 잡고 러시아와 일전을 벌였다. 그러나 그들은 패배했다. 그리고 그들은 더욱 러시아에 예속되었다. 그 후 러시아의 차르는 한 번도 코사크를 믿지 않았다. 그리고 약 반세기가 지난 후 돈 코사크 출신의 푸가초프를 따라 코사크와 농민들이 힘을 합해 러시아 지배에 도전했지만 반란은 간단히 진압되었고, 자포로제의 코사크는 완전히 해산되었다.

그 후 이들은 역사의 무대에서 차르의 기병대, 혁명가들이나 반란자들의 말을 빌리면 '차르의 개'로서 악명을 떨친다. 한때 자유를 갈망했던 이들이 억압자의 선봉대가 된 것이다. 온갖 봉기마다 이들이 등장하여 칼을 휘둘렀다. 1905년 1월 9일, '생존권을 보장해 주소서.'라는 탄원서를 들고 상트페테르부르크 겨울 궁전으로 행진하던 비무장 시민들을 무차별 학살한 이들도 바로 코사크 기병대다.

18세기 내내 러시아 지배 아래서 우크라이나 농민이 폴란드 지배 시기보다 더 비참한 농노로 전락하는 동안 코사크는 인민과 유리되어 오히려 차르의 충견이 되고 만 사실, 이것은 잔혹한 역사만이 만들어 낼 수 있는 역설이다.

무덤 속 고골은 그 이야기를 들었을까? 『타라스 불바』가 나온 지 겨우 얼마 후 1863년 차르는 문학 작품을 제외하고 일체의 우크라이나어 출판을 금했다는 사실을. 그를 키웠던 대지 우크라이나가 이제 공공연한 탄압의 대상이 되었다는 사실을. 이렇게 정교의 신을 대신하여 이제는 차르가 신이 되었다.

그리고 20세기가 되어 신의 이름은 또 바뀌었다. 바로 공산당 정권의 수령 스탈린이다. 기존의 신보다도 훨씬 강한 세속적 권력을 가지고 있던 이 인간신도 급격한 변화와 파괴를 선택했다. 1932년, 33년 스탈린 정권이 감행한 집단 농장화와 인위적인 곡물 징발로 인한 대기근이 우크라이나를 휩쓸었다. 러시아에서 제시하는 가장 보수적인 수치는 사망 350만 명, 우크라이나 학자들이 말하는 수치는 사망 1000만 명이다. 죽은 사람을 먹는 것은 죄도 아니었고 산 사람을 잡아먹는 지경까지 갔으니까. 밀이 모래처럼 흔하던 땅에서 밀이 없어 사람들이 죽는 일이 벌어지다니.

인간사가 바뀐다면 신은 바뀌어야 한다. 그러나 오로지 앞선 신을 부정하기 위해 파괴를 자행하는 신은 두렵다. 나는 서서히 진화하는 신을 원한다. 선배의 미덕을 흡수하여 새로운 미덕을 제시하는 신이라면 구태여 누가 거부하랴. 신의 진화와 함께 대기근 추모관을 지키고 있는 깡마른 소녀의 몸에도 살이 오르리라.

2 　　　오리엔트
세계

1 서쪽 세계와 동쪽 세계의 만남

보스포루스를 건너다

숲을 나와 흑해를 건넜다. 한때 우크라이나 오데사와 터키 이스탄불을
연결하던 정기 항로는 이제 비행기에 길을 내주었다. 배로 흑해를 건너
려는 소망이 무산된 허무함을 비행기의 안락함이 보상해 준다. 저 바
다를 건너면 북쪽의 문명들과 대척점에 있던 세계들이 펼쳐지리라.

이스탄불. 이 도시가 한때 세계의 중심이었는지는 모르겠으나, 언제
나 여러 세계를 연결하는 중간 고리였음은 아무도 부인할 수 없으리라.
깊고 좁은 바닷길 보스포루스 해협이 도시를 아시아와 유럽으로 나누
어 놓았다. 저 좁은 물길은 흑해와 에게 해를 연결하는 문명의 길로서
남에서 북으로 100리에 걸쳐 이어져 있다. 이 단 하나의 물길이 그리스
와 흑해 일대의 세계를 연결한다. 저 물길이 없었다면 그리스의 문명이
동북방의 깊숙한 곳으로 연결되지 못했을 것이다.

다만 저 물길은 동서남북의 세계 이야기들을 뒤섞어 놓아 이야기를

연구하는 사람들을 시험대 위에 올린다. 배에 올라 해협으로 들어서면 동쪽 언덕에서 스핑크스 한 마리가 질문을 던지는 듯하다. "답을 찾을 수 있겠는가? 그러면 들어가라." 그러나 해협을 나올 때 서쪽 언덕의 스핑크스가 다시 질문을 던진다. "답을 찾았는가? 그렇지 않다면 나올 수 없다."

기묘한 넓이다. 해협은 흑해를 지중해, 그리고 대양과 연결시킬 정도로 넓다. 그리고 아시아 대륙과 유럽을 나누지만 양자의 연결을 끊을 정도로 넓지는 못하다. 충분히 어렵지만 꼭 풀 수 있을 것 같은 수학 문제 앞의 학생처럼 나는 해협을 유람하는 뱃머리에 선다.

스크루는 물살을 끊임없이 뒤섞는다. 어떤 입자가 지중해에서 온 것이고 어떤 입자가 흑해에서 온 것이냐? 활동을 마치고 다시 동굴로 들어가는 거대한 괴물 레비아탄처럼 해양을 오가는 거대한 배들은 해협으로 머리를 들이밀고 서서히 꼬리를 감춘다. 저 바다의 너비는 오늘날의 거대한 철선을 버거워하는 것 같다. 그러나 난바다 못지않은 깊이로 배들이 일으킨 파장을 슬그머니 흡수한다. 나도 다가가서 저 꼬리를 잡고 비밀의 동굴로 들어가고 싶다. 배가 흑해 북쪽에 도착하면 무수한 남쪽의 이야기들을 풀어 놓으리라. 또한 카프카스와 아시아 대륙의 이야기를 잔뜩 싣고 돌아오리라.

고색창연한 서쪽 유럽의 해안과, 신흥 부자들의 별장과 주택이 가득한 동쪽 아시아의 해안이 대비를 이루며 마주 서고 있다. 시간은 돌고 도는가? 아주 오래전 동쪽에서 문명이 건너가고 다시 서쪽에서 화답이 왔다. 그런 흐름은 끊임없이 반복되었다.

배 위에서 물소 뿔활에 가늘고 긴 버드나무 화살을 걸어 날리면 동쪽 부잣집의 마당까지 닿을 것이다. 장사가 발로 쇠뇌를 딩겨 살을 날리면 서쪽 성벽 끝 총안까지 닿으리라. 간절히 그리는 사람이 저편에 있

으면 맨몸으로라도 건널 거리다. 그 옛날 아시아인들은 저 해협을 건너 유럽으로 갔고 이야기보따리를 채워서 건너왔다. 유럽인들도 그러했다.

신들이 서쪽으로 가다

왜 우리는 이인자에 만족하지 못하고 기어이 최고가 되려 할까? 실패의 대가는 끔찍한데도 말이다. 사람이나 신이나 일인자에게는 관대하다. 나약한 대중은 일인자의 비행마저도 이해하니까. 특히 신들의 세계에서 일인자 즉 최고신에 일단 도달하면 지고의 보상이 기다리고 있다. 치우에게 승리한 황제는 2000년 이상 제삿밥을 받아먹고 있고, 제우스는 하늘과 땅의 미인들을 닥치는 대로 유린했지만 아직 정의의 수호신으로 추앙받는다.

그런 최고신들도 불안에 떨기는 마찬가지다. 최고의 권좌에서 끌려 내려오면 바로 절벽으로 떨어진다. 그토록 높은 곳에서 사뿐히 지상으로 내려올 정도로 긴 사다리는 없거니와 그런 사다리를 준비해 주는 착한 정적(政敵)도 없다.

정적 중에 제일 무서운 이는 바로 혈육이다. 불타는 적개심보다 무서운 것이 바로 뒤틀린 애증. 우리의 동명성왕 주몽(朱蒙)은 아버지에 대한 복수를 포기하고 새 땅으로 떠났지만, 서쪽으로 갈수록, 주인공이 인간보다 신에 가까워질수록 복수극은 잔인해진다.

그래서 혈육에 의한 쿠데타를 방지하기 위해 신들은 무진 애를 썼다. 이집트의 순진한 오시리스를 관에 넣어 못을 박아 버린 이는 다름 아닌 동생 세트였다. 힌두교 천상의 신 디아우스를 살해한 이는 아들 인드라였다. 신들도 역사를 통해 배운다. 특히 그리스 신화의 최고신들은 스승이 많아서 좋았다. 아버지들은 말한다. "아들을 경계하라!" 아들들은 말한다. "아버지를 용서하지 마라."

이제 잘 알려진 제우스의 학습 능력을 시험해 보자. 고대 그리스의 시인 헤시오도스의 『신통기』의 이야기를 따라가 본다. 대지의 여신 가이아는 천계의 우두머리 우라노스와 결합하여 아이들을 낳았다. 그러나 동방의 선례를 통해 '배울 만큼 배운' 우라노스는 자식들을 다시 어미의 자궁 속에 넣어서 빛을 못 보게 했다. 막내 크로노스는 이 극악무도한 아비를 증오했다. 가이아는 어느 날 크로노스의 손에 날카로운 낫을 쥐어 주고 부추겼다. "네 아비가 먼저 극악한 짓을 했다. 잘못이랄 것도 없다." 어느 날, 욕정에 눈이 먼 우라노스가 다시 대지의 여신을 덮치려 할 때, 아들 크로노스가 나타났다. 그는 벌거벗은 아비의 남근을 낫으로 잘라 바로 뒤로 던져 버렸다. 마치 흉한 것이라도 본 듯.

이렇게 권력을 잡은 크로노스는 아비와 달랐을까? 그는 아비의 실수를 만회할 완벽한 기술을 고안했다. 아이를 낳을 때마다 대지의 몸에 가두는 대신 자기 배 속에 넣는 것이었다. 소화된 자들이 어떻게 살아날 것인가? 그는 아이가 태어날 때마다 단숨에 삼켰다. 번번이 자기 아이들의 희생을 목격해야 했던 어머니 레아는 분노와 슬픔에 빠져 가이아를 찾아갔다. 여인들은 몰래 만나 반격의 책략을 고안해 냈다. 마침 사내아이가 또 태어나자 크로노스는 강보에 싼 채로 꿀꺽 삼켜 버렸다. 그러나 크로노스가 삼킨 것은 아이가 아니었다. 막내 제우스가 태어나자 레아는 아이를 숨기고 대신 아비에게 강보에 싸인 돌을 건네준 것이다. 이렇게 제우스는 아버지에게 잡아먹힐 운명을 벗어났다. 살아남은 아들은 할머니의 보살핌을 받고 자라 아버지를 기어이 권좌에서 끌어내린다. 아무리 몸부림쳐도 권력의 끝을 막을 수는 없는 것일까?

한때 성서와 그리스 신화는 서구인의 자부심이었다. 세계 어디에도 그런 오래된 이야기들은 없다고 생각했으니까. 그러나 메소포타미아와 이집트의 기록들이 무더기로 발견되자 성서와 그리스 신화의 권위가 흔들리기 시작했다. 그리고 아나톨리아 히타이트 제국의 도시들에서 점토판들이 발굴되자 먼 옛날 동방의 신들이 서방으로 이주해 신들의 문명을 만들었다는 것이 명확해졌다. 물론 쿠데타를 일으키는 법과 방어 기술도 따라왔다. 이제 그리스의 최고신들이 익히 알고 있었던 동방의 선례를 검토해 볼 시간이다.

잠시 이스탄불 고고학 박물관으로 돌아가서, 히타이트 제국의 수도였던 하투샤에서 발견된 유명한 점토판 하나를 자세히 살펴보자. 안타깝게도 가운데가 사라지고 말았지만 이것이 고고학자들의 집념을 포기하게 만들지는 못했다. 이 작은 점토판 하나가 세계 신화사를 뒤흔들 줄 누가 알았으랴. 카메라 셔터를 누르는 손이 조심스럽다. 점토판 옆에 영문으로 그 내용이 요약되어 있다. 먼 옛날의 남성 신들은 애초에 투쟁적이었고 자기 아버지를 해치는 것도 아랑곳하지 않았던 모양이다. 이런 신화는 남성 중심 권력 투쟁의 특성을 충분히 관찰하고 나온 것이 분명하다.

히타이트의 알랄루는 신계 최초의 왕이었다. 아버지가 강하던 시절에 아들 아누는 땅에 닿도록 머리를 숙이고 아버지의 시중을 들었다. 그러나 그것은 진정한 존경이 아니었다. 기회가 오자 당장 아버지를 지하 세계로 쫓아냈으니까.

그러나 아누의 아들 쿠마르비 또한 이인자의 자리에 만족하지 않았다. 아버지가 권좌에 오른 지 9년 만에 그도 아버지에게 대들었는데, 얼마나 저돌적이었는지 패해서 날아나는 아버지의 발목을 잡고 생식기를 물어뜯고 말았다. 아누가 어떤 나쁜 짓을 했기에 쫓겨났다는 기록은 없다. 알랄루가 어떤 나쁜 짓을 했는지도 기록에 없다. 이제 왜 우라노스와 크로노스가 죄도 없는 아이들에게 선수를 쳤는지 이해가 될 것이다. 그들에게는 권력 자체가 최고의 가치였던 것이다.

이야기는 여기서 끝나지 않는다. 쿠마르비는 실수를 저질렀다. 아버지의 생식기를 물어뜯을 때 그 정자가 배 속으로 들어가고 말았던 것. 여기서 우리는 크로노스가 아버지의 생식기를 뒤도 돌아보지 않고 던져 버린 이유도 알아차리게 된다. 쿠마르비의 실수를 반복해서는 안 되니까.

이리하여 폭풍의 신 테슈브는 아버지 쿠마르비의 몸으로 들어간 할아버지 아누의 정자에서 태어난다. 자, 테슈브가 이인자의 자리에 만족할 것인가? 그는 선대의 전통을 따라 여지없이 쿠마르비를 축출한다. 그러나 아버지의 생식기를 물어뜯은 독종 쿠마르비가 호락호락하게 물러날 것인가?

쫓겨난 쿠마르비는 자신의 아들이자 숙적 테슈브를 극복하기 위해 무시무시한 괴물을 만들기로 결심했다. 그는 대지의 여신과 결합하여 다시 아들을 낳았다. 쿠마르비와 대지의 여신과의 결합과 우라노스와 가이아의 결합의 유사성은 말할 나위도 없다. 이리하여 태어난 쿠마르비의 아들 이름은 울리쿰미 곧 '쿰미아를 파괴할 자'라는 의미였다. 쿠마르비는 하늘을 받치고 있는 거인인 우펠루리의 어깨에 자신의 괴물 아들을 몰래 올려놓는다. 울리쿰미는 엄청난 속도로 자라 곧장 하늘을 뚫고 올라갔다. 그의 몸통은 단단한 바위로 되어 있었다. 순식간에 거대한 바위 괴물이 신들의 처소를 뚫고 들어가자 신들은 두려움에 어쩔 줄 몰라 혼란에 빠졌고, 폭풍신 테슈브도 깜짝 놀라 원로들에게 애원했다.

"저 바위 인간이 세계를 파괴하기 전에, 우리 선조들이 하늘과 대지를 나누었던 그 낫을 가져와서 저 괴물을 베어 냅시다."

테슈브의 호소가 동의를 얻어 하늘의 신들과 거대한 바위 괴물의 대결이 펼쳐진다. 이 싸움에서 테슈브는 히타이트 기후신의 상징인 폭풍의 전차를 타고 전쟁에 참가한다. 안타깝게도 그 싸움의 결말을 알리는 부분은 깨어져 있지만 승리는 테슈브의 몫이었을 것이다. 테슈브는 이후에도 등장하지만 바위 괴물과 쿠마르비의 이야기는 사라지니까.

하투샤, 가시 달린 풀의 도시

13세기 히타이트 제국의 수도인 하투샤는 온통 돌로 된 단단한 요새다. 앞으로 넓은 분지를 두고, 좌우에 오를 수 없는 암벽을 끼고, 뒤로는 살이 충분한 능선을 거느리고 있다. 왕의 시야는 일망무제. 어떻게 이곳을 공략하랴. 보병만이 이곳을 공격할 수 있겠으나 사람이 기어오를 만한 곳에는 모두 인공 성벽을 쌓았다. 오직 물길을 차단하고 성을 포위하고 기다리는 전술만 유효했을 것이다. 그러나 성 안의 물 저장고를 보니, 그런 방법으로 이기려 해도 한 계절은 기다려야 할 듯하다.

하루 종일 인적 드문 이 유적지를 홀로 차지하고 이리저리 뜯어본다. 가끔 보이는 몇몇 현대적인 구조물을 제한다면 마치 기원전 13세기 그 시절로 돌아간 듯하다. 바위, 마른 풀, 겹겹이 둘러친 요새. 건조한 곳에서 어렵사리 살아남은 식물들은 저마다 독한 가시를 만들어 절대로 짐승들에게 먹힐 수 없다는 의지를 다지고 있다. 이 험요한 곳에 자리 잡은 존재들이 어찌 살찌고 나약해질 수 있겠는가. 어떤 가시는 등산화 바닥을 뚫고 올라온다. 지나치게 독한 녀석들이 아닌가. 그러나 이해할 수 없는 것도 아니다. 가시 없이는 양들에게 모두 뜯겼을 테니. 지구에서 가장 먼저 문명이 시작된 이 메마른 땅. 까마득한 옛날부터 이 땅에서는 인간이든 신이든 왕좌를 차지하기 위해 강해져야 했을 것이다. 그러기에 파라오를 굴복시킨 무적의 전차 부대를 거느린 히타이트 왕 무와탈리 2세는 이런 자신만만한 소리를 할 수 있었다.

"보시오, 과인은 우리 둘 사이에 영원한 형제애와 평화를 확립하였소. 영원한 형제애와 평화를 보장하기 위해 과인은 협정을 맺었소. 보시오, 위대한 이집트의 왕 람세스(람세스 2세)여. 태양신과 폭풍신의 가호로 우리의 적대감을 없애고 평화를 이룩합시다."

오후 늦게 야즐리카야 사원을 찾았다. 허기져 거의 쓰러질 지경이 되었으나 다행히 사원은 소박하다. 석회석 벽에 양각되어 있는 신들은 너무나 인간적이어서 친근하다. 암벽 높은 곳에 새기지 않고 사람의 키 높이에 새겨 놓았으니, 당시 신과 사람은 서로에게 멀고도 가까운 존재였던 것 같다. 특히 왕에게 신은 대단히 가까운 존재여야 한다. 왕은 신에 기대 통치하기 때문이다. 그래서 왕의 제사 터에서 신은 왕의 키 높이에 있다.

이윽고 이 사원에서 가장 중요한 부조가 보인다. 폭풍의 신 테슈브의 아들 샤루마가 다정스럽게 히타이트 왕 투드할리야 4세에게 한 팔을 두르고 한 손에는 횃불을 들고 어딘가로 인도하고 있다. 물론 신의 대리자인 왕이 가야 할 길을 제시하고 있는 것이리라. 왕은 그저 신보다 약간 키가 작은 존재로 묘사되어 있다. 왕과 신이 한 방향으로 가고 있다. 누가 그를 막을 것인가?

파라오의 신전에 비한다면 저 바위에 새겨진 조각들은 그저 하찮은 장식품에 지나지 않을 것이다. 파라오는 신의 아들이기에 신과 같이 높은 곳에 있어야 한다. 그러나 히타이트인은 신을 자신들의 땅으로 데리

고 내려왔다. 물론 나일 강 하구와 아나톨리아 고원의 물질적 수준의 차이가 이런 인식의 차이를 만들었을 것이다. 그러나 본래 기후를 주관하는 소박한 존재들이던 태양과 폭풍의 신이 인간 세계의 발전에 발맞춰 어느 때부터 왕권의 든든한 동반자로 변신했음은 틀림없다.

저 소박하게 새겨진 신들을 가볍게 볼 수 없는 이유는 저들이 또 이야기보따리를 들고 서쪽으로 가서 풀어 놓았기 때문이다. 처음의 소박한 이야기들은 메소포타미아의 복잡다단한 이야기 층을 통과하면서 한층 세련된 모습을 갖췄다.

그리스 신화에서는 히타이트 신화와 달리 아버지가 다시 아들에게 복수하는 내용은 사라졌다. 그러나 두 신화의 결정적인 모티프는 같고, 결국 각자 세계의 최고신이 권력을 쟁취하는 과정을 담고 있다. 신들 간의 싸움이라는 히타이트의 모티프는 다시 메소포타미아에 있던 여러 신화들의 영향을 받았다. 그리하여 히타이트를 매개로 동방의 여러 신들이 서방에 권력의 기술을 전파했으리라.

그러나 최고신들이 그저 비정하고 잔혹하기만 하다고 생각해서는 안 된다. 권력을 얻은 후 그들은 베풀 줄 알았다. 인드라의 추행이 없었다면 인도의 시인들이 굶을 지경이지만, 그래도 그는 천상의 음료 소마를 동료들과 나누어 먹었다. 제우스의 온갖 비행과 바람기는 우리 인간도 눈살을 찌푸릴 지경이지만, 그는 아버지가 먹어 치운 자기 형제들과 할아버지가 대지에 유폐한 삼촌들을 해방시켰다. 여름날 중앙 아나톨리아 땅은 물기 하나 없이 말라 들어간다. 왜 폭풍의 신은 정작 이 메마르고 더운 여름에는 힘을 못 쓰는 걸까? 소나기라도 쏟아부어 나에게도 시원함을 좀 나눠 주시길.

신들의 귀환 — 넴루트 다으

『신통기』에 묘사된 가이아의 모습을 살펴보자.

"태초에 혼돈(카오스)이 있었고, 그다음에는 거대한 젖가슴을 가진 가이아가 있었다." 도대체 그녀의 몸은 얼마나 컸을까? 그녀는 자신의 몸에서 산과 강을 낳았다. 그리고 자신의 몸과 비슷한 크기의 하늘을 만들었다고 한다. 가이아의 몸은 꼭 대지를 덮고 있는 하늘만큼 크다.

터키 중부의 앙카라는 모든 면에서 이스탄불과 비교되는 조금 황량한 도시다. 그러나 앙카라는 문명 발상지 중 하나인 아나톨리아의 중심을 차지하고 있다. 한때 문명의 요람이었던 거점들, 즉 바그다드, 카불, 시리아와 이란의 수많은 도시들이 근래 인간의 싸움으로 황량한 곳으로 변한 것을 보면 앙카라의 황량함은 그대로 견딜 만하다.

아나톨리아 고고학 박물관의 풍성함은 도시의 황량함을 반쯤은 보상해 준다. 인류가 만든 최초의 미술 작품인 벽화, 태양의 원반, 권력과 신성의 상징 황소. 이 유물들을 보며 아나톨리아가 세계 문명의 출발점 중 하나라는 것을 다시 확인한다. 결정적 존재는 유리관 안에 처연히 자리 잡은 풍요의 어머니, 대지의 여신이다. 마르지 않는 젖이 샘솟는 거대한 가슴, 대지 그 자체인 넓은 몸, 아직 밖으로 나오지 않은 자식들의 놀이터인 자궁과 복부, 대지와 생명체를 연결하는 커다란 배꼽, 그리고 안정감 있게 몸을 받치는 둔부. 아마도 대지의 여신은 아나톨리아의 태초 경작자들의 숭배 대상이었을 것이다. 훨씬 동쪽 오늘날 이란 땅 초기 문명을 일군 사람들에게도 어머니 신이었을 것이다. 그 여신은 『신통기』에 묘사된 가이아의 이미지 그 자체다.

지금까지 밝혀진 고고학적 자료를 믿는다면 가이아도 동쪽에서 서쪽으로 건너갔을 것이다. 대지의 여신이 원래 서쪽에도 있었는지 문자는 말해 주지 않지만, 그녀의 자식들이 동쪽에서 서쪽으로 갔다는 점은 의심할 나위 없이 기록되어 있다. 신들의 세계에도 교류가 있고 이주가 있다. 신들은 인간이 올리는 제사를 받아먹고 산다. 제사를 올리는 이들을 따라 신들도 어디든지 옮겨 다닌다. 한때 서쪽으로 건너간 신들은 어느 순간 대거 동쪽으로 이동한다. 그리스인은 가공 수출의 대가였다.

여름 터키 땅 전체가 달아오른다. 더위에 지쳐 입맛이 떨어지고 향신료가 가득 든 음식은 익숙해지려면 시간이 필요하다. 그럴 때면 의당 과일을 집어 든다. 물보다 더 싼 수박으로 수분을 보충하고, 물보다는 조금 비싼 체리로 한 끼를 해결한다. 다행히 건조 지대의 과일은 맛을 볼 필요도 고를 필요도 없다. 이곳의 과일은 온대 지방 출신은 상상하지 못할 맛과 향을 갖고 있으므로.

그러나 탐닉은 언젠가 대가를 치르나 보다. 하루 세 끼를 체리로 해결한 것이 문제였다. 앙카라에서 복통, 설사, 구토에 시달렸다. 물만 마셔도 토했고, 조금이라도 영양가 있는 것을 먹으면 배가 아프다. 어쩔 수 없이 이틀 동안 굶으며 고통을 누그러뜨렸다. 하투샤의 언덕을 걸을 때 처음으로 허기를 느꼈다. 허기를 느낀다는 것은 식욕이 살아났다는 이야기. 그렇지만 아무리 날이 더워도 맥주 한 잔 할 용기는 나지 않았다. 이렇게 하투샤에서 힘을 조금 되찾아 여행을 계속했다.

이제 좀 쉴 시간이었다. 이스탄불에 도착한 후 앙카라를 거치는 동안 하루도 쉬지 않고 버스를 타거나 걸으며 유적을 찾았다. 일정을 수정해 카파도키아로 가서 하루를 완전히 쉬고 넴루트 다으를 향해 달렸다. 아침 일찍 카파도키아를 출발하여 버스를 세 번 갈아타고 넴루트 다으 가까운 여관에 도착하니 벌써 밤이다. 오는 길에 마음씨 좋은 기술자인 후세인이 차를 태워 주지 않았다면 무사히 도착할 수 없었을지도 모르겠다. 넴루트로 가는 차가 이미 끊어졌다는 말을 듣고 좌절하던 차에 마침 그 방향으로 가던 후세인을 만났다. 넴루트 바로 옆 마을까지 데려다 주겠다고 했다. 그곳에서 산 아래 마을로 가는 차는 많다고 한다. 굽이든 오르막이든 항상 시속 100킬로미터 이상을 유지하는 '강직함'을 빼면 정말 모자랄 데 없는 사람이었다. "꼬레? 굿." 뭔가 드라마 속 인물들을 이야기하지만 나는 통 모르겠다. 평소에 챙겨 보지 못한 한류 드라마들에게 미안한 마음이다.

숙소에서 선잠을 자고 새벽 3시에 일어나 산으로 출발한다. 여관에서 준비해 준 차를 탄 이는 나와 터키인 부부, 이렇게 셋이다. 아직 하늘에는 별이 총총하다. 차에서 내려 길지 않은 산길을 따라 정상에 오르니 거대한 돌무덤이 보인다. 그 무덤 동쪽, 지진으로 몸에서 떨어져 나온 신들의 얼굴이 해 뜨는 곳을 응시하고 있다. 아직 아침 해는 떠오르지 않았는데 석상들은 미동도 없이 그윽이 한쪽만 응시한다. 어찌하여 신들께서 굳이 이 높은 곳으로 오셨을까? 이곳은 콤마게네 왕국의 유적이다. 서쪽에서 나날이 커지는 로마 제국의 위협을 느끼며 생존을 모색하던 헬레니즘 왕국. 콤마게네의 왕 안티오쿠스 1세는 기원전 1세기경 이 땅이 자신의 후손들에게 영원히 이어지기를 바라는 마음에 신들을 이 높은 곳으로 모셨으리라. 신전은 최초의 빛이 인간 세계에 닿기 전에 신들에 의해 흠향되도록 설계되었다.

해발 2150미터의 산 정상에 잘게 부순 자갈로 지름 150미터의 인공산을 만들고, 거대한 신전과 10미터에 이르는 석상을 세웠다. 신전의 기단으로 쓰였을 퇴적암 판들은 분명 산 아래쪽에서 가져왔을 것이니 이 무덤을 만들기 위해 얼마나 큰 노동력이 들었는지 짐작이 간다.

한 시간쯤 기다렸을까? 아직 인간 세계에는 골골이 점 같은 등이 꺼지지 않았는데, 신들의 얼굴 위로 희미한 빛이 어린다. 어둠의 심연을 지난 태양이 최초로 뿌리는 빛을 받기 위해 동쪽으로 얼굴을 향한 신들의 표정이 바뀐다. 끝없이 제물을 흠향하던 2000년 전의 날들을 회상하고 있는 것일까?

이제 그 신들의 이름을 불러 보자. 콤마게네 유적에 있는 다섯 개의 석상들은 안티오쿠스 1세, 티케, 제우스-아후라 마즈다, 아폴론-미트라, 헤라클레스-아르타그네스다. 서쪽으로 떠난 태양이 동쪽으로 다시 돌아오듯, 아주 오래전 서쪽으로 떠난 신들은 새로운 그리스 이름을 얻어 나타났다. 무덤의 주인 안티오쿠스 그 자신의 이름도 그리스 식이다.

알렉산드로스 제국이 멸망하고 동방의 헬레니즘 영향을 받은 지역에서는 수많은 왕국이 생겼다. 콤마게네는 그러한 왕국 가운데 하나로, 기원전 162년부터 기원후 72년까지 존재했다. 알렉산드로스가 통치의 전술로서 페르시아에 데리고 들어온 서방의 신들은, 알렉산드로스 제국이 단명한 뒤에도 오랜 기간 살아남았다. 콤마게네의 석상들은 그 이름으로 알 수 있듯 당시의 여러 문명의 융합을 보여 준다. 콤마게네의 여신 티케는 특정 지역이나 도시를 인격화하는 헬레니즘 예술의 영향을 받았다. 그리스 신화의 최고신 제우스와 조로아스터교의 선신(善神) 아후라 마즈다, 그리스의 태양신 아폴론과 페르시아의 태양신 미트라, 그리스의 영웅 헤라클레스와 페르시아의 군신 아르타그네스.

알렉산드로스에게는 불경스러운 말이지만, 신은 고대 세계 최고의 문화 상품이었다. 갑옷으로 무장한 침략군이 점령대의 돌격대라면, 신은 점령지 인민의 심리 상태를 바꾸는 주둔군이었다. 침략군이 들어오면 이어서 신이 들어오고, 일단 신이 자리를 잡으면 군대는 칼을 쓸 일이 줄어들었다. 이곳 주민들은 그리스계가 아니라 파르티아계나 아르메니아계였지만, 알렉산드로스 제국이 한참 전에 붕괴했음에도 여전히 그리스 문화에 심취했다. 그러나 이제 신이 교체될 시점이 왔다. 콤마게네 왕국은 72년 로마에게 망했다. 이제 신참인 주피터와 마르스의 시대가 이어지리라. 그러나 그 동쪽에서는 아후라 마즈다와 미트라가 재도약을 준비하고 있었다. 파르티아 제국, 사산 제국, 이렇게 이름을 바꾸면서 페르시아 세계는 그들의 신과 함께 부활하여 이슬람 침입 시기까지 이어졌다.

뜬금없이 신과 인간 세상을 잠깐 연결해 본다. 힘이 있을 때, 혹은 이미 승리한 후에는 외래의 신을 포용할 수 있으리라. 히타이트가 그랬고 페르시아가 그랬고 그리스가 그랬다. 남의 신을 포용하면서 세력을 넓히고 수입한 신을 다시 가공하여 수출까지 했다. 그러니 신들은 돌격대가 아니라 주둔군이다. 전장에서는 신 대신 활에 의지하는 것이 낫다. 특히 궁지에 몰렸을 때 외래 신들의 신통력은 그다지 믿을 만한 게 아니다. 페르시아의 다리우스가 스키타이를 치기 위해 아테네 여신에게 바친 1000마리의 황소도 헛것이 되었다. 그러니 제우스와 헤라클레스 등 수입 신들이 콤마게네를 지키지 못했다고 탓하기는 힘들겠지.

『좌전』에 춘추 시대 초나라 소왕이 병이 걸렸을 때, 황하의 신에게 제사 지내라는 요구를 무시하며 이렇게 말했다는 기사가 있다. "우리는 대대로 영내의 한수와 장강의 신에게 제사 지냈다. 나는 황하의 신에게 죄를 짓지 않았다." 멀리 동쪽으로 이사 온 신들의 머리가 떨어지고 신전은 폐허가 되었기에 떠오르는 엉뚱한 생각이다.

스쳐 가는 도시 트라브존

어떤 곳에서 나는 아예 사진을 남기지 않는다. 사진을 남길 시간이 없을 만큼 재미있거나, 사진 찍을 흥이 안 났거나 둘 중 하나일 것이다. 여행은 파도타기처럼 올라갈 때가 있고 내려갈 때가 있다. 스쳐 가는 곳, 잠깐 멈추는 곳들이 있다. 밤새 버스를 타고 이곳, 트라브존으로 왔다. 넴루트에서 이곳으로 온 버스는 무시하기 힘든 요통과 함께 나를 정류장에 내려 주었다. 그리고 또 오늘 밤 이곳을 떠날 것이다. 한나절이란 어떤 도시를 둘러보기에는 짧은 시간이고, 그 도시의 겉옷을 헤치고 맨살에 닿기에는 턱도 없는 시간이다. 대상을 이해하기를 포기할 때면 나는 탐구 없이도 쉽게 포착되는 것들을 확인하고 싶어진다. 인간이 사는 곳이라면 어디에나 있는 것들, 말하자면 길거리에서 사랑을 표시하는 방식, 발가벗은 사람의 육체적 특징, 장거리 버스 운전기사의 태도 따위에 집착하는 것이다. 이제 곧 떠난다는 사실, 아마도 다시 올 수 없을 것이라는 생각 때문에 징그럽게도 쉽게 감상에 빠지고 또 그만큼 용감해진다.

생각해 보니 나는 탐욕스러운 뱀처럼 너무 많은 시간을 먹어 치우며 동서로 이동해 왔다. 신석기 시대부터 오늘날까지. 대충이라도 감각이 살아 있는 사람이라면 박물관 속의 유물과 현대적 빌딩들 사이의 간극을 계속 소화해 가며 움직일 수는 없는 노릇이다. 어쩔 수 없이 나는 소화 불량에 걸려 가쁜 숨을 내쉬고, 소화 불량을 해결하려다 향수에 빠지곤 했다. 향수로 여행자의 발목을 잡는 곳이 바로 이렇게 스쳐 지나가는 곳들이다. 기원전 언젠가 그리스의 식민주의자들이 이 도시를 세웠다고 하지만 나는 별 관심을 두지 않는다. 이미 그 사실을 소화할 수 없기 때문에.

흑해의 습기를 머금은 바람 때문에 꽤 크게 자란 나무들이 눈에 띈다. 흑해를 부드럽게 둘러싸고 있는 언덕 위로 집들이 빼곡하게 들어차 있다. 제일 높은 곳에 올라가면 풍광이 그럴싸할 것 같지만 더는 볼 자신이 없다. 흑해로 가자. 발가벗은 사람들을 보며 나도 바다에 몸을 담가야겠다. 북쪽으로 방향을 잡고 조금 걸으면 어디서든 흑해를 만난다. 마침 월요일, 바닷가에는 어린 녀석들 몇 명밖에 없다. 이상하게 생긴 사람이라고 애들이 기겁을 한다. 그렇게 한 시간을 물속에서 보내고 나왔다.

이 도시에 온 것은 우스꽝스럽게도 조지 부시 부자 때문이다. 유프라테스 강을 따라 내려가려던 여행길은 그들 부자가 이라크를 상대로 차례로 일으킨 전쟁과 그 후의 정치적 난맥 때문에 막혔기 때문에 먼저 카프카스로 간다. 평균 이하의 감성을 가진 조지 부시와 평균 이하의 지능을 가진 그 아들은 자기가 한 짓이 무언지도 모를 것이다. 아마도 평균 이하의 기억력을 가졌을 테니. 텍사스, 총으로 인디언과 멕시코인들로부터 차례로 강탈한 그 땅 위를 총잡이의 후예답게 말을 타고 활보하던 그들의 모습이 떠오른다. 카프카스에서 곧장 남쪽으로 내려가는 길은 한참 동안 열리지 않을 것이다. 우리의 힘이 닿을 수 없는 큰 세계가 굴러가는 모양이 이토록 비루하다.

발가벗은 아이들을 보았으니 이제 도시의 뒷골목으로 들어갈 시간이다. 버스 정류장 뒤로 살짝 경사 진 길을 이리저리 훑으며 걸었다. 행여 맥주 집이 있나 해서. 식중독이 뺏어 가 버린 나의 친구를 다시 만나고 싶다. 터키는 명목상으로는 무슬림의 나라다. 이런 대낮에 문을 여는 술집이 있으랴. 하지만 장거리 버스 터미널 뒤쪽은 나 같은 뜨내기들의 거리다. 서너 집 문을 두드리고 드디어 술십을 하나 빌견했다.

어디선가 많이 보던 곳, 약간은 익숙한 분위기다. 적당히 늘어지면서

193

퇴폐적인 음악이 흐르는 술집 입구에는 주인으로 보이는 뚱뚱한 남자 한 명과 아마도 이웃에서 가게를 하는 사람으로 보이는 비슷한 체형의 사내 두 명이 앉아 이야기를 나누고 있다. 나를 반기는 사람은 노란 머리에 적당히 나이가 들고 얼굴이 둥그스름한 마담이었다. 두꺼운 화장에 짙은 향수 냄새를 풍긴다. 그리고 약간 나이 어린 여인이 한 명 더 있다. 꼭 우리네 지방 도시 언저리의 다방 같은 곳이었다. 그러다 그녀들이 주고받는 말이 귀에 익어서 자세히 들어보니 러시아 말이었다. 이 술집에서는 영어는 몇 글자도 통하지 않는다. 여인들은 이곳 말도 유창하지 않은 듯했다.

"맥주 주세요."

손짓으로 물어 온다. '몇 병?'

"쉐스찌(여섯 병)."

"쉐스찌?"

젊은 여자가 눈을 동그랗게 뜨고 반문한다. 내가 러시아어로 대답했기 때문일까, 아니면 여섯 병 때문일까?

"옆에 앉아도 될까요?"

"물론이지요."

"제가 앉으면 (당신이) 서비스 비용을 내야 하는데."

"아무렴요."

이렇게 그 여자가 앉았다. 그리고 얼굴이 동그랗고 나이가 좀 더 많은 여자도 앉았다.

"고향이 어디요?"

"우즈베키스탄."

"우즈베키스탄?"

그러나 왜 우즈베키스탄에서 이곳까지 왔느냐고 묻지는 않았다. 그

194

런 것은 이렇게 짧은 시간 머무르는 사람이 물을 질문이 아니다. 이곳 생활이 어떠하냐 따위도 묻지 않았다. 사실은 물을 필요도 없었다. 우리는 잘 통하지도 않는 러시아어에 손짓 발짓을 섞어서 대화를 나누었다. 여인들은 술을 따르기 위해 때로는 남자들을 상대하기 위해 이곳으로 왔다. 우즈베키스탄에서 살기는 어렵다고 몇 가지 사연을 늘어놓을 때 고개를 끄덕이기는 했지만 반은 못 알아듣고 반은 들은 즉시 잊어버렸다. 유복한 집에서 태어나 고생 모르고 살았다는 이야기가 나오지 않았던 것은 명백했지만. 이국에서 우리가 가진 유일한 공통점인 러시아어 때문에 심리적 방어막이 무너지자 그 종업원 여인들도 맥주를 들이켰다. 나는 주문한 맥주를 더 마시라고 권했다.

여자들이 실없는 소리를 한다. 한국 남자가 좋다고. 한국 남자라고는 나밖에 본 적이 없으면서 그런 엉뚱한 소리를 한다. 술을 팔아 주니 좋은 사람이라고 하는 것이겠지. 두 여인의 볼이 실없이 빨개졌다. 그녀들은 고향 생각을 하고 있었다. 내 여행지 목록에 그녀의 고향도 들어 있다고 이야기해 주었다.

두세 시간을 그 술집에서 보냈다. 그동안 이 술집으로 들어오는 사내들은 아무도 없었다. 이곳은 그래도 무슬림의 나라가 아닌가. 무슬림의 나라에서 대낮에 작부들이 있는 술집을 드나들 대담한 친구들은 많지 않으리라. 무슬림 작부란 있을 수 없다. 그러나 무슬림 남성들은 기막힌 편법을 만들어 냈다. 외국인이라면 상관없지 않은가?

국경을 넘는 장거리 버스를 타야 한다. 몸속으로 들어간 물을 모두 배출할 시간이 필요하다. 오후 4시 무렵 술집 문을 나선다. 털보 주인이 계산서를 가지고 왔다. 무슬림끼리는 정직해야 한다. 그러나 이 어리석은 동방의 이방인은 무슬림이 아니지 않은가. 나시 못 올 이방인에게 걸맞은 계산서가 나왔다. 문득 나는 이방에서 온 여인들에게 작은 연극을 보여 주고 싶었다.

"볼펜 좀 주시오."

나는 그 계산서에 두 줄을 긋고 꼭 그 반에 해당하는 숫자를 적었다. 주인은 슬쩍 눈짓을 하더니 이내 수긍한다.

"타맘(오케이)."

그리고 내가 쓴 액수만 지불하고 밖으로 나왔다. 다시 정직한 무슬림으로 돌아간 것일까, 아니면 물처럼 맥주를 마시는 이상한 사람에게 살짝 기가 죽은 것일까. 두 여인이 따라 나와 배웅한다. 돌아와 길가에서 조지아로 가는 버스를 기다렸다.

2 카프카스의 프로메테우스

얼음산에 숨은 이야기를 찾아서

오아시스 없는 사막처럼 오를 산이 없는 일정은 숨이 막힌다. 카프카스의 아름다움에 대해서는 이미 들어 보았다. 그러나 러시아 영토 안에 있는 북카프카스는 보통의 비자를 가진 이는 들어가기 힘들다. 비밀경찰이 비밀스럽지도 않게 따라붙는다고 한다. 체첸을 비롯한 북카프카스 국가들의 반(反)러시아 정서는 러시아에게는 언제나 다루기 힘든 뇌관이다. 러시아에서 경찰을 만나서 좋을 일은 없다. 그래서 러시아보다 훨씬 안전한 나라 조지아를 여행 목록에 조심스럽게 간직하고 있었다. 조지아는 카프카스 남부의 보석이다. 카프카스 풍광의 아름다움뿐만 아니라 이야기의 아름다움도 여전히 간직하고 있다고 하니.

 카프카스에 도착하자마자 이 땅 사람들의 안온함과 산세의 웅장함에 빠져들었다. 그리고 무엇보다 감동적인 것은 포도주였다. 푸슈킨이 그토록 조지아의 와인을 사랑했다거나 기원전 수천 년 전 이곳에서 세계 최초로 포도주가 발명되었다는 등의 이야기는 흘려들었다. 그러나 이곳 사람들이 무시무시하게 마시면서 세계에서 가장 오래 산다는 것은 사실이다. 술꾼에게는 바로 그곳이 유토피아가 아닌가. 오늘날 산업사회에서 음주는 사회 부적응 혹은 자기 학대와 연관되는 천한 습관이 되었다. 그러나 대자연을 앞에 두고 술이 없었다면 대시인도 없었을 것이다. 대시인 없이 우리의 비속한 마음이 어떻게 우아해질 수 있으랴.

이곳에서 포도주를 살 때는 이름이나 가격을 물어볼 필요도 없다. 누구나 마실 수 있는 가격에 누구나 만족하는 맛이니까. 카프카스에서 물 대신 포도주를 매일 1리터씩 마셨지만 정신은 맑기만 했다. 어떤 첨가물도 없는 원시의 맛이었다. 점심을 드시는 노인장들의 식탁에는 항상 포도주 병이 놓여 있다. 시판되는 포도주가 너무 싱거우면 집에서 만든 포도주를 식탁에 올린다. 하나같이 겁이 더럭 날 정도의 주량을 갖춘 이들이다. 축복받은 노인들이다.

그러나 나는 포도주를 찾아다니는 한가한 사람이 아니다. 나는 카프카스의 바위 벽에 서린 비장한 이야기를 들었다. 지금 그 이야기를 확인하러 가는 길이다. 아주 오래전부터 시인의 영감의 원천이던 카프카스는 이야기들이 지나다니고, 변형되고, 탄생되는 공간이었다. 카프카스 밖에서는 절대로 볼 수 없는 독특한 자연 속에서 기이한 이야기들이 탄생하지 않는다면 그게 오히려 기이한 일이다. 흑해와 카스피 해를 좌우에 거느린 병목 같은 땅에 저토록 큰 산이, 마치 남북을 완전히 차단하고야 말겠다는 의지를 불태우는 전사처럼 서 있다.

부챗살처럼 촘촘한 능선들이 종횡으로 달리고, 계곡이 덩달아 화답하는 곳, 이곳은 남북의 모든 문화들이 거치며 정화되는, 혹은 호도되는 화학 반응의 공간이다. 말은 암벽을 넘을 수 없어 저 계곡을 따라 움직일 수밖에 없고, 한 계곡을 떠나면 바로 이방의 계곡이 펼쳐지고 골마다 서로 다른 말이 쓰이는 곳. 이곳 속담처럼 정말 하느님이 말 보따리를 들고 가다가 카프카스의 높은 봉우리에 보따리가 걸려 세상 말(언어)의 반이 이곳에 쏟아진 것일까. 그래서 카프카스는 변화무쌍하고 거칠고 고집스럽다. 나는 그곳에서 생명력 넘치는 한 인간이 신에게 반기를 들었다는 이야기를 들었다.

카프카스의 두 얼굴

큰 산을 넘어 여기 카즈베기 마을까지 왔다. 카프카스 동남부 최고봉인 게르게티 설산을 마주 보고 있는 이 작은 마을. 마을 뒤쪽으로는 카즈베기 산의 수직 벽이 사람을 위압한다.

도착한 첫날은 평화로웠다. 마을 건너 사메바 수도원이 있는 언덕까지 천천히 올라가서 계곡을 내려다보니 하늘의 양 떼가 계곡을 건넌다. 수도원까지 계곡의 물소리가 올라오고, 나무와 풀, 이끼가 자라는 주위의 산들은 평화롭다. 카즈베기 바위 단층은 은색과 회색의 선들이 번갈아 가며 무늬를 놓아 아득한 산의 나이를 증언하고 있다.

벽에 막힌 양 떼는 태양의 인도를 받아 서서히 바위를 오른다. 높은 곳에는 풀이 없어서인가. 하늘의 양 떼도 수직으로 솟은 암벽 앞에서 방황하다 방향을 돌린다. 게르게티 설봉이 저녁에 잠깐 얼굴을 내밀 때까지 카프카스는 계속 고요한 얼굴만 보여 주었다.

그러나 산의 얼굴은 다양하다. 둘째 날, 아침을 먹고 점심을 배낭에 챙겨 길을 나선다. 게르게티 오른쪽 능선 중턱, 약 3000미터 지점에서 남북 카프카스를 다 조망하고 싶었다. 국경 지대 너머 러시아 영토의 블라디카프카스의 봉우리들이 보일지도 모른다.

초입부터 급류가 가로막는다. 잠시나마 동행했던 이는 급류에 막혀 돌아가고, 혼자 급류를 건너 암벽 사이로 난 오솔길을 오른다. 절벽에 둥지를 튼 독수리 가족. 독수리 한 마리가 둥지를 떠나 바람에 몸을 맡기다 계곡을 향해 내리꽂힌다. 이내 건너편 숲의 윤곽을 따라 솟구치더니 크게 원을 그리며 바람을 타고 오른다. 그리고 깊은 계곡을 다시 건너온다. 어기적거리며 산길을 오르는 나를 비웃듯 한 번의 파닥거림도 없이. 아침 햇살이 바위 벽에 만들어 놓은 그림자로 녀석의 크기를 짐작한다. 접근할 수 없는 곳에 둥지를 튼 하늘의 거한. 저 건너 자작나무 숲 전체가 너의 식탁이겠지. 독수리야, 날개를 빌려 주렴. 너의 누명을 벗겨 주마. 함께 저 얼음 덮인 게르게티의 절벽으로 가자. 거기서 우리 함께 묶여 있는 거인의 결박을 풀어 주자.

한 시간을 오르면 수백 마리 소 떼를 키울 수 있는 초지가 펼쳐진다. 수시로 몰려드는 안개를 머금어 풀은 도톰하고, 이름 모를 하얀 꽃의 향기는 세차게 부는 바람의 노력을 무안하게 만든다. 그리고 그 절벽의 끝을 따라 아슬아슬하게 깔려 있는 돌로 만든 기단은 성의 흔적이다.

바다가 양쪽에서 땅을 죄어들어, 지나가는 모든 것들이 모이는 거대한 깔때기 같은 카프카스. 이곳에서는 너무나 오랫동안 극단적인 아름다움과 투쟁이 공존했다. 움직이는 민족들이 지나갈 때마다 계곡의 집단들은 뭉쳐서 대응하고, 또 눈이 심하게 와서 봄에 풀이 잘 돋아나지 않을 때나 폭우가 자그마한 계곡의 밭들을 휩쓸고 지나갈 때마다 집단끼리 싸울 수밖에 없었다. 언덕의 풀밭, 마을 뒤의 숲, 물가에 위태위태하게 자리 잡은 밭, 이 모든 것이 사무치게 아름답지만 또 그만큼 불안하다. 수백 개의 민족과 민족마다 다른 언어가 서로 갈등하고 화합하며 공존했다. 인간과 인간, 인간과 자연의 관계의 고리 하나만 약해져도 삶이 위협받았다.

성은 삶을 지키기 위한 흔적이다. 저 계곡과 바위 벽은 작은 집단들에게는 안전망이었겠지만, 또 여러 집단이 화해하는 것을 막는 방해물이었으리라. 그러나 지금은 그런 시시한 성들로 인한 분열 때문이 아니라, 북쪽에서 찍어 누르는 압박, 카프카스 지역의 패권을 장악하려는 러시아의 압박 때문에 숨이 막힌다. 언제쯤 포도주 같은 평화가 카프카스에 자리 잡을까? 거인이 신에게 반기를 들었듯 인류애가 압제에 완전한 승리를 거둘 때, 무엇을 위해서도 목숨을 거는 일이 없어질 때, 오직 자연과 인간만의 관계가 남을 때, 이곳에서 투쟁이 사라지고 완벽한 아름다움만이 남을까?

다시 한 시간을 걸어 야생 블루베리 밭에 이르렀다. 이것이 점심이다. 산에서 야생 블루베리의 절대적인 효과는 몸으로 체득한 바다. 다시 두 시간을 걸어 중턱 바위 봉우리에 섰다. 그리고 거기서 카프카스의 무서운 얼굴을 보았다. 처음에 북쪽 카프카스의 계곡은 하얀 구름이 두껍게 덮여 있어 그 아래로 아무것도 보이지 않는다. 남쪽 카프카스에서는 이리저리 움직이는 작은 구름 덩어리들이 계속 풍경을 바꾸었지만 무섭지는 않았다. 그러다 갑자기 싸움이 시작되었다. 바위 계곡에서 선봉 부대가 능선으로 솟구치는가 싶더니 무시무시한 하늘의 군대가 단 몇 초의 쉼도 없는 격렬한 싸움을 시작했다.

이 부대는 동에서 서로, 저 부대는 남에서 북으로, 이 부대는 계곡 아래로 내리치고, 저 부대는 쏜살처럼 위로 솟구친다. 선발대가 계곡에서 모습을 드러내는가 싶으면 곧장 본대가 평원에 모습을 드러낸다. 이 공중의 용사들이 달리는 속도는 도저히 측정할 수 없고, 산개했다 다시 모이는 정연함은 경탄을 자아낸다. 보라색 깃발, 하얀 깃발, 회색 깃발이 나부끼고, 계곡마다 매복 부대와 공격 부대가 어떤 양보도 없이 뒤엉킨다. 천신과 악마 군대의 싸움인가?

나는 구름 속에 포위되어 숨죽이고 이 광경을 바라보았다. 구름에 포위되면 그야말로 한 치 앞도 볼 수 없기에 정지하고 기다릴 수밖에 없다. 어지러워 정신이 없다가 급기야 이것이 남북의 대전이라는 것을 알았다. 남쪽은 빠른 전차 부대와 기병이다. 계곡을 잠깐 거슬러 올라가다가 순식간에 바위 절벽을 넘고 바로 여러 분견대로 나뉘어 북쪽의 보병을 덮친다. 전차가 위에서 찍어 누르고, 휘몰아치며 훑고, 또 하늘 위로 솟구치며 기회를 노린다. 그러면 다시 저 계곡에서 한 무리의 기병이 가세한다. 이들은 보병 부대의 방패를 아랑곳하지 않고 그대로 짓밟는다. 북쪽 진영에서도 용사들이 가끔 산을 넘는다. 그리고 단기 결전을 벌인다. 그러나 단기 싸움에서 북쪽 용사들은 항상 밑으로 깔리고 만다. 능선을 전차와 말들이 휘젓고 다닌다. 남쪽의 승리인가?

그러나 나는 전투만 보고 있었던 것이다. 가장 큰 골짜기, 남북 카프카스가 만나는 넓은 하곡에서는 느리지만 쉬지 않고 남진하는 북쪽 부대가 결국 이기고 있었다. 서서히 다가오는 엄청난 수의 군단이 이 계곡 저 계곡을 하나씩 차지했다. 전차들은 부질없이 부딪치고 또 하늘 높이 솟구치기만 하고 있었다. 이것이 전쟁이구나!

거대한 남북의 두 기류가 부딪혀 북쪽의 찬 공기는 밑으로 깔리고 남쪽의 뜨거운 공기가 위로 떠오르며 만나는 대류가 만들어 낸 장관. 결국 안정된 찬 공기가 이길 수밖에 없었다. 그러나 가볍게 무장하고 빠르게 움직이는 남쪽 부대의 투지는 그날 하늘을 처절하게 만들었다.

사람들은 이 모습을 보고 천상의 싸움이라는 신화를 만들었으리라. 거대한 카프카스 없이, 흑해와 카스피 해에서 밀려드는 수증기 없이 어떻게 그런 상상을 할 수 있으리.

신에게 대항한 영웅 아미라니

카프카스에는 이런 이야기가 전해진다.[12]

태초에 최고신은 하늘과 땅을 만든 후 별의 모습으로 여러 신들을 만들고 그들에게 각각 임무를 부여했다. 이 신들은 최고신의 궁전에 정기적으로 모여 이 세상에서 무엇이 부족한지 토론했다. 이들 중에는 최고신에 불만을 가진 일군의 신들이 있었는데 이들을 카쥐(Kadj)라고 불렀다. 이들은 급기야 창조주 최고신을 부정하고 그들 카쥐 최고신을 섬기며 반역을 일으킨다. 이들 반역의 소리가 천둥 번개와 폭풍이 되어 세상을 흔들었다. 그러자 최고신 진영의 신들은 이 반역자들을 파괴하고 그들의 생명력을 빼앗아 세상에 부족한 것을 만드는 데 쓰자고 한다.

최고신은 이들 반역자들에게서 빛을 조금 빼앗아 인간을 만들었다. 힘이 약해진 이 '악마'들은 끊임없이 인간을 괴롭히고 잡아먹음으로써 그들의 잃어버린 생명력을 보충하려 했다. 그리하여 이들은 인간의 적이 되었다.

이 무렵 이 악의 세력과 싸울 영웅이 카프카스를 배경으로 등장한다. 기이한 출생, 추종을 불허하는 능력, 모험과 극복, 그리고 비극적인 최후가 어우러진 한 편의 환상적이며 아름다운 이야기는 이렇게 탄생한다.

카프카스의 달리 여신은 사냥꾼의 보호자였다. 사냥꾼을 보호하고 그들에게 사냥감을 줬지만, 그들이 동물을 남획하는 순간 가차 없이 눈사태로 덮어 버리거나 절벽으로 떨어뜨렸다. 용감한 사냥꾼 다르잘란은 눈 덮인 산속에 사는 여신과 그만 사랑에 빠지고 말았다.

그러나 다르잘란의 아내는 며칠 동안이나 돌아오지 않는 남편을 집에서 기다리다 결국 여신을 의심하게 되었다. 절름발이 아내는 온갖 어려움을 무릅쓰고 산을 올라가서 아직 잠에 빠져 있는 여신과 남편을 발견하고는 여신의 금빛 머리카락을 잘라 버렸다. 여신의 힘이 머리카락에서 나온다는 것을 알았던 것이다.

이리하여 여신은 불멸의 존재에서 나약한 존재로 추락한다. 산에 고립된 여신은 점점 힘이 빠지고, 그녀의 배 속에는 사냥꾼의 아이가 자라고 있었다. 달도 차지 않은 아이가 나올 기세를 보였고 여신은 출산할 힘마저 없었다. 동굴 속에서 아이를 낳기 위해 안간힘을 쓰는 여신의 비명이 온 산을 뒤덮을 때 인간들은 두려워 감히 나설 생각을 하지 못했다.

그때 또 한 명의 용감한 사냥꾼 술칼마키가 모험을 자청했다. 달리는 사냥꾼들의 보호자가 아니었던가. 여신의 비명 소리를 들으며 사냥꾼 술칼마키는 쇠로 만든 쐐기를 바위에 박으며 절벽을 올랐다. 드디어 동굴에 다다르자 기진맥진한 여신이 사냥꾼에게 부탁했다.

"다이아몬드 날로 된 칼로 배꼽을 가르고 아이를 꺼내 주오. 만약 사내아이거든 이름은 아미라니로 해 주오."

그리고 여신은 탄식했다.

"아깝다. 달만 채웠더라면 우리 아이가 최고신과 씨름으로 겨룰 수 있었을 텐데. 이제 신보다는 좀 약한 존재가 될 거야."

여신은 사냥꾼에게 아이를 우선 황소의 위장에다 넣고, 그런 후 황금 요람에 넣어 샘물가에 버려두라고 이야기했다. 이리하여 여신의 생명력과 황소의 힘을 물려받은 아이가, 역시 솟아나는 생명의 샘물 옆에 버려지게 되었다.

그러나 모든 영웅에게 찾아오는 최초의 행운처럼 이 아이도 키워 줄 사람을 얻게 된다. 그리고 양부모의 집에는 유숩과 바르드라는 두 형제도 있었다. 형제는 비록 인간이었지만 아미라니에 버금가는 용맹하고 당당한 아이들이었다. 아이들의 아버지는 애꾸였다. 아이들은 크면서 아버지의 한쪽 눈이 먼 이유를 어머니에게 추궁했다. 결국 그들은 아버지가 한쪽 눈을 아이들의 목숨과 바꾸어 악마에게 주었다는 것을 알게 되었다. 이제 이들 형제의 거침없는 악마 사냥이 시작된다.

검은 구름이 폭풍으로 변할 듯한 기세의 아미라니는 양아버지의 눈을 빼앗은 악마를 죽이는 것을 신호로, 닥치는 대로 악마의 세력을 제거한다. 그는 폭풍처럼 사납고, 열두 쌍의 황소처럼 억세고, 늑대처럼 빠른 다리를 가진 반인반신의 영웅이었다. 검은 용이 그를 삼켰을 때 그는 용의 배를 가르고 나왔다.

예언을 따라 배우자를 찾아 떠난 그는 결국 그의 배필 될 여인이 카쥐, 즉 반란을 일으킨 신들의 우두머리의 딸이라는 것을 알았지만 거침없이 그 아버지를 죽이고 딸을 취한다. 장래의 배우자 카마르도 미래의 남편을 도와 아버지를 죽이는 데 동참한다.

그러나 영웅에게도 시련은 있다. 어느 날 그가 적수 암브리를 죽였을 때, 암브리의 어머니가 나타나 그에게 저주의 말을 퍼부었다. 어머니는 아들 시체의 발이 수레 밖으로 나와 땅에 끌리는 모습을 보았다.

"어머니의 이름으로 말하나니 아미라니, 내 아들을 온전히 수레에 눕혀라."

그러나 어쩐 일인지 장사 아미라니가 아무리 용을 써도 시체의 다리는 꿈쩍도 하지 않았다. 그러자 어머니의 분노는 이어진다.

"저주받을 자, 아미라니. 세상은 너를 영웅이라 하지만 네 힘은 내 아들의 한쪽 다리만도 못하구나. 네가 전사의 투구를 쓸 자격이 있느냐? 내가 여자가 아니었다면 너 따위는 하늘 높이 던져 버렸을 텐데."

아미라니는 갑자기 부끄럽고 슬퍼졌다. 그는 하늘을 향해 탄식했다.

"고작 이 정도 힘을 갖자고 태어났단 말입니까?"

그러자 최고신이 화답하여 그에게 계곡을 울리는 홍수와 바위를 무너뜨리는 눈사태와 같은 속도, 그리고 바다에 버금가는 힘을 주었다. 그러나 아미라니는 결국 악마들과의 싸움에 만족하지 못했다. 그는 신에 반역할 준비를 하고 있었다.

신은 신대로 아미라니를 대체할 이를 준비하고 있었다. 보다 오랜 판본에서는 최고신 자신 혹은 다른 오래된 신이 등장하지만, 여기서는 참고한 판본을 따라 그리스도(기독교 전래로 인해 변형된 이름)라고 하자. 새 대리인 그리스도가 나서자 아미라니는 감히 이렇게 물었다.

"나와 씨름으로 겨루겠는가?"

그리스도는 대답했다.

"물론 겨루기 싫다. 대신 나와 내기를 하자. 내가 막대기를 땅에 꽂을 테니 그대가 뽑아라."

그러고는 들고 있던 막대기를 땅에 깊숙이 박았다. 그러나 아미라니는 쉽사리 뽑았다. 그러자 그리스도는 다시 한 번 깊이 박았다. 이번에도 아미라니는 쉽게 뽑아 버렸다.

"나를 놀리는 건가? 나와 겨루려면 겨루고 아니면 썩 꺼져라."

그러나 그리스도는 침착하게 세 번째로 막대기를 땅에 꽂았다. 아미라니는 화를 삭이며 막대기를 잡았다. 그러나 막대기는 꿈쩍도 하지 않더니 거대한 참나무로 변했다. 참나무의 뿌리는 순식간에 대지 깊숙이 자랐다. 아미라니가 용을 쓰고 있을 때 그리스도는 그를 참나무에 칭칭 감았다. 그를 감았던 실은 곧 쇠사슬로 변했다. 그리스도는 그 나무 위에 게르게티 설봉과 카즈베기의 바위산을 덮어서 그가 다시는 창공을 보지 못하게 만들었다. 그리고 그리스도는 아미라니의 날개 달린 사냥개를 그와 함께 묶었다.

충실한 사냥개는 쉬지 않고 주인의 사슬을 이빨로 갉았다. 그러나 사슬이 막 끊어질 찰나에 온 세상의 대장장이들이 모여 쇠사슬을 두드려 다시 새것으로 만들었다. 이렇게 아미라니는 영원히 얼음과 바위 속에 갇히고 말았다. 그러나 언젠가 게르게티의 얼음벽이 열리고 아미라니가 다시 나올 것이라고 사람들은 믿고 있다.

어떤 이본에는 아미라니가 사람에게 불과 철을 단련하는 법을 전수했다 하고, 어떤 이본에는 독수리가 아미라니의 간을 뜯어먹었는데 간은 밤이면 다시 회복되었다고 한다.

절대의 힘을 과시하기 위한 헤라클레스의 모험, 동료의 죽음 앞에서 갑자기 나약해진 아킬레우스, 그리고 신에게 대항하다 형벌을 받는 프로메테우스. 그 모든 모티프들이 이 이야기에 다 들어 있다. 혹시 이 이야기는 그리스 신화의 변형에 지나지 않는 것일까? 흑해 연안의 그리스 식민지에서 모티프를 가지고 온 것이 아닐까? 이 짧은 지면에 그 모두를 이야기하기는 어렵지만 아마도 그 반대일 가능성이 큰 것 같다. 그리스의 프로메테우스는 왜 올림포스가 아닌 카프카스에 갇혔는가? 자연 조건과 고고학적 발굴을 볼 때 애초의 이 모티프는 카프카스에 있었던 듯하다.

아미라니는 생명력 넘치는 고대 전사의 형상이다. 여신 달리는 하늘의 최고신보다 더 오래된 대지의 신일 것이다. 악마와 신들의 싸움은 무수한 카프카스 부족들의 싸움을 형상하고, 카마르의 변심은 여자들이 정복자의 소유가 되는 관습을 반영한다.

이 이야기가 다시 그리스의 영향을 받고, 조로아스터교의 신화들과 교류하고, 나중에는 기독교의 영향 아래 포섭되었다. 이야기 속 아미라니는 프로메테우스보다 미숙하다. 오히려 그러기에 나는 오래전 신에 대항한 인간의 싸움은 카프카스에서 시작되었던 게 아닌가 조심스럽게 짐작한다.

어둠이 내리기 전 산을 내려오며 계곡을 내려다본다. 휘몰아치는 검은 물은 거인의 눈물인가? 계절마다 높이가 다른 땅에서 피어나는 꽃들은 어머니 달리가 너를 위로하기 위해 키운 가여운 선물인가? 세상 절반의 아름다움을 보여 주는, 그리고 그 나머지는 감추고 있는 카프카스. 다시 하데스의 그림자가 밀려온다. 밤을 준비하라, 거인이여.

3 페르시아 시간 여행

이란으로 가는 길 — 자라투스트라는 어떻게 말했나

8월 첫날의 저녁, 조지아의 수도 트빌리시의 국제공항은 소박한 응접실 같다. 국제공항 직원들 특유의 어색하게 딱딱한 친절도 없고, 동선을 제약하는 지시선과 가림막도 별로 보이지 않는다. 겨우 몇 명이 기다리고 떠나곤 하는 이곳에서 그런 장치들이 뭐 그리 필요가 있으랴. 검색대를 통과한 후 다시 휴게실 화장실로 들어갈 수도 있는 특이한 구조다.

마치 앞으로 들어가야 할 세계 앞에서 머뭇거리는 나에게 안온함을 선물하는 것 같다. 시베리아의 숲에서 『아라비안나이트』를 버린 일이 걸린다. 정작 여기서 읽어야 할 책이었지만 그때 숲 속에서 읽고 버릴 수밖에 없었다. 너무 무거웠으니까.

북쪽의 벌판에서 나는 떨어진 것을 모조리 주워 모으는 유목민이었다. 벌판의 공기는 차갑고 신선했다. 앞으로는 오래된 서고에서 뭔가를 골라잡아야 한다. 문명 세계에서 강해지기 위해서는 모으는 것보다 버리는 데 과감해야 한다. 한동안 메소포타미아에 다가갈 방법은 없다. 그러니 페르시아는 이번 여행에서 첫 번째로 부딪히는 문서의 창고다. 앞으로 먼지가 뽀얗게 낀 서가에서 탁한 공기를 마시며 시간을 잡아먹는 작업을 해야 할 것이다. 모국어로 된 문서가 없다는 사실에 투덜거리겠지만, 바로 그 사실 하나가 지루함을 덜어 주는 그런 작업. 이 작업은 내 청춘을 먹어 들어갈 것이다. 약빠른 천재들의 비웃음을 뒤로하고 나는 기꺼이 그 작업에 뛰어들 준비가 되어 있다.

용기를 품어야 하겠지만 니체 식의 초인적인 의지는 싫다. 나는 천재 자라투스트라가 아니라 '자라투쉬트라'[13]의 원시의 목소리를 듣고 싶은 것이다. 실로 혁명적인 것은 오히려 무던한 것이다. 사막을 건너는 사람은 뛰어서는 안 된다. 먼지를 뒤집어쓰고 더위를 이기면서 끊임없이 걸어야 한다. 니체가 왜 자라투스트라를 끌어들였는지 아직도 의문이다. 그는 이렇게 말했다.

그들(학자)은 현명한 체하지만, 나는 그들의 보잘것없는 잠언과 진리에서 오싹한 추위를 느낀다. 마치 늪에서 생겨나기라도 한 것처럼 그들의 지혜에서는 종종 악취가 풍긴다. 그리고 참으로 나는 그들의 지혜로부터 개구리가 꽥꽥거리는 소리를 들은 적도 있다![14]

니체, 그는 사상을 가지고 학자들의 머리 위를 걸어 다닌다. 학자들이 어찌 초인과 평등할 수 있으랴. 그의 자라투스트라는 인간이 평등하지 않다고 말했는데.

니체가 뭐라고 하든 내버려 둔다. 니체는 말을 너무 많이 했다. 자신이 부순 것을 또 그러모으는 행동을 끊임없이 반복한다. 스스로의 사상으로 철저하게 부정하고 싶었던 천박함이 그의 행동을 따라 끝없이 되돌아온다. 나의 '자라투쉬트라'는 사상의 승리자이자 자기 말의 정복자이며 그리고 행동의 성취자가 되려 했다.

> "나는 응당 생각되어야 할 선한 생각, 말해져야 할 선한 말, 그리고 행해져야 할 선한 행동을 찬양한다. 나는 모든 선한 생각, 선한 말, 선한 행동을 받아들이며, 모든 악한 생각, 악한 말, 악한 행동을 반대한다."[15]

나의 '자라투쉬트라'는 초인적 능력을 요구하지 않는다. 나는 기꺼이 어둠 속에서 우는 개구리가 될 것이다. 개구리가 할 생각, 말, 그리고 행동을 하면서 축축한 습지를 배회할 것이다. 내 머리를 밟고 다니는 천재를 동경하지도 미워하지도 않는다. 천재의 몫은 천재에게 돌려주고, 나는 개구리의 몫을 받으면 족하다. 초인이 할 일은 초인에게 맡기고 나는 천민의 업을 받아들이는 것으로 족하다. 나는 평등을 구걸하지도 않으며 출발의 비루함을 탓하지도 않을 것이다. 개구리도 뛰고 초인도 뛴다. 우리는 행위 속에서 이미 완벽한 평등을 이뤘다. 초인의 보폭 따위는 나의 안중에 없다. 개구리는 뭍에서도 물속에서도 성실하고 행복하니까.

비행기가 왔나 보다. 히잡을 꺼내는 여인들이 보인다. 하나같이 눈썹은 짙고 코는 오뚝하며 신체가 아담한 페르시아 여인들이다. 황급히 포도주를 두 병 샀다. 이란에서는 술을 마실 수 없다고 하니.

작은 비행기가 어둠 속을 날아오른다. 테헤란 공항에 도착하기 전에 취하고 싶은 사나이들이 열심히 술을 들이켠다. 술을 들고 검색대를 통과할 수는 없지만 배 속에 넣어서 들어가는 것은 무방한가 보다. 그날 내가 산 포도주는 아무 제재 없이 검색대를 통과했다.

테헤란 공항. 태양을 지평선 아래로 보낸 지 여러 시간이 지났건만 아직 대기가 뜨겁다. 이곳이 바로 열사의 나라구나. 밤에 도착한 것이 오히려 다행이다. 몇 시간 정도의 완충기를 가질 수 있으니까.

이맘 호메이니 성소 부근의 호텔에서 묵기 위해 택시에서 내리니 젊은이들이 우르르 몰려들어 친절히 호텔까지 데려다 준다. 이런 대접은 특별한 것이 아니었다. 그 후로도 그들은 언제나 이방인에게 최고의 호의를 베풀었으니까. 나는 왠지 이것이 그들의 무의식 속에 있는 건강한 욕구의 정치적 표현이 아닐까 생각한다. 고마우면서도 마음 한편이 아리다. 고통을 참을 때도 즐겁게, 슬픔을 웃음으로. 그것이 그들이 오늘을 살아가는 방식인 듯했다. 밖으로부터의 극심한 봉쇄와 안으로부터의 탄압, 텁텁한 공기 속에서 넘치는 젊음을 감추고 살아가는 이들은 나름대로 예쁜 '변태'적인 행동을 개발해 냈다. 훗날 나는 산 위에서 젊은이들과 대화하며 내 생각이 옳았다는 것을 확인했다.

페르시아를 위한 변명

후손들은 무례라는 특권을 가지고 태어난다. 특히 오늘날 무례는 고인 물에서 자라는 녹조류처럼 심연을 들여다보고자 하는 모든 노력을 하찮게 만든다. 자연은 고대인에게나 현대인에게나 똑같은 생물학적 시간을 부여했지만, 오늘을 사는 우리는 근현대, 더 정확히 말하면 우리 세대에만 무지막지한 가중치를 둔다. 무례의 극단을 상징하는 사물은 바로 핵무기다. 우리의 모든 과거를 단 몇 초간의 핵분열 과정에 던져 버릴 정도로, 현재의 사소한 갈등은 턱없는 중요성을 부여받는다. 사악한 모리배 몇몇의 시시한 음모일지라도, 오직 내가 속한 집단의 현재를 위해, 최종적으로는 그저 바로 지금의 나 자신을 위해 인류의 과거와 미래는 먼지처럼 쓸어 내야 하는 부산물 취급을 받는다.

우리 세대는 어쩌다 이렇게 된 것일까? 현대의 초고도의 생산력과 여전히 미숙한 우리의 두뇌 사이의 메우기 힘든 간극 때문일까? 필자가 보기에 그 간극은 자연적인 시간보다도 훨씬 빠른 속도로 벌어지고 있다. 현대 사회는 오로지 미숙한 개인으로 이루어진 다수를 원하기 때문이다. 그렇지 않다면 이 이란 고원이 겪고 있는 끔찍하게 부당한 대우를 어떻게 다 설명할 수 있단 말인가? 부당한 대우의 시작은 부당한 기록들이다. 헤로도토스에서 시작하여 비잔틴의 연대기 작가들, 대영 제국의 정치가들과 오늘날 미국 정부, 심지어 뉴욕의 언론 재벌과 할리우드의 영화 제작자들까지 '페르시아'에 밑도 끝도 없이 '동방적 전제(專制)'와 비이성적 광신의 고깔을 씌운다. 이 모든 무례를 무엇으로 설명할 수 있을까?

그것은 서구인의 '정체성 정치'의 찌꺼기다. 알렉산드로스라는 예외를 제외하고, 유사 이래 근대의 제국주의 시절이 도래하기 전까지 페르시아 땅을 뚫고 동방으로 진출한 서방 세력은 없었다. 아케메네스, 사산, 파르티아 제국 시기까지 그리스 로마 세력과 페르시아 세력은 얼마나 자주 싸웠던가? 당대인들은 모두 나름대로 절박한 이유로 싸웠고 마찬가지로 절박한 이유로 화해했지만 후대 서구 기록자들의 눈에는 그렇게 보이지 않았다. 그 기록자들 역시 그들의 현재에 턱없는 가중치를 부여했기 때문이다. 패배는 오로지 치욕이며 화평은 굴욕이다. 그리고 기독교가 동로마에서 자리를 잡자 싸움터에서 성전의 깃발이 늘어가기 시작했고, 기독교의 쌍생아인 이슬람이 싸움으로 지친 페르시아를 삼키자 이제 성전의 깃발들이 전장을 가득 채우고 말았다.

스스로 그리스 로마의 후계자라고 여기는 이들의 입장에서 보면 자신들과는 그토록 완강하게 싸우더니 그렇게 쉽사리 아랍 이슬람에게 자리를 내준 페르시아가 얼마나 야속하고 얄미웠을까? 요즘 이란을 두고 하던 '악의 축'이란 악담은 이런 역사성을 가진 개념이다. 나는 페르시아 시간 여행을 떠난다. 내가 해결할 수 없는 문제들은 다시 제쳐 두고. 그리스나 로마보다 페르시아를 더 애호할 이유도 없고, 페르시아의 부피에 압도될 이유도 없다. 어떤 역사가의 말대로 과거에 강성하던 나라들이 이제 별 볼 일 없어졌듯 지금 강성한 나라들도 언제까지 영광을 누릴지 알 수 없기 때문이다. 나는 그저 서구인의 정체성 정치의 희생양이 된 페르시아에 대해 '합당한' 약간의 변명을 늘어놓을 것이고, 탐욕과 절제 그리고 용기와 변명 사이에서 고민했던 이 땅 사람들의 그 날들을 상상해 볼 것이다. 두들겨 맞은 아이에게 당장 필요한 것은 훈계보다는 포옹이고, 이해할 수 없는 이들을 이해하기 위해서는 먼저 그들의 말을 들어 보아야 하기에. 안타깝게도 그들 스스로 남긴 말은 너무나 적지만.

살아 있는 박물관과 박제된 거리

아리아인들이 이란에 도착하기 수만 년 전부터 이란 고원에서는 왕성한 문화적 활력을 지닌 부족들이 삶을 영위했다. 테헤란에서 가장 활력 넘치는 곳이 박물관이다. 강경 보수 세력이 장악한 혁명수호위원회의 강압 체제가 거리를 박제화할수록 심장이 뜨거운 사람들은 더욱 박물관으로 발길을 돌린다. 오늘날의 종교와 이데올로기를 무한한 시간 속의 한 점으로 되돌려 줄 강렬한 인간의 흔적이 그곳에 살아 있기 때문이다.

박물관은 8월 테헤란의 혹독한 더위를 피할 수 있는 곳이기도 하다. 이라크 전쟁 통에 바그다드에서 국립박물관이 약탈당한 사건을 알고 있는 나로서는 테헤란 국립박물관의 보물들도 어쩐지 위태로워 보인다. 20세기의 인간이 저질러 놓은 일을 보고도 21세기의 인간에게 무조건적인 신뢰를 줄 정도로 순진하지는 않으니까.

자그로스 산맥을 따라 사막 언저리에서 출토된 토기들의 연대, 그리고 여유와 아름다움을 듬뿍 품고 있는 문양의 놀랄 만한 예술성 때문에 입김의 온도가 올라간다. 기원전 5년경에 이미 격자로 표시된 경작지와 주거지의 그림이 토기에 등장한다. 소재는 대지이지만 저 구도는 잠시 대지를 떠나 상공으로 오른 이들만이 터득할 수 있는 것이다. 마치 비행기 위에서 찍은 사진을 추상화한 것처럼 그들이 구사하는 축척은 자유롭다. 또한 그들은 사물을 수직으로 잘라 표현하는 데도 거침이 없다. 산은 위로 우뚝 솟아 있고, 비는 거침없이 아래로 쏟아지며, 곡식 꼬투리는 익어서 비스듬히 눕고, 새는 수평으로 날며, 물은 출렁거리며 흐른다. 추상과 사실이 여백을 경계로 펼쳐지고, 단순한 색의 반복을 통해 시각적 효과가 강화된다.

기원전 5000년대 이후로는 동물 문양이 고도로 추상화되기 시작한다. 경작지, 주거지, 가축이 갖추어진 이상적 삶을 묘사한 것들이 주류를 이루지만, 그보다 더 특수한 주술적 의미와 제의(祭儀), 혹은 신화의 장면을 묘사하는 문양도 있다. 다리나 목이 비정상적으로 길게 묘사된 가축 그림은 분명 가축의 빠른 성장을 기원하는 의미가 있을 것이다. 새의 가면을 쓰고 발기된 일군의 남자들이 서로 어깨를 짚고 큰 원을 그리며 군무를 추고 있다.(나는 후에 거의 완벽하게 동일한 모티프를 동일한 구도로 재현한 것을 중국 칭하이 성과 간쑤 성 박물관에서 발견했다.) 이것은 구체적 의례 행위를 묘사한 것이리라. 제천 의식을 드리고 남녀가 함께 즐기던 시대의 그림이거나, 혹은 남자를 위한 성인 의식을 묘사한 것일지도 모른다. 그 옆에는 한없이 늘어진 다리를 가지고 하늘까지 닿은 인간의 형상을 묘사한 그림이 있다. 하늘과 땅이 아직 나뉘지 않던 시절, 하늘과 이어진 사다리와 인간의 몸을 합성한 것이리라. 이 소박한 신념이 끝나고 하늘과 땅이 나뉠 무렵, 하늘까지 자라 올라간 바위 인간의 파멸을 기록한 신화가 등장했을 것이다.

늦게 도착한 아리아인은 이런 위대한 선주민의 유산 위에서 출발할 수 있었다. 아리아인 도래 이후의 유물에 대해서 시시콜콜 설명하는 것은 진부하고, 유적지를 돌아다니며 신선한 공기 속에서 이야기를 잇는 것이 나을 것 같다.

박물관 밖을 나서면 시간은 잠시 멈춰 있다. 기나긴 시간 속의 숨 고르기에 불과하리라는 소망을 품어 본다. 테헤란 대학을 찾았지만 안으로 들어갈 수가 없었다. 정부는 대학과 사회를 단절시키는 것이 페르시아의 고대와 이슬람의 현재를 단절시키는 것과 비슷한 효과를 낸다는 것을 알고 있다. 혁명수호위원회에게 여전히 대학은 위험한 존재다. 순수한 이들 순으로 교문을 나서 역사의 격랑에 끌려들어 가 구타당하고 때로는 목숨을 잃기도 하지만, 여전히 마음속에 공화주의를 품고 있는 위험한 청년들을 길러 내는 곳이 바로 이곳이니까.

시간이 멈춰 있는 곳인가? 상가를 걸어 다니며, 서점을 서성이며, 대학 둘레를 계속 돌아본다. 처음에는 정중히 수위에게 간청해 보다가, 나중에는 샛길이라도 있는지 찾아보았지만 허사였다. 학교 옆 의과대학 별관, 별관이라지만 너무 작아서 사람도 별로 없는 곳의 입구에서 화장실을 찾는다고 말했더니 허락할 테니 금방 나오란다. 담담하게 책을 끼고 다니는 학생들을 뒤로하고 화장실을 나와, 문을 나선다. 군중

속 외로움이란 이런 것이리라. 박물관과 현실이 자리를 바꾸어 앉은 곳에서 어디로 가야 할지 몰라 나는 길에 멍하니 앉아 있었다. 밖으로 가자. 옛것이 안식을 주리라.

지구라트 – 신이 머무는 곳

이란 신화 여행은 출발부터 순조로웠다. 우선 테헤란 주재 한국대사관의 후원으로 조촐한 여행단을 꾸릴 수 있었기 때문이다.[16]

여행의 출발지로 초가잔빌의 지구라트를 선택한 것도 행운이었다. 이 지구라트를 세웠던 엘람 왕국이 페르시아에 전해 준 유산에 대해 경의를 표하는 것으로 여행을 시작할 수 있었기 때문이다. 지구라트는 고대 아시리아와 바빌로니아에서 진흙 벽돌로 세운 피라미드형 성탑(聖塔)으로, 하늘의 신과 지상의 인간을 연결하기 위해 만들어졌다. 우리가 찾아간 지구라트는 자그로스 산맥이 끝나고 평지가 시작되는 곳 얕은 언덕에 있었다.

바빌론의 지구라트가 하늘에 닿을 듯이 무섭게 위로 솟아 있었는지는 모르겠다. 「창세기」[17]에는 하늘로 솟은 탑을 여호와가 싫어했다고 기록되어 있다. 시날(아마도 수메르) 땅 사람들이 "자, 도시를 세우고, 그 안에 탑을 쌓고서, 탑 꼭대기가 하늘에 닿게 하여, 우리의 이름을 날리고, 온 땅 위에 흩어지지 않게 하자." 하니, 여호와가 땅으로 내려와 말했다고 한다. "보라, 이 사람들이 같은 말을 쓰는 한 백성으로서 이렇게 시작하였으니, 이제 그들은 하고자 하는 것은 무엇이든지 하지 못할 일이 없을 것이다. 자, 우리가 내려가서, 그들이 거기에서 하는 말을 뒤섞어서, 그들이 서로 알아듣지 못하게 하자."

여호와는 그곳에서 그들의 말을 뒤섞고 그들을 온 땅으로 흩었다고 한다. 그곳의 이름을 바벨이라 한다니, 바로 바빌론을 이름하는 것이겠지. 바빌론의 지구라트가 정말 바벨탑이었는지 확언할 수야 없지만 성서 기자들이 본 것이 바로 지구라트 아니면 또 무엇일까? 질투하는 하느님인 여호와의 전력으로 볼 때, 그가 일부러 공사를 중지시킬 정도였으면 그 아닌 다른 신을 섬기는 장소라고 추정할 수밖에 없다.

그러나 내가 보고 있는 저 건물, 햇빛의 입자를 간직한 듯 물리지 않는 황백색의 색조를 띠는 저 벽돌 구조물은 하늘에 대항하려는 인간의 의지가 모여서 만들어진 듯한 느낌 대신, 대지로 펼쳐지고 싶은 하늘의 의지가 모여서 만들어진 것처럼 보인다. 지구상의 모든 인공 구조물의 운명처럼 중력과 인간사의 영향으로 원래보다 반으로 줄어든 키는 이미 위압감을 주기에 부족하다. 50미터 위로 솟은 원래의 구조물을 상

상하려 하늘 위로 눈을 돌려 보아도 잔상은 곧 사라지고 시간의 감화를 받아 대지와 훨씬 가까워진 지금의 구조물이 더 뚜렷해진다. 오늘날 여호와가 다시 이곳에 온다면 이번에는 저 신전에 관용을 베풀리라.

저 흙벽돌 구조물의 나이는 3300년이나 되었다. 건축주 엘람 왕의 익살스러운 저주는 효과를 발휘했다. 문지방에 이렇게 쓰여 있다.

"나는 운타슈 갈(기원전 13세기 중엽 엘람의 왕)이다. 인슈쉬나크에게 바친다. ······파괴하는 자에게 저주를."

어디에서 보아도 낮은 이등변 삼각형을 그리는 저 건물 꼭대기로 밤이면 신이 내려와 사람처럼 쉬고 또 낮이 되면 하늘로 되돌아갔다고 한다. 낮이 되면 태양이 비추는 대지를 인간에게 다시 돌려줄 정도의 아량을 가진 신, 인간도 그대의 몫을 그대에게 주는 것을 아까워하지 않았으리라.

비시툰—나는 왕 중의 왕, 다리우스다

이란 서쪽 케르만샤에 있는 작은 마을 비시툰(베히스툰)으로 가는 길의 자연은 메마른 만큼 웅대하다. 가죽 바지를 입고 말 위에 올라 오직 사방을 정복하러 다니던 페르시아 군주들의 불같은 위엄과 냉정한 술책에 대해 알고 있는 이들이라면, 저 파란 하늘에 비낀 누런색 바위산의 냉엄함이 남다르게 느껴지리라.

저 바위 벽 어딘가에 다리우스 1세가 비문을 새겼다고 한다. 다가갈수록 더욱 어두워지는 절벽의 색조와, 변화무쌍한 바위산의 굴곡은 그 앞에 선 존재를 위압하는 정치적 효과를 배가한다. 냉혹한 정복자이자

수완가인 다리우스 1세는 제국의 위엄을 상징하는 장치 하나하나에 세심히 신경을 썼으리라. "오를 테면 올라 보라. 나는 왕 중의 왕 다리우스다!"

이제 우리는 알고 있다. 바위에 새겨진 글자 하나하나가 페르시아는 물론 고대 메소포타미아 전체의 재발견 혹은 재탄생을 알리는 복잡한 열쇠의 미세한 홈들이라는 것을. 살아서는 냉엄한 왕 중의 왕이었던 이가 죽어서는 역사학자들에게 따뜻하기만 한 자비의 비를 내렸던 것이다. 로제타 스톤이 고대 이집트 상형 문자의 비밀을 드러냈던 것처럼 이 비문이 아카드 어, 수메르 어를 해독하는 열쇠가 되어 페르시아는 물론 그보다 수천 년 전의 고대 메소포타미아 문명들을 모두 읽어 내게 할 줄을 누가 예측했으랴. 다리우스는 도대체 어떤 일을 한 것인가? 다리우스는 자신이 제국의 수장임을 선언하는 문서를 바위 벽에 새겨 넣었다. 당시의 식자들 모두 다리우스의 업적과 위엄을 마음에 새겨야 할 것이 아닌가. 그래서 그는 당시의 메소포타미아와 페르시아의 통용 표기 수단인 설형 문자를 빌려 페르시아 어, 엘람 어, 그리고 바빌로니아 어로 자기 자랑을 한 것이다.

같은 내용을 세 가지 언어로 표시했다면 암호 전문가에게 열쇠 꾸러미를 한꺼번에 던져 준 것과 마찬가지다. 이 보물의 방을 두고 유럽 열강의 학자들은 문화적인 경쟁에 돌입한다. 1839년 어느 날 영국인 롤린슨은 비문의 탁본을 뜨기 위해 저 바위 벽을 기어올랐다. 그리고 겨우 20년 만에 그토록 오랜 시간 묵묵히 침식과 대결하고 있던 메소포타미아의 설형 문자는 해독되고 말았다.

거의 200년 후, 초보 탐험가의 발걸음은 당당하다. 그 바위 벽의 그림은 책으로 여러 차례 반복해서 살펴보았지만, 그 정도로 갈증을 해소할 수는 없었다. 이제 바로 비밀의 벽으로 다가가는 중이다.

그러나 내가 찾아간 그날은 마침 보수 공사 중이었다. 높다란 바위 벽으로 이어지는 계단은 막혀 있고, 공사장의 철 구조물과 디딤판이 비문을 완전히 가려 아래에서는 아무리 방향을 바꾸어도 비문의 위쪽 가장자리만 살짝 보일 뿐이었다. 하염없이 위를 쳐다보다 사선 방향 건너편 바위 벽을 올려다본다. 너무 가팔라 두어 길 높이 이상은 오를 수 없다. 이렇게 벽을 우러러보며 한참을 서 있었다. 한 번에 볼 수 없는 것들이 있다. 아마도 다시 와야 할 것이다.

비문의 내용은 이미 여러 언어로 번역되었다. 나도 킹(L. W. King)과 톰슨(R. C. Thompson)의 영어본으로 그 내용을 읽었다.[18] 왕족이 아니면서도 반란자를 진압하고 왕이 된 다리우스는 자신이 세상에서 가장 똑똑한 사람이자 강한 사람이라 생각했던 것 같다. 그래서 제국의 동맥인 왕의 길에서 올려다볼 수 있는 곳에 자신과 제국에 대들었던 이들의 무모함을 비웃는 부조와 비문을 새겨 넣었던 것이리라.

"나는 다리우스, 위대한 왕, 왕 중의 왕, 페르시아의 왕, (여러) 나라들의 왕"으로 시작하는 이 비문은 거의 대부분이 반란의 진압과 반란자들의 최후를 묘사하는 데 할애되었다. 나에게는 세계 제국을 유지한다는 것, 그 정점에 한 인간으로 서 있다는 것이 휘황한 영광이 아닌 끝 모를 싸움으로 읽힌다.

"아후라 마즈다의 은총에 의해 나는 왕이 되었으며, 아후라 마즈다가 왕국을 허락하셨다."라고 했지만 동서남북 출신을 가리지 않는 반란자들의 목록을 보니 아후라 마즈다는 분명 시험하기를 좋아하는 신이었던 성싶다. 아니, 그보다 인간 다리우스가 물려받은 제국이 너무나 광대했다. 페르시아, 엘람, 바빌로니아, 아시리아, 아라비아, 이집트, 리디아, 그리스(물론 그리스 본토 북부와 소아시아 일대의 도서), 메디아, 아르메니아, 카파도키아, 파르티아, 박트리아, 드라기아나, 아리아, 코라즈미아,

소그디아나, 스키타이…… 이 세계의 왕이 되기 위해서는 만족시켜야 할 조건이 너무 많았다.

그의 선언은 숨 가쁘게 이어진다. "나는 찬탈자 가우타마와 마기들을 죽이고 왕국을 회복했다.""엘람의 반란자 아시나와 바빌론의 니딘투 벨의 반란을 진압했다.""메디아의 프라오르테스의 반란을 진압했다.""파르티아의 반란을 진압했다." 그리고 또 누구누구의 반란을 진압했다. 그리고 결국 그들은 모두 순식간에 무릎을 꿇고 다리우스 자신과 제국을 다시 인정했다고 말한다.

아후라 마즈다를 애절하게 부를 때는 과장된 정치적 수사를 넘어 인간적인 간절함이 묻어나기도 한다. 위대한 왕들의 반열에 오르고픈 그 자신의 바람이랄까.

"이런 이유로, 아후라 마즈다, 그리고 거기에 계신 모든 다른 신들께서 나를 보우하셨다. 나는 사악한 이가 아니기에, 거짓말쟁이가 아니기에, 포악한 군주가 아니기에, 나뿐 아니라 나의 가족도. 나는 정의에 의해 다스려 왔다. 약자에게든 강자에게든 나는 나쁜 짓을 하지 않았다. 누구든지 나의 집(페르시아)을 돕는 이에게 은혜를 베풀었고, 적대적인 이들은 파멸시켰다."

이제 내려가야 할 시간이다.

왕과 기록

인간에게 위대하다는 수식어를 붙일 때, 우리는 그 위대함 이면에 숨어 있는 광기를 종종 놓치곤 한다. 용감함이 때로는 이지(理智)를 무시한 천둥벌거숭이의, 혹은 궁지에 몰린 자의 마지막 발악이라는 것도 종종 알아채지 못한다. 마찬가지로 비겁함 속에 숨어 있는 존엄성, 범상함 속에 들어 있는 가능성들도 무시당하곤 한다. 특히나 우리가 관찰하는 대상이 제국의 왕일 경우에는.

자기가 뱉은 말에 어떤 책임도 지지 않는 먼 옛날 문인들의 악의, 편견, 혹은 근거 없는 열정에 따라 우리도 춤을 춘다. 형편없는 폭군과 위대한 세계의 왕을 가리는 근거가 겨우 고전이라 불리는 몇 안 되는 책의 서술이라는 것을 알아차리고 나면 누구나 실망하고 말 것이다. 고전이기 때문에 오늘날까지 전해진 책들이 있다. 그러나 요행으로 오늘날까지 전해졌다는 바로 그 이유로 고전이 된 책들도 있다. 자, 좋다. 그렇다면 우리는 그 권위 있는 평가들에 의거하지 않고 어떻게 그들을 평가한단 말인가? 이렇게 자문하고 나서 누구나 다시 신산한 고민에 빠져든다.

나는 작가들의 이름을 떠올려 보았다. 헤로도토스, 투키디데스, 크세노폰, 퀸투스 쿠르티우스 루푸스. 페르시아의 왕들에 대해 나름대로 평가를 내린 이들이다. 오직 한 가지 분명한 사실은 그들이 어떤 평가를 내렸든 페르시아 왕들의 삶은 끝났으며, 제국의 영광도 끝났다는 것이다. 복잡하기 그지없는 모자이크 타일은 흩어져 다시 그 자리에 모이지 못할 것이다. 다만 그 타일들이 다른 그림 속에서 자리를 잡았다는 사실 또한 분명하다. 이 세계에 완전히 새로운 것은 없다. 페르시아가 만든 새로움도 인류가 끝없이 늘려 온 재산 목록의 한두 줄에 불과하다. 이 세계에서 완전히 사라지는 것도 없다. 마치 형태가 깨어져도 질량이 보존되듯이, 주전자를 나와 잔으로 들어간 술의 향이 변하지 않듯이.

어쩌면 하찮은 개인에 불과했을지도 모르지만 그들을 지탱하는 왕

225

좌의 무게 때문에 어쩔 수 없이 위대해진 왕들의 터전을 밟으며, 이제부터 뜯어진 모자이크 타일 자리에 들고 다니던 책에서 뜯어낸 덧없는 글귀들을 붙여 본다. 나 역시 편견으로 가득 찬 조그마한 술잔에 불과한 인간이지만, 여행 중에 잠시 페르시아의 왕들을 위해 연민의 술을 채우리라.

관대한 사나이의 도시 파사르가다에

아케메네스 왕조의 키루스 2세가 건설한 고대 유적 도시 파사르가다에는 이란 남부 시라즈 분지에 자리를 잡고 있다. 서쪽으로 자그로스 산맥 동록의 심한 굴곡이 막 끝나는 지점, 멀리 동쪽에서 죄어들어 오는 황무지 평원이 아직 산을 침범하지 못하는 지점의 분지에 그의 궁전이 위치하고 있다. 이제 이 땅은 너무 건조해졌지만 당시 이곳은 사방으로 퍼져 있는 수로에서 물이 들어오고, 분수들이 물을 뿜는 커다란 정원으로 둘러싸여 있었을 것이다. 이 폐허로 들어서면 가장 먼저 보이는 것이 페르시아 아케메네스 제국의 창시자 키루스 2세의 무덤이다.

피라미드형 석조 기단 위로 관 모양의 석실을 올려놓은 이 무덤의 미덕은 정직이다. 조각을 달지 않은 기단과 석실의 불규칙한 두께와 구조의 단순함이 '이것은 페르시아 왕의 무덤이다.'라고 말하고 있기 때문이다. 비록 그 양식이 서방에서 온 것이라고 해도 미덕은 손상되지 않는다. 소박한 가죽 바지를 입고 강건한 말 위에 선 족속, 꾸밈을 몰랐던 족속의 우두머리의 무덤답게 오직 강건하고 단단한 느낌만을 살려 만든 무덤이다.

그리고 궁전 중앙부로 들어가는 입구에 서 있는 사각 기둥에 조각된 부조는 페르시아식 모자이크의 정수를 보여 준다. 그들에게 낱개의 '타일'이 어디에서 왔는지는 중요하지 않다. 그것들이 모이면 페르시아의 전통으로 살아나는 것이 중요하다. 정확히 말하면 키루스식 모자이크라고 해야 할 것이다. 부조의 설명문을 슬쩍 읽어 보는 것으로도 그 의미를 명확히 알 수 있다. 이 수호신은 아시리아식으로 네 개의 날개를 달고, 엘람인의 옷을 입고, 세 개의 태양 원반을 품은 두 마리의 코브라를 머리에 이고 있다. 물론 태양과 코브라는 이집트 왕가의 표상이다. 이런 차림을 하고 있는 이는 물론 페르시아의 왕 혹은 수호신, 어쩌면 키루스 자신일지도 모른다. 무엇을 말하는가? 모자이크 타일들은 이 제국 안에서 모여 하나의 그림을 완성한다. 페르시아가 아프리카와 아시아의 위대한 왕국들의 계승자이며, 그 모든 왕국을 아우르는 제국이라는 것을 상징한다. 그들의 자의식은 그렇게 밖으로 열려 있다.

『역사』에 의하면 페르시아인은 원래 신전이나 제단을 세우는 풍속이 없고, 그것을 어리석은 짓이라고 생각했다. 물론 신상을 만드는 일도 하지 않았다. 그러나 지금은 남의 타일로 새 모자이크를 만들어 내고 있지 않은가? 제국의 창시자 키루스, 그 사람이 바로 그런 이였다. 믿을 수 없을 정도로 유연하고 품이 넓은 자.

『역사』에는, 분명히 일어났겠지만 세부적인 묘사에 대해서는 믿기 어려운 한 사건이 기술되어 있다. 키루스는 리디아(오늘날의 터키 일대)를 정복하고 리디아의 왕 크로이소스와 그 자식들을 사로잡았다. 그는 장작을 잔뜩 쌓아 놓고 화형을 거행하려 했다. 아마도 크로이소스가 먼저 도발한 데 격분했기 때문이리라. 그러나 막상 불이 붙자 마음이 변해 급히 불을 끄라고 명령했다 한다. 그러나 거센 불길을 삽시 못했고 불행한 리디아 왕의 최후는 피할 수 없는 상황이었다. 그때 크로이소스는 아폴론을 소리 높여 외쳤다고 한다. 아폴론은 크로이소스에게 키루스를 이길 수 있다고 조언한 그리스 신이다. 그러자 갑자기 거센 폭우가 내리더니 불이 잡혔다고 한다. 실제로 폭우가 쏟아졌는지는 모르겠으나 키루스가 리디아의 왕을 죽이지 않은 것은 분명하다. 그는 장작더미에서 내려온 크로이소스에게 이렇게 물었다고 한다.

"크로이소스여, 그대를 부추겨 우리 나라에 군대를 진격시켜 (그대로 하여금) 나의 친구가 아니라 적이 되게 한 자는 누군가?"[19]

크로이소스가 대답했다.

"왕이시여, 본인이 이런 일을 저지른 것은 하나는 왕의 운이 강했기 때문이고, 또 하나는 본인의 불운에 의한 것입니다. 하지만 근본을 따진다면 본인에게 출병을 독촉한 것은 저 그리스 신이 한 짓입니다. 평화보다 전쟁을 선택할 정도로 무분별한 인간이 어디 있겠습니까?"

키루스는 말을 다 듣고 크로이소스의 포박을 풀고 자기 옆에 앉히고 정중히 대했다. 키루스는 이렇게 크로이소스를 친구로 만들고 일이 있을 때마다 조언을 구했다. 서쪽의 사정에 대해 그보다 더 잘 아는 이가 또 어디 있었겠는가. 키루스는 민족을 가리지 않고 무차별적으로 정복했다. 그러나 그에겐 정복당한 이를 친구로 만드는 능력이 있었다. 키루스의 궁전에서 그에게 정복당한 것들이 파괴되지 않는 상태로 살아남은 것은 당연하지 않겠는가. 플라톤이 적국의 왕 키루스에게 던진 찬사에는 진심이 들어 있었다.

페르시아인은 위대한 왕 키루스 시절에는 노예 상태와 자유 사이에서 알맞은 적도(適度)를 누린 편이었습니다. 통치자들이 피치자들에게 자유를 나눠 주고 평등하게 대해 줌으로써 군사들이 지휘관들과 더욱 우애롭게 되었으며, 위험에 처해서는 헌신적으로 임했습니다. 또한 그들 가운데서 누군가가 지혜로워서 조언해 줄 수 있는 경우에는, 왕이 시샘하는 일이 없었으므로 거리낌 없이 말하게 해 주었고, 어떤 일에 대한 조언을 할 수 있는 자들을 존중해서 그 능력이 공공의 이익에 기여하도록 했습니다. 그래서 그때는 그야말로 모든 것들이 향상되어 갔는데, 이는 자유와 우애 그리고 지성의 공유를 통해서였습니다.[20]

왕 중의 왕은 이렇게 적으로부터 '자유와 우애와 지성을 공유한 이'로 극찬을 받았다.

페르세폴리스, 영광의 황혼

페르세폴리스. 믿을 수 없는 성취와 믿을 수 없는 파멸을 함께 겪은 곳, 그러나 그 믿을 수 없는 일들이 일어났음을 믿게 만드는 곳. 페르세폴리스에 다시 간다면 나는 이번처럼 어영부영 갈지자걸음을 하지 않으리라. 곧장 아파다나(알현실)로 오르고, 가운데로 난 길을 따라 옆도 돌아보지 않고 뒷담장까지 직선으로 걸어가리라. 그리고 언덕을 올라 왕들(크세르크세스 2세와 아르타크세르크세스 3세)의 무덤이 있는 언덕까지 올라가리라. 그래야만 제국의 설계자들이 던져 놓은 그물에 걸리지 않을 수 있다. 페르시아인의 머리는 지상의 모든 시간과 공간을 제국의 위엄이라는 그물 아래 굴복시키려는 기획에 온통 사로잡혀 있으니까. 단 한 번의 곁눈질로도 우리의 정체성은 페르시아에 묻혀 버릴 수가 있다. 오직 위에서 전체를 내려다볼 때라야 서들의 기획을 객관회할 수 있다.

이 궁전의 웅장함에 대해 길게 설명해 봐야 부질없다. 경사면을 깎아 만든 가로 세로 450미터와 300미터의 직사각형 터를 잡고 거기에 500여 개의 거대한 돌기둥을 세웠다. 오늘날 남아 있는 13개의 기둥을 올려다보는 것도 벅찬데 레바논 삼나무로 보를 올린 500개의 기둥이 모두 온존했다면, 감히 페르시아의 대왕을 바로 쳐다볼 용기가 나겠는가? 가죽 바지를 입고 북쪽에서 말을 타고 내려온 민족들은 이집트든, 그리스든, 아시리아 것이든 필요가 있는 것은 모조리 받아들였다. 페르세폴리스는 페르시아 대왕의 시선 아래 모인 아시아, 아프리카, 유럽 문화의 복합 단지다.

이 도시와 그 중심에 있는 왕궁의 배치를 보고 즉시 떠오르는 것은 나일 강이 만든 도시 테베 네크로폴리스의 조감도였다.(여행이 끝난 후에 나는 네크로폴리스의 조감도와 페르세폴리스의 조감도를 몇 번이나 겹쳐 보았다.) 이 이집트 도시의 배치와, 왕들의 묘역에서 내려다보는 페르세폴리스의 형세는 거의 완벽하게 일치한다. 그것은 단순한 모방에 의한 일치가 아니라 동일한 기획에서 파생한 필연적인 일치다. 페르시아 왕들의 기획과 파라오의 기획은 사실상 똑같은 것이었다. 바로 삶과 죽음, 그리고 그 너머의 이념까지 제국의 우산 아래 하나의 공간적인 기획으로 뭉쳐 내고야 말겠다는 집요함이다.

뒤에는 산을 두고 벌판과 멀리 나일 강을 바라보며 서 있는 수많은 무덤과 신전, 그 신전 앞으로 펼쳐진 정방형의 도시 테베. 죽은 왕은 반드시 생전의 땅을 굽어보아야 하고, 살아 있는 왕은 죽은 왕의 감시를 받아야 한다. 반복되는 정사각형 혹은 직사각형의 방들은 제국의 모든 속주가 하나의 원칙에 따라 복제된 제도 아래 굴복해야 함을 상징한다. 과장되게 솟은 기둥은 그 아래 선 신민(臣民)의 키를 더 낮게 만들고, 몸을 굽히게 한다.

파사르가다에를 방문한 다음 날 아침 페르세폴리스에 들어갈 때 나는 왕이 던져 놓은 기획의 그물에 여지없이 걸리고 말았다. 불안할 정도로 넓은 길을 지나 왕궁에 도달하면 압도적인 크기의 돌덩이로 만든 벽이 앞을 가로막는다. 제국의 심장부에서 사방으로 뻗은 대로를 통해 곧장 이곳으로 왔다 하더라도 곧장 올라갈 수는 없다. 반드시 방향을 꺾어 좌우의 계단을 따라 올라가야 한다. 만약 내가 멀리 작은 나라에서 온 사자라면 저 바위 벽에 가까이 갈수록 숨이 가빠졌을 것이다. 그 옆으로 난 계단을 오른다. 인간의 형상을 한 황소 수문장 두 명이 길을 인도한다. 이른바 '만국의 문'이다. 크세르크세스는 말한다. "아후라 마즈다를 위해 내가 이 문을 만들었다."

얼굴이나 몸통만 살짝 바꾸며 이집트를 비롯해 메소포타미아 전체의 큰 문을 지키는 저 스핑크스. 신과 인간, 그리고 동물의 세계를 하나로 연결해 영원한 통치를 실현하고 싶었던 그들이 만들어 낸 형상이다. 이 괴수의 사람 얼굴은 지혜를 상징한다. 독수리의 부리, 황소의 뿔 대신 인간의 얼굴을 가짐으로써 날카로움은 중화된다. 페르시아의 왕이 아량을 베푼다. '이제 두려움을 거두고 이 문 안으로 들어오라.' 이 미술 양식이 아시리아에서 빌려 온 것임은 말할 필요도 없다.

알현실로 가는 계단 옆 벽의 부조에는 페르시아 왕에게 진상을 올리려는 온갖 나라의 사절들이 묘사되어 있다. 초원에서 나는 준마를 바치는 고깔모자의 스키타이인, 그들은 칼을 차고 있다. 어떤 경우에도 칼을 벗어 놓을 수 없는 그들의 관습을 존중했던 것이리라. 향신료를 바치는 인도인, 직물을 바치는 그리스인, 간다라인, 박트리아인, 이집트인, 에티오피아인, 그리고 그들을 인도하는 왕의 호위병, 이른바 불사부대의 창수들.

기둥과 벽 역할을 동시에 해내고 있는 거대한 석주에는 다리우스가 여러 형상의 괴수와 싸우는 모습이 새겨져 있다. 사자를 고양이처럼 다루던 길가메시, 사자의 목을 졸라 죽인 헤라클레스의 이미지는 사자를 포함한 여러 괴수와 싸우는 왕으로 변형되어 나타난다. 다만 역동적인 괴물의 동작과는 달리 몸을 곧추세운 채 팔만 쓰고 있는 왕의 동작은 어쩐지 경직되어 보인다. 위기의 순간에도 체통을 지키고 있는 것일까?

무수한 방으로 된 보물 창고를 지나간다. 기록에 따르면 페르시아인은 금은을 녹여 항아리에 들이부어 보관했다고 한다. 필요하면 항아리를 깨고 그것들을 꺼내 썼다. 당시 온갖 나라들이 그토록 흠모하던 제국의 부는 이 창고에 몰려 있었다. 동서남북으로 뻗은 대로를 통해 금은이 이곳으로 운반되었다. 이제 보물은 남아 있지 않고, 석주들은 파괴되었다. 이 모든 것을 자연이 허락한 생성의 시간보다 더 빨리 이루려 한 사람 하나가 자연이 허락한 소멸의 시간보다 더 빨리 파괴해 버렸다. 그의 이름은 알렉산드로스였다.

페르세폴리스의 기둥이 무너지기까지

패배의 실마리-다리우스 1세의 좌절

페르세폴리스를 본 이로서 페르시아의 영광과 몰락의 정점에 있던 왕들의 말에 귀를 기울이지 않는다면 책임을 방기하는 일이리라. 알렉산드로스라는 저지할 수 없는 힘을 이기지 못하고 어느 날 갑자기 무너지고 말았지만 페르세폴리스의 기둥이 무너지기까지 한두 번의 충격이 가해진 것은 아니었다. 물론 페르시아의 대왕들이 그저 지키보기만 한 것도 아니었다. 한때 세계에서 가장 무거운 권력을 가진 이의 말(言)은 주변 세계를 굴복시켰다. 그러나 어느 시기 왕들은 페르시아 제국의 우두머리로서 하는 스스로의 말의 무게를 이겨 내지 못했고, 마침내 제국은 황혼에 이르렀다. 최후의 일격이 날아온 그리스 세계와의 알력 속에서 대왕들은 어떤 말을 남겼을까.

우선 다리우스 1세에서 시작해 보자. 그는 권력 투쟁으로 분열되려던 제국을 다시 일으켜 세운 사람으로서 천재적인 정치가였다. 일곱 귀족 가문이 연합하여 찬탈자 마고스(조로아스터교 사제)들을 모두 제거하고 앞으로 페르시아의 국가 체제를 어떻게 정비할지 토론하는 마당에서, 일부 역량 있는 인물들은 민주제를 채택하고자 했다. 그러나 다리우스는 그리스 도시 국가들의 지지부진함을 관찰하고 이렇게 반박했다.

"민주제에서는 악의 만연을 피하기가 어렵소. 공공의 일에 악이 만연될 경우, 악인들 사이에 생기는 것은 적대감이 아니라 오히려 강력한 우애감인데, 그도 그럴 것이 국가에 나쁜 일을 꾸미는 자들끼리 결탁해서 이를 행하기 때문이오. 이와 같은 사태가 일어나면 결국 누군가가 국민의 선두에 서서 악인들을 처치하게 되오. 그 결과, 그가 국민이 찬

미하는 대상이 되어 마침내는 독재자로서 숭배를 받게 될 것이오."[21]

가장 뛰어난 한 개인의 지배가 최고의 지배라는 것이었다. 스스로에 대한 자신감의 표현이리라.

그리스는 다리우스 1세에 의해 정비된 페르시아에게 섣부른 도전장을 내밀었다. 소아시아의 그리스 도시 국가 밀레투스의 한 음모꾼이 그리스인들의 반란을 부추겼다. 요행을 바란 아테네는 전선을 파병해 소아시아의 반란 도시들을 지원했다. 그들은 소아시아에 있는 페르시아 지배의 중심지인 사르데스를 불살랐는데, 대모신 키벨레 신전을 비롯한 성소들도 모두 불타 버렸다. 이리하여 아테네와 페르시아의 악연이 시작되었다. 다리우스는 식사할 때도 시종들에게 "아테네를 잊지 마십시오."라고 외치게 했다고 한다. 그는 아테네 원정을 감행했으나 마라톤에서 실패하고 물러났다. 물론 사소한 패배에 불과했지만.

제국의 대패-크세르크세스 1세의 오만

다리우스 1세가 죽고 그 아들 크세르크세스 1세가 즉위하자 다시 원정붐이 일었다. 안타깝게도 아들에겐 아버지만 한 균형 감각이 없었다. 그의 숙부는 그리스 원정이 불필요한 것임을 강조했다. "그리스인은 육상에서든 해상에서든 싸움에 단련된 민족입니다. 그 먼 거리를 진군하여 어떻게 승리를 장담할 수 있겠습니까. 만약 패배하고 또 헬레스폰투스에 놓은 다리를 파괴당한다면 퇴각도 어렵습니다." 그러나 페르시아의 대왕이라는 자의식을 이기지 못한 크세르크세스 1세는 기어이 그리스 원정을 감행하고, 이른바 '페르시아 전쟁'이라 부르는 싸움의 막이 올랐다.

아시아에서 아프리카까지 제국의 전역에서 무시무시한 수의 병력이 차출되었고 이들은 거대한 무리를 지어 육지와 바다로 동시에 전진했다. 페르시아군이 아테네로 들어갔을 때는 주민들이 모두 살라미스 섬으로 피한 후였다. 페르시아인은 신전을 약탈하고 아크로폴리스에 불을 질렀다. 사르데스 방화에 대한 보복이었다. 여기서 멈췄다면 좋았을 것이다. 그러나 아테네를 점령한 크세르크세스는 살라미스로 피한 아테네인과의 해전을 준비했다. 종군하고 있던 여장부 아르테미시아는 적극적으로 반대했다.

"대체 전하께서 위험을 무릅쓰고 해전을 벌이실 필요가 어디 있사옵니까? 원정 목표였던 아테네는 이미 전하 수중에 있고, 그 밖의 그리스 영토도 마찬가지 아니옵니까? 이제 그리스군에게는 장기간에 걸쳐 저항할 힘이 없습니다. 제가 들은 바에 따르면 살라미스에는 충분한 식량이 없다고 합니다. 만약 전하께서 육상 부대를 펠로폰네소스(스파르타가 속한 반도)로 진군시킨다면 (아테네를 돕고 있는) 그곳 부대는 분명 동요할 것이고, 더 이상 아테네를 위해 해전을 벌인다는 생각 따위는 하지 않을 것입니다."

얼마나 정확한 판단인가. 그러나 크세르크세스는 이번에도 이 전략의 우수성을 알고도 해전을 감행했다. 아마도 완벽한 승리를 챙기려는 조급증 때문이었을 것이다. 살라미스의 싸움은 비참한 패배였다. 먼 거리를 달려온 작은 배로 해전의 명수들이 타고 있는 큰 배를 상대했던 것이다. 싸움은 끝났지만 페르시아 원정군을 따르던 백마가 끄는 태양신의 전차는 페르시아 땅으로 돌아가지 못했다.

분열되는 제국-키루스 3세의 배반

크세르크세스 1세의 실패는 그래도 원정의 실패였다. 다시 1세기가 지나자 이번에는 페르시아인의 반란이 일어났다. 소아시아에서 페르시아 본토를 공략하려는 야심가가 등장하여 그리스인 싸움꾼들에게 도움을 청했다.[22]

당시 그리스 세계는 군사적으로 점점 더 강해지고 있었다. 그리스 세계 내부의 지속적인 패권 다툼, 특히 펠로폰네소스 전쟁(아테네와 스파르타 사이의 전쟁)으로 각 나라는 동시대 어느 국가보다 더 전쟁에 익숙한 체제로 전환했다.

기원전 401년. 형 아르타크세르크세스 2세의 다스림에 불만을 가진 소아시아의 총독 키루스 3세(페르시아 제국의 창건자 키루스 2세와 구분하기 위해 '소(小) 키루스'라 부른다.)가 페르시아 본토를 노려 동쪽으로 진군했다. 이 왕권 찬탈 음모에는 1만 3000의 그리스인 용병이 가담했다.

소 키루스는 자기 속주의 반란자를 평정한다는 평계를 대어 수하에 군대를 집중시키고, 싸움에 능한 그리스인 용병대까지 확보하자 먼저 소아시아를 장악하고 동남쪽으로 방향을 틀어 페르시아를 전복할 계획을 세웠다. 소 키루스는 그리스 용병들에게 이런 약속을 던졌다.

"오오, 전사들이여! 내 아버지의 영토는 남쪽으로는 사람들이 더워서 살 수 없고, 북쪽으로는 추워서 살 수 없는 곳까지 이르고 있소. 그 중간에 놓여 있는 모든 나라를 내 형님(아르타크세르크세스 2세)의 친구들이 태수로 다스리고 있소. 만약 우리가 승리한다면 나는 내 친구들이 이 나라들을 지배하게 할 것이오. 그러니까 나는 거사가 성공할 경우 친구들에게 빠짐없이 줄 수 있을 만큼 충분히 갖지 못할까 염려하는 것이 아니라, 나눠 줄 친구를 충분히 갖지 못할까 염려하는 중이라오. 그리고 그대들 헬라스인(그리스인)에게는 각자에게 금관을 하나씩 따로 줄 것이오."

이렇게 전투가 시작되기 전에 모인 인원이, 그리스 용병 측은 중무장 보병 1만 400, 경방패병 2500이요, 소 키루스의 부대는 총 10만에 낫을 단 전차가 20대 정도 있었다고 한다. 반면 페르시아의 군주 아르타크세르크세스 2세 진영에는 총병력이 120만, 전차 200대, 그리고 기병 6000이 포진하고 있었다고 한다.

아직까지 이 정도 반란으로 제국이 무너질 지경은 아니었다. 싸움이 벌어지자 소 키루스는 중과부적으로 밀렸고, 최후에는 페르시아 대왕 군대의 본진에 뛰어들어 형 아르타크세르크세스 2세의 가슴에 창을 찔러 상처를 입히기까지 했지만 투창에 맞아 전사하고 말았다.

우리는 100년도 안 되는 사이에 페르시아의 위상이 얼마나 형편없이 떨어졌는지 목격할 수 있다. 왕족이 스스로 용병을 고용하여 반란을 일으키고, 귀족들은 반란이 일어나면 강한 쪽이 어디인지 점을 쳤다. 그리고 결정적으로 페르시아 군대는 그리스인 중무장 보병을 공략할 방법이 없었다. 페르시아 왕의 부대는 반란군에 고용되었다가 퇴각하는 그리스 용병대의 보급품만 약탈했을 뿐 결국 이들의 진영을 무너뜨리지는 못했다. 용병 부대는 얼마간의 손실을 입었지만 무사히 귀환했다. 페르시아 추격대는 싸움다운 싸움도 없이 맞붙으면 슬그머니 퇴각했다. 겨우 1만 남짓한 부대를 두고 대군이 실패를 반복하며 퇴각하다니. 이 기록을 읽고 알렉산드로스는 얼마나 큰 영감을 얻었을까.

한때 무력과 정치력을 자유자재로 구사하는 것으로 유명했던 페르시아의 왕들은 이제 정치력만 갖추고 있었다. 그러나 무력 없는 정치란 싸움터에서는 사상누각이다. 아르타크세르크세스 2세가 그 전형이었다. 그의 사자가 와서 말했다.

"당신들의 무구를 넘겨주면 사면해 주겠다."

그러나 이제 페르시아 대왕의 말의 무게는 예전 같지 않았다. 대왕의 사자에게 그리스 용병 크세노폰은 이렇게 대답했다고 한다.

"당신도 보다시피 지금 우리에게는 무구와 용기 말고는 가진 것이 아무것도 없소. 우리가 무구를 지니고 있으면 아마 우리의 용기도 쓸 수 있겠지만, 무구를 넘겨주고 나면 목숨까지 빼앗기게 될 것이오. 그러니 우리가 가진 유일한 재산을 당신들에게 넘겨줄 것이라고 믿지 마시오. 차라리 우리는 이 무구를 갖고 당신들의 재산을 손에 넣기 위해서라도 당신들에게 맞서 싸울 것이오."

알렉산드로스와 다리우스 3세-제국은 사라지지 않았다

제국의 기둥은 흔들리고 있었다. 소 키루스의 페르시아 전복 시도는 알렉산드로스에게 엄청난 영감을 주었다. 기원전 4세기에 접어들자 페르시아는 군사적으로 계속 약해지고 그리스는 페르시아로부터 기병전술을 받아들이고 이를 자신들의 보병전술과 결합해 계속 강해졌다. 그리스인들이 페르시아에게 배운 것은 그뿐만이 아니었다. 누구나 적당한 시스템을 갖추면 왕을 정점으로 광대한 이민족들의 세계를 다스릴 수 있다는 가능성이었다. 마침내 페르시아식 왕이 되고 싶은 자가 마케도니아에서 나타났으니 그의 이름이 알렉산드로스다. 그는 페르시아식 전술, 그들의 군주제, 세상을 다스린다는 그들의 야망을 한꺼번에 갖춘 이였다. 결론적으로 알렉산드로스를 키운 것은 페르시아였다.

이제 알렉산드로스가 어떻게 페르시아를 끝장내고 말았는지, 그때 페르시아 최후의 왕은 어떻게 대응했는지 살펴보자.[23] 페르시아 본토로 쳐들어와 다리우스 3세의 군대와 대치한 알렉산드로스에게 노련한 장군 파르메니온은 다음과 같은 의견을 내놓았다.

"정당한 전투를 벌이기보다는 기습을 해야 합니다. 한밤중에 공격하면 적을 분쇄할 수 있을 것입니다. 저들의 부대는 관습이나 언어가 서로 다르므로, 그들이 자고 있을 때 습격하여 공포에 빠뜨리면 한밤중에 어찌 혼란을 피할 수 있겠습니까?"

알렉산드로스의 대답이 걸작이었다.

"그대가 권고한 계책은 강도나 도둑이 할 법한 것이오. 나는 대낮에 정정당당하게 싸우겠소."

무모한 것인가, 우직한 것인가? 누가 이토록 무모하도록 용맹한 자를 막아설 수 있을까? 페르시아군은 패배를 거듭했다.

그러나 우리는 알렉산드로스의 호전성에 가려진 다리우스 3세의 진면목을 간과해서는 안 된다. 그 둘이 제국의 왕이 아니라 한 사람의 백성으로 태어났다면 나는 주저 없이 알렉산드로스 대신 다리우스의 친구가 될 것이다. 그는 정당함의 의미를 알고 있었다. 페르시아가 약해졌다는 것을 알고 있었지만 그는 그가 할 수 있는 최선을 행했고, 결국 제국과 함께 침몰했다.

기원전 331년 가우가멜라 전투를 앞두고 두 군주가 행한 연설은 모두 세계 전쟁사에서 길이 빛날 명언이다. 알렉산드로스는 이렇게 군사들을 격려했다.

"적은 어떤 자는 가죽끈에 돌만을 재어 들고 있으며, 제대로 된 무기를 갖추고 있는 자는 몇 되지도 않는다. 서 있는 자는 페르시아 측에 더 많지만, 싸울 태세가 되어 있는 자는 마케도니아 측에 더 많다. 나 자신이 용감하게 싸우는 모범을 여러분에게 보여 주지 못한다면, 여러분에게 전투에서 용기를 보이라고 요구하지 않을 것이다. …… 여러분을 부자로 만들어 주고 명예롭게 해 주는 것이 내가 받을 승리의 보상이다. …… 이제는 도망칠 수도 없는 지점에 와 있노라. 우리는 이제껏 드넓은 지역을 가로지르고, 수많은 산과 강을 건너왔다. 이제 조국과 가정으로 돌아가기 위해 싸워야 한다."

다리우스 3세는 좌우의 병사들에게 외쳤다.

"그대들은 얼마 전까지 한 면은 태양에 씻기고, 다른 한 면은 헬레스폰투스 해협에 닿아 있는 영토의 주인이었다. 하지만 지금은 영광을 구해서가 아니라 생존을 위해 싸우고 있다. 그러면서 생존 그 이상의 것을 위해 싸우고 있는 것이기도 하다. 그것은 바로 자유이다. …… 겁쟁이에게는 대단한 인물로 보일지 몰라도, 알렉산드로스 역시 일개 생명일 따름이다. 내가 보건대 저자는 무모한 미친놈에 불과하다. 이제까지 그가 승리한 것은 그의 용기 때문이 아니라 우리가 겁을 집어먹었기 때문이다. 하지만 이성으로 받쳐 주지 않으면 계속되는 것은 아무것도 없다. …… 그대들에게 호소한다. 그대 자손들에게 그대들이 조상들께 물려받은 영광을 건네주기 위해 용기를 가지고 전진하라, 자신감을 가지고 돌격하라. 그대들의 오른손에 자유와 힘, 미래의 희망이 달려 있다."

다리우스는 미트라에게 기원하고 또 기도하며 군중을 격려했다. '위대한 신은 이번에는 우리 편이다. 저들은 침략자다.'

그러나 싸움이란 힘과 기세에 의해 결판나는 것이다. 페르시아군의 기세는 신생 마케도니아 왕의 군대의 호전성을 이겨 내지 못했다. 그날 다리우스 3세는 신월도를 뽑아 들고 자결하여 수치스러운 도주를 피하려 했으나, 높은 전차 위에 올라타고 있었기 때문에 아직 전장을 버리지 않은 부하들 앞에서 전군을 포기한다는 것은 부끄러운 일이라고 생각해 차마 죽지 못했다고 한다.

나는 패배 후 다리우스가 보인 행동을 존경한다. 그는 집요하지 못한 권력자였지만 한 사람의 다정한 인간이었다. 다리우스는 소수의 수행원만을 거느리고 서둘러 리코스 강을 건넜다. 도강 후 적이 곧 도착할 것이라는 보고를 듣고 다리를 파괴하려 했지만, 다리를 파괴하면 아직 강에 도착하지 않은 수만의 부하들이 적의 먹잇감이 될 뿐이라는 사실을 알았다. 그는 끝내 다리에 손대지 않고 떠나면서 "도망치고 있는 병사들의 통로를 빼앗느니 차라리 추격해 오는 적에게 통로를 제공하는 편이 낫겠다."라는 말을 했다고 한다.

페르세폴리스에 도착한 승리자는 다리우스의 비난대로 '미친놈'임을 자임하고 말았다. 알렉산드로스는 이렇게 말했다.

"그리스인에게 페르세폴리스보다 더 가증스러운 도시는 없다. 페르시아 옛 왕들의 수도인 이 도시에서 첫 번째는 다리우스가, 그다음으로는 크세르크세스가 유럽에 대한 사악한 전쟁을 일으켜 수많은 군사를 출병시켰다. 그리스인 선조들의 영혼을 달래기 위해 이 도시를 파괴해야 한다."

페르세폴리스에서 열린 주연 도중 한 매춘부의 권유로 페르세폴리스에 불을 질렀다고 한다. 알렉산드로스가 선두에 서서 궁전에 불을 질렀고, 술친구들과 참석자들, 그리고 매춘부들이 그 뒤를 따랐다고 한다. 삼목으로 만든 궁전의 지붕이 훨훨 타오르고 얼마 후 제국의 영광은 무너지고 말았다.

한편 달아나고 있던 다리우스 3세에게는 어떤 운명이 기다리고 있었을까? 자신의 도시가 약탈과 방화로 사라졌다는 것을 알고 있었을까? 페르시아 제국의 동쪽을 책임지고 있던 박트리아 총독은 다리우스 3세의 명이 다했다는 것을 직감하고, 다리우스의 몸으로 알렉산드로스와 협상을 할 계략을 꾸몄다. 다리우스를 넘겨줄 테니 적당한 선에서 국경을 만들고 자신을 페르시아의 지배자로 인정해 달라고 요청할 심사였다. 『알렉산드로스 대왕 전기』의 저자는 다리우스 3세가 이 음모를 알고 있었다고 한다. 그리스 용병대장 파트론이 박트리아 총독의 음모를 알아차리고 '박트리아 총독을 믿지 말고 자신들의 호위를 받으라'고 했으니까. 그러나 그는 동족들의 호위를 떠나 그리스 용병들의 호위로 들어가는 것을 거부했다. 아직까지 그는 페르시아의 왕이었던 것이다. 마지막 날 그는 내시 부바케스를 불러 말했다.

"너희 모두는 이제 떠나거라. 너희의 생명을 스스로 돌보도록 하라. 너는 바로 마지막 순간까지 너의 왕에게 충성을 다하며 정당하게 행동했노라. 나는 여기 앉아 예정된 운명의 순간을 기다리겠노라. 너는 혹시 왜 내가 자결하지 않는지 궁금할지 모르겠구나. 나는 스스로에 의해서가 아닌 타인의 비행에 의한 죽음을 선택했기 때문이다."

말 위에서 천하를 차지해도 말 위에서 다스릴 수 없듯이, 야만으로 빼앗는다 해도 야만으로 다스릴 수는 없다. 콧대 높은 페르시아인은 물론 속주의 총독들도 강요된 지배를 받아들일 준비가 되어 있지 않았다. 페르시아 제국이 이뤄 놓은 성과의 무게에 눌려 알렉산드로스는 위대한 전향을 시도한다.

"나는 그대들 중에서 비교적 젊은 병사들을 선발하여 우리 군의 주력 부대에 통합하였다. 그대들은 같은 제복과 같은 무기를 사용하고 있다. 그러나 그대들의 복종심과 명령에 따르는 자세는 어느 누구보다도 뛰어나다. 바로 그 이유 때문에 나는 포로에게서 자식을 본다는 데 아무 주저함이 없이 페르시아인 옥시아르테스의 딸과 결혼하였다. 후일 내가 혈연을 더 연장하고 싶은 마음이 들게 되면 다리우스 왕의 딸을 비로 삼고, 가장 친한 친구들도 포로들에게서 자식을 낳도록 본을 보일 것이다. 그리하여 이 신성한 결합을 통해 정복자와 정복당한 자들 사이의 차별을 없애 버릴 것이다. 그러니 그대들은 가족으로서 나의 병사가 된 것이지, 징집에 의한 것이 아니라고 여겨도 좋다. 아시아와 유럽은 이제 하나이고 같은 왕국이다. …… 페르시아인이 마케도니아 관습을 따르는 것도 수치스러운 것이 아니며, 마케노니아인이 페르시아인을 흉내 내는 것도 마찬가지이다. 같은 왕의 치하에서 살아가는 사람들은 같은 권리를 향유해야 하며……."

　이자가 과연 페르세폴리스를 약탈하고 불을 지르던 '미친놈'이란 말인가? 그 '미친놈'이 분명하다. 이렇게 개인은 문명을 이길 수 없다. 알렉산드로스는 술에서 깨어났고, 또 제국은 그대로 이어졌다. 다리우스 3세여, 편히 잠드시라.

4 여신을 기다리며

세상의 중심 다마반드 가는 길

페르시아의 창조 신화는 이런 이야기로 시작한다.

"별은 다마반드를 중심으로 돈다. 이 세상의 중심은 그곳이다."

세상의 중심에 있는 산, 아리안의 성산, 그곳이 엘부르즈 산맥의 최고봉 다마반드다. 페르시아 신화 여행은 이 봉우리를 지나서 그 북쪽 "세상의 모든 물이 모이는 곳 보우루 카샤", 바로 카스피 해에서 마무리될 것이다. 다마반드는 마음속에 남겨 둔 보석이다.

길이 좋다면 다마반드는 테헤란에서 겨우 두 시간이면 도착할 거리에 있다. 그러나 지금 이란은 길에 자원을 투입할 여유가 없다. 이차선 도로는 수시로 일차선으로 바뀌고, 사람들이 달라붙어 보수하고는 있지만 아무리 봐도 역부족이다. 택시로 한나절을 달려 점심 무렵에 산을 조망할 수 있는 건너편 언덕에 도착했다. 이곳의 산이란 대개 나무가 없는 자갈투성이지만 골짜기마다 오랜 시간 사람들의 보살핌을 받은 호두나무들이 깊은 숲을 이루고 있어 고마움과 안도감을 느낀다.

황무지 산은 이리저리 나선형으로 돌며 서서히 고도가 높아진다. 그리고 마지막 고개 너머로 정상이 먼저 보인다. 너른 기반에서 시작하여 완만하고 널찍한 산허리를 지나 펼쳐진 너덜 지대 위로 하얀 눈이 보인다. 이 열사에서 눈을 보다니. 분화구를 뚫고 나오는 하얀 연기가 이리저리 방향을 바꾸며 하늘로 솟고, 분명 한 번도 바닥까지 녹아 본 적이 없는 눈 무더기가 산꼭대기를 가리고 있다.

이렇게 높은 산, 이렇게 웅장한 덩치에 비해 정상의 눈은 좀 가녀리다. 저 하얀 덩어리는 산을 내리누르듯 정상에 걸터앉아 태양빛을 퉁겨 내는 그 빙하가 아니다. 끊어질 듯 이어지며 골짜기에 고립되어 서로 부둥켜안고 태양빛을 견디고 있는 애처로운 눈 더미다. 강렬한 여름 태양 아래 순식간에 사라져 버릴 것 같아 마음 졸이게 하는 하얀빛.

다마반드에서 본 눈은 내가 신화에서 읽은 강렬한 형상과는 너무나 달랐다. 세상의 모든 물이 모이는 바다에서 만들어진 거대한 물줄기들, 일곱 대지를 적시는 물줄기들이 저 산에서 시작한다고 하지 않았던가. 창조주 아후라 마즈다가 선사한 비, 눈, 우박, 진눈깨비의 네 마리 말이 끄는 전차를 타고 구름 낀 창공을 활보하던 물의 여신께서 사는 곳이 아니던가. 그렇구나. 저 산은 물의 여신의 집이자 태양신(미트라)의 집이기도 하지. 태양신의 힘, 태고부터 아리안이 힘의 원천이라고 믿었던 그 신의 위력을 잠시 잊고 있었구나.

택시는 산 아래에 도착했다. 산을 올려다보니 두려움이 찾아온다. 테헤란에서 너무 호의호식했기에 몸이 긴장감을 잃었다. 하루 이틀은 더 준비를 해야 했는데. 겨울용 침낭과 텐트도 없이 5770미터를 과연 오를 수 있을까? 마지막 캠프 3에서 정상까지 고도는 겨우 1500미터니까 고소증이 찾아오지 않는다면 문제가 없겠지. 그러나 고소증이란 놈이 두려워하는 것은 오직 시간이다. 다른 준비물은 다 두고 오더라도 시간은 챙겨 왔어야 하는데, 언제나처럼 빈둥거리다 폭포가 가까이 오고서야 노를 거꾸로 젓는다. 캠프 1에서 2까지는 능선으로 차가 달릴 수 있었다. 캠프 2에서 캠프 3까지 고도차는 약 1000미터로 오르는 데 한나절이 걸리고, 캠프 3에서 정상까지 왕복에 하루가 걸리는 거리였다. 그러나 고도를 올릴 때마다 충분한 휴식이 필요한데 그 계획을 세우지 않은 것이 문제였다.

용기를 주는 것은 저 능선의 부드러움이다. 고요하고 따듯한 여성적인 품이다. 구름이 정상 주위를 빠른 속도로 움직이며 분화구 주위에서 솟구치는 기이한 운동을 반복하고 있기에 봉우리의 위엄을 지키고 있지만, 까탈을 부리지 않고 처음부터 끝까지 완만하게 이어진 능선을 보면 섣부른 자신감이 솟기도 한다.

오늘은 함께 오르는 사람들도 있다. 반복되는 경제 봉쇄를 견디면서, 그리고 석유가 아니면 풍부한 것이 없는 열사에서 살아온 이곳 사람들은 오지에서 남의 고통을 외면하는 법이 없다. 테헤란 같은 대도시를 조금만 벗어나면 사람들은 언제 어디서든 기꺼이 손을 내밀 준비가 되어 있다.

택시에서 내려 캠프 2까지 걸어갈 필요도 없었다. 짐과 사람으로 가득 찬 지프 한 대가 먼지를 일으키며 달리다가 앞에서 멈춰 선다. 이미 그들의 몸과 짐이 차를 가득 채웠건만 나를 캠프 2까지 태워 주겠단다. 체면을 차릴 것도 없이 바로 올라탔다. 러시아에서 다친 다리가 아직 다 낫지 않아서 될 수 있으면 힘을 아끼고 싶었으니까. 지프를 타고 캠프 2에 도착한 후 먹을거리를 좀 챙겼다. 테헤란에서 주먹밥과 양파를 가지고 왔다. 언제부터인가 나는 마늘이나 양파가 모든 고통을 덜어 주고, 어떤 극한 상황에서도 충분한 힘을 준다는 믿음을 갖게 되었다. 실제로 그 두 형제 식물은 한 번도 내 믿음을 저버린 적이 없다.

뜨거운 차 한 잔으로 몸을 녹이고 바로 4200미터 고도의 캠프 3까지 오른다. 모든 것이 지나칠 정도로 순조로웠고 몸도 가뿐했다. 이럴 때는 방정맞은 생각이 화를 부를 수 있다. 맥박을 자세히 살펴야 한다. 일부러 쉬어 가며 최대한 천천히 걸었다. 고소증을 의심할 만한 어떤 낌새도 없었다. 양치기 움막을 지나 캠프 3까지 오르고 나서 한참 후에야 해가 서쪽 산에 걸렸다. 내일 새벽을 이용하여 정상까지 오를 것이다. 이제 마지막 관건은 오늘 밤의 편안한 잠이다.

삼삼오오 모여든 젊은이들은 산장 밖에 텐트를 치고, 물을 긷고, 날이 완전히 어두워지자 노래를 부른다. 뜻을 알 수 없지만 희망과 현실, 아름다움과 비루함 사이에서 두리번거리는 젊은이를 위한 노래임이 분명하다.

아무 예약도 없이 올라왔다. 산장, 정확히는 산장의 식당을 침실로 사용할 수 있다는 이야기를 들었기 때문에 잠자리는 걱정하지 않았다. 내 눈을 사로잡는 이들은 등산복 아래로 히잡을 쓴 젊은 여인들이다. 고산 등반은 극한의 고통을 수반하는 행동이다. 고산 지대에서 젊은 여인들이 두르고 있는 히잡은 묘하게 대조적인 이미지를 품고 있었다. 그것은 이렇게 높은 곳까지 따라붙은 전통과 인습의 악착성을 대변하는 동시에 이 높은 곳의 차고 건조한 대기로부터 여인의 볼을 지켜 주는 따뜻한 모자이자 목도리이기도 하니까. 히잡 아래로 대담하게 빛나고 있는 그녀들의 눈의 의미도 이중적이었다. 해발 5000미터에 달하면 열사의 일상을 지배하는 행동 법칙이 모두 힘을 잃을 것이라는 것을 주장하는 듯한 자신감과, 아쉽게도 자유의 공간이 너무나 높은 곳에 있다는 데 대한 안타까움이 교차하는 눈빛으로 읽었다면 너무 자의적일까. 나는 그저 그녀들의 눈빛에 내 생각을 비춰 볼 뿐이리라.

'여신'을 만나다

산에서 만난 사람은 누구나 호의적이다. 근대 이래의 집단적인 고산 등반이 공격적인 군사 행동을 모방한 것에 불과함은 사실이지만, 여전히 산을 오르는 사람들은 중력과 대기의 법칙에 압도되어 일종의 조건 없는 선함 혹은 무장 해제 상태에 있는 것도 사실이다. 그리고 나는 이곳에서 부실한 준비로 인한 추위에 이미 압도되었다. 번잡하지 않은 분위기 속에서 사람들은 나지막한 목소리로 뭔가를 토론하고 있었다. 한밤중이 되어야 누울 자리가 생기리라.

그날 밤 다마반드의 여신은 나를 실망시키지 않았다. 하염없이 밤이 깊어지기를 기다리는 순간에 나는 '여신(女神)'을 보았다. 아마도 이곳을 자주 올랐을 법한 날렵한 사내들 몇 명 가운데 히잡 위로 모자를 하나 더 눌러쓴 여인이 밤이 지나기를 기다리는 나를 보고 말을 건넸다.

"같이 차 한 잔 하세요."

벌써 물이 얼고 있는 차라 뜨거운 것이라면 무엇이든 환영이다. 대범하고 감각이 있는 여인이었다.

"이란에 대해 어떻게 생각하세요? 정부 빼고."

일단 웃음으로 대답했다. 이란 여성과 나누는 최초의 사적인 대화다. 그녀는 나에게 뭔가를 묻고 나서 자기가 그 대답을 가로채고는 의기양양이다. 어두운 조명 아래서도 빛나는 크고 검고 겁 없는 눈동자였다. 나도 그녀의 방식으로 대답했다.

"저는 이란 정부에 대해서만 관심이 있는데요."

이번에는 그녀가 웃는다.

"지금, 우리도 정부 이야기를 하고 있었어요."

그들은 막 나가려는 차였는데, 밖에다 이미 야영 준비를 마친 상태였다. 건너편 기슭의 마을에서 불빛이 흐르고 그 마을 위로 별빛이 또 흐르고 있었다.

"지진 이야기 알지요?"

"네, 들었습니다."

"대통령은 지진을 남의 나라 일로 생각하더군요. 허수아비에 불과하죠."

"구호 현장에 있지 않나요?"

"그냥 사진 찍으러 다니는 거죠. 그냥 몇 마디 하고 돌아왔다는군요. 겨우 몇 백 명 죽음에는 꿈쩍도 안 해요."

어떻게 대답해야 할지 머뭇거리다 딴소리를 했다.

"내일 몇 시에 출발할 예정인가요?"

"우리는 3시에 출발할 거예요. 우리와 같이 출발할래요?"

"물론이죠. 호의를 베풀어 주신다면. 누구를 찾으면 될까요?"

"나는 아나히타예요."

"아나히타?"

"네, 들어 본 이름인가요?"

"물론이죠. 나의 여신의 이름을 모를 수 있겠어요? 나는 여신을 찾아왔답니다."

아나히타, '순결하다'는 뜻이다. 페르시아 신화에 나오는 성스러운 물의 여신, 다마반드에 산다는 그 여신과 이름이 똑같다. 아마도 이란에는 아나히타란 이름의 여인이 꽤 있는 모양이다. 여신을 내가 직접 보게 되었으니.

시시콜콜 묻지 않고, 대답도 하지 않고, 그냥 질문들만 오가는 그런 대화를 몇 분 나누었다.

"이란에는 페이스북이 막혀 있더군요."

"푸는 프로그램이 있죠."

"대학에 외국인은 못 들어가게 하더군요. 테헤란 대학에 꼭 들어가 보고 싶었는데."

"못 들어가기는 내국인도 마찬가지죠."

"정부에 대해 이야기하고 싶은데……. 사람들은 왜 침묵하죠?"

"기다리고 있어요. 피가 가져온 대가가 겨우 오늘날이니까요."

나는 그녀와 더 이상 이야기할 수 없었다. 반쪽짜리 도시를 지나 젊음들이 높은 곳으로 올라왔다. 뜨거운 공기에 숨이 막혀 서늘한 곳으로 올라왔다. 등산은 그들에게 하나의 투쟁이었다. 타오르는 가슴을 억누르는 마지막 해방구가 바로 이곳이었다. 피 없는 혁명을 위해서 원주의 꼭짓점까지 오르는 행동은 꼭 시시포스를 연상시켰다. 처음 말을 걸 때와 똑같이 아나히타는 덤덤하게 말을 던지고 떠났다. 등반 대장의 주소를 내게 남기고.

"아침에 데리러 올게요."

야영장이 웅웅거린다. 노래를 부르는 사람들, 토론하는 사람들, 산 위에서 가늘지만 무척 뜨거운 용암 줄기가 솟구치는 듯하다.

이토록 큰 산이 계곡 물에는 왜 그리 인색할까? 그래서 사람들은 서로 더 가까이 모인다. 호두나무 우거진 분지에 오롯이 모여 있는 불빛이 정겹다. 온기와 가난을 함께 나누며 사람들이 살아간다. 산이 있는 한 탈출구가 있다. 저 탈출구, 바로 그 탈출구를 통해 다시 돌아오리라. 분화구를 떠난 수증기가 다시 돌아오듯이. 별이 여신의 산을 돌고 있다.

나도 이제 쉬어야 한다. 산장의 침대는 이미 다 들어찼다. 주먹밥 한 덩이에 양파 한 개를 씹어 먹고 잠을 청한다. 침낭도 텐트도 없이 차가운 식당 콘크리트 바닥에 눕는다. 플라스틱 깔판에 기대를 걸고 있다. 그러나 난방도 단열도 되지 않는 이 취사장 내부의 온도는 순식간에

벽 밖의 온도에 가까워지고 있었다. 나와 비슷한 처지의 등산객들이 몸을 맞대고 이리저리 뒤척이며 잠을 청한다. 얇은 몸을 웅크리고 있자니 의식은 갈수록 또렷해진다. 테헤란에서 마음씨 고운 어린이 유로가 짐에 넣어 준 수면양말만이 제 역할을 다하고 있다.

절대로 무리해 움직여서는 안 된다. 누우니 숨이 찬다. 친구들과 대화하는 동안의 흥분 때문에 자각하지 못했던 고통이 이미 심장과 목을 압박하고 있었다. 이렇게 늦게 고소증이 찾아온 것이 원망스럽다. 하루만 이곳에서 버틴다면 문제가 없을 것이다. 그러나 겨우 1500미터만 오르면 정상이다. 두통이 심해질수록 산행을 시작하고픈 욕구가 커진다. 어리석은 줄 알면서도 이번에도 요행을 기대한다.

새벽 2시에 잠을 포기하고 밖으로 나갔다. 물이 흐르던 자리가 모두 얼음으로 바뀌어 있다. 은하가 다마반드의 왼쪽 중턱에서 나와 멀리 남쪽으로 뻗어 있다. 장엄한 창조 신화는 아마도 이 산 중턱에서 만들어졌을 것이다. 실제로 별이 다마반드에서 나와 다마반드로 돌아가는 것을 본 사람들이 그 창세기를 썼을 것이다. 아나히타 여신도 저 별에서 내려왔다지. 이 지상 어떤 존재의 능력으로도 절대로 오염시킬 수 없었던 저 빛, 저 빛에서. 그러나 먼 거리를 달린 별빛이 가로등의 찬란함을 이기지 못하듯이, 멀리서 온 순결은 가까운 불결을 이기지 못하는 것이 현실이다. 오늘날 진퇴양난에 빠진 이 나라, 그 속에서 이중으로 구속당한 젊음의 초라함이 불빛과 중첩된다. 그렇게 나는 한 시간 동안 쓰라린 추위와 그것을 보상해 주는 별빛 속에서 살아 있는 여신을 기다렸다.

산은 잘못이 없다

3시 조금 넘어 아나히타가 산장 앞에 나타나 인사를 한다.

"잠은 잘 잤어요?"

웃음으로 대답했다.

"우리도 잠을 잘 못 잤어요. 지진 이야기를 했거든요. 아주 천천히 올라갈 거예요. 우리 앞쪽에서 가요."

계곡의 불빛은 거의 사라졌지만, 밤하늘의 별은 또렷하기만 한 시간에 그렇게 산을 올랐다. 방한구가 들어 있는 배낭을 메고 올라가기로 한다. 내게 걱정의 눈길을 보내는 등반 대장 모흐센의 믿음직한 얼굴이 불빛에 비친다. 아무리 작은 것이라도 짐은 남자들이 지고, 여자들은 방한 장비만 걸쳤다. 여자들은 활발했고 남자들은 대개 말이 없지만 듬직했다. 그들 방식으로 단단한 민주주의가 지켜지고 있었다.

그리하여 내가 선두에 서서 산을 올랐다. 처음 한 시간은 꾸준히 오를 수 있었다. 가장 상태가 좋지 않은 나의 보폭에 맞추어 사람들이 따랐고, 서로 말을 아꼈다. 그러나 나를 염려하는 그들의 시선을 무시할 수만은 없어 미안함이 쌓이고 있었다.

상황이 점점 악화되었다. 고소증이 찾아온 이상 고도를 높이는 방식으로 녀석을 떨칠 도리는 없다. 믿었던 친구가 배신을 한다. 추위 속에서 차가운 양파와 주먹밥을 먹은 것이 화근이다. 소화되지 않은 주먹밥과 양파 덩어리가 속을 긁더니 자꾸 위로 올라온다. 고도 5000미터에 가까워지면서 숨이 가빠진다. 한 발짝 옮길 때마다 격심한 두통이 밀려온다. 하루만 느긋하게 쉬었더라면 아무 문제가 없을 텐데. 이 큰 산을 그렇게 얄팍한 계산으로 오르려 했던 스스로의 경박함을 질책했다. 그러나 이미 나는 산 위에 있다. 두통보다 메스꺼움이, 또 그보다 설사의 기운이 싫었다.

두 시간을 걷자 마침내 한계 상황이 왔다. 체온이 떨어진다. 이제는 내 몸의 상태를 인정하고 멈춰야 한다. 돌아서서 아나히타에게 양해를 구했다.

"먼저 가세요. 나는 해가 뜨기를 기다렸다가 올라갈게요. 체온이 떨어지고 있어요."

"혼자 남아 있으면 위험해요. 좀 힘을 낼 수 없나요?"

"곧 해가 뜰 테니까. 그때 따라갈게요."

"방한 장비는 있나요?"

고개를 끄덕였다. 해발 5000미터에서 300여 미터 못 미치는 지점에서, 아치형으로 가운데가 비어서 바람을 가려 주는 '바위 집' 안으로 들어갔다. 그렇게 바위틈에서 깔판과 담요를 꺼내 해가 뜨기를 기다린다. 5시, 별은 하나둘 사라지는데 아직 해가 뜰 기미가 없다. 해가 뜨기 직전, 다마반드에서 대기가 가장 무거운 시점에 도달했다. 매트리스와 얇은 담요는 아무 소용이 없었다. 그렇게 꼿꼿이 앉아 있을 때, 후발 주자 일대가 내 바위 앞을 지난다. 영어로 한마디 던진다.

"명상하고 있어요?"

"네, 명상하고 있어요."

남은 힘을 짜내서 웃음으로 대답했다. 그 친구들을 보내니 웃음이 나왔다. '명상의 일종이긴 하지. 육체와 정신의 부조화에 대한 반성.'

산은 잘못이 없다. 그토록 높은 산이 그렇게 순한 능선을 유지하는 것도 쉽지 않은 일이다. 건조함 때문에 보존된 다마반드 특유의 미덕이다. 섣불리 고백하다 퇴짜 맞은 애송이처럼 나는 풀이 죽었다.

먼동이 트자 올라오는 사람들이 늘어났다. 이제 등불은 필요 없을 정도로 날이 밝았다. 동쪽 하늘은 벌써 해를 맞느라 길을 열고 있었다.

걷자, 해가 떠오를 때까지 내 몸의 에너지로 견디자. 여기서 멈춰 있다간 정말로 육체와 정신이 분리될지도 모르니까. 그렇게 다시 걸었다. 걷는다. 숨이 찬다. 멈춘다. 춥다. 또 걷는다. 그렇게 반 시간을 걸으니 몸이 따듯해졌다. 그러나 추위와 두통에 시달리던 육체가 이제는 잠을 요구한다. 그렇게 졸다 걷다 반복하다 아예 자면서 걷는다. 고도 5000미터에 이르자 이성이 되살아났다. 다마반드에서는 해마다 적지 않은 사람들이 '편안하게' 육체와 정신의 영원한 분리를 경험한다. 능선의 완만함이 판단을 방해하는 것이다. 실제로 잠을 자면서 걸어가는 것도 가능한데, 그 와중에 뇌의 욕구와 심장의 욕구의 간격을 이해하지 못하다 쓰러지는 것이다. 추위를 망각하기 위해 몸은 잠을 요구하고, 뇌가 몸의 요구를 받아들이는 순간 조용하게 삶이 몸을 떠나간다.

나는 한계까지 왔다. 몸은 충분히 위험한 지경까지 왔다. 포기할 시점이다. 속도를 내서 내려가야 한다. 방향을 돌렸다. 내려오며 시큰한 좌절과 안도감을 동시에 느꼈다. 이 준비 없는 산행이 실패한 것이 오히려 약이다. 얄팍한 마음으로 시작한 일이 성공했다면 얄팍한 마음은 더 교만해지겠지. 방향을 돌려 내려오면서 여러 번 바위에 누워 잠을 잤다. 해는 떠오르자마자 오롯이 제 할 일을 한다. 새벽녘의 그토록 차갑던 바위 표면도 벌써 기분 나쁘지 않을 정도로 누그러져 있었다.

우선 능선 아래로 내려가 바위 뒤에서 설사를 해결했다. 능선으로 올라오는 중에 위는 양파와 주먹밥을 다시 쏟아냈다. 그러자 능선에서 누가 황급히 내려와 내 등을 두드리고 얼굴을 살핀다. 비록 해는 떴지만 이곳은 여전히 누구라도 한 발자국마다 두어 번 숨을 토해 내야 하는 고지다. 영어로 말할 수는 없지만 그가 하는 말이 '괜찮아?'라는 의미인 것은 알겠다. '괜찮소. 당신 때문에.'

산은 나를 약하게 함으로써 착하게 한다. 내가 바뀌지 않을 때도 매번 완전한 새로움으로 나를 새롭게 하고, 내가 바뀔 때는 오히려 움직이지 않음으로 나를 가늠하게 한다. 그리고 오를수록 하나로 수렴되는 길을 통해 우리의 선량함이 서로 이야기를 나눌 수 있게 한다. 땅에 엎드리게 하지만 나의 더러운 것들을 거부하지 않는다. 슬며시 비루함을 선으로 바꾸고, 결핍 속에서 그 선이 증폭되게 한다. 공기가 희박해질수록 동지들의 선의는 짙어진다.

다시 내려간다. 산을 오르는 사람들이 점점 많아진다. 주말이구나. 한 명도 빠짐없이 인사를 건넨다. 인사에 답하기도 힘들다. 이리하여 다시 캠프 3에 도착하니 방정맞은 몸이 살며시 살아난다. 그제야 뒤돌아보았다. 분화구의 수증기가 멀리 보이고 눈 아래로 움직이는 이들도 보인다. 다시 오른다면 이제 할 수 있겠다는 얕은 생각이 또 들었지만, 뜨거운 차 한 잔에 얼음처럼 녹아내렸다. 산을 내려가 카스피 해로 가자.

오후 늦게 캠프 2 가까운 곳에서 하산을 만났다. 이제 나도 사람들과 대화를 나눌 정도로 몸이 살아났다. 하산은 장신에 부드러운 얼굴, 그 동료는 중키에 엄숙한 얼굴을 한 사나이였고, 둘 다 무거운 배낭을 메고 걸어 내려가는 길이었다.

"일본인, 한국인?"

"한국인."

같이 쉬는 중에 하산은 아나히타와 똑같은 질문을 했다. 우리는 거침없이 몇 마디를 나누었는데 영어로 하는 대화에는 한계가 있었다. 하산은 아나히타만큼 영어가 유창하지 않았다.

"이란 어디서 왔어요?"

"쿠르디스탄."

"그럼, 쿠르드인?"

하산이 웃었다.

"쿠르드인 알아요?"

"물론 알죠. 지금도 차별당하나요?"

"이란 국민이라면 모두 차별당하죠. 이란에 인권이란 게 있나요."

많은 이야기를 나누고 싶었다. 술도 한 잔 하면서.『역사』에는 페르시아인이 얼마나 음주를 사랑했는지 자세히 나와 있다. 하산이 말했다.

"공, 우리랑 같이 쿠르디스탄으로 가요."

"이란 여행이 끝나 가고 있어요. 이미 항공권을 구했거든요."

타브리즈를 강타한 지진에 대해 물었다. 쿠르디스탄도 지진에 취약한 지역이다. 다행히 쿠르디스탄 일대는 큰 피해가 없다고 한다. 연락처를 건네주는 그와 악수를 하며 헤어졌다. 덩치에 비해 섬세한 손이었다. 쿠르디스탄으로 간다면 또 얼마나 많은 이야기가 기다릴까. 그러나 내게도 긴 여정이 남아 있다.

엘부르즈를 넘어 카스피 해로

산을 내려오면서 나는 또 호의를 입었다. 카스피 해로 가는 차를 탈 수 있는 곳으로 나를 데려다 주겠다는 친구들이 나섰으니까. 그중 축구선수 라울 곤잘레스와 똑같이 생긴 청년은 내게 식사까지 대접했다. 대단히 무뚝뚝한, 사실은 언어가 통하지 않아 서로 무뚝뚝해질 수밖에 없었던 그는 조용히 이란 전통식을 주문하고 건넸다. 토마토가 가득 들어간 죽이었는데, 산에서 양파와 주먹밥을 게워 낸 속을 따뜻하게 달래주었다. 식사를 마치고, 길에 서서 지나가는 택시는 아무것이든 세워서 가장 가까운 해안에 데려다 달라고 했다. 그는 나를 태울 택시를 만날 때까지 반 시간가량의 수고를 마다하지 않았다. 그렇게 이방인에게 최고의 호의를 베풀어 준 이란의 젊은이와 인사하고 택시에 올랐다. 다마반드를 왼편 뒤로 남겨 두고 미루나무와 버드나무가 꽉 들어찬 계곡을 따라 계속 북쪽으로 올라갔다. 무너질 듯한 바위 언덕 아래로 펼쳐진 짙은 녹음, 그 사이사이에 노랗고 빨간 지붕만 살짝살짝 보이는 집들, 그리고 더 멀리 구름을 이고 새파란 하늘에 대비되어 더욱 또렷하게 보이는 엘부르즈의 바위 봉우리들이 어울려 깔끔한 원색들의 조화를 만들어 내고 있었다. 이 좁은 통로가 이란인들이 북쪽에서 처음 이 땅으로 들어올 수 있도록 엘부르즈가 베푼 관용의 젖줄이다. 포말을 일으키며 떨어지듯 카스피 해를 향해 달리는 저 물이 바로 여신의 신화를 만들어 낸 주인이다.

엘부르즈 산맥을 넘어서자 대기는 점점 더 축축해지고 건조 지대의 나무들은 아열대의 나무들에게 자리를 내준다. 카스피 해를 떠난 물 알갱이들이 엘부르즈를 넘어 남쪽으로 내려가지 못하고 해변의 언덕들에 내려앉는다. 이제 건조 지대에 외롭게 선 나무 한 그루 한 그루를 대할 때와 같은 간절함은 사라지고 서서히 긴장이 풀린다. 건조 지대에서 모든 생물은 최고의 밀도로 압축되어 있다. 그들이 강해지는 것은 모두 물 때문이다. 메마른 대기를 이기기 위해 호두나무는 암반까지 뿌리를 내리고, 근근이 모은 물로 자란 열매는 코를 찌르는 향을 내뿜는다. 대추야자는 썩지 않을 정도로 당(糖)을 응고시키고, 참외는 동그란 모양의 설탕 창고. 엘부르즈를 넘으면 참외는 더 이상 남쪽의 참외가 아니다. 수박도 참외도 보이지만 넘치는 물 때문에 그저 그런 맛일 뿐이다. 남쪽으로 엘부르즈를 넘으면 사물은 모두 단련되고 만다. 엘부르즈를 넘으며 단련된 사람들이 페르시아 제국을 만들었다.

택시는 아몰에서 섰다. 논벼가 자라고 관개가 필요 없는 밭에는 온 갓 곡식이 파랗다. 많은 사람들이 엘부르즈를 넘어 남쪽으로 갔을 것이다. 그러나 여기서 넘치는 물 때문에 남은 사람들, 어쩌면 아프리카를 떠나 해안을 따라 걷다가 열사와 산맥을 넘어 다시 나타난 바다 때문에 열광한 이들이 여기에 남았을 것이다.

아몰에서 하루를 보내고, 다음 날 바다로 나가기 위해 다시 택시를 탔다. 오직 몸짓으로 바다를 설명했다. 파도가 출렁이고 아주 넓은 곳이라고. 한참 설명을 듣던 기사가 대꾸했다.

"다리요(바다)?"

"맞아요!"

큰 물. 중앙아시아 사람들이 강을 부르는 '다리야'란 말이 바로 떠올랐다. 인간들 사이에는 말이 통하지 않아도 하루만 동행하면 이해할 수 있는 몸짓의 패턴이 있는 듯하다. 몸짓 대화를 나누면서 우리는 잠시 관객 없는 무성 단막극의 주인공이 되는데, 이해하기와 이해시키기의 과정 속에서 순식간에 일체감을 맛볼 수 있다. 그 기사는 물이 넘치는 고장 사람답게 순하고 물렀다. 바다에 도착하니 내가 돌아갈 때까지 기다리겠다고 한다. 그도 바다를 즐기고 싶어 하는 내색이 역력하다.

살이 비치지 않도록 검은 차도르와 검은 바지를 입은 아주머니들이 파도 소리에 힘을 얻어서 연신 까르륵 웃음을 터뜨린다. 옷 때문에 수영이 될 리가 없지만 그래도 몸을 파도에 맡기고 즐길 수 있는 모든 것을 즐긴다. 파란 하늘과 좀 더 파란 바다의 명도 차이는 너무 적어서 수평선을 기준으로 아래위 구분이 아스라하다. 이런 날 한번쯤 하늘과 바다가 뒤바뀌면 좋겠다. 쏟아지는 물줄기를 타고 아나히타가 지상으로 다시 내려오도록.

상처 입은 여신들

산에서 아나히타를 만난 후 이란의 여인들을 알아야겠다는 결심을 굳혔다. 이란 현대사 하면 팔레비 왕조의 샤, 모사데크, 호메이니, 하메네이, 아마디네자드, 시린 에바디 등의 사람 이름이 CIA, 공산주의, 석유 따위의 명사들과 뒤죽박죽되어 떠오른다.

제2차 세계 대전 후 이란 팔레비 왕조는 미국에 의지해 국내 민주주의를 탄압했다. 1953년 미국 CIA의 개입으로 모사데크 총리를 타도한 후 국왕 샤는 군대와 치안 경찰을 강화해 독재 기구를 확립하고, 이에 항의하는 대중적 운동을 탄압했다. 이때 정치 지도자 호메이니도 추방당했다. 1970년대 이란의 석유 수입이 급증하면서 국왕의 측근만 호황을 누리고 대부분의 상인과 농민은 파산하거나 농토에서 내몰려 건설 노동자로 도시로 유입됐다. 결국 끊이지 않는 데모로 반국왕의 목소리가 높아지자 국왕은 탈출하고 호메이니가 돌아와 1972년 2월 혁명 정부를 수립했다. 우리가 잘 알고 있는 '이란 혁명'의 전말이다.

아나히타의 말이 옳다. 이란에서 피의 대가는 또 다른 피였다. 외세의 개입과 항쟁, 체제의 전복과 전복, 시위와 유혈 진압이 반복되고 혁명수호위원회가 남았다. 살코기를 얻기 위해 노인은 바다에 맞섰다. 그러나 다랑어는 뼈만 남아 있었다. 이란 혁명 하면 무엄하게도 그 뼈만 남은 다랑어가 떠오른다. 사라진 살은 누구의 살이었을까? 그리고 그 살은 어디로 갔을까? 혁명의 성과 목록에 여성과 민주주의가 없다는 것은 모두가 알고 있다. 특히 더 억센 형태로 부활한 이슬람 율법은 여성들을 중세의 틀에 가두려 했다. 팔레비 왕조는 부패하고 무능했지만, 그들은 서구가 오랫동안 경험을 축적하며 배워 온 세속적인 사유의 가치들을 지향하고 있었다. 신실한 무슬림들에게는 불경스럽게 보일지 몰라도, 여자들은 얼굴을 드러내 놓고 거리를 활보하며 차를 마시고 파티를 즐겼다. 그런 가치들이 '서구적'이라는 이유로 혁명과 함께 무더기로 사장되고 말았다.

왕조가 쓰러지고 돌아온 호메이니는 코란과 샤리아(이슬람 율법)를 양손에 끼고 이슬람으로의 복귀를 외쳐 댔다. 여자들은 다시 뒤집어쓰고, 함부로 사랑할 생각도 하지 말고, 거리를 활보하지 말라. 학생은 학교 밖을 벗어나지 말고, 이슬람 율법에 어긋나는 것은 어떤 것도 요구하지 말라. 정치인은 오직 신이 선택한 이맘(최고 성직자)의 말을 따르라.

자유를 외치는 학생들을 미국의 앞잡이라는 꼬리표를 붙여서 때리고 심지어 죽여 없애는 시절이 왔다. 권리를 외치는 여성은 이슬람을 욕보이는 창녀로 매도되고 돌팔매질을 당한다.

여자를 살해했을 경우 지불하는 디야(피의 대가로 지불하는 돈)는 남자를 살해한 경우의 반이다.(이란 이슬람 형법 544조)

이 형법 조문은 이슬람 혁명이 여성에게 가져다준 선물 중에서 가장 잘 알려진 것이다. 혁명수호위원회가 샤리아를 어떻게 해석하든지 그것은 그들의 자유다. 그러나 그들만의 해석이 국가의 형법으로 굳어지는 것에 반대하는 것 또한 이 법의 지배를 받게 될 모든 이란 여성 혹은 이란 국민의 자유다. 동시에 그 법에 반대하는 직접적인 투쟁을 할 수 없다고 할지라도, 그 법에 반대한다는 의견을 내는 것은 그 법을 들어 알고 있는 모든 자연인의 자유다. 그중에는 외국인인 나도 포함되어 있다. 나는 이 자유가 그들의 '해석'보다 훨씬 중요하다고 믿는다. 그런 정도의 합의도 존재하지 않는다면 서로 생각이 다른 사람들은 모두 서로 다른 별에서 살아야 할 것이다. 생명을 담보로 같은 별에서 살아갈 만큼 용기 있는 약자는 드물 테니까.

나는 현대 이란의 이슬람 율법이 위선적이라고 생각한다. 그러나 나의 감정 표현이 이슬람에 대한 공격으로 비칠까 두렵기도 하다. 우리는 종종 무언가를 비난하는 행동이 그 무언가가 포함된 범주 전체를 비난하는 것으로 비화되는 행태에 절망하곤 한다. 예를 들면 어떤 무슬림 청년이 기독교도 청년을 폭행했다면, 예컨대 연인을 사이에 둔 연적 간 다툼처럼 그 이유가 그야말로 사적인 것임에도 '기독교에 대한 이슬람의 도발 행위' 따위로 읽히는 행태에 절망한다. 동전을 뒤집어 보자. 어떤 범주가 품고 있는 오해되기 쉬운 속성들 때문에 그 범주에 속한다고 '억측되고 있는' 단위들이 억압받는다는 사실에 마찬가지로 절망한다. 예를 들어 어떤 무슬림 청년이 자신의 연적인 기독교도 청년을 혐오할 충분한 이유를 가지고 있다고 하자. 그는 그 기독교도 청년의 턱을 한 대 갈기고 싶어 한다. 그러나 그는 그 열정을 실현할 수가 없다. 그것이 '기독교에 대한 이슬람의 도발 행위'로 비춰질 수 있으므로. 실제로 이 세상의 싸움은 대개 범주들의 싸움이고, 그 하위에 강제로 종속된 단위들은 아무런 주체성이 없다. 우리가 한때 공산당을 그렇게 증오하고 그 반대쪽에 있던 사람들이 우리를 그렇게 증오했던 것처럼 말이다.

그러나 현실에서 우리를 지치게 하는 것은 어떤 범주가 가지는 특권에 대들기도 전에 우리가 먼저 변명을 늘어놓아야 한다는 사실이다. 어떤 주제라도 종교에 관한 것이기만 하면 이런 실없는 변명을 늘어놓아야 논의를 시작할 수 있는 현실, 즉 우리의 종교라는 범주가 차지하는 엉뚱하고도 교만한 지위 때문에 실망하고, 종교 뒤에 숨어 엉큼하게 배를 불리고 있는 체제 때문에 절망한다.

거의 모든 정치적 발언에 대해 족쇄를 채우는 이맘 하메네이와 그 휘하의 성직자들이 제시하는 '레드 라인(red line)'에 대항해 싸우다 투옥

당한 이란의 언론인 악바르 간지는 이렇게 말했다.

> 파시스트 정권의 특징 중 하나는, 이 정권이 시민 사회 전체를 억압하여
> 오직 하나의 목소리만을 가진 사회를 만들어 낸다는 것이다. 이 정권하에
> 서 문화는 광고나 선전으로 전락하고, 교육은 선전으로 전락한다. 이란이
> 여러 목소리를 가지면, 파시스트 정권이 발붙일 가능성은 그만큼 줄어든
> 다.[24]

그는 체제에 반대하는 사람들을 암살한 정부의 행태를 폭로하다가
투옥됐다. 그는 그래도 남성이다. 여성 반체제 인사들은 체제에 반대
한다는 사실에 더해 여성이라는 이유로 더욱 혹독한 탄압을 받았다.
1990년대 말에 수십 명의 반체제 인사들, 비판적인 지식인들의 목숨을
앗아간 일련의 암살 사건을 변호하던 여성 변호사 시린 에바디는 정부
측 암살 전담반의 기록을 읽다가 섬뜩한 문구를 발견한다. "다음 처형
할 사람은 시린 에바디."[25]

그러나 자신과 생각이 다른 사람을 죽여도 좋다는 태도가 페르시아
고유의 것은 절대로 아니다. 헤로도토스는 놀랄 만한 소박함, 강인함,
그리고 유연함이 페르시아가 거대 제국으로 성장할 수 있는 기반이었
다고 말한다. 거친 초원에서 온 페르시아인은 자신들의 간소한 법으로
바빌로니아의 악법을 부수면서 성장했고, 또 무엇이든 외국의 것을 받
아들였다. 그중에는 물론 타락의 열매도 들어 있었지만. 헤로도토스는
말한다. "세상에서 페르시아인처럼 외국 풍습을 받아들이는 민족은 없
다." 그들은 자신들의 생각만이 옳다고 하지 않았다.

페르시아 제국의 창건자 키루스 대왕은 얼마나 대범한 사내였던가.
그는 지상 최고의 왕, 페르시아와 메소포타미아 전체의 왕임에도 자신

이 정복한 모든 나라의 백성에게 자유를 허락하고 그들을 보호하겠다고 선언했다. 그의 관대함은 썩지 않는 진흙 실린더에 새겨져 아직까지 남아 있다.

나는 (바빌론에 잡혀 온) 모든 백성을 모아 그들의 안식처로 돌려보냈다. 그리고 수메르, 아카드, 나보니두스의 신(상)들이 슈안나(바빌론)로 옮겨져 왔지만, 나는 위대한 주 마르두크의 명으로 그들을 원래의 성소로 고이 돌려보내 드려 행복하게 하였다.[26]

고향으로 돌아간 민족 중에는 유대인도 있었다. 그래서 『성서』도 이 위대한 페르시아의 왕을 "내(여호와)가 세운 목자"요, "기름 부은 자(선택 받은 자)"라고 부르지 않았던가. 그런데 어쩌다 오늘날 이란 통치자들의 마음은 그렇게 굳어 버렸을까?

모든 것을 인정한다 할지라도 삶의 가장 원시적인 욕구, 즉 사랑이라는 행위의 대가가 죽음이 되어 버린 현실은 어떻게 인정할 수 있을까?

여성 동성 연애가 세 번 적발되어 태형과 처벌을 받았음에도, 네 번째 또 적발되면 사형에 처한다.(형법 131조)

이 혹독한 규정에도 불구하고 여전히 죽음을 담보로 사랑한 사람들이 있었고, 해마다 형이 집행되었다. 털빛이 가장 좋은 소가 제물로 바쳐지듯 가장 깊이 사랑했던 사람들이 희생된다.

다시 아나히타를 부르며

이 문명화된 시기에 다신교 시절의 여신을 다시 부른다고 하면 정신 이상자 취급을 받을 것이다. 그러나 물에 빠진 사람이 지푸라기를 잡듯 나는 여신의 모습을 복원해 보련다.

누군가는 반문할 것이다. 우리의 필요에 따라 신의 모습을 복원하는 것은 신의 진면목을 왜곡하는 짓이 아닌가? 과연 그런가? 수많은 인간의 욕망이 투영되어 만들어진 신의 이미지는 원래부터 이중적이다. 여호와는 질투와 분노로 광폭한 폭력을 행사하지만 때로는 한없는 자비로 인간을 보듬는다. 세상 모든 신들은 우리의 질투와 자비가 동시에 투영되어 만들어진 것이다. 자비의 여호와를 복원하여 가려 섬기는 것은 신의 진면목을 왜곡하는 것이 아니라 우리의 욕망을 반성하는 노력 중의 하나다. 말이 나왔으니 나는 어머니같이 푸근한 모습의 여신을 불러오고 싶다.

이란 서부의 소도시 캉가바르에는 4만 6000제곱미터의 터에 최대 32미터 높이까지 쌓아 올린 거대한 여신의 신전이 있었다. 지금은 그 터만 남았지만 파괴되지 않았다면 그리스의 파르테논 신전은 어린애처럼 보였을 것이다. 남아 있는 기둥들도 여신의 거대한 허리처럼 굵어서 옛날의 위용을 상기시킨다.

최초의 세계 제국 페르시아가 생겨나자 가장 잘 보이는 언덕에 가장 큰 신전을 차지한 이는 남성 전사 신들이 아니라 물의 여신 아나히타였다. 이 메마른 땅에 들어온 이상 누가 물의 여신을 숭배하지 않을 수 있을까. 인더스 강에서 북아프리카, 남유럽까지 사방의 적들은 모두 페르시아의 말발굽 아래 무릎을 꿇었다. 이제 죽음에 대해서는 그만 이야기하고 삶을 되찾을 때가 되었다. 그래서 황금 갑옷을 입고 은으로 만든 창을 든 불패의 전사 미트라도 이제는 물의 여신 아나히타 뒤로 물러났다.

태양에 흐르는 땀도 말라 버리는 더위 속에서 생각해 본다. 헤라클레스 같은 전사(戰士)의 심장도 피와 살로 되어 있다면 반드시 물이 필요하다. 누군가 물 없이 사막을 한 시간만 걸어간다면 물을 위해서라면 영혼이라도 팔 것이다. 물은 신이요, 생명의 어머니다. 그래서 이곳에서 가장 숭배되던 이는 물의 여신 아나히타였다.

헤로도토스는 페르시아인이 원래 아시리아와 아라비아를 통해 여신 숭배를 배웠다고 전한다.[27] 그러나 중요한 것은 그녀의 출신지가 아니라 페르시아에서 그녀가 받은 대우다. 조로아스터교 경전인 『아베스타』는 관대하게도 이 위대한 여신을 위한 자리를 마련해 두었고, 세계의 창조자 아후라 마즈다는 자라투스트라에게 이 여신을 숭배하라고 가르친다. 쌍둥이 문헌인 인도의 『베다』에서 남신의 보조역으로 남아 있는 초라한 여신들에 비하면 『아베스타』 속 아나히타는 얼마나 웅장하게 묘사되어 있는지. 그러니 여신의 모습을 닮아 창조된 여인들이 오늘날 얻은 지위를 보면서 어찌 그녀를 그리워하지 않을 수 있을까. 그럼 물의 여신은 어떤 모습이었나? 『아베스타』를 통해 아후라 마즈다는 그녀의 아름다움을 입이 마르도록 칭송한다. 그래서 「야스나」의 몇 장은 그녀에게 바친 것이다.[28]

별들 사이에 사는 그녀가 '진눈깨비', '바람', '비', '구름'이라는 이름을 가진 네 마리 순백의 말이 끄는 전차를 이끌고 땅으로 내려오면 성스러운 카스피 해가 끓어오른다.

멀리서도 우렁차게 늘리는 소리를 내어, 높은 후카이랴(엘부르즈)에서 보우루 카샤(카스피 해)로 강력한 소리를 내며 쏟아져 내리는 물이다. 수천 개의 지류를 가진 물 자체, 아나히타가 보우루 카샤로 뛰어들면 말로 40일을 달려야 건널 수 있는 폭을 가진 이 바다가 용솟음친다.

물은 남녀 모두에게 필요한 존재다. 아후라 마즈다는 그녀가 선(善)의 물이요, 양심의 물이라고 말한다. 아후라 마즈다의 여신 사랑은 지극하다. 그는 질투하지 않으며 여신의 온당한 몫을 인정한다. 또한 그녀는 생명의 수호신이므로 기도 받을 자격이 있다.

봄이든 여름이든 항상 그녀는 물을 품고 다니며 지상 일곱 개의 대륙을 모두 적셔 준다. 남성의 정수와 여성의 정수, 즉 정액과 젖을 정화시키는 그녀는 세상에서 가장 순수한 물이다. …… 나쁜 목적, 나쁜 말, 나쁜 행동, 나쁜 양심을 가진 남자들이 우리의 물을 쓰게 하지 말라. 친구를 공격하는 자, 마기(조로아스터교 사제)를 참소하는 자, 노동자를 해치는 자, 친척을 미워하는 자들이 쓰지 못하게 하라. …… 희생을 올려라, 오, 스피타마 자라투스트라여! 나의 샘, 아르드비 수라 아나히타에게. 건강을 주는 이, 다에바(악신(惡神))들을 미워하고 아후라의 법을 지키는 이, 이 물질세계의 희생을 받을 자격이 있는 이, 기도를 받을 가치가 있는 이에게. 삶을 늘려 주는 성스러운 이, 소 떼를 불려 주는 성스러운 이, 양 떼를 불려 주는 성스러운 이, 부를 불려 주는 성스러운 이, 나라는 크게 만들어 주는 성스러운 이 아나히타에게. …… 그녀, 모든 남성의 씨와 여성의 태(胎)를 정화해 주는 이, 모든 여인이 무사히 아이를 낳게 하고, 그 가슴에 젖을 모아 주는 이. …… 아름답구나, 그녀의 팔이여. 준마의 어깨처럼 굵은, 아니 그보다 더 굵은. 이토록 강한 그녀가 온다. 그 굵은 팔을 가지고.

그녀는 오직 선한 목자들의 간청을 들어주는 이다.[29]

높은 후카이랴에서 이마 선한 목자 크샤에타가 여신에게 백 마리의 수말, 천 마리의 황소, 만 마리의 새끼 양을 희생으로 올리고 청원했다. "가장 선하시고 자비로우신 아르드비 수라 아나히타시여, 저의 청원을 들어주소서. 저로 하여금 모든 나라, 다에바와 인간, 야투스와 파이리카스(요정들), 압제자, 소경과 벙어리의 군주가 되게 하여 주시고, 다에바의 재산을 빼앗고, 기름과 가금을 빼앗고, 복지와 영광을 빼앗도록 하여 주십시오." 그러자 아나히타는 선한 목자의 소원을 들어주었다.

아무리 제물을 올려도 악한 자의 소원은 들어주지 않는다.

악마 아지 다하카도 그녀에게 똑같이 재물을 올리고 소원을 빌었다. "오, 선하시고 가장 자비로우신 아르드비 수라 아나히타시여! 저의 소원을 들어주소서. 저로 하여금 일곱 카르쉬바레스(대륙)에서 인간을 모두 쓸어 내도록 하여 주소서." 아나히타는 이 요청을 거절했다. 악마도 제주를 올리고, 선물과 희생을 바치면서 탄원했지만 여신은 끝내 그의 요구를 들어주지 않았다.

그녀는 이란 용사들의 영혼의 보호자다.

용맹한 아트우야 부족의 트라에타오나가 여신에게 청원했다. "주둥이와 머리 셋에 여섯 개의 눈동자, 그리고 천 개의 감각을 가진 가장 강력하고 잔인한 악마요 괴물이며, 앙그라 마이뉴(아후라 마즈다의 대척점에 있는 악마의 우두머리)가 이 세상에 대항하도록 만들어 놓은 가장 강한 악마, 선한 원직을 파괴하기 위해 만들어진 그자를 극복하도록 해 주소서. 또한 제가 그자로부터 세상에서 가장 아름다운 두 부인을 구해 내도록 해 주소서."

아나히타는 그 소원을 들어주었다.

무수한 전사들이 악한 적을 이기고자 여신에게 희생을 올리고 소원을 빌었다. 마치 어머니의 품에 안기고 싶어 하는 아들처럼. 전사들은 힘을, 임신부들은 순산을, 공부하는 이들은 지혜를 요청했다. 이제 그녀가 별에서 내려와 자라투스트라 앞으로 몸을 드러냈다.

오, 성스러운 자라투스트라여! 아후라 마즈다가 그대를 인간 세상의 주인으로 삼았다. 아후라 마즈다가 나에게 명하여 온갖 성스러운 창조물을 보호하게 만들었다. 나의 밝음으로 금수와 인간이 이 땅 위를 걸어가게 하고, 창조주가 만든 선한 존재들과 지혜의 샘을 보호하리라. 마치 양치기가 양 떼를 돌보듯이.

인류가 지혜의 눈을 뜨던 시기, 태초의 신은 곧 어머니였다. 창조주는 어머니일 수밖에 없을 테니. 그러나 대체로 기원전 10세기 무렵이면 여신들은 대개 자리에서 밀려난다. 번쩍이는 금속 창과 번개로 무장한 변덕스럽고 호전적인 남자 신들 앞에서, 낳고 보듬고 키우는 일을 하던 여신들은 무력했다. 그래서 중국의 여와는 복희에게, 그리스의 헤라는 제우스에게, 인도의 두르가는 시바에게 시집가는 신세가 된다. 최고신의 자리는 아후라 마즈다, 여호와, 황제 등 남자 신들이 독차지했다.

정말 '위대한 어머니 신(大母神)'들은 싸움꾼들에게 자리를 내주고 눈치나 보는 존재로 전락하고 말았는가? 그러나 죽음의 시절이 지나고 삶의 시절이 오면 여신들은 부활할 수밖에 없다. 최초의 세계 제국도 그녀의 품이 필요했다.

5 산 자들이여, 나약한 일상에 감사하라

인간이라는 운명

시라즈에 있는 알게 캬림헌 유적의 성벽에는 어떤 사내가 악마와 싸우고 있는 채색 타일 벽화가 있다. 누구일까? 누구이길래 한때 감옥이었던 이 건물의 벽에 등장할까? 표범 가죽 옷을 입고 가차 없이 악마를 처단하는 사람, 이란 사내들의 영원한 우상 로스탐이다. 로스탐은 시인 피르다우시가 쓴 '왕들의 책(王書)' 곧 『샤 나메』의 주인공으로, 모든 적대 세력에 맞서 이란 세계를 보호하는 수호자다.

운명에 관한 서사시 중 피르다우시의 『샤 나메』만큼 장중하고 서글픈 작품은 찾아보기 어려우리라. 이 오케스트라 앞에서는 셰익스피어의 비극도 독주나 합주로 느껴질 정도니까. 슬금슬금 운명의 덫으로 다가가는 영웅을 보며 아무리 조심하라고 소리쳐도 소용이 없다. 영웅으로 태어난 삶, 그 자체가 운명이니까.

우리가 운명에 관심을 갖는 이유는 미래를 알고 싶기 때문이다. 다가

올 것에 대해서 우리는 아는 바가 없다. 지나간 것을 알기 위해 굳이 운명에 기댈 필요는 없다. 지나간 것은 이미 사실로 알려져 있기 때문이다. 그러니 이 운명이란 것은 우리가 알고자 할 때는 침묵하고, 이미 알게 되었을 때 나타나 짓궂게 웃는다. '보라, 내가 말한 대로 실현되지 않았느냐?' 비극을 겪은 후에야 운명의 장난을 알아차린 희생자들은 운명이 가끔씩 흘려 놓은 복선에 주목한다. '운명은 계속 말을 걸고 있었

구나!'

신화에서 운명은 어디를 가도 벗어날 수 없는 강철 족쇄다. 오이디푸스는 신탁의 저주를 피하기 위해 인간이 할 수 있는 모든 노력을 다했지만 결국 그 신탁대로 아버지를 죽이고 말았다. 이토록 저주의 운명은 저승사자처럼 인간의 뒤를 따라다니지만, 한 번도 앞에서 인간을 이끌어 준 적이 없다. 그래서 용감한 자들은 운명을 거부한다. 어차피 이 밉살맞은 녀석은 일이 다 끝난 후에야 나타나니까.

하지만 운명의 장난이 아니라면 우리가 이 짧은 삶에서 배울 것이란 또 무엇이 있을까? 신화나 서사시에서 저주스러운 운명이 오직 악역만 맡은 건 아니다. 운명은 소용돌이치는 역사 속에서 잊힌 존재, 즉 개인을 다시 불러오는 소명을 맡는다. 운명이 제 모습을 드러낼 때쯤 우리는 '나는 누구인가?'라고 되묻게 되기 때문이다. 운명에 걸린 자들은 또한 자신의 고통을 통해 타인을 돌아본다. 신화는 운명에게 벗겨지지 않는 왕관을 선사함으로써 개인의 행동을 초라하게 만들지만, 그 운명의 강고함 때문에 개인은 그 자신을 의식하고, 자신과 꼭 같은 운명의 희생자들을 돌아본다. 운명의 장난에 의해 영웅은 다시 범인(凡人)이 되고, 천상의 인간은 다시 지상으로 내려온다. 신화는 운명으로 개인을 지배하지만, 그 운명의 횡포 때문에 희생자들은 서로 공감한다. 그 희생자들의 연대 의식에 힘입어 인문(人文)은 신화의 자리를 빼앗는다.

영웅, 아들을 죽이다

아들이 있었다. 아버지의 이름만 듣고 자란 아들이었다. 아들의 이름은 소랍. 이란의 위대한 전사라는 아버지가 샤만간이라는 투란(이란의 적대 세력으로 주로 중앙아시아 일대) 땅에서 낳은 아들이었다. 아버지는 아들을 낳고는 바로 떠나 버렸다. 어머니는 그 아이를 애지중지 키운다. "너의 아버지는 이란의 영웅 로스탐이다."

영웅의 아들은 철없도록 단순한 욕망을 품었다. '아버지는 이란 땅을 지키기 위해 고군분투하지만 정작 자신은 이용만 당하고 얻은 것이 없다. 이란 땅의 왕 자리를 빼앗아 진정한 영웅인 아버지 로스탐에게 맡기면 만사가 순탄할 것이 아닌가?' 아버지에게 이란 땅을 드리고 투란 땅은 자기 스스로 차지하여 다스리면 이제 아버지의 땅 이란과 어머니의 땅 투란이 다시 싸울 일이 없으리라는 꿈을 안고 소랍은 이란 땅으로 떠난다. 이란 군대를 무찌르고 아버지를 왕좌에 올리고 말리라. 하지만 이란 군대 안에는 아버지 로스탐이 있다. '아버지와는 맞서지 않으면 될 뿐이지.'

그러나 언제 운명이 순진한 젊은이의 바람을 들어줄 정도로 인정 많은 존재였던가. 운명은 오직 잔인함을 통해서만 자신의 존재를 드러낸다. 아버지와 아들은 결국 서로의 정체를 모르는 채 싸움터에서 격돌하고 만다. 시인은 그들의 운명을 이렇게 노래한다.[30]

악의적인 운명이 머리 위를 맴돌 때, 그들은 전마(戰馬)를 비끄러맸네.
시커먼 운명이 사납게 날뛸 때, 부싯돌은 밀랍같이 반짝거렸네.
둘은 서로의 가죽 허리띠를 잡고 엉켰지.
소랍에 대해 말할라치면, "드높은 하늘이 그를 막아섰다."라고 해야 하리,
로스탐이 그 싸움꾼 '표범(소랍)'의 머리와 목을 옥죄었으니.
로스탐이 이 용맹한 젊은이의 몸을 기어이 구부러뜨렸을 때,
그의 마지막이 다가와 온 힘이 빠져나가 버렸다네.

(로스탐은) 사자처럼 젊은이를 땅바닥에 내동댕이쳐 버렸네.

소랍이 그 밑에서 가만히 있지는 않았을 테니,

그는 날렵하게 허리춤에서 번뜩이는 단검을 빼어 들고,

그리고 용맹한 아들의 가슴에 깊숙이 찔러 넣었지.

언제든 피와 얼룩에 굶주릴 때면 함께했던 번쩍이는 단검,

운명이 그대의 피에 굶주릴 때, 머리카락 한 올 한 올이 그대를 위한 칼이

되게 하느니.

"아악!" 소랍은 비명 속에 절규했네.

"좋든 싫든 이렇게 된 건 내 탓이다."

그는 로스탐에게 말했지.

"운명은 당신에게 열쇠를 주었어요.

구부러진 하늘이 이토록 빨리 데려가려고 나를 키웠나 봐요.

또래들은 나를 비웃겠지요, 내 목은 이렇게 먼지 위로 떨어져 내렸으니.

어머니께서 말씀하셨지요, 어떻게 아버지를 알아볼 수 있는지를.

나는 사랑에 젖어 그분을 찾았고, 그 열망 때문에 죽어 갑니다.

아아, 헛된 발버둥을 쳤어요. 나는 그분을 뵙지도 못했으니.

……

내 베개를 보신다면 아버지가 내 복수를 할 거예요.

누군가 내 아버지 로스탐에게 말할 거예요.

'소랍은 당신을 찾다가 죽어 조소 속에 버려졌다.'라고요."

로스탐은 얼이 빠졌지.

하늘이 시커메져, 땅바닥에 주저앉아 까무러쳐 버렸네.

깨어나자 슬픔과 고통을 이기지 못해 소리쳤지.

"네가 로스탐의 아들이라는 증거가 어디 있느냐?

위대한 자들의 이름에서 내 이름은 빼 주시길.

내가 바로 로스탐이니까.

내 이름이 잊히길,

삼(로스탐의 할아버지)의 아들이 여기 앉아 나를 조문하길!"

팔에 둘러진 신표를 보며 "오, 나의 용감한 아들아!"를 외치며 돌부리에 머리를 찧는 아버지를 죽어 가는 아들이 위로한다.

"그러지 마세요. 자신을 해치는 것이 뭐가 도움이 되겠어요."

그렇게 잔인한 운명에 떠밀려 로스탐은 태양과 같은 아들을 스스로 죽이고 말았다. 아들을 죽인 아비에게 이란을 지킨다는 것은 얼마나 허망한 일인가? 어쩌면 악의적인 운명이란 신보다 더 자비롭다. 로스탐으로 하여금 이란을 지키는 일이 사실은 투란의 아이들을 죽이는 것임을 알려 준 이가 누구인가? 영웅의 이름에 도취된 이에게 아비의 정을 일깨워 준 이는 또 누구인가? 아비로 하여금 아들을 땅에 묻게 하는 시절을 통탄하게 한 이는 누구인가? 그 가르침을 준 자는 바로 잔인한 운명이 아닌가?

잘의 아들 로스탐, 로스탐의 아들 소랍. 영웅의 계보는 이렇게 이어진다. 그러나 죽음의 계보는 거꾸로 이어진다. 소랍이 아비에게 죽고 로스탐이 죽었으며, 잘은 손자와 아들을 차례로 잃을 때까지 살아남았다. 이렇게 운명이 죽음의 순서를 거꾸로 둠으로써 시인은 세상 전체를 거꾸로 돌려놓았다. 늙은이에게 죽음과 같은 삶을 남겨 두고, 젊은이에게 한 줌의 짧은 삶도 앗아가 버렸다.

이렇게 세상을 거꾸로 돌림으로써 운명은 말하고 있지 않은가? 강함은 언제나 슬픔을 동반하는 것임을, 오직 파멸은 다가온 후에야 깨닫고 마는 것임을. 운명, 그 잔인함이 아니라면 인간은 도대체 무엇으로 배울 수 있단 말인가?

『샤 나메』, 서사시의 왕

『샤 나메』는 외부 세계와의 지난한 투쟁에서 이란 세계를 지켜 나가는 영웅들의 운명에 관한 책이다. 무려 6만 구의 2행시로 된 이 책의 분량은 대략『일리아드』의 세 배에 달한다. 아마도 7세기 아랍 침공 이전의 페르시아를 복원하고자 하는 원대한 꿈을 품었을 한 시인이 순수한 페르시아어로 써내려 간 일대 장편 서사시다. 시인 피르다우시는 10세기 말에서 11세기 초, 무려 30년이 넘는 시간을 투자하여 페르시아 운문 문학의 획을 긋는 이 대작을 만들어 냈다.

그는 왜 시로 된 왕들의 이야기를 썼을까? 아랍의 점령으로 페르시아의 과거가 사라지는 것을 통탄했기 때문이다. 아랍과 차별되는 페르시아의 정체성을 확인하는 방안으로 그는 페르시아의 신화와 역사, 그리고 영웅을 결합시켰다. 장대한 창세기와 신화시대 페르시아 영웅들의 모험과 투쟁에 찬가를 보내고, 지난한 박해를 받으면서도 이를 극복하고 페르시아를 구해 내는 영웅들을 통해 애국적인 열정을 불러일으키며, 역사 시대 군주들의 과와 실을 논하여 후대에 귀감이 되게 했다.

『샤 나메』가 페르시아 세계, 그리고 오늘날 이란이라는 국가의 정체성에 기여한 바는 실로 엄청나다. 그뿐만 아니라 온 투르크 세계와 카프카스 너머 슬라브 세계에 심대한 영향을 준 것도 명백하다. 근래까지 지중해 동쪽 유라시아 대륙의 영웅 이야기는 그리스 서사시가 아니라 페르시아 서사시와 더 깊은 관계를 맺어 왔다.

『샤 나메』는 페르시아 고전 서사시의 최고봉이며 고대 문화의 집대성이다. 이야기가 포괄하는 시간적인 길이와 일화의 양, 이야기의 무대, 모티프들의 유기적인 연결성, 운율의 유려함과 묘사의 수준에서『샤 나메』는 지금까지 우리에게 소개된 여타 서사시들을 압도한다. 이제 전향

적인 시각으로 『샤 나메』를 번역하고, 또 아시아의 여타 민족 서사시들과 비교 연구할 필요가 있다. 상품의 교류와 함께 문화도 이동한다는 것을 감안하면 『샤 나메』와 우리의 민족 서사시를 비교 선상에 놓을 수 있다.[31] 실제로 『샤 나메』는 온 투르크 세계를 넘어 몽골의 민족 서사시에도 지대한 영향을 주었다. 특히 오언시라는 점을 빼면 내용과 형식이 모두 중국적이지 않은 점도 감안하여 아시아 대륙의 민족 서사시들의 연결 고리를 찾을 수 있을 것이다.

그러나 위대한 문학은 어떤 민족이나 국가를 위한 것이 아니라 본질적으로 이 지구상에 있는 모든 개인을 위한 것이다. 대부분의 개인은 전쟁터를 피로 물들이는 영웅의 강철 심장에는 약간의 부러움을 보내지만, 막상 무대 밖으로 끌려 나온 피가 흐르는 나약한 개인의 심장을 보면 무한한 동정심과 눈물을 보인다. 페르시아 문화의 수호자, 혹은 이란을 지키는 파수꾼이 운명의 소용돌이에 휘말려 결국 보통의 인간으로 돌아올 때 속 좁은 우리도 마음을 열고 그를 받아 줄 여유를 갖는다.

『샤 나메』는 분명 이민족 침입에 대한 반성에서 출발한 작품이다. 그러나 시인은 이란의 영웅에게만 최고의 찬사를 보내지 않고 투란의 영웅에게도 똑같은 찬사를 보낸다. 또한 그 속의 영웅들은 분명 초인적인 능력을 지녔고, 초인적인 이성애, 초인적인 인류애를 가지고 지고의 목표를 추구하지만 동시에 시간 속에서 보통 사람들처럼 고뇌하고 소멸하는 존재다. 시인은 영웅의 행적을 묘사하는 데서 그치지 않고 기어이 보통 사람으로서 그의 감성을 끌어낸다. 그래서 『샤 나메』는 이란 영웅의 이야기를 넘어 보편적 영웅의 이야기가 되고, 영웅의 이야기를 넘어 사람의 이야기로 고양된다. 신화적인 모티프들이 단순한 신의 의지나 섭리가 아니라 그것을 넘어 인간사의 사건 속으로 융합되는 점에서 『샤 나메』는 분명 『일리아드』를 능가한다.

이란을 떠날 무렵, 여행 중에 스치듯 지나친 예즈드의 조장(鳥葬) 터를 다시 떠올렸다. 어둠이 얇게 깔린 아직도 더운 저녁, 그곳은 죽음으로 인해 다시 약동하는 삶의 연출장이었다. 태양이 잠에 빠지면 죽은 이들이 벌떡 일어나 걸어 다니며 설교를 펼칠 것 같다. '산 자들이여, 웃고 울며 살다가 어느 날 쓰러지게 될 그대들의 허약한 일상을 고마워하라.'

3 중원으로
가는 길

1 중앙아시아를 가로지르다

독재자 카리모프와 티무르

여행은 이제 중반을 넘겼다. 중앙아시아 이란에서 즐기지 못한 보드카 향기가 남아 있으리라. 우즈베키스탄에서 키르기스스탄의 파미르 고원을 넘어 중국의 타림 분지로 들어갈 것이다. 나는 생존하는 세계 최장수 독재자이자 이름난 자국민 학살자인 이슬람 카리모프가 우즈베키스탄을 갉아먹고 있다는 것도 알고, 불과 두 해 전에 키르기스의 변방 도시 안디잔에서 인종 청소가 벌어졌다는 것도 안다. 공교롭게도 이곳들을 통과해야 했다. 거대한 산들이 베풀어 준 축복을 걷어차 버린 인간을 증오하는 대신 나는 산의 축복 속으로 들어가리라. 파미르와 천산(톈산)이 있다는 사실만으로 가슴이 뛴다.

　8월 26일 아침 타슈켄트 국제공항의 아담한 응접실은 한산했다. 이란에서 우즈베키스탄으로 들어가는 사람들의 면면은 대개 비슷한데 나만 약간 특이한 모양새를 하고 있었다. 건성으로 검사하는 심사대를 통과하자 꽤 반가운 소리가 들렸다.

"한국에서 오셨어요?"

러시아를 떠난 지 오래라 이제 생존 러시아어도 잘 안 나오는 시점에 들리는 모국어였다. 유들유들한 웃음을 지으며 냉큼 내 짐을 낚아채는 그 친구는 택시 운전사였다. 택시 운전으로는 부족한지 환전상 역할도 하고, 호텔을 알선하는 역할도 하나 보다. 타자마자 환전 이야기를 한다. 은행은 비싸고 암시장은 믿을 수 없다나. 나도 들어 알고는 있었지만 정확한 환율은 기억하지 못했다. 다만 그 살가운 배려가 고마워 100달러를 바꾸었더니 지폐 뭉치 두 개를 건넨다. 20만 숨(Soum). 묵직하니 기분이 좋다. 더 바꾸자는데 만일을 우려해 거절했다. 그 친구는 정말 배우로서의 소질이 있었다. 사실 은행 환율과 시장 환율은 엄청나게 차이가 났다. 그러나 그 친구가 나에게 적용한 환율이 은행 환율보다 못한 것이라는 것을 금세 깨닫고 말았다. 암시장에서는 100달러에 28만 숨까지 거래되고 있었다. 괘씸해서 알려 준 전화번호로 열심히 연락해 봤지만 대답이 없었다. 고맙다 친구, 거래 관행을 알려 줘서.

공항에서 벗어난 후 처음 찾아간 곳은 역시 박물관이다. 말을 탄 정복자 티무르가 멀리 시선을 던지는 동상이 박물관 광장의 상징이다. 옛 몽골 제국 영토 서부의 대부분을 차지하는 대제국을 건설한 티무르 왕조의 제1대 황제 티무르는 우즈베키스탄 독립 이후 격이 계속 오르며 국부로 추앙되고 있다. 물론 독재자 이슬람 카리모프가 닮고 싶은 인물이리라. 장소를 가리지 않고 괴발개발 써 놓은 잡글을 보면 이 인사의 정신 상태에 의문을 품게 된다. 박물관 벽이나 유물 곁에 자기 어록을 적어 놓은 독재자가 또 있는지 모르겠다. 박물관에 대한 심각한 모독처럼 보이기도 하고 자아도취에 빠진 인사의 닛두리처럼 보이기도 하지만, 몇 줄 안 되는 글에서 자신이 가지고 있는 온갖 무지를 있는 그대로

드러내 보이는 그의 재능에 감탄하기도 한다. 박물관 벽에 이렇게 적어 놓았다.

"우즈베키스탄 민족이 어떤 이들인지 이해하고자 한다면, 그들의 모든 역량과 공정함, 그리고 한없는 능력과 세계 발전에 대한 공헌을 깊이 이해하고자 한다면, 바로 아미르 티무르의 이미지를 떠올려야 할 것이다."

1990년부터 대통령을 맡고 있는 이슬람 카리모프는 통치 기간으로 따지자면 단연 저 600년 전의 정복자에 가장 근접한 현대인일 것이다. 극복할 수 없는 유능함과 무능함의 차이가 놓여 있지만, 그래도 힘에 대한 광적인 집착이나 종잡을 수 없이 변하는 정신 상태 면에서도 티무르를 닮은 것 같다. 세계의 무시무시한 정복자들 중에 티무르처럼 정복과 학살 자체를 위해 엉뚱한 핑계거리를 들이대는 이는 없었다. 배신과 음모로 점철된 20대를 넘기자 이 정복자는 유수한 도시라면 동서남북을 가리지 않고 공격하고 약탈했다. 바그다드, 이스파한, 우르겐치, 앙카라, 델리, 사라이, 심지어 모스크바까지…… 가는 곳마다 약탈과 학살을 자행했지만, 그가 돌아가면 금세 반란이 일어났다. 정복지의 인민들은 이 무시무시한 학살자에게 한 번 당하고 또 당해도 반란을 일으켰다. 간단히 말해 그들은 티무르의 통치를 받아들일 수가 없었고 정작 티무르 자신도 정복지를 소화하기 위해 제도적 장치를 마련하는 데 별 관심이 없었다. 자신의 통치 시스템을 이식할 의도도 없으면서 왜 그는 도시들을 초토화했을까? 정복 후에 흔히 등장하는 민족 간의 화합 시도도 없었다. 그것이 알렉산드로스를 위시한 위대한 정복자들과 티무르의 결정적인 차이다.

정복자를 미화하는 이들은, 티무르의 후원 아래 사마르칸트에 전 세계에서 모인 기술자들에 의해 끊임없이 새 건물이 들어섰고 그 도시가

학문과 예술의 중심지가 되었다고 주장한다. 그러나 티무르가 집중해서 지은 건물 대부분이 모스크와 영묘(靈廟)였다는 것을 알고 있는지, 다른 도시들이 그로 인한 폐허 상태를 벗어나는 데 얼마나 긴 시간을 들였는지 알고 있는지 모르겠다.

박물관 벽에는 이런 글도 쓰여 있다.

"세상은 넓고 나라는 많다. 그러나 우즈베키스탄은 유일하다. 이 경이롭고 성스러운 땅이 우리를 위해 창조되었다. 이런 생각이 우리 모두의 가슴에 영감을 주고 우리 삶의 이유를 제공해야 한다."

아름다운 말이 아닌가? 그래서 이 늙은 독재자는 이 경이롭고 성스러운 땅의 부를 자기 가족의 수중으로 집중시켰던가?[32] 인플레이션 조장 정책으로 밥 한 끼 먹기 위해 지폐 뭉치를 들고 다니도록 하는 것도 국민들의 팔 힘을 키워 주기 위한 배려일까?

보물들의 자태에 숨이 막히고 카리모프의 낙서에 숨이 막혀 박물관 내부를 돌아보고 밖으로 나와 한산한 거리 모퉁이에서 늦은 점심을 먹는다. 큼직한 러시아산 맥주 한 병을 곁들여 쌀 볶음밥을 먹으면 정말 더 바랄 게 없다. 나는 애초에 티무르나 카리모프만 한 야망이 없으니. 하지만 부아가 끓어오른다. 뭔가 한 방 먹일 방법이 없을까? 잠시 기다려 보자.

부하라의 뽕나무

부하라로 가는 열차 안. 터키산 싸구려 활극이 쉴 새 없이 등장한다. 때리고 부수는 소리와 창밖 목화밭의 고요함이 묘한 대조를 이루는 가운데 사람들은 화면에서 눈을 떼지 않는다. 왜 고요할 수 있는 자유를 빼앗는지 말하고 싶기도 하지만, 관개지와 황무지가 거의 규칙적으로 반복되는 풍경은 이들에게는 너무 익숙해서 지겹기도 하겠다.

부하라에 도착하자 야트막한 황토 벽돌집들이 주는 편안함 때문에 여행의 긴장을 다 놓게 된다. 이 도시에서는 걸어 다니는 것이 좋다. 자그마한 지도 한 장이면 어디든 걸어서 다닐 수 있다는 사실이 주는 안도감, 그리고 두어 시간 걷다 보면 스쳐 가면서 차갑지도 부담스럽지도 않은 웃음을 보여 주는 사람들로 인해 더 따뜻한 곳이다. 아무다리야 강에서 끌어온 물줄기가 도시의 곳곳을 적시고 소박한 공원들이 적당한 거리마다 배치되어 있다.

부하라는 오아시스 도시인 만큼 여러 개의 우물이 있었는데, 그중 유일하게 남은 것이 라비 하우스(라비 우물)이다. 라비 하우스 옆에는 아마도 이 지역에서는 제일 큰 식당이 하나 있는데, 이 식당에서 저녁을 먹으며 독주를 한 잔 곁들인다면 먼 옛날 실크로드를 지나던 대상(隊商) 무리가 이 오아시스에서 누렸음 직한 소박한 즐거움을 어렵지 않게 상상할 수 있을 것이다. 700년 전 이븐 바투타가 왔을 때 이곳 사람들은 몽골이 불러온 파괴 때문에 꽤 위축되어 있었던 듯하다. 가증스러운 칭기즈 칸이 다 부숴 놓아서 사원이든 대학이든 시장이든 거의 흔적만 남아 있다고 했다. 그는 불평을 늘어놓는다.

"이곳 주민들은 어쩐지 좀 치졸하다. 그들은 너무나 배타적이고 허황한 일만을 주장하며 진리를 거부하기 때문에 호라즘(아무다리야 강 하류 지역)이나 기타 지역에서 행하는 당당한 증언마저도 부정되고 만다. 그러다 보니 오늘날에는 학문의 '학' 자 하나 제대로 아는 이가 없고, 학문에 관심을 두는 사람도 없다."[33]

그에게 부하라의 첫인상은 초라했던 모양이다. 학문이 뭐 그리 대수랴. 그래도 그는 이곳 수도원에서 융숭한 대접을 받으며 "참으로 뜻깊은 하루를 보냈고" 덕망 있는 학자 쇠드룻 샤리아도 만났다고 했다. 그러나 여기서 나를 반겨 줄 이는 없다. 무슬림도 아니요, 무리를 지어 여행할 여력도 없으니까. 하지만 이븐 바투타가 본 폐허도 아니고 부하라 한국 시기의 흥성함도 아닌 그저 나지막한 벽돌 건물들 사이를 걷는 것이 고맙다.

사진기도 여관에 두고 돈도 몇 푼만 들고 이리저리 고성을 방황하다 라비 하우스 옆 식당에서 이른 저녁을 들었다. 건너편에 연못가에 나이가 500년을 넘겼다는 뽕나무가 살짝살짝 노환을 드러내고 있는 가지에 어울리지 않을 정도로 무성한 잎사귀를 달고 지는 해를 즐기고 있었다. 마치 쇠락해 가는 비단길의 파수꾼처럼. 이 뽕나무 한 그루면 충분하다. 뽕나무를 바라볼 수 있는 곳에 자리를 잡았다.

이 식당에 품격을 더해 주는 이는 말 안 듣는 나귀를 타고 익살스러운 웃음을 짓고 있는 나스레딘의 동상이다. 저 멀리 소아시아에서 중국의 타림 분지 일대까지 낫스루딘 호자, 낫스루딘 아판티 등의 이름으로 알려진 그는 부하라의 명물이다. 물론 그의 고향을 비롯해 정체에 대해서는 이론이 많지만. 저 사나이를 술친구로 두고 한 잔 마신다면 부하라에서 내가 얻을 것은 다 얻은 것이다.

볶음국수 한 그릇과 참외 한 접시를 시키고, 보드카 한 병을 곁들였다. 당나귀를 타기에는 무리지만 나스레딘만큼 익살스러운 표정을 지닌 '젊은' 할머니 한 분이 맞은편에 앉았다. 젊다고 한 것은 아마도 쉰을 갓 넘긴 듯했기 때문이고, 할머니라고 한 것은 그녀의 두툼한 어깨에서 풍기는 푸근한 분위기 때문이다. 나스레딘이 내 옆에 앉아야 그녀와 균형을 맞출 수 있을 정도로 푸짐한 체격이었다. 할머니는 볶음밥에 양고기까지 앞에다 두고 러시아어로 말씀을 건넨다.

"매일 저녁 이곳에 온다오. 최고의 취미지."

"보드카 드실래요?"

"아니, 술은 못해. 건강을 위해."

'볶음밥에 양고기보다는 술 한 잔이 건강에 더 좋을 것 같은데요.'라고 농담을 해 드리고 싶었다. 그러나 그 정도로 긴 말은 내 러시아어 수준으로는 언감생심이다. 그래도 할머니답게 쏟아내는 수다는 대개 알아들었다. 도시로 나간 아이들, 부하라가 좋은 이유, 매일 이 식당을 찾는 기쁨 등을.

뽕나무 위로 마지막 해가 걸릴 때쯤 보드카 병은 거의 비어 있었다. 음식을 나르는 젊은이가 와서 더 주문할 것인지 묻는다. 없는 잘못이라도 만들어 고백이라도 해야 할 것 같은 느낌을 주는, 아무런 자의식도 가지지 않은 조용한 웃음을 짓고 있었다. 그리고 나스레딘은 저 건너편에서 여전히 익살스러운 손짓을 하고 있다. 그래, 웃자. 웃음으로 녀석들을 거꾸로 자루에 넣어 던져 버리자. 녀석들이 울며 애원할 때까지.

웃음으로 복수하라

독재자들은 꼭 코끼리 등에 붙은 진드기 같다. 악착스레 달라붙어 그악스레 갉아먹는다. 발로 차고 뒹굴어도 이것들은 떨어지지 않는다. 그럼 코끼리는 어찌 하는가? 진흙 속에서 목욕을 즐긴다. 실컷 즐기고 웅덩이를 나서면 이것들은 흙과 함께 말라 떨어지고 만다.

우리는 옛사람에게서 새로운 복수(復讐) 방식을 좀 배워야 한다. 곰팡이를 퇴치하는 최상의 무기는 걸레가 아니라 햇빛이듯, 모든 부조리에 대항하는 궁극의 무기는 논리가 아니라 웃음인 것을. 살인자와 협잡꾼을 지옥으로 보내는 것은 염라대왕을 귀찮게 하는 것이다. 살인자의 갑옷 아래 이가 들끓고 음모가의 올가미가 제 손목을 묶을 때까지, 그자들이 비장미에 지쳐 항복하는 순간까지 우리는 낄낄대며 철저하게 삶을 즐기는 것이리. 투르크 민중은 그런 방면에서 좋은 선배 나스레딘을 두었다. 중국 땅에서 저 멀리 소아시아에 이르기까지 광폭으로 달리면서 통쾌한 복수의 어퍼컷을 날리는 나스레딘. 투르크의 정의로운 봉이 김선달이랄까.

나스레딘은 민중이 창조한 인물로 수없는 얼굴을 가지고 있다. 때로는 대책 없는 익살꾼이고, 까닭 없는 심술쟁이고, 때로는 인기 있는 스승이다. 하지만 그는 천성이 정의로운 자, 본업은 투르크 세계의 로빈 후드다. 민중은 이 나스레딘에게 수많은 배역을 맡겼지만 우즈베키스탄 부하라에서 맡은 빛나는 역할은 압제자와 고리대금업자를 혼내는 일이었다.[34]

가난하고 핍박받는 이들의 친구인 나스레딘은 오랜 추방 생활을 견디고 몰래 부하라로 돌아온다. 그러나 그의 아버지는 부하라의 폭군에게 고문을 받아 죽고 집은 폐허가 되어 있었다. 언제나 웃음과 지혜로 위기를 돌파하는 그였지만 아버지의 억울한 죽음 앞에서 뜨거운 눈물을 흘리지 않을 수 없었다. 그는 고리대금업자와 폭군의 추종자들을 조롱하며 약한 자들을 구제하는 의적이 되리라 결심한다. 이야기의 절정은 나스레딘이 기지를 발휘해 폭군이 제 손으로 제 앞잡이 고리대금업자를 처리하도록 하는 장면이다.

폭군과 고리대금업자에 대항하다 현상 수배자가 된 나스레딘은 마침내 폭군의 부하들에게 잡혀 자루 안에 갇히지만 호송병이 잠시 자리를 비운 사이 기지를 발휘한다. 흉측한 몰골을 한 고리대금업자 자파르가 나타나 자루에 호기심을 보였던 것이다. 나스레딘은 그를 유혹했다.

"나는 내 몰골을 고치려고 거금을 들여서 이 자루 안에 들어왔소. 자루 안에 들어가면 당신의 흉측한 몰골을 고칠 수 있다오." 자파르는 자루 안에 누가 있는지 모르고 있었다. 얼마나 유창하게 둘러댔는지 결국 자파르는 흉측한 자기 외모를 바꿔 보려고 스스로 자루 안으로 기어들어 갔다. 덕분에 자신은 풀려 나오고 대신 자파르가 들어가자 바로 주둥이를 묶는 나스레딘. 아뿔싸! 자루에 갇힌 자파르를 떠메고 호송병들이 떠난다. 자파르는 필사적으로 외쳤다.

"기다려, 기다려! 나는 나스레딘이 아냐. 자파르라고, 고리대금업자 자파르. 나를 어디로 데려가는 거야. 말해 줘. 나는 자파르라고!"

그러나 소용이 없었다. "나스레딘, 이놈에게 또 속을쏘냐. 이제는 이놈이 자파르 행세를 해?"

마침내 폭군 앞으로 끌려간 자파르. 그는 죽어라고 자기는 나스레딘이 아니라고 외쳤다. 그러나 폭군과 그 수하들은 아무도 그 말을 믿지 않았다. 얼마나 자주 나스레딘에게 당했던가. 바그다드에서 온 '성자'라는 몰라나 후사인은 고개를 가로젓는다. 옆에서 사람들이 거든다.

"요 범죄자 놈의 후안무치는 정말 헤아릴 수가 없군요. 전번엔 바그다드에서 온 성자 몰라나 후사인을 사칭하더니, 이제는 고리대금업자 자파르라고 속이려 하는군요."

자파르의 목소리를 아는 이가 보탠다.

"저놈이 얼마나 교묘하게 목소리를 흉내 내는지 좀 보세요."

자파르는 절규한다.

"날 놓아줘요. 나는 나스레딘이 아니라 자파르라고요."

필사적으로 애원했지만 폭군의 부하들은 이미 자루 속에 든 죄 많은 영혼을 물속에 던지기 위해 흔들고 있었다.

다시 변경으로

우즈베키스탄 동부에 위치한 고도(古都) 사마르칸트는 티무르 시대의 영광을 찾아가는 중인 것 같다. 레기스탄 광장의 웅장한 마드라사(대학)들이 주는 메시지는 직선적이다. 수직으로 높이 솟은 기둥과 돔, 크기를 달리하며 반복되는 이완(아치) 양식의 문과 창, 좌우의 정확한 대칭, 그 자체로 완결된 기하학 문양의 무한한 대칭 반복. 이 모든 것은 우상을 배제한 후 남은 신의 섭리를 대변하는 것들이다. 모든 것은 정연한 질서 속에 배치되어야 하며, 또 그 질서 안에 모든 것을 담아야 한다는 강박에 가까운 정확성의 추구는 이 건물들의 목적에 딱 들어맞는다. 신의 섭리가 법률적으로 표현되기 이전에 이미 건물에서 표현되는 것이다. 변화는 질서 속에서만 위치를 가질 수 있고, 구조는 정해진 요소들의 배치 변동에 의해서만 변화할 수 있다. 이 엄연한 질서에 질적인 변화를 주는 유일한 요소는 아마도 호두나무 문과 대리석 기단의 분방한 문양, 그리고 가지를 치지 않은 살구나무들일 것이다.

사마르칸트의 정형화된 옛 건축물들에 비해 이곳 사람들의 저녁 삶은 질적인 변화를 듬뿍 머금고 있는 것 같다. 사람이 가득 찬 노천 식당의 풍경은 이 오아시스가 만들어 낸 질적인 삶의 변주를 유감없이 보여 준다. 맥주를 마시며, 혹은 물만 마시며 사람들은 일어서서 춤을 춘다. 공간은 민주적으로 배치되고 수많은 사람들은 여유 있게 공간을 움직인다. 주인공 그룹은 끊임없이 바뀌며, 무대의 중심은 가운데와 가장자리를 쉴 새 없이 오간다. 테이블 사이의 공간에서 춤추는 사람들이 만들어 내는 질서는 모스크의 정지된 질서보다 훨씬 생동감 있는 변화를 연출한다. 나는 원을 이루지 못하고 점으로 남아 있었지만 소외감을 느끼지 않았다. 수많은 찰나로 이뤄진 접촉들 속에서 사람들은

웃음을 교환했다. 그렇게 술 없이 취할 수 있는 공간은 깊어 갔다.

이제 국경 도시 안디잔으로 가서 키르기스스탄으로 가자면 다시 타슈켄트를 거쳐야 한다. 그러나 사마르칸트에서 타슈켄트 가는 버스가 없다. 일국의 제2의 도시에서 수도를 잇는 버스가 없는 것이다. 비유하자면 서울과 부산을 잇는 버스 노선이 없는 것인데, 사라진 지 꽤 되었지만 아직 복구되지 못했다고 한다. 언제 복구될지는 아무도 알 수 없는 일이다. 버스 정류장은 장거리 택시들의 주차장이 되어 있었다.

시스템은 나름대로 만들어져 있었다. 타슈켄트 가는 사람들이 모이면 택시는 중간 기착지까지만 달린다. 그 중간 기착지에는 타슈켄트로 가는 장거리 택시들만 모여 있다. 중간 기착지로 가는 길에 택시 기사와 언쟁을 벌였다.

"제1 도시와 제2 도시를 잇는 버스 노선이 사라졌다는 것이 말이 되나?"

"그럴 수도 있지 않은가?"

"카리모프가 말하는 발전이란 이런 것이군."

"카리모프는 좋은 사람이다."

"카리모프를 지지하나?"

"그렇다."

"안디잔에서 자기 국민을 죽였는데?"

그는 어깨를 으쓱한다. 어느 나라나 그런 일은 있다는 뜻이겠지. 싸움을 그만두기로 했다. 어차피 언어가 잘 통하지 않으니 서로 오해만 더 쌓겠지.

두 번째 택시 기사의 운명은 처량했다. 무려 4명을 태우고 기세등등하게 타슈켄트로 향했지만 경찰들이 그를 가만두지 않았다. 두 번이나 불심 검문을 받았다. 그는 고분고분 경찰이 서라면 섰다. 어쩐지 경찰들은 자기들끼리 밥을 먹으며 기사를 그대로 세워 뒀다. 차로 돌아온 기사는 운전석 아래서 지폐 뭉치를 꺼내더니 들고 나간다. 그리고 차는 다시 달렸다. 그의 죄목은? 해를 가리려 창에 수건을 걸어 두었던 것. "수건을 걸어두는 것이 불법이오?" 물었더니, 또 어깨를 으쓱한다. 일행 중에 영어를 아주 조금 하는 학생이 있었다.

"경찰 월급이 너무 적어서, 저렇게 해결해요."

오, 독재자의 능력은 대단하다. 자기의 수족들에게 스스로 생계를 해결할 자유를 주다니. 다른 검문소에서 기사는 지폐 뭉치를 한 번 더 건넸다. 나도 이번에는 이유를 물어보지 않았다. 그렇게 타슈켄트에 도착했다.

타슈켄트에서 멈추지 않고 곧장 여러 명이 타는 택시를 타고 안디잔으로 향했다. 페르가나 지역으로 들어갈 때 천산(톈산)의 끄트머리를 지나야 한다.

천산이 없으면 투르키스탄도 없다. 나는 타림 분지 일대의 천산을 돌아다니며 가장 젊은 날들을 보냈다. 중국 신장웨이우얼 자치구 하미에서 카슈가르(카스)와 이리(伊犁)까지. 천산 이 계곡 저 계곡에서 위구르 혹은 몽골 친구들과 뒹굴었다. 이제 페르가나에서 천산을 본다. 천산이 물을 모아 보내지 않으면 시르다리야 강도 없고 아랄 해는 말라 버릴 것이다. 오아시스도 사라지고 관개지는 갈라지겠지. 날이 어둑어둑해지는 차에 나는 천산의 뒷모습을 보았다. 젊은 날 그토록 내 피를 끓게 했던 친구. 뒷모습도 웅숭깊다.

오후 5시 40분 천산의 한 고개의 마루에 섰다. 살구 파는 소녀의 눈이 별, 아니 별 밖에 빛나는 까만 밤 같았다. 열 살이나 되었을까? 산에서 내려오는 물에 살구를 씻어 마구니에 담아 팔고 있었다. 수줍은 많은 아버지가 뒤에 있고. 그 별빛을 기록하고 싶었지만 사진 찍을 정도

로 용기가 나지 않았다. 대신 살구를 한 동이 사서 차에 실었다. 몇 개
는 먹고 나머지는 택시 기사에게 선물로 주리라.

한밤중이 되어 안디잔에 도착했다. 택시 기사 압둘라는 역시 차에
서 내릴 시간이 되니 환전이 필요하냐고 묻는다. 잠을 자고 내일 쓸 돈
이 필요하다. 환율을 1달러에 2500숨으로 계산해 50달러 주고 지폐 한
다발과 자투리를 받았다. 재미 삼아 지폐 다발을 넘겨 보니 가운데는
1000숨짜리를 가장한 500숨짜리가 들어 있다. "친구끼리.(어떻게 사기를
치나?)" 하니, "친구니까.(좀 봐줄 수 있지.)" 하고 되받는다. 넉살도 좋아라.
부족한 돈을 달라고 했더니 좀 편의를 봐 달란다. 편의를 봐줄 수는 없
고 대신 내가 저녁과 맥주를 대접하겠다고 달랬다. 그는 맥주에는 별로
흥이 없었다. 맥주를 충분히 마시는 대신 싸구려 여인숙에서 일찍 잠
을 청했다.

경계를 넘어 오시의 하루

육로로 국경을 넘을 때 우리는 비로소 경계의 의미를 알게 된다. 생각
해 보면 한 나라의 공항에서 다른 나라의 공항으로 들어가는 행동은
우스꽝스러운 꼭두각시놀음인데 배우들은 그 사실을 쉽게 자각하지
못한다. 출국 수속에서 한 행동을 거꾸로 하면 입국 수속인데, 입국과
출국 사이의 사소한 이질감도 이름만 다를 뿐 구조가 똑같은 면세점으
로 인해 사라진다. 똑같은 비행기를 타고 거의 비슷한 고도를 날아올라
출국 시의 행동을 거꾸로 풀어 놓으며 다시 이국의 공항을 나선다. 공
항을 나서는 순간 딴 나라에 온 것을 실감하지만, 공항이 있는 도시의

배치란 대개 비슷한 법이다. 두 공항 사이에 있는 진짜 경계는 사라지고, 그 경계를 배회하는 인간과 그 풍경에 대해 무지한 채 우리는 이국생활을 시작한다. 이 동작이 어떻게 조작되어 있는지 한번 고민할 시간도 없이.

육로로 국경을 넘을 때는 극히 짧은 순간에 강렬한 대비들에 부딪히고, 두뇌는 흥분 상태에서 극히 많은 정보를 처리하느라 바쁘다. 한 발자국을 옮김으로써 거의 완벽하게 다른 세계에 들어가는 것이다. 먼저 다른 말이 들린다. 공항에서 흔히 통용되는 '만국 공통어'인 공항식 영어도 이곳에서는 필요 없다. 국경을 넘는 이들에게는 국경 양쪽에서 쓰이는 두 가지 말이 필요할 뿐 제3의 언어가 낄 틈은 없다. 다른 분위기가 흐르며, 다른 얼굴들이 나타나고, 다른 방식이 통용된다. 대개 국경은 지리적인 구분선이기도 하기에 풍경마저 다르다. 양쪽 국경에는 거의 언제나 군인들이 대기하고 있기에, 비행기를 타고 하늘을 날면서 무심결에 지나친 정치적인 구분과 대립도 훤하게 눈에 들어온다. 그래서 이 경계선은 추상적인 것이 아니라 날카롭게 구체적인 것으로 다가온다. 보내는 우즈베크 군인들은 엄숙했다. 맞이하는 키르기스 군인들은 빙글빙글 웃었다. "꼬레아, 노 비자!" 이것이 국경식 영어다. 키르기스 땅에 들어서면 바로 양고기를 먹는 사람들 특유의 달콤하고 비린 향을 느낄 수 있다. 손님을 기다리는 기사들의 동작은 훨씬 거침이 없고, 무슬림임을 드러내는 모자를 쓴 이도 없다.

마나스 동상을 지나 오시 시내에 도착하니 이제 동쪽으로 많이 이동했다는 것이 실감된다. 타림 분지 일대의 위구르인들과 천산 일대의 몽골인이 먹는 것과 꼭 같은 음식들이 등장하고, 위구르어와 중국어 간판도 눈에 들어온다. 몽골리안의 특성이 두드러지는 키르기스인의 외양도 한몫을 한다. 파미르 고원을 넘으면 이제 중국 땅이다. 2년 전 벌어졌던 피비린내 나는 인종 갈등의 흔적은 이제 찾아볼 수 없고 여전히 활기찬 시장에서 키르기스계와 우즈베크계 사람들이 섞여 살아간다. 키르기스 사람들은 우즈베크계 사람들이 가져가는 몫이 너무 많다고 불평했지만, 이곳에서 부자와 빈자를 따지는 것이 무슨 의미가 있을까? 모두가 가난한 판국에. 갈등을 조장해 한몫 잡으려던 녀석들에게 저주를! 정치 모리배와 마약상에게도 저주를!

게스트 하우스에서 한국에서 여관을 운영한다는 친구를 만났다. 중국에서 고원을 넘어 이곳에 온 친구였다. 대단히 유쾌한 친구로 신강에서 만난 위구르 처녀에 대한 기억 때문에 속병을 앓고 있었다. "그녀와 진짜 결혼을 할까 생각하고 있어요." 그는 지금 어떤 우즈베크계 무슬림으로부터 설교를 듣는 중이었지만 두고 온 위구르 처녀 생각이 더 간절한 듯했다. 그 무슬림 친구는 한국인 여행자가 오면 의례히 전도 차 오는 듯했다. 한국에서 유학했기에 한국어도 유창했다.

"생명이 우연히 창조될 수 있다고 보세요?"

"누군가 창조했을 겁니다."

"그 창조주 하느님이 바로 알라입니다."

"창조주가 알라인지는 모르지만 신은 있겠죠."

"창조주의 이름이 알라라니까요. 코란 읽어 보셨어요?"

"아니요."

한국에서 온 청년은 신은 믿지만 알라에는 별 관심이 없다는 투로 계속 방어를 하고, 우즈베크 청년은 그 신이 바로 알라임을 설파하느라 열심이었다. 그들의 대화는 언젠가 접점을 찾으리라. 그러나 저렇게 평행선을 달리는 모습이 나쁘지 않다. 물과 소금은 섞여도 좋지만 때로는 화약과 부싯돌처럼 접점 없이 공존하는 법도 익히고 있어야 한다.

중국으로 넘어가는 버스가 있지만 일주일에 두어 번 출발하는 모양

이었다. 제일 큰 문제는 밤에 파미르 고원을 넘는다는 것. 밤에 파미르 고원을 넘는다면 무슨 소용이 있겠나. 파미르 고원을 바라보기 위해 이쪽 길로 들어섰는데.

한국 청년 말로는 중국으로 가는 길 입구에 가서 하염없이 기다리면 트럭을 얻어 탈 수 있다고 했다. 그 방법밖에 없다고 결론을 내리고 버스 정류장을 빠져나갈 때 구세주가 등장했다. 머리를 짧게 깎은 중키에 덩치 큰 사내가 러시아어로 물어 왔다.

"어디 가나?"

"중국."

"버스가 있다."

"밤에 출발한다. 나는 산을 보고 싶은데."

"내가 태워 주겠다."

"나 혼자다. 돈이 부족하다."

"혼자라도 좋다. 싸게 해 주마."

"얼마나 싸게?"

"3000솜."

"그만큼 없다. 2000솜으로 하자."

결국 2000솜으로 결정했는데 5만 원이 안 되는 돈이다. 여행자에게는 비싸 보이지만 파미르 고원을 올라 몇 시간을 달려가서 되돌아오는 이정을 생각하면 싼 가격이다. 듬직한 체격과 이마의 긴 주름이 마음에 들었다. 그래서 다음 날 그의 택시를 타고 파미르 고원을 오르기로 했다. 열흘만 더 지체한다면 고원을 넘기 어려울 것이다. 언제든 눈이 내리기 시작하면 사람 힘으로는 어찌할 도리가 없으니까.

공존의 고원 파미르

차에 오른 지 얼마 지나지 않아 고도가 높아진다. 도로를 점거하는 가축 떼가 서서히 늘어나고 산세가 가팔라진다. 그러다 가축 떼가 줄어들고 드문드문 서 있던 나무들도 줄어든다. 공기가 희박해짐을 느끼기 시작한다. 계곡은 좁아졌다 넓어졌다 반복하는데 누런 풀빛으로 보아 벌써 가을을 준비하는 듯했다. 커다란 트럭과 조그만 달구지가 같은 도로를 다른 속도로 달린다. 나무가 사라질 무렵 언덕 하나를 넘자 계곡은 순식간에 광대한 평원으로 바뀌었다. 파미르 고원이다.

저것을 도대체 어떻게 표현해야 할까? 선명하게 대비되는 세 개의 띠가 평행을 이루며 어떤 영원의 출구를 향해 달리고 있다. 누런색 초원의 띠 위로 검은색 바위산의 띠, 그 위로 구름과 빙하가 버무려진 순백의 띠가 일정한 높이를 유지하며 달리고 있다. 차가 산 쪽으로 방향을 틀 때면 인간이 만들어 놓은 통로가 얼음산의 중력 속으로 속절없이 빨려 들어가는 듯하다. 지상에서 가장 높고 웅장한 거한들이 엉덩이를 맞대고 있는 곳이다. 히말라야, 천산, 카라코람, 힌두쿠시, 그리고 쿤룬. 나는 지금 천산 산계를 넘어와 동쪽으로 쿤룬 산계, 서쪽으로 힌두쿠시 산계가 시작되는 곳을 지나고 있다. 이곳은 파미르 고원에서 가장 널찍한 계곡이다. 서남쪽 멀리 보이는 봉우리 중 하나가 아마도 파미르의 첨탑 레닌봉일 것이다. 그러나 차는 산을 뒤쪽으로 하고 동쪽으로 방향을 틀었다. 검둥이 야크들과 거대한 고원에 아련한 점처럼 놓여 있는 유목민 천막들이 아지랑이 속에서 천천히 흔들린다.

이곳에서 하룻밤만 지냈으면. 달리는 차처럼 여행에도 일종의 관성이 있어 성한 계획을 바꾸기는 어렵나. 아쉬운 마음에 여러 번 차를 멈추고 내려 고원의 냄새를 들이켰다. 운전기사는 덩치만큼 마음도 여유가 있었다. 서자고 할 때마다 조용히 차를 세운다. 크게 동쪽으로 방향을 튼 후에는 오래전에 생을 다한 자동차들이 심심찮게 눈에 띈다. 중요한 부품은 해체되고 뼈대만 남아 고원의 차가운 공기 속에서 서서히 녹슬어 가는 쇳덩어리들. 수천 년 동안 이 고지에 있는 문명의 통로에서 버거운 삶을 마무리했던 수많은 낙타들처럼 저 자동차들도 처연한 생을 마감했구나. 겨울이 시작되는 길목에서 쓰러진 차들은 구원받지 못한다. 시간에 정복되지 않을 것처럼 보이는 완강하고 하얀 얼음벽과 이미 시간에 굴복해 검붉게 변한 자동차의 유해가 묘하게 대비된다.

얼마간 더 달리다 차는 왼편 초원으로 들어선다. 운전사가 뭔 말을 했지만 그게 '마유주를 마시고 가자'는 뜻인지 알아듣지 못했다. 아무렴 어떠하리, 덕분에 나는 꿈의 천막 안으로 들어설 수 있었으니. 바깥주인은 안 계시고 고원의 바람 덕에 볼이 빨개진 안주인과 아랫도리를 드러낸 까까머리 꼬마가 우리를 맞았다. 우리가 들어서자 안주인은 꼬마 주인에게 바지를 입혔다. 두 살 혹은 세 살, 나의 어린 자식 또래다.

세간을 한눈에 다 볼 수 있는 이 천막의 구조를 보면 사각형 집에 금고까지 갖추고 사는 사람들은 반성을 하리라. 유목민의 재산은 집 안에 있지 않다. 오직 구름과 태양, 그리고 바람만이 그들의 삶을 좌우하니까. 초원에서 자라는 짐승은 구름과 태양과 바람의 자식이다. 말 엉덩이에 살이 예쁘게 올랐고 젖은 알맞게 불어 있으니 올해 자식들은 잘 자랐다. 초원에서는 사람도 예외 없이 짐승이다. 꼬마 주인의 검고 붉은 볼에는 바람과 태양과 구름의 흔적이 남아 있다. 녀석의 검은 눈동자에는 하얀 빙하와 검은 바위, 누런 대지와 파란 하늘이 만드는 단조로움으로 인해 잘 다져진 단단한 심성과 호기심이 웅크리고 있다. 정을 나눠 줄 준비가 되어 있는 눈이다.

유지방이 많은 요구르트는 순했지만 묽은 빛이 나는 마유주에는 알

코올이 꽤 들어 있었다. 두 사발을 순식간에 들이켜니 취기가 오른다. 꼬마 주인은 말없이 빙글빙글 웃으며 마유주를 들이켜는 우리를 바라본다. 눈을 똑바로 마주칠 때 나는 녀석이 우리를 얼마나 환영하는지 읽을 수 있었다. 어두운 천막 밖으로 파미르의 빙하가 좌우로 끝없이 펼쳐져 있다. 한 달만 지나면 세상은 온통 하얀색으로 바뀌고 녀석도 더 낮은 곳으로 떠나야 하리라.

이미 성장한 녀석을 안고, 배릿한 젖 냄새를 풍기는 녀석의 볼에 살을 비벼 보았다. 보드라운 손에 비해 까슬까슬한 녀석의 살결. 우리는 곧 떠나야 한다.

녀석을 어머니의 품에 안기고 돌아서자 이내 눈물이 녀석의 빨간 볼을 타고 내린다. 이 높은 곳에서는 나 같은 이도 사랑받을 자격이 생기나 보다. 빙하 속으로 들어가 순식간에 퍼지는 햇살처럼 우리는 찰나에 정이 들었나 보다. 언제나 더 순한 것들만 울어야 하는 인간사의 법칙은 고원에서도 적용된다. 녀석은 눈물을 감출 줄 알았다. 소리 내지 않고 눈물을 훔치는 녀석을 뒤로하고 우리는 다시 차로 돌아왔다.

길에서 요구르트 통을 들고 걸어가는 남매를 태웠다. 하늘거리는 갈색 머리카락에 갈색 눈동자를 가진 열 살 남짓의 오빠와 두어 살 어린 여동생이었다. 오빠는 손을 들어 차를 세울 정도로 당당하고, 동생은 오빠에 대한 진한 믿음을 드러내는 표정으로 오빠를 따랐다.

평탄한 고원을 사이에 두고 거리를 유지하며 항상 전모를 드러내던 저 산들이 낮아진다. 길은 다시 좌우로 요동치고 산도 다시 가까워졌다 멀어졌다 반복한다. 어느덧 국경 초소가 가까워지자 지금껏 우리와 함께 하던 하얀 띠는 창공으로 사그라진다. 물은 이제 동쪽으로 흘러간다. 잘 계시오, 파미르, 내 아이늘을 데리고 놀아오리니.

국경의 밤

중국 측 국경 검문소까지 트럭을 얻어 타고 갔다. 키르기스 쪽 검문소에서 중국 검문소까지 길은 비포장이었다. 젊은 중국인 트럭 운전사는 말은 없었지만 온정이 있었다. 트럭들은 검문소에 도착하자 화물 검사를 받는다. 나도 검문소에 내려야 했다.

그날 오후 검문소에 모인 이들은 무전여행을 하는 프랑스인 친구 둘, 자전거 여행을 하는 프랑스인 중년 하나, 역시 자전거 여행 중인 중국인 청년 하나, 그리고 나까지 다섯이었다. 트럭 화물 검사는 일괄적으로 이뤄졌는데 5시 이후가 되면 멈췄다. 키르기스 측에서도 트럭을 일괄적으로 보내기 때문에 그날 트럭은 더 도착하지 않았다. 나는 국경의 여인숙을 잡았고, 자전거 여행자들과 무전여행자들은 나름대로 자리를 잡고 텐트를 쳤다. 여기서 만난 다국적 친구들과 맥주 한 캔을 주고받고 헤어졌다.

그날 국경의 여인숙 중에 손님이 든 집은 하나뿐이었고 그 손님이 나다. 내 방은 화장실 옆에 있었다. 내일 산을 내려가 중국에서 일정을 시작하자면 빨리 잠을 청하는 것이 좋으리라. 겨우 몇 천 원짜리 방에 뭘 기대하는 것이 무리이긴 했지만 딱 하나인 창이 화장실 쪽으로 나 있는 것이 흠이었다. 무슨 마음으로 그쪽으로 창을 냈을까? 오고 가는 이들이 먹은 음식을 충분히 추측할 수 있을 정도의 향기가 방을 가득 채웠다. 그렇게 잠이 들었는데, 약 9시쯤 됐을까, 난데없이 거실에서 노래방 기구 소리가 꽝꽝 울리고 왁자지껄한 노랫소리가 들려온다.

거실과 내 방은 문 하나를 사이에 두고 있었다. 밖으로 나가 보니 아이는 있지만 남편은 보이지 않는 키르기스 여인 세 명, 그리고 아이도 없고 부인도 보이지 않는 위구르 남자 세 명(그다음 날 밝혀진 일이지만 한

족 식당 주인을 빼면 이들이 이 국경의 민간인 인구의 전부였다.)이 잔치를 시작
했다. 위구르 남정네들은 상점을 운영하고 키르기스 여인들은 여인숙
을 운영하는데, 그들이 오늘 손님 없는 밤을 보내기 위해 성대한 춤판
을 벌인 것이다.

아이들은 시끄러운 소리를 견디지 못하고 엄마를 채근하지만 흥이
붙은 엄마들은 돌아갈 생각이 전혀 없다. 잠은 이제 포기해야 한다. 벗
어날 수 없다면 즐기는 것이 나으리라. 나도 합류해서 춤을 췄지만 키
르기스 박자도 위구르 박자도 맞추지 못했다. 해끄무레한 아줌마를 두
고 홀아비들의 추근댐이 서서히 심해질 무렵 나는 적당한 거리를 두고
물러났다. 여관 두어 개에 식당 두어 개, 그리고 구멍가게 두어 개뿐인
이곳에서, 사람이라야 그들뿐이니 매일 외로움에 떨며 잠을 청할 수야
없는 일 아닌가. 그렇게 국경의 밤은 잠 없이 지나갔다.

원칙주의자들

다음 날 카슈가르로 가기 위해 우리 다섯은 다시 모였다. 그리고 점점 팍팍해지는 변경의 규제 때문에 애를 먹었다. 나는 프랑스 무전여행객들과 중국 측 검문소 군인들 사이에서 통역을 하느라 애를 썼다. 한 치도 물러서지 않는 그들 사이에 끼여 나의 나약한 중재 능력을 재차 확인했다. 프랑스 친구들은 중국어를 한마디도 못했고 중국 군인들은 역시 영어를 아예 못했다. 그들의 대화는 이런 식이었다.

"히치하이크는 허락되지 않는다."

"비자가 있는데 왜 갈 수 없나? 우리가 알아서 한다."

"안전을 위해서다. 버스 노선이 생겼다. 보험 없이 생기는 사고는 우리가 책임질 수 없다."

"우리는 돈이 하나도 없다. 왜 버스를 강제로 타야 되냐? 그런 규정이 있느냐?"

"최근에 사고가 났다. 내부 규정이 생겼다."

이렇게 옥신각신하는 사이에 자전거 여행객들은 트럭을 타고 떠났다. 자전거를 소형 버스에 싣기 어렵고, 또 자전거를 타고 가서는 안 된다는 규정 때문이었다. 그들이 떠나자 싸움은 격렬해졌다.

"자전거 탄 사람들은 왜 트럭을 타고 가냐?"

"자전거를 버스에 태울 수 없으니까 예외를 적용했다. 버스를 타고 가면 되지 않느냐?"

"우리는 오직 히치하이크로 가는 것이 원칙이다. 우리는 돈도 없다."

"돈이 없으면 입경을 허락하지 않는 국가들도 많다. 유럽도 그러지 않느냐?"

"우리 통장에는 돈이 있다. 그러나 지금은 없다. 그러나 히치하이크를 금하는 규정은 인정할 수 없다."

오직 텐트 하나에 의지해서 한 달에 50유로만 쓰고 다니는 친구들이다. 땀에 찌든 누더기를 걸치고, 먹는 것도 극히 적어서 바짝 말라 있었다. 그들은 유럽에서부터 차를 빌려 타는 방식으로 중앙아시아를 건너 이곳까지 와서 중국의 벽에 부딪힌 것이다. 그때 노선버스가 도착했다. 말이 점점 거칠어지고 있었다.

"규정을 따르지 않겠다면 돌아가라. 우리는 규정을 따른다."

"우리는 그런 규정을 따를 수 없다. 반드시 트럭을 타고 갈 것이다."

내가 넌지시 중재안을 내 보았다. 군인들은 씨도 안 먹힐 것 같았으니까.

"친구들, 혹시 내가 차비를 내 주면 안 되겠나?"

"아뇨, 전혀 그럴 마음이 없어요. 우리는 여기서 돈을 쓰지 않을 거고, 규정도 따르지 않을 거예요."

그사이 버스는 출발해야 한다고 성화였다. 프랑스로 돌아가 자그마한 농산물 협동조합을 열 계획이라는 그 친구들은 나름대로 뚜렷한 원칙을 가지고 있었다. 그들 사이의 대화를 나눌 때도 옆에 타인이 있으면 프랑스어 대신 영어를 썼는데 제삼자를 소외시키지 않겠다는 분명한 의도였다. 나처럼 닳고 닳은 여행자의 임시방편이 그들에게 통할 리가 없었다. 좁다기보다 곧은 친구들이었다. 나는 결국 그들을 뒤에 두고 노선버스를 타고 카슈가르로 향했다.

카슈가르, 쿠처, 우루무치까지 신장을 통과하는 내내 끊임없이 검문에 시달렸다. 그럴 때마다 그 프랑스 친구들을 떠올렸다. 미안하기도 하고 측은하기도 하고. 중국은 점점 더 음습하고 융통성 없는 리더들이 정지판을 좌지우지하고 있다.

카슈가르에서 출발하여 끝없이 이어지는 검문을 견디며 자정 무렵

쿠처에 도착했다. 이제 쓰러질 정도의 힘밖에 남아 있지 않은 상태였다. 그런대로 깨끗한 숙소에서 잠을 자고 싶은 마음뿐이었다. 짐을 지고 끌고 찾아간 곳에서 열쇠를 받으려는 찰나에 숙박을 거절당했다.

"3성급 이상 호텔에서만 묵을 수 있습니다."

종업원의 단호한 태도에 놀랐는데, 문 앞에 진을 치고 있는 공안(경찰)을 가리킨다. 공안에게 다가가 물어보았다. 쿠처를 드나든 지가 10년이 다 되었다. 왜 갑자기 이러는 거냐? 공안의 대답이 가관이었다.

"당신의 안전을 위해서요."

국경에서 들은 이야기와 꼭 같았다. 설득이나 논쟁이 소용없다는 것을 안다. 쿠처에는 3성급 이상의 호텔이 두 개 있었다. 그들에게 주소를 물어서 다시 택시를 타고 찾아갔다. 이번에도 호텔 안팎으로 공안이 진을 치고 있었다. 쉽사리 일이 끝나는 것 같더니 또 꼬이기 시작한다.

"400원입니다."

"아니, 할인 요금은 200원으로 되어 있는데요?"

"외국인은 400원입니다."

"어디에 그런 규정이 있습니까?"

"회사의 내규입니다."

"사장에게 전화를 걸어 주시오."

"그렇게 할 수 없습니다. 받아들일 수 없으면 다른 호텔로 가세요."

다시 공안 곁으로 갔다.

"외국인에게 두 배 요금을 물리는 것이 규정이오? 그런 규정을 따라야 하오?"

"우리는 사기업의 규정에 관여하지 않소."

어찌할 도리가 없었다. 하지만 나는 소극적이나마 저항하리라 마음먹었다. 아무리 지쳐도 너희에게 한 푼의 돈도 지불할 수 없다. 공안에게 한마디 해 주었다.

"이보시오. 내가 불쌍하지도 않소? 나에게 제일 위험한 사람들은 당신들이오. 당신들 덕에 지쳐서 오늘밤 죽을 수도 있으니까."

자정을 훨씬 넘겨 1시가 되었다. 이제는 짐을 끌기 힘들 정도로 지쳤지만 슬퍼서 잠을 잘 수가 없다. 호텔 맞은편 야시장으로 갔다.

오늘 몸으로 벌어들인 400원을 쓸 대상을 찾았다. 그러다 주머니 사정으로 안주는 시키지 못하고 술 한 병으로 버거운 밤을 상대하고 있는 위구르인 아니마르와 그의 친구 세 명이 눈에 들어왔다. 우리가 앉은 노천 가게의 작은 부스 안의 요리 전부와 술을 다 시키니 300원이 나왔다. 해가 뜨기를 기다리며 우리는 술을 마셨다. 구호는 "위구르인을 위하여"였다. 잠은 자지 못했지만 우리 다섯은 나름대로 완벽한 밤을 보냈다.

다음 날 키질 석굴에 들른 후 우루무치행 버스를 탔더니 안전벨트 버클이 '가짜'였다. 강산이 변한다는 시간 동안 중국을 여행하면서 가짜 안전벨트는 처음 보았다. 아시아 대륙의 끝에서 방향을 돌려 다시 찾은 중국은 나를 위해 이런 깜짝 이벤트를 준비하고 있었다. 문득 국경에서 본 젊은 원칙주의자들이 떠올랐다.

313

2 중국 신화 기행

중국 신화 넓게 보기

이번 중국 여행은 백두산과 허베이 성 탁록(涿鹿) 답사를 제외하면 사실상 박물관 순례였다. 서쪽 신장에서 출발하여 간쑤(甘肅), 칭하이(青海), 산시(陝西), 허난(河南), 허베이(河北), 북경까지 이미 수차례 찾았던 곳들을 다시 찾았다. 박물관이란 한두 번 봐서 이해될 수 있는 곳이 아니다. 그래서 자그마한 유물 하나에 평생을 바치는 이들도 즐비하지 않은가. 주제를 잡지 않으면 자칫 박물관에서 길을 잃을 수도 있다.

　이번 여행의 주제는 신화다. 중국 학자라면 모두 손사래를 칠 홍색 채도 문화(양사오 문화)의 '서방 유래설'도 하나의 주제였다. 9월 초순 벌써 가을이 깊은 칭하이 성 수도 시닝(西寧)에서 놀라고, 간쑤 성과 산시 성 박물관에서 전율했다. 그저 서구인이 주창했다고 해서 채도 문화의 서방 유래설을 기각하는 것은 중국 스스로를 옥죄는 길일 수도 있으리라. 도기 제작 기술과 예술적 모티프는 이란 고원에서 중원까지 이어져

314

있다는 확신이 들었다. 물론 이란 고원은 메소포타미아로부터 영향을 받고, 인더스 강 유역과 서로 영향을 주고받았으리라.

신화 연구 분야에서도 이제 중국이 마음을 열 때가 된 듯하다. 원가 (袁珂) 선생이 『중국신화사』를 써낸 후 많은 연구들이 쏟아져 나오고 있지만 여전히 신화를 오늘날의 중국 혹은 중국의 상고사와 연결시켜야 한다는 압박감 때문에, 신화를 아전인수 격으로 해석하는 경향이 농후하다. 중국의 힘이 강해질수록 이 중화민족주의는 학문의 각 영역에서 힘을 발휘하고 있다. 그러나 중국 문명의 독자성을 강조하는 것과 마찬가지로 중국 신화를 중국의 상고사와 직접 연결시키려는 시도도 결국 중국 스스로가 설 땅을 좁히고 말 것이다.

중국은 하나의 세계가 아닌가. 공자를 비롯한 학자들이 미신을 타파하기 위해 인문주의를 들고 나온 이래 중국의 신화는 형체를 알 수 없을 정도로 해체되었다. 이제 원가와 같은 선배들의 노력으로 파편 조각들은 얼마간 맞춰졌다. 그렇게 맞춰진 그릇을 태양 아래 가지고 나와 모든 각도에서 분석할 생각은 하지 않고, 민족주의라는 근시 안경을 쓰고 어렵게 복원된 그릇을 다시 연대도 알 수도 없는 고대의 어느 지층에 묻어 버릴 필요가 있을까?

지금은 다방면의 분석이 필요한 시점이다. 공간을 넘은 신화 비교를 통해 중국 신화를 세계 신화의 판도 안에 위치시키고, 특히 구조 분석을 통해 신화학을 민족주의 역사학의 굴레에서 구해 내야 한다. 중국에서 레비스트로스의 방식은 여전히 필요하고, 심지어 막스 뮐러의 주먹구구식 비교 방식도 여전히 유효하다. 사실상 그런 분석이 시도된 적이 없으므로.

중국 문명은 분명히 서쪽에서 온 기술의 영향을 받아 성장했지만 기원전 5세기 무렵부터 무려 2000년 동안 세계에서 가장 선진적이며 또

그만큼 독창적인 문명을 누렸다. 그들은 자부심을 가질 자격이 있다. 그러니 몇 세기 전 당한 침략의 트라우마에서 벗어나지 못해 아직도 신화를 가지고 민족주의 타령을 할 필요가 있을까? 이제 마음을 열 필요가 있다. 중국 여행 중 떠오른 몇 가지 생각을 중심으로 초보적인 비교 거리를 나열해 본다. 그저 마음을 열고 중국 신화를 세계 신화의 일부로 살펴보자는 이야기다.

황제와 인드라

초가을 탁록의 들판에 우악스럽게 서 있는 청동 조형물, 그 이름은 합부단(合符壇)이라고 했다. 『사기』「오제 본기」의 "북쪽으로는 훈육을 쫓아내고 부산에서 부절을 맞춘 후 탁록의 언덕에 도읍을 정했다.(北逐葷粥, 合符釜山, 而邑於涿鹿之阿)"라는 기록을 따라 만든 조형물이라고 한다. 기단의 면적은 9만 9999제곱미터, 그 위로 까마득하게 높은 구리 조형물이 서 있다. 중국이 아니면 누가 이런 공사를 벌이랴. 이곳에서 황제(黃帝)가 치우(蚩尤)를 물리쳤다고 한다. 반대편 중화삼조당(中華三祖堂)에는 황제와 치우, 그리고 염제(炎帝)가 사이좋게 앉아 있다. 황제는 판천(阪泉)에서 염제를 물리치고 이곳 탁록에서 치우를 이겼다는데 그들은 사후에 이렇게 화해했나 보다. 황제 하니 즉각적으로 인도의 인드라가 떠오른다. 문명의 어느 단계까지는 기후를 주관하는 자가 신계의 우두머리다. 환웅(桓雄)은 풍백(風伯), 우사(雨師), 운사(雲師)를 거느리고 인간계로 내려온 기후의 신이다. 어느 분야든 우두머리가 되는 것은 쉬운 일이 아닌데 신들의 세계에서야.

　인간계의 우두머리는 대개 어떤 품성을 지녔을까? 지략과 용맹, 부하들을 무조건 따르게 만드는 리더십? 그보다는 권력을 얻기 전에는 약점을 물면 끝장을 내는 가차 없음, 얻은 후에는 오직 자신만이 정의라고 강변하는 뻔뻔함이 더 우선이리라. 신들의 세계도 그렇다. 계절풍대 신들의 우두머리 다툼 중 가장 판이 컸던 중국과 인도의 두 현장으로 가 보자.

　중국 황하 일대에서는 불같은 치우와 의뭉스러운 황제라는 두 천신이 격돌했다.[35] 동남쪽의 신 치우는 떠오르는 황제가 탐탁지 않았다. 기후를 주관하는 것은 원래 자기 소관이 아닌가. 비바람을 다스리는 신하들이 엄연히 있고 거인족 과보(夸父)까지 자기를 지지하는 마당에, 서쪽에서 야금야금 세력을 넓히는 자가 영 마땅치 않았다. 황제의 군대라는 것도 애초에 별 볼 일이 없어서 곰, 살쾡이, 호랑이 따위가 선봉에 섰다고 한다. 병법의 기본은 선제공격이다. 더 커지기 전에 정벌하는 것이 낫겠다 하여 치우가 무기를 들었다. 무기를 다스리는 신(兵主)이 무기를 들었으니 천하는 피바람 냄새에 몸서리쳤다.

동쪽 산에서 캔 구리로 창칼을 만들어 갖추고, 풍백과 우사를 거느리고 서쪽으로 진격하니 황제의 군대가 마중을 나왔다. 그러나 황제도 숨은 병기를 준비하고 있었다. 첫 번째는 응룡(應龍)이었다. 이 날개 달린 용은 하늘에 살면서 구름을 모으는 역할을 했다. 치우는 격노했다. 아니, 황제 편에도 비를 부리는 이가 있다고?

탁록의 들판으로 들어서니 응룡이 비바람을 무력화하려고 물을 다 빨아들이고 있었다. 그러나 일개 짐승이 치우의 정규군을 당하랴. 치우가 명령을 내린다.

"풍백, 우사. 그대들이 나서라."

두 전문가가 달려들어 다짜고짜 황제 진영으로 폭풍우를 퍼부어 댔다. 응룡이 모은 물도 자기 진영으로 떨어져 황제의 군대는 수장될 지경이었다. 그러나 황제는 승리를 위해서는 어떤 대가도 치를 준비가 되어 있는 이였다. 그는 하늘에 있는 딸에게 소리쳤다.

"발(魃)아, 내려와라."

발은 물을 말리는 귀신으로 한발(旱魃, 가뭄)로도 불린다. 발이 내려오자 치우가 퍼부어 대던 비바람이 더 이상 힘을 쓰지 못했다. 비바람을 쓸 수 없다면 이제는 병기 접전밖에 없다. 처절한 싸움에서 황소 뿔 투구를 쓴 치우는 야차처럼 싸웠다. 그러나 습한 곳에서 온 치우의 병사들은 타는 목마름을 더는 견딜 재간이 없었다. 덩치 큰 거인족 과보도 목마름을 견디지 못하고 헐떡였다. 결국 힘이 다한 그들은 동쪽을 향해 퇴각했다. 그러나 황제가 어떤 이인가? 지친 응룡을 불러 기어이 치우를 쫓게 했다. 이렇게 농쪽의 외딴곳에서 치우는 사로잡혀 결국 죽임을 당했다.

아마도 황제와 치우가 싸우던 때와 시대적으로 큰 차이가 없던 시절, 힌두쿠시와 히말라야 남쪽에서도 격렬한 전쟁이 벌어지고 있었다.[36] 역시 문제는 물이었다.

산 위에 돌로 된 성채를 쌓고 그 안에 똬리를 틀고, 거대한 몸으로 세상의 물과 구름을 다 가두고 있는 거대한 뱀 브리트라가 있었다. 브리트라가 구름을 부르는 성스러운 소를 잡아갔기에 땅은 타들어 가고 사람들이 아사할 지경이었다. 그는 물의 주인으로 번개, 천둥, 우박, 폭풍, 안개가 모두 그의 손에 있었고, 무수한 형제들을 거느리고 있었다. 『리그베다』는 그를 "하늘의 물줄기를 막고 있는 자", "하늘과 땅의 폭군"으로 묘사한다.

그러나 격류처럼 거친 인드라가 태어나자 이 무적의 거대한 뱀에게 어두운 운명의 그림자가 드리웠다. 인드라는 신들의 아버지 디아우스의 아들로 천계를 이끌 적장자였다. 그러나 신들은 이 영웅적인 젊은이를 질투했다. 그들은 브리트라를 퇴치하는 선봉에 인드라를 세웠지만, 내심 실패를 염두에 둔 기회주의적인 생각도 가지고 있었다. '패하면 자기나 죽으라지.' 브리트라의 위협에 나이 든 신들이 나서지 않자 인드라의 어머니는 통탄했다.

"아들아, 저 신들이 너를 저버렸구나."

그러나 이 어린 신은 여간내기가 아니었다. 이긴다면 신계의 통치자로 확실히 인정받을 것이 아닌가.

"제가 브리트라를 죽이겠습니다. 오, 내 친구 브리트라. 당당히 앞으로 나오라."

처음부터 인드라의 군단을 벗어나지 않은 이들은 폭풍의 신 마루트와 루드라였다. 그들은 인드라 군단의 심복들이었다. 그리고 맹수처럼 산을 어슬렁거리며 삼계를 단 세 걸음으로 건널 수 있는 '성큼성큼 걸는 자' 비슈누도 인드라를 지지하고 나섰다. 인드라는 산에 사는 동료에게 감동했다.

"성큼성큼 걸어 나오시오, 친구 비슈누여. 내가 천둥 번개를 내리칠 공간을 만들어 주시오."

강철 천둥 번개를 손에 들고, 마루트 군단에 둘러싸여 비슈누와 함께 선 인드라의 위세는 신들을 떨게 했다. 그러자 한때 브리트라에 굴복했던 신들의 심경에 변화가 일었다. 불의 신 아그니, 법의 신 바루나, 용기를 북돋우는 천상의 음료 소마가 브리트라를 버리고 인드라를 지지했다. "이제부터, 신들의 왕은 인드라가 될 것이다."

황소처럼 격렬한 인드라는 소마를 잡아서 세 잔에 따라 단숨에 마시고, 준마가 끄는 하늘의 전차에 올라탔다. 그는 거대한 브리트라의 돌로 된 성채를 거침없이 뚫고 또 뚫었다. 야수 같은 그의 군단은 성채와 숲을 태우면서 적들을 죽였다. 99개의 성채가 인드라의 번개에 불탔다. 그러나 브리트라의 엄청난 위용을 보자 신들은 얼어붙었다. 시인은 이렇게 탄식한다.

"인드라여, 브리트라의 콧방귀에 두려워, 모든 신들은 당신을 저버렸습니다."

그러나 여전히 180명의 마루트들이 따르고 있었고, 아그니는 옆에서 불꽃을 이글거리며 도울 준비를 했다.

인드라를 보자 브리트라는 번개, 천둥, 우박, 폭풍을 뿌리며, 안개로 인드라를 감싸고 공격했다. 그러나 소마를 마신 인드라는 강했다. 그는 루드라의 호위를 틈타 하늘에서 브리트라를 향해 돌진했다. 이 강력한 영웅이 천둥 번개를 칠 때마다 땅과 하늘이 두려워 떨었다. 먼저 브리트라의 턱이 부서졌다. 인드라는 수백 개의 천둥 번개를 모아서 브리트라의 등짝을 내리쳤다. 브리트라는 온몸을 뒤흔들며 인드라에 맞섰지만, 강철 천둥 번개가 사정없이 내리찍자 '도끼에 맞은 나무처럼' 쓰러졌고 사지는 널브러졌다. 브리트라의 몸이 찢어지자 갇혀 있던 물이 둑을 넘듯 거대한 뱀의 시체를 흔들며 산 아래로 달렸다.

아직 끝 난 것이 아니다. 잔인한 인드라는 슬픔에 잠긴 브리트라의 어머니를 번개로 내리쳐 아들의 시체 위에 눕혔다. 시인은 말한다.

"인간의 친구 인드라가 괴물을 불태웠다."

인드라는 이렇게 일곱 강물을 다시 흐르게 하고 '물을 해방시킨 자', 즉 기후의 신이 되었다.

이제 두 이야기를 한번 비교해 보자.

주인공들의 역할이 약간 바뀌어 있지만 두 이야기는 놀랍도록 흡사하다. 브리트라와 비슷한 이미지와 기능을 가진 자들(응룡과 천녀 발)이 황제의 진영에 있고 오히려 치우가 인드라와 비슷한 특징을 가지고 있지만 브리트라처럼 죽음을 맞이한다. 그러나 우리는 치우 쪽에 훨씬 잘 정비된 기후 조종자들(풍백, 우사)이 있었다는 것을 기억해야 한다. 먼저 비바람을 무기로 쓴 이도 치우였다. 원래 기후의 신은 치우였고, 그 자리를 차지하기 위해 황제가 도전했다고 해야 할 것이다. 계절풍은 동남방, 즉 치우의 방위에서 불어온다. 응룡과 발은 풍백과 우사의 투영물에 불과하다.

승리 후 인드라가 브리트라의 기능을 모두 흡수하듯이 황제도 마찬가지다. 『한비자』에 풍백과 우사는 물론 치우까지 황제의 시종으로 등장하는 성대한 대회가 묘사되어 있다. 황제는 운사까지 두어 완벽을 기했다. 신화의 세계에서 나와 적의 경계는 백지장처럼 얇다.

탁록의 가을 하늘은 맑고 높다. 굴원(屈原)처럼 '하늘에 물어본다(天問).' 왜 공을 세운 응룡과 발은 하늘로 되돌아가지 못했는가? 발이 가는 곳마다 물이 마르고, 하늘에 응룡이 없으니 비가 오지 못했다. 황제는 오직 치우를 이기기 위해 금기를 깼다. 하늘에 있던 발을 불러내서 지상에 무시로 한발이 들게 하고, 응룡을 돌려보내지 않아 기우제를 지내게 했으니. 지상 사람들을 볼모로 잡은 격이랄까.

또 물어본다. 바루나는 인드라를 도왔으나 어쩌다 비를 내리는 고유의 능력마저 인드라에게 건네주게 되었을까? 싸움이 끝나자 인드라는 친구들의 공을 치하하는 대신 그들의 권력을 빼앗았다. 자신의 아버지를 죽이고, 적(브리트라)의 어머니를 죽일 정도로 잔혹한 인드라는 친구들에게서도 빼앗을 것은 빼앗았다. 권력은 과연 그렇게 얻어지는 것인가?

「천문」과 「욥기」

「천문(天門)」 이야기가 나왔으니 이 위대한 시를 또 하나의 위대한 시 「욥기」와 비교해 보자. 유성준 선생이 번역한 『초사(楚辭)』는 무려 다섯 달 동안 나와 함께 여행하며 중국 땅까지 왔다. 『초사』야말로 중국 신화 연구의 보고다. 전국 시대 원시 유가(儒家)의 파상 공세에도 불구하고, 남방의 초나라는 자기들 신화의 모티프를 버리지 못했다. 저자 굴원이 아니었으면 중국 신화는 윤곽도 알 수 없이 흩어졌을 것이다. 비록 책의 뒷부분은 다 찢어 버렸지만 「천문」은 여행이 끝나도록 무사했다. 『초사』 중에도 「천문」이야말로 중국 고대 신화 최고의 단서이니까. 「천문」은 내용뿐만 아니라 형식 면에서도 군계일학이다. 글은 단도직입적으로 신화적인 질문들을 던지면서 시작된다.

323

태고의 처음 일을 누가 전해 주었을까? 천지가 이루어지기 전에 어디에서 천지가 나왔을까?

......

음양의 명암, 이것이 어떻게 만들어졌을까?

......

천체는 곧 아홉 겹의 깊은 곳인데 누가 그것을 다스렸을까? 이러한 엄청 난 힘을 가졌는데 누가 처음 이것을 만들었는가?

......

하늘의 여덟 개의 인산(人山)은 어디에 바탕을 두었는가?

......

십이진은 어떻게 나누어지는가? 해와 달은 어디에 속하는가? 여러 별들 은 어디에 줄 이어 있는가? 태양은 탕곡에서 나와서 몽수의 물가에 머문 다. 아침부터 저녁까지 몇 리나 가는 건가?

......

강과 골짜기는 어째서 깊은가? 동쪽으로 흘러가도 넘치지 않으니 누가 그 까닭을 아는가?

동서남북은 어느 것이 더 긴가? 남북은 타원형인데 그 넓이는 얼마나 되 는가?[37]

의로운 굴원이 자신의 충정을 알아주지 않는 현실을 한탄하는 내용 으로 끝맺고 있지만 대부분은 신화의 수수께끼에 대한 의구심으로 채 워져 있다. 왕일은 "하늘은 존귀하여 물을 수 없으니, 하늘이 묻는다고 한다.(天尊不可問, 故曰天問)"라고 해설했다. 그렇다면 천문은 '하늘에 묻 다'는 뜻이 된다. 여기서 한번 뒤집어 생각해 볼 필요가 있다. 잠깐 「욥 기」 38장을 살펴보자. 의로운 신앙인 욥은 아무 연고도 없이 사탄에 의해 시험에 든다. 참다 못한 욥은 하늘에 원망한다. "왜 나에게 이런 시련을 내리나이까? 차라리 태어나지 않았더라면 좋았을 것을." 그러자 여호와의 대답이 들려왔다.[38] 그 형식이 공교롭게도 '하느님이 물으심' 즉 '천문'으로 되어 있다.

그때에 여호와께서 폭풍우 가운데에서 욥에게 말씀하여 이르시되

너는 대장부처럼 허리를 묶고 내가 네게 묻는 것을 대답할지니라

......

내가 땅의 기초를 놓을 때에 네가 어디 있었느냐 네가 깨달아 알았거든 말할지니라

누가 그것의 도량법을 정하였는지, 누가 그 줄을 그것의 위에 띄웠는지 네가 아느냐

그것의 주추는 무엇 위에 세웠으며 그 모퉁잇돌을 누가 놓았느냐

......

바다가 그 모태에서 터져 나올 때에 문으로 그것을 가둔 자가 누구냐

그때에 내가 구름으로 그 옷을 만들고 흑암으로 그 강보를 만들고

한계를 정하여 문빗장을 지르고

이르기를 네가 여기까지 오고 더 넘어가지 못하리니 네 높은 파도가 여기서 그칠지니라 하였노라

......

어느 것이 광명이 있는 곳으로 가는 길이냐 어느 것이 흑암이 있는 곳으로 가는 길이냐

광명이 어느 길로 뻗치며 동풍이 어느 길로 땅에 흩어지느냐

......

누가 홍수를 위하여 물길을 터 주었으며 우레와 번개 길을 내어 주었느냐

......

너는 별자리들을 각각 제때에 이끌어 낼 수 있으며 북두성을 다른 별들에
게로 이끌어 갈 수 있겠느냐

네가 하늘의 궤도를 아느냐 하늘로 하여금 그 법칙을 땅에 베풀게 하겠
느냐

「천문」의 질문과, 『초사』에 들어 있는 굴원의 또 다른 시 「이소(離騷)」
의 원망을 합치면 바로 「욥기」가 된다! 에두르지 말고 「천문」을 글자 그
대로 옮겨 '하늘이 묻다'로 읽어 보면 이렇다. "태고의 처음 일을 누가
전해 주었느냐? 천지가 이루어지기 전에 어디에서 천지가 나왔느냐?"

「천문」(「이소」와 연결하여)이든 「욥기」든 억울한 이들이 하늘에 원망하
자 하늘이 오히려 질문으로 답하고 있다. 그것은 천지의 창조, 우주 자
연의 이치, 그 외의 온갖 의문점들에 대한 신화적인 질문이다.

선후 관계나 영향 관계 따위를 살필 필요도 없다. 「욥기」는 『성서』의
여러 편들 중에서 가장 독특하다. 「천문」 또한 독보적인 형식미와 내용
미를 갖추고 있다. 이 두 '신화집'을 통해 우리는 동서를 막론한 사고
구조의 엄청난 유사성을 읽게 된다. 구조적 분석 방법은 홀대할 수가
없다.

이야기의 전파-천지 창조

인간사 모든 일이 그렇듯 차용에서 창조가 생기기도 한다. 신화 연구에
서도 전파와 교류에 의한 차용을 인정할 필요가 있다. 창세 신화 몇 가

지를 살펴보자. 다음은 페르시아인의 창세 신화다.

처음에 산들은 18년 동안 계속 자랐다. 그런데 엘부르즈는 800년 동안이
나 자랐다. 200년 동안 별의 자리까지, 또 200년 동안은 달의 자리까지,
또 200년 동안은 해의 자리까지, 그리고 나머지 200년 동안은 끝없는 빛
의 자리까지 자랐다. 그러는 동안 2244개의 산들이 엘부르즈에서 자라났
다. 우아한 후가르, 테렉 등등의 봉우리들이…….[39]

이 상상은 분명 화산으로 인한 조산 운동에 대한 신화적인 해설이
다. 더 동쪽 인도로 가 보자.

천지에 빛이라고는 없이 온 사방이 캄캄한 어둠으로 뒤덮여 있을 때 커다
란 알이 하나 있었다. 멸하지 않는 생명의 씨였다. 사람들은 이를 세상이
시작되는 신비로운 근원이라고 했다. …… 거기에서 생명의 어버이, 이 세
상의 하나뿐인 주인이자 조상인 브라흐마가 나셨다.[40]

인도인들 역시 자연에서 관찰할 수 있는 생명의 출발점인 알을 관찰
하고 창조 논리의 출발점으로 삼았다.

이제 중국으로 눈을 돌린다. 기원전 2세기 중국인들은 형이상학적이
면서도 물리 법칙을 존중하는 방식으로 천지의 탄생을 설명했다. "하
늘과 땅을 낳는(生天生地)" 어떤 법칙으로서의 "도(道)"를 제시하는 『장
자』의 상상력의 계보를 잇고 있다.

하늘과 땅이 아직 형상을 찾지 못했을 때, 세상의 물질들은 시로 빙빙 돌
며 뒤엉켜 있었다. 이 공허한 상태에서 도가 생기고, 우주가 생겼다. 우주

는 기운을 낳는데, 가볍고 맑은 기운은 위로 올라가 하늘이 되고 무겁고
탁한 기운은 아래로 내려가 땅이 된다.—『회남자』

그로부터 대략 400년이 지나 삼국 시대 오나라(기원후 3세기)의 책에
는 자못 독특한 기록이 나온다.

천지는 달걀처럼 혼동의 상태였다. 반고(盤古)가 그 안에서 태어나 1만
8000살이 되었다.
하늘은 매일 한 장(丈)씩 높아졌고, 땅은 한 장씩 두꺼워졌으며, 반고는 매
일 한 장씩 키가 자랐다. 이제 1만 8000해가 지나자 하늘은 엄청나게 높아
지고 땅은 엄청나게 깊어졌다.—『삼오력기(三五歷記)』

스케일이 크고 정교한 상상력이다. 그러나 아무리 보아도 다른 곳에
서 자주 보던 이미지와 숫자가 등장한다. 알에서 태어난 브라흐마와 반
고의 창조 행위, 산이 자라듯이 자라나는 거인, 18이니 1만 8000이니
하는 구체적인 숫자 등 전체적인 구조가 기존 중국 창조 신화들의 묘사
보다는 오히려 인도나 페르시아, 혹은 하늘로 자라는 인간들의 이야기
를 간직한 메소포타미아 신화, 혹은 걸핏하면 신들이 자기 덩치를 키우
는 힌두 신화와 흡사하다. 그때는 이미 불교가 들어온 지 한참 지난 때
였고, 실크로드가 개척된 지 수백 년이 지난 후였다. 이런 신화를 차용
의 관점에서 살피지 않는다면 억지가 아닐까?

캐릭터의 전파-하누만과 손오공

후대에 가면 신화의 주인공들이 캐릭터로 가공되어 인기를 누리기도 한다. 아래의 원숭이 이름은 무엇인가?

이 원숭이는 이 산 저 산을 뛰어다니며 뜀뛰기를 연습했다. 짐승들은 이 괴물 원숭이가 뛸 때마다 놀라서 우왕좌왕했다. 원숭이는 뭔가 엄청난 일을 할 준비를 하고 있다. 몸을 점점 부풀리자 킹콩보다 더 커졌다. 심호흡을 하고, 몸을 웅크리고, 남쪽 바다 위의 창공으로 몸을 날렸다. 엄청난 힘에 디딤돌로 삼았던 산이 꺼지고, 바위들이 부서졌다. 엄청난 속도로 바다 위 하늘을 나는 괴력의 원숭이를 보고 하늘의 신들도 숨을 삼켰다.

이 원숭이가 바다 건너 커다란 섬까지 뜀박질을 한 것이다. 그 섬에는 커다란 성이 있고, 그 안에는 어떤 못된 괴물이 살고 있었다. 원숭이는 적의 성으로 진입했다. 그러나 성문이 모두 잠겨 있었다. 어둠이 깔리자 원숭이는 몸을 쥐만큼 작게 만들어 성문 아래로 기어들어 갔다.

이제 이 원숭이의 성격을 한번 살펴보자. 무사히 성으로 들어간 원숭이는 무엇 때문에 화가 났는지 나무를 뽑고, 정원의 돌을 이리저리 밀치고, 연못을 메우는 등 아수라장으로 만들어 놓았다. 성주는 화가 나서 8만 대군을 동원해 원숭이 잡이에 나섰다. 그러나 8만 대군도 추풍낙엽처럼 나가떨어져 버렸다. 원숭이는 꼬리에 불을 붙여 이리 뛰고 저리 뛰면서 성의 누각들에다 불을 옮겼다. 이렇게 난장판을 만든 후 원숭이는 다시 몸을 부풀려 한 번의 뜀뛰기로 육지로 건너왔다.

몸을 자유자재로 늘이고 줄이며, 필요하면 졸개들을 동원하는 이 원숭이는 누구인가? 하늘나라에서 대 소란을 피운 손오공이 아닌가. 힘과 신통력은 꼭 손오공인데, 근두운과 여의봉은 어디에 놓고 다니는 걸까?

위에서 묘사한 원숭이는 인도의 대서사시 『라마야나』에 등장하는 하누만이다. 손오공과 다른 점은 히말라야 남쪽에서 태어났다는 점뿐. 삼장법사를 모시는 손오공처럼 그도 주인 라마를 모시고 어떤 어려움이 닥쳐도 그의 도술로 위기를 극복한다.

손오공은 하누만의 단순한 모방일까? 그렇지 않다. 모티프를 빌렸지만 완전히 새로 창작한 것이다. 하누만은 너무 우직해서 오직 라마만을 바라보지만 손오공은 종종 자기의 역할에 회의를 느낀다. 하누만은 대개 진지하지만 손오공은 장난꾸러기다. 말하자면 손오공이 하누만보다 훨씬 인간적이다. 이렇게 하누만은 중국 땅에서 새로운 캐릭터로 거듭난 것이다. 차용을 인정한다고 해서 독창성이 훼손되는 것은 아니다.

3 이야기에 소유권은 없다

신화와 고고학의 잘못된 만남

내몽골의 5월은 아직 북풍이 주인이다.[41]

몇 년 전, 중국의 몇몇 문인이 갑작스레 '곰 토템'이라는 주제를 끌고 나왔다. 하기야 곰이 있는 곳에 곰 토템이 있는 것은 당연한데 무엇이 문제인가? 이른바 내몽골 동북에서 요령성 서부 랴오허 강(遼河) 일대에서 발견된 구석기 문화, 이른바 홍산 문화의 출토 유물들이 황하 유역의 구석기 유물보다 더 화려한 것이 화근이었다. 황하 변에 거대하게 조각해 놓은 황제 석상이 갑자기 어색하게 되고, 황제의 고향이라는 신정(新鄭)에 있는 긴 수염에 상투를 멋지게 틀어 올린 할아버지 석상도 멋쩍게 되었다.

그러나 공격은 최선의 방어라고 하지 않았던가? 신들의 출생지를 좀 조정하고 생각을 한번 비틀면 문제는 다 해결되는 것이 아닌가? 황제가 조금 북쪽으로 가고, 그동안 용 토템의 정점에 있던 황제를 북방 신화에서 가장 유명한 등장인물인 곰과 연결시키면, 북방의 곰 신화를 가진 민족이 모두 황제의 후손, 즉 중화 문명의 수혜자가 될 것 아닌가? 물론 가장 오래된 곰 신화 기록을 가진 한국 민족도 '최대의 수혜자'가 된다.

처음에는 몇몇 비전문가들의 상상력 훈련으로 간주했지만, 요령성 박물관의 전시실 입구에 신농씨 집단의 중원 채도 문화(양사오 문화)와 동/남방 우하 집단의 대문구/양저 문화를 북방 황제 집단의 홍산 문화와 삼각형으로 연결하고 제일 위에 황제의 홍산 문화를 올려놓은 것을 보면 이제 '이야기 만들기'는 단순한 상상력의 차원을 넘어선 것 같아 아쉽다.

문제의 발단은 요령성 우하량 유적지에서 발견된 '옥으로 만든 돼지 용(玉猪龍)'이 '옥으로 만든 곰 용(玉熊龍)'으로 바뀐 것이었다. 코를 보니 돼지 같기도 하고, 다시 코 아래 가는 금이 그어진 것을 보니 곰 같기도 하다. 우아하게 원을 그린 몸통은 뱀 아니면 용의 것 같기도 하다. 얼굴이 새인 것도 있는데 이것은 옥조룡이라 부른다. 웅룡이 되는 과정은 다음과 같다.

『산해경』에는 황제가 옥을 먹었다는 구절이 있다. 그러니 옥은 황제의 상징이다. 『사기』에 "황제가 유웅씨가 되었다.(黃帝爲有熊)"라는 구절이 있다. 그러니 황제의 성은 '곰'이다. 그뿐이 아니다. 『사기』「오제 본기」와 『열자(列子)』「황제」에 황제가 곰, 비(羆), 호랑이 등을 데리고 탁록에서 치우와 싸웠다고 되어 있다. 그리고 문헌을 확인해 주듯 우하량의 여신묘에서 곰의 하악골이 발견되었다고 한다.

그러나 토템은 그렇게 어설프게 설명되는 것이 아니다. 토템은 집단 전체의 믿음의 구심점을 말하는 것이다. 몽골인은 스스로를 흰 사슴의 후예라고 기록했다. 그래서 청동기 시대부터 철기 시대까지 1000년

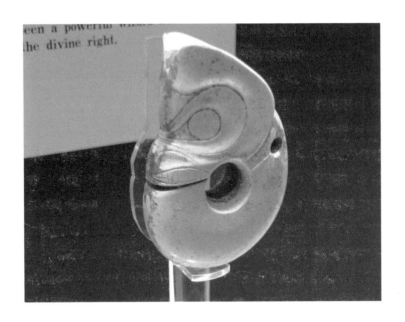

이 넘는 시간 동안 만들어진 거의 800개에 달하는 초원 사슴돌의 모티프는 하나같이 사슴이다. 이리하여 사슴은 움직일 수 없는 초원 및 산림 민족의 토템이다. 시베리아의 100개가 넘는 민족들 중 어떤 이들은 호랑이, 어떤 이들은 곰이 자기 조상이라고 한다. 그들은 지금도 그렇게 믿고 있고 스스로 그렇게 이야기한다. 그러면 호랑이와 곰은 그들의 토템이다. 웅녀가 단군을 낳았으니 단군은 곰의 자손이다. 그러니 한때 곰이 단군씨족의 토템이었을 것이다. 짜 맞추기가 아니라 확실한 근거가 있을 때 우리는 고대인의 신념을 이야기할 수 있다.

발굴 당시 사진을 보면 샤먼의 머리에 새가 올려져 있고, 저룡이니 웅룡이니 하는 것은 곁가지 장신구일 뿐이다. 그럼 새 토템을 가지고 있었다고 하는 것이 정상 아닌가? 황제는 옥뿐만 아니라 정상적인 식사도 했고, 고대의 부족명은 음차가 대단히 많다. 예컨대『좌전』에 '소호씨(少皞氏)는 봉조씨(鳳鳥氏)'라는 당대인의 신념이 기록되어 있으니, 소호씨를 새 토템과 연결시킬 수도 있지 않은가? 그토록 중요한 황제 유웅씨를 곰과 연결시키는 문헌은 왜 없는가? 싸울 때 곰, 비, 호랑이를 데리고 가는 것은 이들이 힘이 세기 때문이 아닐까? 오랜 중국 문장의 전통대로 웅(熊)과 비(羆)의 글자 모양이 비슷하기 때문에 이 둘을 이어서 쓰지 않았을까?

적봉(赤峰), 오한기(敖漢旗), 요령성 박물관을 다 돌면서 고고학과 신화의 잘못된 만남을 누차 확인했다. 실제로 홍산인들이 곰을 토템으로 삼았을 수도 있다. 누가 알겠는가? 그러나 그 정도 상상에서 그쳐야 한다. 황제를 비롯한 여타 전설상의 인물들과 홍산의 유물을 직접 연결시키는 것은 아무리 봐도 무리다. 기본적으로 신화는 여러 세대에 걸쳐 있는 상상의 세계이며, 고고학은 확실한 연대 비정이 필요한 엄정한 물질과학의 세계다. 문맥을 무시하고 뽑아낸 문장 두어 구절과 장신구 몇 개로 고대인의 신념 세계를 재단하고 소유권을 주장할 권리가 있을까?

백두산에서—인자무적

13년 전 백두산을 오를 때는 여름의 끝자락이었다. 상해의 끔찍한 열기를 떠나 연길(延吉)에 도착하니 벌써 저녁은 서늘했다. 그날 마중 나온 사람들은 이미 개고기와 술까지 준비해 놓았으니, 개고기는 고사하고 술잔만 무수히 갈아 치웠다. 비몽사몽간에 잠을 깨고, 일행이 준비해 둔 도요타 승용차를 타고 백두산으로 떠났다. 시절이 어려워서, 차가 설 때마다 북한을 빠져나왔다는 동포 아이들이 끝없이 몰려들었다.

어이 어이 하다 한달음에 꼭대기까지 올라갔더니 천지는커녕 봉우리들마저 안개에 빠져 나올 생각을 하지 않았다. 그리고 얼마간 정상에서 떨다가 바로 산을 내려왔다. 생각하면 부끄러운 일이었다. 산은 그렇게 오르는 것이 아닌데, 더구나 민족의 영산을. 후회는 꽤 오래 남았다.

이번에는 5월 중순 날도 좋은 날, 요령성과 내몽골을 거쳐 조심스레 백두산으로 향했다. 낮은 곳에는 이미 물오른 버드나무 향기가 은은하고, 자작나무의 어린 순이 목을 빼고 봄을 기다린다. 바람도 적어 걷기 좋은 날이었다. 그러나 매표소 안에 들어서자 풍경이 달라졌다. 우리는 이 산을 걸어 올라갈 수 없다. 그것은 엄연한 규정이었다. 표를 사고, 줄을 서고, 타고 오를 차를 기다려야 한다. 나는 이렇게 오래전의 불경을 속죄할 기회를 잃었다.

이 산이 숭배를 받던 시절, 대개 이 산을 오르던 사람들은 여진 말, 조선말을 했지만 지금은 중국어 일색이다. 담비 가죽이나 산삼을 찾아 이곳에 오는 사람들은 산 아래서 산의 주인인 큰 짐승에게 고수레를 하고 천천히 올랐다. 지금 수백 명의 와자지껄한 행렬을 보면, 이 땅 사람들은 신성함을 너무 잃어버린 것 같다. 저 하얀 산을 꼭 차로 올라야 할까? 신성함에도 100원, 200원 재빨리 가격표를 붙인다.

천지를 코앞에 두고 드디어 좀 걸어갈 자유를 얻는다. 하얀 눈을 이고 있는 검은 바위산은 호수를 안고 둘러 서 있는데, 호수의 얼음은 창창한 하늘과 마주쳐 푸른 듯 희다. 5월도 하순으로 가는데 천지의 얼음은 꿈쩍도 하지 않고 있었다.

저 남쪽 너머 우리네와 비슷한 사람들이 사는 곳으로 곧장 갈 수 없다는 사실을 인정하는 것이 고통스럽지만, 눈을 머금은 바람은 이리저리 방향을 바꾸며 싱그럽게 분다. 100개의 민족이 이곳을 신성하게 여겨도 이상하지 않으리라. 백두산은 동북아 이야기들의 모태 산이다. 이 천지를 비롯하여, 물줄기가 흐르는 곳마다 이야기들이 퍼져 나갔다. 만주 사람들은 자기들 이야기를 기록으로 남겼다. 『청태조실록』에 이렇게 기록되어 있다.

만주 민족은 원래 장백산(백두산)의 동북 포고리산(布庫里山)의 한 호수에서 발원했다. 처음에 하늘이 세 선녀를 호수로 내려 보냈으니 맏이가 은고륜(恩庫倫), 둘째가 정고륜(正庫倫), 셋째가 불고륜(佛庫倫)이었다. 셋이 목욕을 마치고 언덕에 오르는 차에 하늘의 까치(神鵲)가 불고륜의 옷 위에 씨앗 하나를 떨어뜨렸는데 그 색깔이 참으로 예뻤다. 불고륜이 그 씨앗이 아까워 떨어 버리지 못하고 삼켰더니 곧 임신을 했다.

"언니들, 제 배가 무거워 같이 하늘로 올라갈 수가 없겠습니다. 어쩌면 좋아요?"

"우리는 일찍이 불사의 단약을 먹었으니 죽지 않는다. 이 또한 하늘의 뜻이니 몸을 풀고 올라와도 늦지 않을 것이다."

이리하여 언니들이 떠나고 불고륜은 남자아이 하나를 낳았는데, 아기는 태어나면서 바로 말을 했다. 이 아이가 장성하여 배를 타고 하류로 내려가는데, 장백산 동남쪽의 세 부족이 밤낮으로 피를 부르며 싸우는 모습을 보았다. 한 추장이 이 사나이의 비범한 모습을 보고 대중에게 고해, 함께 보러 가서 추문하니 이 사나이가 대중에게 대답했다.

"나는 천녀 불고륜의 아들로, 성은 애신각라(愛新覺羅: 아이신교로)요, 이름은 포고리 영웅이오. 하늘이 나를 내려 보내 그대들의 싸움을 평정하라 하였소."

이리하여 세 부족은 싸움을 멈추고 포고리 영웅을 추대하여 만주를 건국했다.

『청고종실록』에도 "『금사(金史)』「세기(世紀)」에 이르길, 금세조가 완안부에 계셨는데, 완안부 땅에는 백산과 흑수가 있다 했느니, 백산이 바로 장백산이요 흑수는 곧 흑룡강이다."라고 설명해 놓았다.

그럼 만주인이 우리의 백두산을 빼앗았나? 일단 청조의 최강성기를 이끈 건륭제는 이런 시를 썼다.

하늘께서 청조를 열어 주시어, 우리는 대동에서 발양했다.
산은 장백이요, 강은 혼동이라.

(天造皇淸, 發祥大東, 山曰長白, 江曰混同.) —『만주원류고(滿州源流考)』 '어제전운시(御制全韻詩)'

그렇다면 만주인도 '백두산 족'의 일파다. 우리 형제들이 드넓은 아시아 대륙을 호령했구나? 그러나 멀리 가지 말자. 곧 이런 엉뚱한 이야기가 나온다.

(만주는) 숙신 이래로, 한대에는 삼한(三韓), 위진대에는 읍루, 원위(元魏)대에는 물길, 수당대에는 말갈, 신라, 발해, 백제 등 여러 나라를 이뤘다.

물론 삼한과 발해, 신라, 백제는 만주인의 나라가 아니라 조선인의 나라였다.

이야기는 이야기일 뿐 사실이 아니다. 긴 여행 동안 누누이 이야기했지만, 중국은 신화와 역사를 뒤섞어 괴물을 만드는 중이다. 나는 그들을 흉내 내지도 않을 것이고, 속 좁게 하나하나 반박하지도 않을 것이다. 나는 그저 이야기 구조 속에서 공감의 흔적을 찾고, 주제 속에서 안목을 기르고자 할 따름이다.

사실 저들의 이야기가 바로 우리네 이야기다. 널리 세상을 복되게 하겠다고 내려온 하느님의 손자 단군과, 골육상잔의 알력을 극복하려고 내려온 선녀의 아들 포고리 영웅은 모두 인간 세상에 복을 내리겠다는 원대한 사명을 띠고 있다. 그리고 그 고귀한 사명의 시발점은 백두산이다. 백두산이 한때 여러 민족이 함께 나누던 것이었듯이, 비슷한 이야기를 여러 민족이 갖는 것은 당연하다. 앞으로 나는 백두산을 거대한 시베리아의 동쪽 끝으로 보고 이야기를 풀어 갈 것이다.

백하에서 심양으로 돌아가는 열차의 침대칸은 매진됐다. 앉아서 밤을 새니 허리가 거의 마비될 지경이다. 허리의 고통을 누그러뜨릴 요량으로 요령성에서 온 떠버리 여인숙 주인 사(使) 형과 잔을 기울였다. 단잠을 잘 몇 뼘의 공간을 고대하며 술의 힘으로 고통을 물리친다. 다행히 심양으로 다가갈수록 사람들이 줄어든다. 새벽 3시, 드디어 누울 공간을 찾고 안도의 한숨을 쉬었다.

그러나 누운 지 얼마 안 돼 맥주가 방광을 누른다. 잠깐 일어나 일을 보고 온 사이 옆자리의 취객이 누워 버렸다. 무려 네 시간을 기다려 얻은 침대를 이웃에게 뺏기다니. 한번 깨워 보지만 꿈쩍도 하지 않는다. 어째 누운 몸이 좀 부실하다. 하긴 우리의 허리 구조는 똑같지. 떠버리 여관 주인이 웃는다.

"놔둬라. 좀 많이 마셨다. 곧 해가 뜬다. 해가 뜨면 잠은 와도 피곤하지 않다."

새벽 4시가 안 되어 동부 평원에서 동이 튼다. 4시 10분. 취객이 일어나 부드럽게 웃으며 말을 건넨다.

"앉아라."

"괜찮다. 해가 떴다."

인격은 약한 관절 사이에 들어 있는지도 모른다. 통증이 관대함으로 서서히 바뀌고 앉은 채로 깊은 잠을 잤다.

4 신들의 나라로

1 영혼의 땅으로 간 속물

이야기의 보물 창고

인도로 간다. 수천 년 동안 이런저런 옷으로 갈아입었지만 그 속은 여전히 보존되어 있는 온전한 하나의 생명체, 그 자체로 세계를 이루고 있는 땅으로 들어간다. 역사가나 인류학자로서 인도를 찾는 일은 어쩌면 지옥의 빗장을 스스로 여는 짓일 것이다. 그 엄청난 사건들의 용광로 속에서 어떤 종합을 시도해 본들 운이 좋아야 '인도는 인도다.'라는 출발점으로 떠밀려 올 것이고, 운이 나쁘면 '아무것도 알 수 없다.'라는 자포자기 상태에 빠질 것이기에. 인도는 사회과학적으로 분류될 수 있는 예쁜 개념이 아니다. 그러나 그가 문학가라면 그는 지금 보물 창고의 문을 열고 있는 것이 분명하다. 그곳에는 세상에서 가장 기발한 이야기들이 가장 복잡한 형태로 보관되어 있다. 그림 속에 거의 무한대의 그림들이 들어 있고, 이야기들은 현실과 환상 혹은 지상과 천상에서 이중으로 얽혀 있다. 그 옛날의 『마하바라타』에서 오늘날의 『악마의 시』

까지 인도인이 아니라면 두 번 세 번 읽어야 기억할 수 있는 이야기들이 갠지스 강처럼 흘러간다. 인도의 이야기꾼들은 분명 세계에서 가장 복잡한 이야기 회로도를 그릴 수 있는 이들이다.

그러나 지금까지 인도는 대개 역사가도 아니요 이야기꾼도 아닌 '영혼 전문가'들에 의해 소개되었다. 인도는 그들에게는 영혼의 고향이요, 이 지구상에 마지막 남은 영적 안식처다. 현실과 이야기의 복잡함을 다 포기하고 '영혼'이라는 지상(至上)의 단순함을 찾아낸 이들 중 몇몇은 유명 인사가 되기도 했다. 그 단순함, 가끔씩 치가 떨릴 정도로 단순한 영혼과 신에 관한 해석들은 대단히 매력적이어서 청중이 끊이지 않는다. 오늘날 마찬가지로 치가 떨릴 정도로 무의미한 한국인의 복잡한 일상 맞은편에 영혼과 신이 있을 테니, 그곳이 멀면 멀수록 사람을 끌어당기는 힘은 더 크리라.

하지만 역사학도로서 나는 이런 확신을 갖고 있다. 모든 단순화는 생명에 대한 경멸이며, 생명에 대한 경멸을 내버려 두고 신의 세계로 들어갈 수는 없다고. 신이 일말의 자비가 있어 지상의 생명들에게 가는 끈이라도 건넨다면.

지금 나는 영혼에 대한 무지와 띄엄띄엄 이어지는 역사적 편견을 가지고 이 복잡한 이야기의 바다로 뛰어들려고 한다. 처음부터 그랬고 여행 중에 이내 밝혀지고 말았듯이 내 영혼은 이 준비된 안식처에 들어갈 만큼 순수하지 않았다. 다만 영혼에 관해 말하자면 나는 때 묻은 이들을 사랑한다. 때 묻었다는 사실 때문에 우리는 서로에게 연민을 느끼고 경멸을 극복한다. 우리들 영혼에 묻은 때로 인하여 우리는 신이든 무엇이든 어떤 유무형의 매개자 없이 직접 대화할 수 있다는 것을 확인하며, 우리 앞에 떨어진 공통의 불행에 대항하는 연대를 구축할 수 있다.

영국 주인을 따라 버마를 침공한 인도인 용병(세포이)에 대해 인도 작가 아미타브 고시가 자신의 작품 속 한 화교의 입을 빌려 평가한 말은 나의 불결한 마음에 조그마한 위안을 주었다.

"나는 그들의 눈을 들여다보면서 순진성과 단순함을 발견할 수 있었지. 상관이 명령하면 온 마을에 불을 지르는 걸 아무렇지도 않게 생각하는 이들에게도 나름대로 순진함이 있었던 거야. 그건 순진무구한 사악함이었지. 이 세상에 그것처럼 위험한 건 없다고 생각해."[42]

나는 이렇게 영혼의 스승을 찾을 수 없는 오염된 영혼이었다. 나의 이 불결한 영혼 앞에선 『리그베다』도 『바가바드기타』도 영적인 것이 아니었고, 히말라야 산속의 수행자들도 숭배의 대상이 아니었다. 다만 나는 책의 이면에 있는 엄청나게 풍부한 함의에 열광하며 수행보다는 생존의 경계에서 투쟁하는 육체적인 인간들과 단순한 대화에 빠져들었다.

사람이 사람을 잡아먹는가?

비행기는 밤 8시가 되어 델리 공항에 도착했다. 길이 좀 막히긴 했지만 버스는 슬금슬금 뉴델리 역으로 달렸다. 고마운 밤은 가릴 것은 적당히 가리고 드러낼 것도 희미하게 만들어 내가 인도에 적응할 시간을 주었다.

오늘 묵을 파하르간지는 역에서 아주 가까운 곳이지만 처음부터 걸어 다니는 모험을 할 수는 없었다. 길게 생각할 사이도 없이 인력거들이 모여든다.

"파하르간지."

"10루피."

아무리 가까운 거리라도 10루피(200원)로 갈 수 있을까? 의구심이 들었지만 인력거를 탔다. 좁고 어두운 골목으로 들어가니 좀 묘한 기분이 들었지만 어차피 길을 아는 것도 아니니 몸을 맡겼다. 우리가 온 곳은 역을 사이에 둔 파하르간지 반대편 골목이었다. 인력거꾼은 나를 어떤 여관 앞에 내려놓는다. 아, 저주받을 나의 순진함이여.

"파하르간지의 호텔들은 너무 비싸다." 하며 숙박비를 열심히 설명해 주는 친구를 뒤로하고 다시 역 쪽으로 걸었다.

"100루피, 50루피."를 외치며 인력거꾼이 따라온다. 매정해지기로 결심했다.

"돈 문제가 아니다, 친구. 자네가 나를 속였잖은가?"

물어물어 파하르간지를 찾아갔다. 파하르간지는 역 바로 뒤편으로 역사 안의 작은 고가 인도만 건너면 도착하는 곳이었다.

10월 밤에도 델리의 공기는 뜨거웠다. 역 광장 곳곳을 차지하고 누운 이들의 모습에서 혼돈보다는 어떤 훈훈함이 감돈다. 그들은 '무방비'로 잠을 자고 있다. 그들의 광장 친화적인 태도에서 어떤 강렬하고 뭉클한 가능성이 느껴진다.

역사로 들어가 철로 위 고가로 오르는 계단에서 어린 어른을 보았다. 잠자는 동생을 업고 가파른 계단을 오르는 예닐곱 살 정도 되는 사내아이. 가늘고 까만 발목의 아킬레스건이 마른 대지 위를 움직이는 지렁이처럼 애처롭게 꿈틀거린다. 하지만 동생의 엉덩이를 감싼 녀석의 가는 팔은 닻줄처럼 질겨 보였다. '깊이 살고 있구나, 어쩌면 너무 깊이.'

배낭여행객을 위한 저렴한 숙소가 널려 있는 곳으로 가서 로드 호텔(Load's Hotel)이라는 곳에 짐을 풀었다. 옆방 화장실에서 들리는 우렁찬

구토 소리와, 쩌렁쩌렁한 텔레비전 소리에 자다 깨다 하며 밤을 보냈다. 어떤 상서로운 일이 벌어질 듯 은근히 기분이 들뜬 하루였다.

이틀 동안 박물관과 슬럼가를 돌아다니며 심리적인 탐색전을 벌였다. 인더스 문명을 일군 사람들의 일용품과 예술품은 대개 메소포타미아와 아나톨리아 일대와의 친연 관계를 보여 주지만 후대로 갈수록 중국 서남부 유형과의 관계를 암시하는 것들도 보인다. 인더스 문명과 그에 이어지는 문명들의 연결성은 너무나 선명해서 마치 끝없이 모양을 바꾸며 다시 등장하는 불사(不死)를 대면하는 것 같다. 그리스의 사실적인 조각 양식은 약간의 변형을 거치며 21세기까지 줄기차게 살아남았다. 한국이나 중국에서 양식이 껍데기만 살아남았다면 이곳에서는 피와 살까지 살아남아 매일 갱신되고 있다.

신들이 돌로 된 형상을 가지자 즉각 '민주적 분업 체제'가 도래했다. 모티프가 복제되기 시작하자 신들은 어떤 속성을 공유하기도 하고 새로운 특성을 개발하기도 하며 저마다 한 자리씩을 차지했다. 더 이상 폭군 인드라의 시절도 아니고 창조자 브라흐마의 시절도 아니다. 비슈누와 시바는 사회의 중요한 기능들을 가장 효과적으로 흡수하여 인드라와 바루나를 제치고 최고신의 반열에 올랐지만, 나머지 신들도 제각기 자기의 기능을 발전시켰다. 가네샤와 쿠베라와 크리슈나는 훨씬 더 인격화된 세속의 신들이다. 어쩌면 인도의 신화와 서사시는 신들의 기능에 대한 방대한 사용 설명서다.

다음 날은 뉴델리 역에서 올드델리 역으로 가는 슬럼가를 걸었다. 이 거리에서 사람들은 개체로서 움직이는 것이 아니라 물결이 되어 흐르는 것처럼 보인다. 좌우 구분이 없는 도로에 소와 인력거와 달구지와 트럭이 뒤엉켜 서서히 흐른다. 멀리서 보면 멈춰 있는 듯하지만 다가가면 느리지만 분명히 흐르고 있다는 것을 알 수 있다. 목표를 바라보며 직

346

선으로 걷는 것이 아니라 보이는 빈 공간을 차지하는 동작을 무한 반복하는 것이 바로 이곳의 이동 방식이다.

　도로 옆 건물들은 창고식 상점과 작은 공장인데, 공장에서는 대개 석상을 만든다. 델리에서 소비되는 작은 신상들 중 상당 부분은 여기에서 만드는 듯했다. 몇 평 쪽방에서 일을 하기엔 너무 더워서 문은 모두 열려 있다. 기술 문명은 불균등한 욕망들의 집합체라서 종종 잔인한 짓을 한다. 초기 반도체 공장에서 맨손으로 독극물을 다루던 여공들처럼 이곳의 석공들은 마스크도 없이 그라인더로 돌을 간다. 살인적인 도시의 더위 때문에 마스크를 쓰는 일이 어렵기도 하다. 그러나 저 돌가루는 저이들의 폐에 하염없이 쌓일 것이다. 나는 칼리 여신상을 만들고 있는 장인을 한참 관찰했다. 그 장인은 악마의 머리를 잘라 들고 잔으로 피를 받고 있는 칼리 여신의 손에 정성을 쏟고 있었다. 문득 섬뜩

한 상상이 등허리를 타고 지나가기에 몸서리를 쳤다. '칼리의 손에 들려 있는 저 머리는 혹시 노동자의 머리가 아닐까? 여신이 노동자의 피를 핥아먹고 있는 것이 아닐까?' 이 돌 공장은 얼핏 보면 단순한 일터이고, 다시 보면 신이 사람을 잡아먹는 곳 같지만, 결국은 사람이 사람을 잡아먹는 공간이다.

칼리는 지모신(地母神)이었다. 지모신에게 바치는 인신 공양은 태곳적 관습이다. 그러나 그 빈도는 분명 아주 적었을 것이다. 불교와 자이나교의 인문적인 비폭력, 불살생주의는 인신공양을 심각하게 반성하게 만들었을 것이다. 신화와 문학에서 칼리 희생제가 살아남을 수 있었던 것은 희생의 대상이 악마로 바뀌었기 때문이다. 식민지 시절에도 이 관습은 횡행했지만 이제 칼리를 위한 희생제에 인간은 등장하지 않는다. 하지만 악마의 피를 받아먹는 이 오래된 미술 모티프는 이제 몰취미에 불과한 것 같다. 악마 역시 인간의 형상을 닮았지 않은가.

저렇게 돌가루를 마시면 쇠로 된 폐를 가지고 있다고 해도 어쩔 수 없다. 어느 날 저 지아비가 쓰러지면 집안도 쓰러지리라. 그때 저 작은 신상은 너무 멀리 팔려 가서 신통력을 발휘할 수 없으리라. 나는 그와 이야기를 나누고 싶었지만 다시 인간의 흐름에 밀려 서서히 길을 빠져나오고 있었다. 하긴 힌디어를 모르는 나와 영어를 모르는 그 사이에 무슨 대화가 가능할까.

레드 포트에 도착하니 인부들이 아마도 식민지 시대에 세워진 듯한 망루를 부수고 있다. 서쪽 이슬람 세력의 침입, 북쪽 중앙아시아인의 남하, 해안선을 따라 포르투갈인과 영국인의 침투, 그 모든 세력을 끌어들인 인도의 거대한 보물 창고는 결국 바닥을 드러내고 말았다. 인도인은 이 곳간을 쓸모없이 화려한 보석과 황금 대신 먹고 마실 것과 새 가치들로 채워 나가는 중이다.

델리의 이야기꾼

델리의 더위 속에서 시가지를 걸어 다니다 보니 진이 다 빠진다. 저녁에는 인도에서 가장 고급 음료라 할 수 있는 맥주를 한 잔 했다. 계획대로 시원한 곳으로 가야겠다. 델리와 같은 거대한 도시는 아무래도 나 같은 촌놈이 버티기에는 버거운 곳이다. 갠지스(강가)의 발원지에 정말로 지구의 에너지가 응축되어 있는지 확인하러 가야겠다.

그리고 나는 처음으로 제대로 된 이야기꾼을 만났다. 로드 호텔의 디네쉬 샤르마는 정녕 뛰어난 이야기꾼이다. 『마하바라타』의 변덕스러운 수다쟁이 신들 중에 넣어 두어도 버틸 인간인데, 한 가지 아쉬운 점은 그의 작품은 그다지 독창적이지 않다는 것이다. 그는 이런 사람이다.

아침에 여관을 나서며 프런트에 데라둔으로 가는 열차표를 물어보았다.

"여기서 표 살 수 있을까? 뉴델리에서 그쪽으로 가는 밤차는 없는 것 같은데."

그때 바로 주인공 샤르마가 운명처럼 등장했다.

"있어. 이리 와. 우리는 풀 써비쓰(full service)를 제공하잖아."

'풀 써비쓰'라는 말을 듣고 그가 이쪽 계통의 전문가임을 전혀 의심하지 않았다. 그러더니 그 옆 사무실로 데리고 간다.

"내 여행책에는 없다고 하던데."

"있어. 하루에 네 번. 여기서 밤 9시 반에 출발해. 바로 옆 역에서."

"뉴델리 맞아?"

"확실해."

"표 값이 얼만데?"

"표 값에 상관없이 우리는 700만 받아. 이거 내 여관인데(my own

hotel), 뭐."

'마이 오운 호뗄?' 더욱 믿음이 간다. 그렇지만 한 번 더 물어보았다.

"그래도 표 값은 알아야지."

"500이다."

"그럼 640만 받아라."

그러자 샤르마는 내게 쩨쩨하다는 표정을 지으며, 크게 인심을 쓴다는 태도로 받아들인다.

저녁에 돌아와서 물었다.

"표는?"

"내일 아침에 줄게."

"알았어. 몇 시 거 끊었지?"

"9시 반. 올드델리."

"올드델리? 올드델리면 내가 뭐 하러 당신한테 부탁하냐? 당신 아침에 한 말하고 다르다. 뉴델리라고 했잖아?"

슬그머니 화가 나서 몰아세웠다.

"인정해라. 실수라고. 실수 아니면 나를 속인 것이다."

"알았다. 흥분하지 마라. 내가 오토바이로 태워 주면 되잖아. 10분이면 도착한다."

몰아세우는 것이 마땅치 않다는 듯이 엉뚱한 소리를 한다.

"그러게 싼 표를 사라고 했나?"

부아가 치민다.

"야, 그게 싼 표하고 뭔 상관이냐? 당신이 거짓말한 거지."

이 친구가 이제 물타기를 시도한다. 내가 맥주 한 잔 한 것을 걸고 늘어진다.

"너 술 먹었지?"

말싸움으로 이길 자신이 없었다. 이자는 고수다. 당한 내가 바보지.

다음 날 아침에 가니 다시 저녁에 오란다. 어차피 차는 밤에 떠난다. 천천히 저녁에 표를 찾으러 갔다. 그리고 최대한 퉁명스럽게 말했다.

"표?"

"여기."

"고맙다."

이런 젠장, 표 값은 249루피였다! 하루 사이에 인도 열차 표 값이 반으로 내렸군. 여하튼 표를 보니 마음이 놓인다.

"어쨌든 고맙다."

맡겨 둔 짐을 챙겨 들고 와서 말했다.

"가자, 올드델리로."

"지하철로 가라. 8루피."

'도대체 이 친구의 거짓말의 끝은 어디인가?' 그렇지만 마음을 가다듬고 전투 의지를 되살렸다. 고압적인 목소리로 다그쳤다.

"너 오토바이로 태워 준다고 했잖아? 또 속일 거야?"

그러나 그는 어떤 상황에서도 당황하지 않는다.

"그럼 8시 30분까지 기다려. 나 일 끝나면."

'좋다, 거짓말쟁이. 어디 또 벗어날 수 있나 보자.'

"알았다. 기다리지."

사무실 한편에 주저앉았다. '한국에 돌아가면 이 여관 주인의 소행을 모조리 폭로하고 말리라.'

한참 있더니 이 친구가 내 배낭을 가리키며 먼저 말을 건다.

"그런데 저거, 네 짐이야? 짐 때문에 오토바이는 안 되겠다. 그렇게 큰 가방은 침 본다."

"……"

녀석의 의도를 알아차리고 나는 한숨을 쉬었다. 진퇴양난에 빠진 나에게 회심의 일격을 날리는 그.

"너를 실어 준다고 했지. 짐을 실어 준다고 했냐?"

이 샤일록 같은 놈. 나도 방법이 있지.

"그럼 오토바이 내가 몰게."

"좋다. 열쇠를 줄게. 너 면허증 있지?"

요놈이 말도 안 되는 핑계를 대고 있다. 그러나 나도 운전 면허증을 챙겨 왔다. 의기양양하게 면허증을 내밀었다.

"물론이지."

"이거 안 통해. 인도 면허증이어야 돼."

드디어 폭발. 말싸움은 의미가 없었다. 미꾸라지 같은 녀석에게 어떻게 일격을 가하지? 좋다, 나도 치사한 방법을 쓰리라.

"야, 너 명색이 주인이라는 녀석이 왜 자꾸 말 바꾸냐? 비겁하게."

그런데 맙소사.

"나 주인 아냐."

"네 호텔이라고 했잖아."

"나는 사무실을 세 낸 사람이고."

나오는 말마다 거짓말이다. 이 친구는 하룻밤이면 영어 문법도 다 바꿀 재주가 있었다. 도저히 상대할 수 없는 고수. 나의 공격에는 눈도 깜짝 안 한다. 마치 비명처럼 최후의 반격을 가했다.

"고맙소, 샤르마. 나를 훈련시켜 줘서. 미스터 거짓말쟁이(Mr. Liar)!"

'미스터 거짓말쟁이', 이 말을 뱉고 나니 꼭 개선장군이 된 듯한 승리감에 빠져들었다. 그러나 그다음 대답을 듣고는 다시 패배를 인정할 수밖에 없었다.

"그래. 그런데 너 한국 돈 있냐? 있으면 한 장 줘. 기념품으로."

"……."

말다툼하는 사이에도 시간은 지나가고 있었다. 패배를 인정하고 인력거를 타고 올드델리 역으로 달렸다. 처음에는 '자네가 인도 돈을 기념으로 주시지.' 혹은 '자네가 거짓말하는 버릇을 고친다면.' 등으로 받아칠걸 하는 부질없는 생각을 하다가 올드델리 역이 가까워지자 불현듯 불안감이 몰려왔다.

'이 열차표 가짜 아냐?'

다행히 열차표는 가짜가 아니었다. 그 친구의 이름이 진짜 샤르마였을까? 그것도 장담 못하겠다.

2 히말라야 기행

마음속 이상향 샹그릴라

상상해 봐요. 모든 사람들이 온 세상을 공유하는 것을.

나를 꿈이나 꾸는 사람이라 하겠지요. 그렇지만 나는 혼자가 아닙니다.

언젠가 당신도 우리와 함께하길 바라요.

비틀즈는 이렇게 '상상해 봐요(Imagine)'를 노래했다. 비틀즈의 선배 작가 제임스 힐튼도 서구의 소유욕과 그로 인해 발생한 전쟁의 환멸 속에서 이상향을 찾았다.

계곡은 정말 놀랄 만치 비옥한 낙원이었기 때문이다. 수천 척의 고도 차이 때문에 계곡은 온대에서 열대까지의 모든 기후대를 품고 있었다. 온갖 곡식이 발 디딜 틈도 없이 풍성하게 자라고 있었다. …… 대지를 적시는 시냇물은 눈에서 녹아내려 얼음처럼 차가웠지만, 공기는 해가 없을 때도

상쾌하게 따듯했다.[43]

그곳은 '샹그릴라'라는 곳이었다. 오늘날 이상향을 뜻하는 보통명사가 된 샹그릴라라는 단어는 이렇게 태어났다. 초유의 세계 대전이 끝난 후, 혁명과 전쟁으로 꿈틀거리는 세계를 바라보던 서구의 지식인은 현실과는 완전히 격절된 곳, 사람이 쉽사리 접근할 수 없는 히말라야의 깊은 산중에서 이상향을 찾았다. 소설은 "끊임없이 열에 들떠서 세계를 들쑤시고 다니는" 서구인들이 사실은 또 하나의 전쟁(2차 세계 대전)으로 돌진하고 있다는 경고를 던진다.

내가 보기에 샹그릴라는 아마도 히말라야 남북에 있는 사람들이 믿었던 절대의 이상향 샴발라에서 따온 말 같다. 히말라야 설봉들 사이의 어딘가 사람의 발길이 끊어진 곳, 그러나 그곳에는 배고픔도 고통도 없다. 이 땅에서는 차별도 배고픔도 없으며, 악도 추함도 완전히 정화되어 모두 은은한 행복 속에서 하루를 보낸다고 한다. 우리네 할머니들의 마음속에 있던 서방정토가 바로 그런 곳이리라. 티베트의 오래된 이야기들에 의하면 그곳은 연꽃같이 이어진 설산들로 둘러싸인 골짜기다. 96개의 지역이 이 성스러운 땅을 둘러싸고 있다. 그 가운데에는 성스러운 호수와 수정으로 된 9층 궁전이 있다. 그리고 그 궁전에는 석가모니의 가르침을 간직하고 있는 샴발라의 왕 미륵불이 살고 있다 한다.

티베트 화가들은 샴발라의 모습을 그리고 또 그렸다. 높은 곳에서 위대한 스승들이 샴발라를 굽어보고, 새하얀 눈 봉우리들이 인간의 접근을 가로막는다. 샴발라를 둘러싼 각 지역들도 설산으로 나뉘어 있어 서로 침탈하지 못하니 이곳에서 싸움이란 없다. 싸움이 꼭 필요하면 샴발라 밖에서 일어난다. 질서 정연한 정의의 군대가 말을 타고 악마들을 덮칠 때, 흰 구름을 탄 착한 신들이 검은 구름 속에 숨은 악마들을 공격한다.

샴발라는 시간의 파괴를 비켜난 곳이다. 샴발라의 왕 아래에는 시간의 수레바퀴를 돌리는 신이 복종하고 있으니까. 세상이 탐욕과 전쟁에 빠져 도저히 지켜볼 수 없을 때, 샴발라의 왕이 대군을 이끌고 세상으로 나와 모든 암흑을 제거한다고 한다.

샴발라는 히말라야 남쪽 인도에서 실망한 이상주의자들이 히말라야 북쪽, 사실은 마음속의 지도에서 그린 이상향이다. 인도 평원에 사는 이들은 히말라야 어딘가에 샴발라가 있다고 생각했고, 막상 히말라야에 사는 이들은 좀 더 서북쪽 파미르 고원 너머에 있다고 생각했던 모양이다. 이렇게 샴발라는 닿을 수 없는 곳에 있다.

이상주의자 플라톤도 웅대한 스케일로 사라진 이상향을 그렸다. 어느 날 제우스의 처벌로 바다 속으로 가라앉아 버렸다는 대서양 가운데의 거대한 섬 아틀란티스가 바로 그곳이다. 아틀란티스 사람들은 그때까지 그 누구도 누릴 수 없는 엄청난 부를 누렸다. 온갖 광물과 목재, 향신료, 과일, 곡물이 넘치고 코끼리와 같이 엄청나게 먹는 짐승들이 무수히 살 정도로 먹을 것이 풍부했다. 뜨거운 물과 차가운 물이 다른 샘에서 솟아나니 사람들은 언제나 건강했다. 그리고 이것들보다 더 중요한 것은 그곳 사람들의 품성이다. 그들은 너무나 고상한 사람들이라 오직 우애로 사람을 대했고 황금이나 재물은 거들떠보지도 않았다.

그러나 이 유토피아 사람들도 어느 날부터 재물을 감당하지 못하고 사치에 빠지기 시작했다. 그리하여 그들은 더 가지기 위해서 싸우고, 또 권력을 얻기 위해 싸웠다. 그 결과는 제우스의 응징, 바로 바다 밑으로의 침몰이었다.

나도 샴발라 땅을 밟고 싶었다. 그러나 지금 히말라야 북쪽의 샴발라는 폐쇄되어 있다. 티베트 본토인들은 중국인이 억눌러서 못 살겠다고 들고일어나고, 중국 당국은 분열주의자들을 감시해야 한다고 한다. 외국인은 이중 삼중의 검사를 거쳐 단체로 정해진 길을 가야 한다. 북쪽 샴발라는 지금 갈등의 땅이 되었다.

나는 지금 인도에 있기에 인도인의 샴발라를 찾아가고 싶다. 인도 사람들에게 샴발라는 바로 갠지스 강이 시작되는 곳이다. 어머니의 강은 원래 하늘 위를 흐르고 있었다 한다. 그것이 바로 은하다. 시인 이백은 "군은 보지 못했는가, 황하가 하늘에서 내려와 동쪽으로 달려 바다에 닿으면 다시 오지 못함을(黃河之水天上來, 奔流到海不復回)"이라는 기막힌 문장을 만들어 냈다. 하늘을 흐르는 물이 땅으로 내려온다는 상상력은 동서를 막론하고 일반적이었으리라. 이집트인은 하늘이 거대한 바다여서 떨어져 내릴 수도 있다고 상상했으니까.

인도의 이야기에는 항상 인격신이 등장한다. 베다 시대(기원전 1500년~기원전 600년경)에는, 이전에 별로 힘이 없었던 시바가 갠지스 강의 강림 신화의 주역으로 등장한다. 강가(갠지스)가 땅으로 내려온 사연은 이렇다.[44] 『라마야나』의 주인공 라마의 조상인 사가라 왕은 아들을 얻기 위해 고행을 하던 중 브리구라는 선인으로부터 훌륭한 아들을 얻을 것이라는 계시를 받는다. 이리하여 그는 6만 명이나 되는 준수한 아들들을 낳아서 행복의 극치를 누렸다. 이 행복한 왕이 성대한 마제(馬祭, 말 희생제)를 드리려고 준비할 때 인드라는 그만 심사가 뒤틀린다. 신들은 제사를 받아 힘을 얻는다. 그러나 제사를 통해 자기 아닌 다른 신들이 강해지는 것을 두려워하기도 한다. 인드라는 질투가 심한 신이다. 지상의 왕이 그토록 큰 제사를 지내는 것이 마뜩지 않았던 그는 제사를 위해 기르던 말을 감춰 버렸다.

아무리 뒤져도 말을 찾을 수 없이 6만의 왕자 들은 키 필리라 는 선인의 수행처까지 이르렀는데 거기에 잃어버린 말이 묶여 있었다. 물론 인드라가 한 짓이었다. 6만의 왕자들은 카필라가 수도하고 있는 동굴에 가서 이 '도둑'을 공격하려 했지만, 오랜 수도로 강력한 힘을 가진 카필라는 눈의 광선으로 이들을 모두 재로 만들어 버렸다. 그리고 몇 세대가 흘러 후손 바기라타가 왕이 되자 그는 허무하게 재가 된 할아버지들을 구원하고 싶었다. 그가 조상들을 구원하기 위한 혹독한 고행을 이어가고 있을 때 브라흐마가 나타나 말했다. "조상들을 구원하려면 강가(갠지스)의 물을 바쳐야 한다."

그러나 강가는 하늘을 흐르고 있지 않은가? 그 거대한 하늘의 물줄기가 땅으로 내려오면 이 세상은 휩쓸려 버릴 것이 분명했다. 브라흐마는 이런 답도 주었다. "오직 강력한 힘을 가진 시바만이 떨어지는 물이 세상을 휩쓸지 않도록 할 수 있다." 이리하여 바기라타는 다시 한 해 동안 고행하며 시바에게 간청했다. 드디어 시바가 대답했다. "나의 머리로 떨어지는 강가를 받아 내겠다."

강가는 자신을 받아 내겠다고 버티고 서 있는 시바가 가소로웠다.

"내가 상카라(시바, 특히 시바 추종자들이 그렇게 부른다.) 그대를 지하로 휩쓸어 보내 주지."

그리하여 강가는 몸을 한껏 부풀려 시바의 머리를 향해 떨어져 내렸다. 그러나 강가의 예상은 빗나가고 말았다. 시바의 머리 위로 떨어졌지만 그의 곱슬곱슬한 머리카락에 갇혀 땅에 닿기조차 못했던 것이다. 아무리 벗어나려 해도 소용이 없었다. 무수한 해(年)가 지나는 동안 길을 찾지 못하고 갇혀 있는 차에 다시 바기라타 왕이 나타나 고행으로 시바에게 간청했다. "시바시여, 강가를 풀어 주십시오." 드디어 시바의 마음이 움직여 강가를 빈두 호수가 있는 자리에 고이 풀어 주었다. 물은 일곱 갈래로 흘러내렸다. 이때 수많은 천신들과 영물들이 나타나 이 장면을 축복하고 강가와 시바에 접촉함으로써 죄를 씻었고 바기라타도 강가의 물을 가져가 재로 변한 6만 명의 조상들을 구원했다고 한다.

실제로 이야기의 이면에는 수많은 투쟁이 도사리고 있다. 여신들을 길들이며 남신들이 압도적인 힘을 얻는 과정, 브라흐만 사회 안에서 제사주의와 고행주의의 대결, 베다 시대의 최고신 인드라가 힌두 시대의 시바에게 밀려나는 과정이 씨줄과 날줄처럼 엮여 있다. 결국 모든 것을 바꾼 것은 인간의 고행과 신의 축복이다. 고행과 축복이 힌두교의 근본 교리로 들어서는 과정을 압도적인 파노라마로 보여 주는 장면은 수많은 사람에게 감동을 주었다.

이번 여행에서 주목할 것은, 인간이든 아수라든 신이든 죄에 노출된 존재는 모두 정화할 수 있다는 강가의 힘이다. 오늘날도 죄를 벗고자 하는 이, 그리고 최고신에게 다가가고자 하는 이들은 강가를 찾고, 그중에서도 더 큰 열망을 가진 이들은 강가의 원류 강고트리의 고묵 빙하를 찾아간다. 어쩌면 나도 영혼이 좀 더 맑아져 나올 수도 있지 않을까 하는 엉뚱한 기대를 가지고 강고트리로 떠났다.

꽃의 카르마

델리발(發) 밤차는 데라둔으로 출발했다. 열차 안에서 달콤한 밤을 보내고 나니 아침의 공기는 이미 델리와 달라져 있었다. 다시 버스를 타고 리시케시로 향했다.

리시케시는 강을 사이에 두고 양쪽으로 길게 늘어선 마을이다. 강가에 늘어신 높다랗고 하얀 긴물, 래프팅 하는 사람들, 수영하는 사람들이 눈에 들어오고, 아이들 떠드는 소리가 물소리에 섞여 들려온다. 고요, 인도에 도착한 후 처음으로 고요가 느껴진다. 강둑에 앉아 저녁을 기다릴 때 강 양쪽 언덕 수행처에서 다른 음조의 소리들이 흘러나와 강 가운데서 웅웅댄다. 저녁을 하나의 분위기로 몰아가는 소리다. 이름 그대로 수행자들이 넘치는 마을. 영혼의 안식을 찾아 전 세계에서 몰려든 사람들 때문에 이 작은 마을은 국제적인 분위기를 풍긴다.

강둑에 멍하니 앉아 있자니 꽃들이 몰려온다. 꽃을 멀리해야 하는 이 마음을 누구에게 하소연할 수 있으랴. 누구는 아이들에게 구걸하는 습관을 들여서는 안 된다고 하지만, 보통의 심장을 가진 이가 어떻게 꽃을 뿌리치고 갈 수 있을까? 보잘것없는 지폐로 잠깐 동안 맺어질 꽃들과 여행자의 어색한 대화.

'스승들'의 모양은 제각각이지만 하나같이 모든 것은 신의 뜻대로 행해지고 있으니 이미 일어난 일에 마음을 두지 말라고 가르친다. 일어난 일에 얽매이다 못해 일어날 일에 얽매이는 나 같은 이는 얼마나 하급 인간인가.

내 아들은 부끄럼쟁이다. 서너 살이 되면 아이들은 부끄럼을 배운다. 얼굴을 붉히며 밤에 피는 꽃처럼 부끄러움은 순진한 것들의 본성인데, 부끄러움 대신 고통스러운 표정을 드러내는 법을 배운 아이들. 그런 표정을 지어야 한다는 사실 자체가 저 부끄러움을 가진 영혼에게는 고통스러운 일이리라. 주머니의 지폐가 바닥나고 나는 꽃을 헤치고 지나간다.

내가 저 예배 소리를 사랑할 수 있을까? 무관심과 방조를 조장하는 무기력의 소리를 사랑할 수 있을까? 사회와 부모의 카르마(業)를 아이들에게 뒤집어씌우는 저 영혼의 가르침을 따를 수 있을까? 영혼은 개인적으로 구원될 수 없다는 암베드카르의 생각은 옳은 것이었다. 아이들은 부모의 카르마의 지배 아래 놓여 있다는 그의 주장도 상식적인 것

이다. 그들은 무한 세대를 반복해 온 자신의 카르마 때문에 거리로 나온 것이 아니라, 아이들에게 눈을 돌리지 않는 기성세대의 카르마 때문에 거리로 나온 것이다.

네루의 직관도 옳았다. 힌두주의는 개인에게 정신적 탐구를 계속할 자유를 주었다. 그러나 개인이 정신적 탐구의 자유를 누릴 기반이 되는 사회 구조를 만들어 내지 못했다. 사회적 카스트는 정신적 카스트로 너무나 순식간에 전환되지만 그 전환을 막을 사회적 방어막을 만들지 못했던 것이다. 심지어 정신적 카스트를 부수기 위해 태어난 불교조차도 그런 사회적 구조를 만들어 내지 못하고 너무나 쉽게 타협해 나갔다.

나의 영혼은 너희의 과거에 묶이고 다시 너희의 미래에 묶일 것이다. 우리는 그런 능동적인 속박을 통해 수동적인 해탈에서 벗어나고, 카르마와 다르마를 넘어 개체로서의 '권리'로 다가갈 수 있다. 우리 안에 신이 있다면 우리는 신의 권리를 지니고 있는 것이다. 지폐는 바닥이 났고 꽃들이 흩어진다.

강고트리 가는 길

리시케시에서 강고트리 가는 길. 우타르케시에서 버스는 멈췄다. 현지 서민들, 시바 추종자를 상징하는 작은 삼지창을 든 수행자들, 높은 곳으로 가는 옷을 챙기지 못한 서양인 남녀가 이 버스에 탔다. 리시케시를 떠나자마자 차는 산을 기어오른다. 살아 있는 생명체처럼 차도 사람들의 생리에 맞춰 움직인다. 산길의 날카로운 돌에 난 상처를 이기지 못하고 결국 바퀴는 찢어지고 말았다. 사람들은 여유롭게 바퀴가 교체되기를 기다린다. 옷을 배낭에 넣어 짐칸으로 던져 둔 서양인 여자가 부들부들 떨기 시작한다. 내 외투를 건네주니 고마워한다. 그녀는 무슨 바람을 가지고 높은 곳으로 가고 있을까.

우타르케시 시장에서 바나나를 사는 차에 엄마 품에 꼭 매달린 아이의 손을 만져 보고 싶었다. 인도의 아이들은 눈이 유독 아름답다. 손을 내미니 녀석은 제 손을 싹 거둬들인다. 감히 엄마 품에 있는 나를 건드리려고? 사랑받는 아이들은 당당하면서도 수줍다. 가난한 어머니는 선한 웃음을 지어 보인다. 여유에서 나오는 웃음이다. 아이와 어머니는 피부와 피부를 맞댄 채로 종일을 보낸다. 가난한 사람들만 가질 수 있는 특권이다.

오늘 강고트리로 가려면 지프를 수배해야 한다. 거금 2000루피를 들여 지프 한 대를 고용했다. 운전사의 이름은 비그람. 나는 그렇게 싱겁게 흥정하는 친구를 본 적이 없다. 날이 져야 목적지에 도착할 것이다. 길은 군데군데 끊어지고, 얼음이 언 곳도 있으리라. 내가 2000루피를 제시하자 그는 고개를 끄덕인다. 온몸에 여유가 넘치는 친구였다. 작은 가게가 나오면 차를 한 잔씩 마셨고, 아는 사람이 보이면 대화도 나누고, 혹은 하교하는 애들을 태워 주기도 했다. 영어는 거의 하지 못했기에 그와 별다른 대화를 나눌 수는 없었다. 그렇지만 뭔가를 할 때마다 나에게 얼굴을 돌려 동의를 구하는 눈짓을 보냈는데, 나는 그 말없는 예법에 빠져들었다.

계곡을 채운 온대 수목들이 점점 사라지고 히말라야 삼나무가 많아진다. 그러다 좌우에 나무가 없는 산들도 등장하고 온도는 계속 떨어졌다. 삼나무 숲 위에 걸린 초원과, 낮게 쌀리는 햇살을 받아 하얗게 도드라진 구름 사이에 눈 덮인 바위산들이 보이기 시작한다. 이제 히말라야의 *끄트머리*에 도착한 것이다.

올라갈수록, 깊이 들어갈수록 점점 더 가관이다. 좌우의 산은 바짝 다가서고 격하게 흐르는 물소리가 도로까지 전해졌다. 온천이 있는 작은 수행처인 샨티 쿤에 도착하자 비그람은 더 가기 싫은가 보다. 마리화나도 있고, 친구들도 있으니까.

"버스 타고 가 볼래?" 하고 내 심사를 떠본다. 오늘은 버스가 없다고 했으니 여기서 쉬고 내일 버스 탈 생각이 있냐는 뜻이다. 내가 오늘 꼭 도착하고 싶다고 하니 서슴없이 그러자고 한다. 그에게는 사람의 마음을 거스르지 않는 묘한 매력이 있다. 그렇지만 우리도 좀 쉴 필요가 있었다.

나는 비그람을 따라 수행자의 바위 굴로 들어갔다. 바위 굴이라기보다는 바위틈이라는 말이 더 적절한 표현이리라. 바위틈에 자리를 마련하고 지붕을 덮어 놓은 두어 평 정도의 방이 그의 수행처였다. 자그마한 시바의 신상과 제단, 그리고 끊임없이 타오르는 버터기름 등불이 그의 세간 전부였다. 비그람은 그를 '바바'라 불렀다. 바바는 '어르신' 정도의 존칭일 수도 있고 높은 경지에 이른 '스승'의 의미일 수도 있다. 그는 이곳을 지나는 사람들에게 축복을 내리는 일을 하고 있었다. 물론 나에게도 축복을 내려 주었는데, 축복을 내리는 그의 손이 심하게 떨린다. 바바의 눈은 여전히 생기가 있었지만 그의 몸은 이 축축한 환경 때문에 꽤 쇠약해진 듯했다. 바위를 타고 내려온 물이 방울방울 떨어져 경사진 방을 흘러내린다. 그가 얼마나 유명한 사람인지를 드러내는 사진을 몇 장 보여 주고 그가 내리는 축복의 의미를 설명해 준다. 그러나 나는 나의 축복보다는 바바의 건강에 관심이 있었다. 바바는 방 안 사람들에게 응축시킨 하시시(대마? 마리화나?) 덩어리를 나눠 준다. 맛있게 피우는 기사의 표정이 평화롭다. 나에게도 권하지만 나는 마시는 걸 더

366

좋아한다고 대답해 줬다. 대신 바바께 말씀을 드렸다. 서구인을 자주
상대하는 바바는 영어를 상당히 유창하게 구사했다. 나는 주제넘은 참
견을 했다.

"바바, 이 안의 공기가 너무 습해요. 이곳을 벗어나야 관절이 좋아질
텐데요. 좁은 곳에서 하시시를 너무 많이 피워도 관절에 좋지 않을 거
예요. 서늘한 들판에서 걸어 다니는 것이 좋을 것 같아요."

바바는 딱히 내 건의에 관심을 보이지도 않았지만 거소톱나는 표정
도 짓지 않았다. 성자든 부처든 육체에 기대고 있을 때는 자기 육체를

잘 보살펴야 하기에. 비그람은 멋지게 흡연을 마무리하고 작은 덩어리 하나를 더 챙기고 나섰다.

어둠이 깔리고 있었다. 대개 북쪽을 향했지만 차는 심하게 방향을 바꾸었고 차가 방향을 바꿀 때마다 저녁 빛의 각도에 따라 가까운 곳의 바위산과 먼 곳의 얼음산의 색채가 끊임없이 바뀌었다. 산의 그림자 속으로 들어가면 어둠이 내리고 벗어나면 하얗고 붉은 밝음 속으로 들어갔다. 백길 낭떠러지 아래로 흐르는 물은 희뿌연 포말 때문에 파란색을 버리고 좁은 바위 사이를 맹렬하게 빠져나가고 있었다. 드디어 길옆의 산에도 눈이 보였다. 녹색 이끼가 가득한 바위 위를 서설이 살그머니 덮고 있는 광경에서 느껴지는 평온함이란.

그예 한밤중이 되어서야 강고트리에 도착했다. 비그람에게 저녁을 대접하고 200루피를 얹어 주었다. 받으면서 역시 간단한 눈짓을 보낸다. 언제나 마음을 편하게 해 주는 친구다.

식사를 할 때 산악 가이드들이 찾아왔다. 대부분은 네팔인이다. 베테랑 가이드 빔 바하두르 사이가 자기 동생 럴리 사이를 추천했다. 빔은 내일 독일인들을 이끌고 고묵 빙하까지 올라갈 예정이라고 한다. 밤이 되자 기온이 엄청나게 떨어져 숙소 안에서도 침낭 속에서 자야 했다. 아침이면 시바가 강가를 받아 낸 곳으로 간다.

럴리 사이, 너는 나의 시바!

이리하여 다음 날 아침 럴리 사이와 산을 올랐다.

히말라야의 단풍은 서럽도록 아름답다. 설봉의 위압감을 누그러뜨리는 저 단풍은 얼마 지나지 않아 사라지리라. 큰 뿔 산양들이 바위에서 햇살을 즐기다 사람을 보고 슬그머니 물가로 내려간다. 위엄이 넘치는 놈들이다.

협곡은 길지만 굴곡이 거의 없었다. 입구를 조금 벗어나자 바로 설봉들이 줄을 이은 히말라야의 위용이 드러난다. 마게라티 삼형제 봉우리 중, 오른쪽 봉우리의 왼쪽 면은 완전히 수직 벽이다. 누가 감히 오를 엄두를 내랴, 저 독수리도 비켜 갈 바위벽을.

네팔인 포터들은 무게를 아랑곳하지 않는다. 그들은 다리로 살아가는 사나이들이다. 미련해 보일지라도 무릎과 허리로 정직이란 무엇인가를 가르친다. 발자국마다 성스러움을 싣고 걸으며 언제나 즐겁게 떠들고 웃는다.

럴리 사이는 수줍음 많고 마음이 여렸다. 영어는 한마디도 못하지만 몇 단어는 알아듣는 듯 고개를 끄덕였다. 그러나 그 끄덕임은 알아들었다는 의미가 아니라 그저 미안함의 표시라는 것을 눈치채지 못했다. 산중 노천 간이매점에서 점심 식사를 하려 할 때 손짓 발짓을 섞어서 말했다. "저 친구가 먹는 것과 같은 것으로 주문할게." 럴리 사이는 이번에도 고개를 끄덕끄덕. 그러고 나서 매점 운영자들에게 몇 마디 한다. 그러나 한 시간이 지나도 다른 사람들의 점심만 준비되고 우리 것은 나오지 않았다. 그래서 먹자는 시늉을 해 보니 또 끄덕끄덕한다. 그러나 다시 기다려도 우리의 밥은 나오지 않았다. 영어를 몇 마디 하는 짐꾼의 도움을 받아 다시 물어보았다. 우리의 점심 주문은 안 된 것이었다. 화가 나서 그만 일어나서 가자고 했다.

그제야 영어를 몇 마디 할 수 있는 네팔인 짐꾼들이 통역으로 나서 내게 알려 주었다. 럴리는 영어를 전혀 못한다고. 나는 럴리를 탓했다.

"못 알아들으면 다른 사람에게 물어볼 수 있지 않느냐, 아무 말 없이 계속 고개만 끄덕이면 어떻게 하냐."

이번에도 고개를 끄덕끄덕. 그러나 상황을 이해하고 이내 화낸 것을 후회하고 말았다. 그는 점심 값이 너무 비싸서 주문을 안 한 것이었다. 형이 가이드 점심 값은 스스로 해결하는 것이라고 알려 주었단다. 물론 내가 산다고 한 말을 못 알아듣고 그냥 고개만 끄덕였던 것이다. 너무 수줍어서 그런 것을.

이제 마게라티 삼형제 봉 오른쪽의 씰링이 보인다. 메루도 보인다.(이 이름들은 네팔 친구들이 부르는 발음을 그대로 따라 적은 것이다. 틀릴 수도 있다.) 움직일 때마다 거대한 산들이 몸소 위치를 바꾸어 앉아 주는 듯한 착각이 들어 황송하다.

그러다 다시 일군의 네팔인 짐꾼들을 보았다. 탈레이사가르를 오르려는 등반대의 짐을 옮기는 모양이다. 베이스캠프까지 바일, 자일, 무지막지한 발전기까지 머리에 두른 끈 하나로 옮기는 저 네팔의 짐꾼들. 고용된 이들이니 삯을 받으리라. 그러나 인간의 노동력을 과연 저런 곳에 써도 되는가? 그들은 이 인도 땅에서 이방인이다. 모든 사람에게 관절이란 소모품이다. 그들의 관절이 우리보다 더 나을 이유도 없다. 젊음이 이 모든 것을 무마해 주고 있지만 젊음이 지나간 뒤의 후유증은 어찌하리. 짐은 너무나 무겁고 한 발 한 발 발을 옮기는 다리에 힘줄이 불거진다. 갑자기 아버지의 지게가 생각난다. 히말라야에는 설산이 널려 있다. 가까운 곳까지 자기 짐을 지고 올라서, 알파인 스타일로 오르면 되는 것 아닌가? 왜 한 사람의 산행을 위해 예닐곱 명의 짐꾼이 필요한가?

산 그림자가 길게 드리울 때 고묵 빙하가 보이는 언덕에 이르렀다. 이제 가벼운 두통이 찾아온다. 빙하가 긁고 내려가 평평해진 자리에 납작한 건물들이 자리를 잡고 있는 평온한 곳이었다. 바위로 담을 만들고 그 위를 천으로 덮은 곳이 우리의 숙소였다. 빙하는 내일 보리라. 너무 지쳤기 때문이다. 시바를 추종하는 사두(수행자)들은 어둠이 깔리는 것도 무시하고 빙하 방향으로 향했다. 어김없이 밤에는 현기증이 났다. 해발 3500미터, 그리 높지 않은 곳이었지만 며칠 동안 이어진 설사 때문에 기력이 남아 있지 않았다. 우리 숙소에서는 콜카타에서 온 젊은 여인 둘이 기다리고 있었다. 유달리 자그마한 여인 둘은 생전 한 번도 경험해 보지 못한 추위와 고소증 때문에 와들와들 떨고 있었다.

"강가의 원류를 찾아왔어요. 인도 사람이면 누구나 꿈꾸는 소원이죠."

말을 하면서도 온몸을 떨었다. 이런 상태에서 잠을 청하자면 저 정도 담요로는 아무 소용이 없다.

"제 침낭을 쓰시죠. 저는 아직 안 추워요."

침낭을 주니 정중하게 거절한다. 직장 여성들이었지만 아직 보수적인 그녀들로서는 외국 남자의 물건을 받기가 어려웠으리라. 살짝 명령조로 말했다.

"고소증은 무서운 겁니다. 오늘 밤 위험할 수도 있어요. 이걸 쓰세요."

강제로 침낭을 건네고 지퍼를 잠그니 이제는 반대하지 않는다. 담요는 허술했고 공기는 희박했지만 조용히 견뎠다. 설사가 나오지만 않는다면 참을 수 있다.

아침 일찍 고묵 빙하에 오르니 먼저 온 사두들이 있었다. 시바의 링가(성기 모양의 돌)도 곳곳에 보인다. 이제 강가가 시작되는 곳까지 온 것이다. 어머니 강가는 처음부터 세차게 흐르는 물을 내보내고 있었다. 얼음 동굴에서 뿜어져 나오는 저 물에 비해 어기져기 흩어져 있는 작은 시바의 남근들이 초라해 보인다. 균형을 맞추고자 그랬는지 고묵 빙하

오른편의 설봉을 인도인들은 시바의 남근이라고 부른다.

이제는 장비 없이 더 올라갈 수 없다. 내려갈 시간이다. 럴리 사이와 천천히 회회낙락하며 내려왔다. 고도가 낮아지면서 두통도 사라지고 서늘한 바람이 더없이 상쾌했다. 눈짓으로 나누는 대화가 거의 전부였지만 그도 이제 나를 형으로 인정하는 모양이다. 내 짐을 지겠다는 것도 만류했다. 별로 무겁지 않을뿐더러 나는 힘이 남아 있었으니까. 럴리는 가끔 노래도 불렀다. 내려가면 형에게 할 말도 있으리라.

최근에 산사태가 난 너덜 지대를 건너고 있을 때였다. 주위 경관에 눈이 팔려 콧노래를 부르는 참에 럴리 사이가 잠시 멈추었다. 그러더니 돌아서서 내 손목을 잡고 갑자기 뛰기 시작했다. 나도 생각할 여유도 없이 뛰었다. 우리가 약 20미터쯤 뛰었을 무렵 바위 덩어리들이 쏟아져 내리기 시작했다. 쉭, 쉭 소리를 지르며 바위들은 마치 살아 있는 것처럼 가파른 너덜 지대를 사납게 날뛰며 뛰어내려 왔다. 바위가 바위에 부딪힐 때는 퍽 하는 무서운 비명 소리와 함께 돌이 깨어지고, 얻어맞은 돌도 합세하여 굴러 내려온다. 우르르, 바위들은 우리가 서 있는 오솔길을 지나 맹렬히 관목들을 부러뜨리며 계속 아래로 떨어졌다. 포탄에 맞은 것처럼 나무들은 변변한 저항도 못하고 툭툭 부러졌다. 오금 저리는 무시무시한 광경이었다.

그가 멈춘 것은 소리를 듣기 위해서였다. 영어를 못하기에 말로 하지 못하고 내 손을 잡고 뛰었던 것이다. 나는 살짝 목이 멜 정도로 감동했다. 그는 소녀 같았지만 네팔 산사나이의 감각을 유지하고 있었다. 구르는 돌 소리를 들을 수 있으니.

"고맙다. 사이."

역시 고개만 끄덕인다. 사이는 너무나 말이 없어 꼭 바위 위에 앉은 산양 같은 친구였다. 커다란 눈으로 건너편 산을 바라보는 이유는 아마 어머니 때문일 것이다. 만국 공통어 '마마'를 이용하여 어머니 생각을 하냐고 물으면 고개를 끄덕인다. 새끼손가락을 이용하여 여자 친구 때문에 그러냐고 물으면 또 고개를 끄덕인다. 마음을 잡기 힘든 나이에 하염없이 산을 오르내리는 생활에 아직 적응이 되지 않았으리라.

내려오니 형이 기다리고 있었다. 형은 동생을 대견해했다.

"럴리가 나를 구해 줬어."

그들 형제는 지금도 그곳에 있을까? 럴리는 나의 말없는 시바였다.

3 달리트, 신의 채찍을 빼앗아라

카주라호에 도착하다

아그라에서 카주라호로 가는 버스는 밤에 출발한다. 타지마할의 대리석 돔 한편을 어둠이 서서히 먹고 있는 것을 바라보며 가끔 정전이 되는 카페에서 나는 종종 던져 버리고 싶은 충동을 억누르며 『마누 법전』을 마저 읽는다. 독이란 본질은 없다. 먹고 사람이 죽으면 그것이 독인 것이다.

아그라에서 카주라호까지 버스로 12시간 거리, 곳곳에 함정이 도사리고 있는 길을 달리다가 허리를 조금 삐었다. 버스는 길가에 키 큰 서양 아가씨 한 명과 나를 내려주고 휭하니 갈 길을 간다. 아침의 '신선한' 쓰레기 더미를 뒤지는 소 떼, 5초마다 터지는 경적, 그리고 좁은 거리를 더 좁게 만드는 오물 덩어리. 길가의 작은 마을들은 대개 비슷한 풍경을 그린다. 이제 나도 그 풍경을 스스럼없이 받아들인다. 달리 벗어날 방법이 있는 것도 아니지만, 모두가 함께 겪는 일이니까. 함께 누릴 때 행복하고 함께 당할 때는 안도감을 느낀다. 이럴 때는 함께하는 사람 하나하나가 다 위안이다. 사람 없는 거리에서 홀로 저 경적 소리를 견딘 다고 생각해 보라.

카주라호 사원군으로 가는 인력거들이 다가온다. 가장 먼저 오는 사 람의 인력거를 잡아탄다. 인력거를 모는 아저씨의 이름은 베지나트. 인 력거를 몰기도 하지만 주로 어떤 여관을 위해 호객하는 아저씨다. 먼저 말을 걸었다. 마음을 열어야 한다. 날이 너무 더우니까. 마음을 열지 않 으면 질식할 것 같은 느낌이 든다. 400루피에 뜨거운 물이 나오는 최고 급 '호텔'이 사원 바로 옆에 있단다. 유창하지는 않지만 또박또박 영어 로 자기 할 말을 다 한다. 뜨거운 물은 필요 없지만 방충망은 쳐져 있는 지 물어보았다. 방충망이야 당연히 갖춰져 있단다.

찾아가니 그런대로 괜찮은 호텔이다. 더운 물은 나오지 않았지만, 이 후덥지근한 곳에서 더운 물을 찾을 마음도 없다. 다만 모기들은 흘끗 돌아봐도 쉽사리 눈에 들어왔다. 그러나 손가락으로 셀 만한 정도. 넓 적다리 한 짝 공양으로 충분한 수였다. 제일 마음에 드는 것은 테라스 의 식당을 겸한 바다. 아무런 장식도 없고 테이블과 전등만 있는 것이 마음에 들었다. 인도에 온 후로 왜 그리 갈증이 나는지 틈만 나면 마실 것을 찾는다. 좀 터무니없는 가격이긴 하지만 몇 잔 먹으면 머리가 얼얼 해지는 빨간색 킹피셔를 저녁마다 두어 병 들이켜는 것이 이 여행 최고 의 호사다.

여관 테라스 식당 안. 노란 머리들은 노란 머리들끼리 어울리고, 까 만 머리들은 대개 일행이 있다. 남아 있던 더위도 사라지고 불이 켜지 자 벽 전등 밑으로 도마뱀이 기어 나와 눈먼 날벌레들을 응시한다. 오 늘은 왠지 나 혼자 맥주를 마시기가 망설여진다. 좀 외로웠나 보다. 맥 주 두 병을 시켜 놓고 머뭇거리다, 마침 오늘 호객 영업을 마친 듯한 베지나트가 보이기에 자리를 권했다.

"맥주는 내가 살 테니 마실 만큼 마셔 보시죠."

베지나트도 좋아라 한다. 오늘 일이 끝났다나. 맥주 서너 잔을 들이켜더니 베지나트가 슬슬 눈치를 본다. 여관 주인이 종업원이 손님과 술 마시는 것을 좋아하지 않는다나. 하지만 오늘 일은 끝났고 당신은 월급을 받는 정식 직원도 아니지 않느냐고 되물었다. 몇 잔 들이켜다 결국 경고를 받았다. 빠른 힌디어를 나는 한마디도 알아들을 수 없지만 어떤 이유로 힐난을 받는지는 쉽사리 알 수 있다. 달리 술친구를 찾기도 어려운데 아쉽지만 그 친구를 놓아줄 수밖에 없었다.

사장은 종업원들의 일거수일투족을 모두 감시하며 언제나 여관 안을 두리번거린다. 팁이라도 받는 것을 보면 팁은 팁 함에 넣어야 한다고 정중하지만 충분히 고압적인 태도로 요청한다. 부지런한 만큼 의심도 많아서 손님들에게 팁을 줬는지 은근히 물어본다. 그리고 인터넷 비밀번호도 알려주지 않고 자신이 직접 입력한다. 이 정도로 철저했으니 이 여관 하나를 챙겼겠지.

"내일은 일이 빨리 끝나요. 내일 우리 집으로 초대할게요. 그리고 밖에서 한잔해요."

베지나트는 아쉬운 내일을 기약한다.

허리가 몹시 아팠다. 무거운 짐을 들고 버스를 타는 시간이 너무 많았다. 긴 여정을 마치려면 아파서는 안 된다. 허리가 불편한 것을 어떻게 알았는지, 잔이 비어 갈 때쯤 주인이 와서 유창한 영어로 알은체를 한다.

"아유르 베다 치료를 받으면 다 낳는다. 어떤 치료보다 탁월하다."

주인은 비록 믿음성 없는 친구였지만 그 말은 믿기로 했다. '아유르 베다?' 인도에서 한번 해볼 만한 일이지. 그러겠노라 허락하니 얼마 안

있어 호리호리한 친구가 나타난다. 내가 받은 치료란 그냥 몸에 기름을 바른 채 마사지를 받는 것이었다. 벌거벗고 청년에게 안마를 받는 것이 익숙지 않지만 허리만 개운해진다면야. 그런데 이 친구가 가관이었다. 어느 틈엔가 카마수트라 이야기를 꺼내더니, 몇 마디를 받아 주니 슬쩍 이런 이야기를 건넨다.

"어이, 친구. 내 여자 친구 자네한테 보내 줄까?"

"자네 여자 친구를 나한테 왜 보내 주나?"

"괜찮아. 여자 친구가 세 명이야. 한 명 보내 줄게."

"여자 친구가 어떻게 세 명이야? 카마수트라에는 관심이 있지만, 자네 여자 친구에게는 관심이 없네."

카마수트라에 관심이 있다는 말을 꺼낸 것이 잘못이었다. 끈질기게 여자 친구를 보내 준다고 하더니, 어떤 생각이 들었는지 이런 제안을 한다.

"그럼 나는 어떠냐?"

"자네는 남자 아니냐?"

"그래, 남자."

"……. 나는 애가 있다."

이곳에서 돈을 버는 방법은 대단히 유연하군. 자네의 성 정체성이 뭐든 내가 알 바 아니지만 정말 돈을 벌기 위해 여자 친구를 내보낸다면 괘씸한 일 아닌가. 물론 여자 친구는 아니겠지만. 어영부영 마사지는 끝났지만 허리의 통증은 더 심해졌다. 그렇게 허리를 부여잡고 첫날을 보냈다.

관능의 사원에서 원숭이 왕을 만나다

다음 날 아침 사원을 둘러보았다. 소문대로 기묘한 사원이었다. 석각들은 모두 통통하게 질감이 살아 있어서 모조리 육감적이다. 서로 머리카락을 휘어잡고 단검을 휘두르는 병사들의 엉덩이도 사랑에 빠진 여인들의 엉덩이와 꼭 같이 관능적으로 묘사되어 있다. 흉갑도 없고 투구도 없다. 전쟁과 애욕이 이렇게 얽혀도 서로 이질감을 드러내지 않도록, 조각들은 묘하게 동일한 요소들을 갖추고 있다. 심지어 사자의 엉덩이마저 여인의 엉덩이처럼 고혹적으로 다듬어져 있다.

자세히 살펴보면 신격(神格)이 항상 행군 대열에 끼여 있다. 병사들에게 힘을 불어넣고, 또는 직접 곤봉을 들고 적을 내리친다. 모든 신은 근본적으로 투쟁과 관련이 있다. 전투의 수호신, 특정 편제의 수호신, 특정 부족의 수호신은 보호해야 할 무리가 있기에 전쟁에 관여한다. 전쟁의 강도와 신전의 높이가 비례하는 것은 당연한 일이다. 신은 피를 먹고 성장하기 때문이다. 원래 신에게는 도덕적인 성격이 없었기에 어떤 피든 따뜻하기만 하면 즐겼겠지만 인간의 인식이 발달하면서 인문학이 신의 본질에 대해 의문을 제기하기 시작했다. 물론 신을 사랑한 이들은 신에게 피를 바치는 이들에게 '악마'라는 꼬리표를 붙이는 방법으로 간단히 인문학의 예봉을 비껴갔지만. 신이 강해지면 사원이 높아지고 따라서 전쟁도 강해질 것이고 그가 약해지면 전쟁도 약해질 것이다.

숨 쉴 틈도 없이 벽면을 둘러싸고 있는 전쟁, 쾌락, 요가, 사원 건축을 묘사한 조각들을 아무리 뒤져 봐도 밭을 가는 노동의 장면은 없다. 저 석각은 애초에는 사람이 신을 창조하였으나, 어느 순간 신이 그 스스로를 창조함으로써 소소한 인간들의 노동을 배제하고 있음을 웅변한다.

한나절 사원을 둘러보고 나서니 내 주위로 카마수트라 전문가들이 모여든다. 전문가는 많지만 정작 상품은 단순하다. 꽤나 오래전에 인쇄했을 법한 사원 조각 사진첩이 전부다. 중국에서 수입된 춘화도 있지만 인기 없기는 마찬가지였다. 한때는 유행했을 법한 사진첩들은 디지털 카메라라는 적수를 만나 누렇게 빛이 바랠 정도로 홀대를 받고 있다. 한 권 사 줄 마음도 있었지만 그 순간 수십 권을 덤으로 사야 한다는 것을 알기에 발을 뺐다.

카주라호에서는 한국인들도 심심찮게 만날 수 있다. 음양의 이치에 지대한 관심을 가진 우리 배달민족이 이 성애 조각의 성지를 빼놓을 수가 있을 것인가? 불만에 찬 사람부터 여유가 넘치는 사람까지 제각각 인도, 이곳 카주라호에 빠져 있다.

그러나 이곳에서 나의 목표는 사람이다. 나는 조각이 묘사하지 않은 빈 곳을 찾고 있다. 그리고 이 일을 도울 사람을 찾는 중이었다. 일단 사람들을 많이 만나야 한다.

두드리면 열린다고 했던가. 그날 오후 주요 사원군을 벗어나 입장료가 필요 없는 두르가 사원을 거닐다가 발리를 만났다. 대서사시 『라마야나』의 조연인 원숭이 왕을 본 따 지은 이름이다. 원숭이 왕을 만나면서 나의 행운은 이어졌다. 발리는 해박한 전직 교사였다. 무엇보다 영어를 대단히 유창하게 구사했고 엄청난 다변이었다. 인도에 관한 지식을 전수하려고 끊임없이 말을 걸어왔다.

"물소는 먹어도 돼요. 인도인은 소를 먹지 않지만 물소는 예외죠."

희귀한 지식이 아닌가? 인도인이 소를 먹지 않고 물소를 먹는다는 것을 이제야 알았다.

"돌아다니는 황소는 주인이 없어요. 그래서 도시를 배회하죠."

황소를 숭배하는 것이 아니라 어쩌면 애물단지를 버리는 격이로군.

"황소는 가격이 없고, 물소는 비싸요."

묻지 않아도 원하는 대답을 해 준다. 그와 함께 길을 걸으며 내 여행 목적에 대해 몇 가지 이야기를 해 주었다. 그는 만물박사였다.

"마호아 나무에서 만든 술은 아주 강해요."

나의 기호에 대해서도 훤히 꿰고 있었다. 아쉽게도 마호아 나무 열매로 만든 술은 지금 없다고 한다. 열매가 덜 익었다나.

여행객을 만나면 그 사람들과 대화를 하고 자기 집을 초대한 후 작은 사례를 받는 것이 그의 직업이었다. 여가 시간에는 아이들을 학교에 보내는 것을 권장하는 일을 하고 있지만 정작 교육받은 자신은 재산이 없는 것을 꽤나 부끄러워했다. 하지만 아이들을 학교에 보내는 것을 신조로 생각하는 선량한 아비였다.

"우리 딸이 오늘 생일이랍니다. 우리 집으로 가시면 딸이 너무 기뻐할 거예요."

"하지만 오늘을 시간이 별로 없는데요. 오늘은 가까운 민가를 찾아볼 수 있을까요? 내일 집으로 찾아갈게요."

그는 당장 자기 집으로 초대하지 못하는 것을 못내 아쉬워했지만 나를 우물이 있는 농가로 데리고 갔다. 발리 덕분에 나는 라즈 꾸마르(왕자)라고 별명을 지어 준 사내아이와 꼬마들 여럿이 사는 집에서 첫 번째로 인도의 농민과 이야기할 수 있었다. 아버지 모한은 운이 좋은 사람이었다. 그에게는 꼭 서울에 두고 온 내 큰아들과 닮은 녀석으로, 갈색 피부에 크고 검은 눈동자와 크고 선이 뚜렷한 코, 콧등을 찡긋거리며 부끄러워하는 모양까지 흡사한 아들이 있었다.

발리가 멀리서 온 손님이라고 소개하니 큰아들은 바로 불을 피우고 어머니는 염소젖을 짠다. 집은 초라하지만 자기의 우물과, 젖을 얻을 가축을 가지고 있는 유복한 이였나. 십으로 놀러 온 외손녀의 눈은 불가사의였다. 그 눈을 잠깐만 바라보면 순간적으로 이 지구상의 모든 공간을 뛰어넘는 원시적 공감각을 느낄 정도로 귀여웠다. 적당히 이기적인 울음소리, 턱을 당기고 이방인을 바라보는 시선, 맨발로 서슴없이 걸어 다니며 막대기로 허공을 휘젓는 자태. 까무잡잡한 우주 한 덩어리가 대지 위에서 빛을 숨기고 뛰어다니고 있었다. 그날 염소젖은 달콤했다. 앞으로 뭔가 일을 할 수 있을 것이다.

이제 내가 발리에게 요청한 것을 밝힐 때가 된 것 같다.

"발리, 나는 달리트를 만나고 싶어요. 이곳에도 달리트들이 있겠지요?"

"물론 있지요. 여기 달리트들은 대개 '숲 속의 사람들'이에요."

"당신이 아는 사람도 있나요?"

"그럼요. 브라만에서 달리트까지 다 알아요."

"그 사람들하고 이야기를 하고 싶은데요. 당신 친구들이면 인터뷰를 좀 주선해 주세요."

"내일 아침부터 하루 동안 사람들을 만나 봐요. 먼저 자전거를 한 대 빌려 와요."

달리트. '핍박 받는 사람들'이란 뜻으로 그들은 '불가촉천민(不可觸賤民)'이란 말 대신 달리트란 말로 자신을 표현한다. 세계에서 가장 잔혹한 영향력을 떨쳐 온 『베다』의 문구 한 구절을 가지고 와 보자.

천 개의 머리, 천 개의 눈, 천 개의 발을 가진 푸루샤.

죽지 않는 자들의 주인.

신들은 그를 희생물로 쓰기로 결정했다. 그 거대한 신체는 수많은 조각으로 분해되었다.

그의 입에서 브라흐만, 팔에서 라잔야(크샤트리아), 허벅다리에서 바이샤, 발에서 수드라가 나왔다. 그의 마음에서 달이, 그의 눈에서 태양이, 그의

입에서 인드라와 아그니가 나왔고, 그의 숨에서 바유가 태어났다. 그의 배꼽에서 중간계가, 머리에서 천계가, 발에서 땅이 생겨나 세상이 형성되었다.―『리그베다』, '푸루샤 숙타'

그럼 우리 달리트는 어디에서 나왔단 말이냐? 이른바 그들의 몸에 손을 대기만 해도 살이 썩는다는 당신들이 말하는 '불가촉천민'은 어디에서 나왔단 말이냐? 수드라처럼 차별받을 권리마저 주어지지 않은 우리는 어디에서 나왔단 말이냐? 우리는 아주 최근까지 마을의 우물을 쓰지 못했고, 오늘날에도 상층 카스트 사람들의 개도 함부로 만지지 못하며, 분만실에 들어가는 것을 수시로 거부당하고, 최소한 가까운 미래에는 상층 카스트 사람들과 혼인하는 것은 꿈도 못 꾸는 이들이다.

이곳 달리트 중 '숲의 사람'은 집이 없는 사람이라는 뜻이었을 것이다. 그들은 마을에서 쫓겨난 사람들이다. 시체를 닦는 사람, 인분을 치우는 사람, 소를 도축하는 사람, 심지어 쥐를 잡아먹는 사람이라는 이름으로 불리는 이들은 인도의 최하층 계급을 이루고 있다.

법적으로 이들에 대한 차별은 철폐되었다지만, 허울뿐인 민주주의 사회에서 아주 사소한 충격들도 모두 이들의 가슴 위로 떨어지고, 사소한 사고도 이들과 연관된다. "세상의 주인은 바로 관습이다."라는 그리스 시인의 말은 흰소리가 아니다. 다만 그 관습은 그저 가면이며, 가면 아래에는 우리 인류가 가진 가장 음습한 습성이 햇빛을 피해 수천 년이나 늙어 온 추한 모습을 감추고 있다. 질병이 생겨도 '불가촉천민' 때문이고, 재수가 없어도 '불가촉천민' 때문이다. 간디가 이들을 하리잔(신의 자식)이라고 불렀을 때, '불가촉천민'의 지도자 암베드카르는 반발했다. "우리에게 그런 차별의 신은 필요 없다. 우리는 바로 그대들 인간들에게 핍박받는 사람, 바로 달리트다!"

발리와 헤어져 돌아와서는 맥주를 마시지 않고 빨리 잠을 청했다. 나는 내일 인도의 카스트를 탐사하러 떠날 테니까.

여기 사람이 있다

아침 일찍 빌린 자전거를 타고 해가 떠오를 무렵 두르가 사원 앞으로 가 발리를 기다렸다. 7시에 만나기로 했지. 아침의 태양은 향기롭다. 풀 타는 연기는 세상 어디서나 똑같다. 물소들은 아침의 서늘한 물속에서 하루를 시작하고, 독한 술을 제공한다는 마호아 나무들은 어스름한 안개 속에서 대지의 눈금처럼 띄엄띄엄 서 있다.

아낙네들이 하나둘 모여 신전에 물을 올린다. 성황당처럼 소박한 화강암 집에서 사는 대지의 여신 두르가. 할머니가 걸어가고, 아주머니가 가고, 또 소녀가 간다. 걸음걸이, 몸짓 하나하나가 그들의 과거를 드러낸다. 삶의 줄기와 마디는, 길이와 굵기가 같은 것이 하나도 없다. 이토록 많은 사람들이 사는 곳에는 신이 많은 것이 더 나을 수도 있으리라. 하나의 신 아래로 신들이 모이고, 그 아래로 사람들이 모이면 얼마나 무서울까? 곳곳에 작은 신들이 살며, 신들의 민주주의를 이루고, 그들이 인간과 공존할 수만 있다면 그것은 어쩌면 우리가 상상하는 제3의 세계와 가까울지도 모른다. 이 세상을 살아갈 때는 누구나 간절히 기댈 대상, 그런 것 하나쯤은 가지고 있어야 하니까. 유독 인도가 아니더라도 말이다. 어미에게 기댈 수만 있다면 모든 딸들은 살아갈 수 있으니까. 호흡이 느려지고 마음이 너그러워신다. 어머니를 따라온 딸아이들이 신전의 계단을 오를 때, 나름대로 무거운 물 단지를 들고 가는 것을 볼 때, 성과 속의 극명한 대비에 호흡은 더욱 느려진다.

대기보다 빨리 마음이 더워진다. 나는 그들을 기다리고 있으니까. 이윽고 발리가 보인다. 귀엽게 볼록한 그의 아랫배가 멀리서도 뚜렷하다. 오늘 우리의 자전거는 함께 달릴 것이다. 원숭이 왕이여, 나에게 힘을 주시오. 우리는 자전거를 타고 사람들을 찾아다녔다.

래치먼(40세, 수드라)의 집에서 우리는 별로 환영받지 못했다. 그는 수드라지만 자신의 힘으로 집을 일으켰다. 비록 보도 없이 서까래만 있지만 지붕에 기와를 이은 집과 커다란 마당, 그리고 소와 염소의 외양간도 가진 사람이다.

"한국에서 온 역사학자입니다. 몇 가지 물어봐도 될까요?"

이제 소농과 중농 사이에서 분투하고 있는 듯한 이 남자는 아이가 많았다. 그러나 아이들을 가르치는 이야기가 나오자 분위기가 싹 바뀌었다. 그는 아이들을 가르치는 일에 흥미가 없었다. 우리는 환영받지 못한 것이었다. 발리가 조금 흥분했다. 무슨 말인지 정확히 모르지만 둘이 말다툼을 벌였다.

"일어나요, 미스터 공. 나갑시다. 아이들이 크면 자신을 돕게 하겠대. 다른 집으로 갑시다. 아이들을 공부시킬 생각이 없는 사람이에요."

이렇게 첫 인터뷰는 실패했다. 비록 수드라지만 자신의 힘으로 중농의 반열에 들어갈 찰나에 있는 사나이에게 아이들은 소중한 노동력이다. 그들은 허망한 기대를 가져서는 안 된다.

그러나 자전거 바퀴가 서서히 달아오르고, 본격적으로 달리트들을 만나면서 인터뷰의 분위기는 완전히 달라졌다. 한마디라도 더 하기 위해, 다른 세계에 대해 알기 위해, 혹은 아이들에게 뭔가 이야기를 들려주기 위해 아버지들은 정성을 다했다.

히랄란(50세, 숲의 사람)은 1남 3녀를 둔 농부로, 콧수염을 기른 사람이었다. 방금 머리를 감은 아들은 코가 뭉툭하니 마음이 넓어 보이는 청년이었다. 아버지는 아들을 끔찍이 사랑했다.

"달리트라는 신분 때문에 이 마을에서도 차별을 받나요?"

"때로는 차별을 느끼고 때로는 느끼지 않아요."

"지금의 카스트를 마음으로 받아들이나요?"

"네, 현재 나의 카스트를 인정합니다."

"아들도 카스트를 인정할까요? 여자 친구를 사귈 때가 된 것 같은데, 아드님이 미남이군요. 브라만의 딸과 연애를 하면 어떻게 하지요?"

"저야 제 아들과 브라만의 딸이 서로 좋아한다면 결혼시킬 준비가 되어 있습니다. 그러나 그들은 원하지 않습니다."

"왜 그들은 원하지 않을까요? 당신과 브라만 카스트 사람들이 뭐가 다릅니까?"

"저는 사람은 모두 평등하다고 생각합니다. 그 사람들은 그렇게 생각하지 않지만."

"언젠가 카스트에 의한 차별이 바뀔 거라고 생각하세요?"

"언젠가는 바뀌겠지요. 어느 날 (우리가) 카스트를 완전히 바꿀 겁니다."

"방법에 대해 생각해 보신 적이 있나요?"

"정치적인 방법이 있어요. 저는 정치인들을 믿습니다."

"아드님을 어느 정도까지 공부시킬 생각이세요?"

"물론 대학까지 보낼 겁니다. 할 수 있는 데까지 해야죠."

"『베다』를 읽은 적이 있나요? 읽을 수 있나요?"

"아니요, 저는 베다를 읽을 줄 모릅니다."

"제일 사랑하는 신은 누굽니까?"

"크리슈나입니다. 피리를 부는 이죠."

피리 부는 목동 크리슈나의 모습이 그려진다. 그는 친근함을 상징하는 신이다. 수천 개의 얼굴을 가진 악동이며, 또 외로운 사람들의 벗이다. 엉성하게 지붕을 받치고 있는 굽은 나무 기둥이 위태롭다. 나는 인사를 올리고 그 집을 떠났다.

"크리슈나가 항상 가족과 함께할 겁니다."

그는 용기를 가진 아버지였다.

다시 자전거는 꼬불꼬불한 시골길을 달렸다. 그리고 담장 아래 가녀린 꽃모종이 심겨 있는 람 사하이(40세, 아디와시(숲의 사람과 비슷한 달리트))의 집을 찾았다. 4남 3녀를 둔 사하이는 나이에 비해 초췌해 보였다. 담으로 둘러싸인 서른 평 정도의 땅은 펼쳐진 대지에 비해 너무 초라해 보였지만 작은 화단에는 꽃이 있었다.

"농사를 짓나요?"

"아니요. 미장이 일을 합니다. 일이 있을 때는 있고 없을 때는 없어요."

"개인 소유의 땅이 있나요?"

"내 땅은 한 평도 없어요. 아, 이 집터는 내 것이죠. 한 달에 약 3000루피(5~6만 원) 정도를 벌어요."

그 정도 집터는 한화로 한 80만 원 정도 가격이라 한다. 그는 악전고투 끝에 자기 땅을 마련한 것이다. 그것이 그의 전 재산이었다.

흙벽돌 담 아래 이름 모를 꽃 한 송이가 피어 있었다. 활짝 핀 것 옆에 이제 갓 피어나는 봉오리도 하나 있고. 그리고 그 옆에 진짜 꽃이 있었는데, 동그랗고 넓은 이마에 대지를 담고 있는 딸아이가 웃는다.

"땅이 없으면 음식은 어디서 얻어요?"

"내 채마밭이 없으니까, 다 사 먹어야죠. 그 점이 제일 어려워요."

"아이들은 지금 학교에 다니죠?"

"네, 다 학교에 다녀요. 큰아들 9학년, 작은아들은 7학년⋯⋯."

"소득이 많이 부족하겠어요. 아이들이 커 가니까."

"그래도 아이들을 계속 학교에 보낼 거예요. 이제 생활을 바꿔야죠."

"일을 하려면 댁에 계실 수는 없겠어요."

"아이들을 학교에 보내려면 저는 따로 일해야 해요. 내가 일하러 가는 곳마다 아이들이 따라다니면 어떻게 공부를 계속할 수 있겠어요? 곧 저는 외지에서 혼자 일하고, 아내는 남아 아이들을 키울 겁니다."

그는 가족을 떠날 계획이었다. 가족과 함께 있으면 돈을 충분히 벌 수 없을 테니까.

"따님이 무척 아름다워요. 너무 똑똑해서 이 마을을 떠나 먼 곳에서 일할 것 같은데요."

"고마워요."

깊숙이 팬 눈두덩이 속에 감춰진 그의 눈이 따뜻하다. 아이에게 말해 주었다.

"너는 아마도 멀리 나가서, 어쩌면 외국에서 대학을 다닐 것 같아. 아저씨가 장담하지."

아버지는 행복한 미소를 지었다. 햇살에 비낀 주름 골은 마치 계곡 같다. 뭔가 건너뛰기 힘든 장애물 같은 그 주름이 나의 시선을 잡는다. 딸애의 눈빛만은 맑고 강했다. 걱정하지 마라. 태양이 너를 키울 것이다.

이번에는 자전거를 한참 달려 어떤 주인 없는 집을 찾았다. 농부이자 3남 4녀의 아버지인 람 고팔(38세, 바이샤)의 집이다. 부인은 얼굴을 완전히 가리고, 남편 없는 집이라 나와 내외를 한다. 딸 칼라바티는 대단히 당돌한 녀석이다. 이 녀석의 눈에는 숨길 수 없는 힘이 있다. 녀석의 당당함 때문에 나도 신이 났다.

"가축이 얼마나 있니?"

"물소 두 마리요. 우유는 충분히 먹을 수 있어요."

"집에 땅도 있어?"

"땅은 없고, 다른 사람 땅을 부쳐요."

"똑똑해 보이는구나."

"카주라호에서 1등이에요. 800명 중에서요."

"멋지구나."

저 녀석이 마음에 꼭 든다. 새삼스럽게 녀석의 얼굴을 찬찬히 살폈다. 짙은 눈썹과 앙다문 입술에서 살짝 남성적인 힘도 느껴진다. 마당에 소담스럽게 키워 놓은 꽃이 이 집안의 품격을 말해 주고 있다.

"공부를 아주 잘하는구나. 뭘 공부하고 싶니?"

"대학에서 힌디 문학을 전공하고 싶어요."

"좋아하는 작가가 있어?"

"둘리사스(풀리사스, 룰리사스? 메모의 이름을 나중에 찾아보았으나 누구인지 알 수 없었다.)를 좋아해요. 공부를 하고 나서는 군인이 되고 싶어요."

"아저씨는 인도 문학을 잘 모르지만 얼마 전에 아미타브 고시의 책을 봤단다. 영어로 되어 있으니까 너도 한번 봐."

얼마 후 춤을 추는 시바와 같은 젊은이가 등장했다. 작은 얼굴에 미간에서 곧게 뻗어 나간 콧등이 조각 같은 청년이었다. 아니나 다를까 이 친구는 배우이자 댄서인 오빠 브리즈키쇼다. 발리도 끼어들어 이 친구와 스스럼없이 이야기를 나눈다. 발리는 대화를 열심히 옮겨 주고 나는 필요하면 받아 적는다.

"젊은이로서 조국에 대해 한마디 해 볼래요?"

"인도의 가장 큰 문제는 가난이죠. 할 일이 없는 것하고."

"교육 부족이 하나의 원인이지. 그리고 서로 질시하니까."(발리)

"춤을 추는 건 대단한 일이죠. 꼭 시바의 조각상처럼 잘생겼군요. 사람들은 태어날 때부터 자기가 할 일이 정해져 있는 것일까요?"

"물론 사람은 태어날 때부터 자신의 몫(다르마)이 있다고 생각해요."

"그렇다면 브라만이 누리는 권리도 당연하겠군요. 그들을 존중해야 하겠어요."

"아니요. 브라만이 다른 사람들을 존경하지 않으니 나도 그들을 존경할 수 없어요."

실제로 인도 공산당과 국민회의 내에서 브라만의 비중은 대단히 높다. 공산당원이자 신분이 브라만인 이들은 어떻게 행동할까? 연구할 가치가 있는 주제다. 그러나 내가 만난 많은 사람들은 이구동성으로 인도 공산당의 브라만은 공산주의자가 아니라 브라만주의자라고 했다.

"잘생긴 청년에게는 따르는 여자들도 많겠죠? 춤추는 시바를 따르는 여인들처럼요. 더 낮은 카스트, 혹은 달리트 여성과 결혼해도 괜찮나요?"

"좋은 여자라면 달리트라도 상관없어요. 내가 사랑하면요."

"아버지가 반대하지 않을까요? 반대한다면 어떻게 하죠?"

"(상당히 오랫동안 고민하다가) 반대한다면 결혼할 수 없겠죠. 아, 아. 아버지는 반대하지 않을 거예요."

"그래요. 어떤 신을 가장 좋아하죠? 시바?"

"우리 집안은 대대로 시바를 가장 숭배했어요."

오뚝한 콧날이 정말 시바를 닮았다. 나는 덕담을 건넸다.

"시바처럼 훌륭한 춤꾼이 될 기예요."

신의 발자국은 깊기도 하고 얕기도 하다. 대지에 얕게 찍힌 발자국은 폭풍이 쓸어 가고 가슴에 깊게 찍힌 발자국은 뜨거운 핏줄기가 지워 버릴 것이다. 햇살이 점점 강해진다. 시바처럼 창조를 위한 파괴의 춤을 추기를 기대한다, 젊은 친구.

바람이 빠진 발리의 자전거는 이제 평평한 길도 잘 달리지 못한다. 자전거를 끌고 가는 모양이 안타까워 어디 가서 고치자고 하니 한사코 괜찮단다. 발리는 오늘 굉장한 힘을 보여 주고 있다. 꼭 서사시 속 의리의 원숭이 왕 발리처럼. 어렵사리 길을 달려 우리가 도착한 곳은 오늘 인터뷰 여행의 기쁨을 최고조로 올려준 사나이 브레임 랄(대략 50세, 숲의 사람)의 집이었다. 열두 살 된 아들 하나를 둔 그는 집을 짓고 인테리어를 하는데 자신의 집도 스스로 지었다. 좌우로 천천히 시선을 돌리는 저 눈은 어떤 맹수와 꼭 닮았다. 누구의 눈일까? 범의 눈이다.

우선 일상적인 이야기를 몇 마디 나누었다. 대략 3000루피 정도를 번다 하고, 역시 어려운 점은 가축과 채마밭이 없으니 식료품을 다 사야 한다는 점이었다. 달리트의 가난이 해결되지 않는 가장 큰 이유는 그들의 부모로부터 어떤 자산도 물려받지 못했기 때문이다. 자산 대신 달리트라는 굴레만 물려받은 이들은 비록 자티(직업에 따른 분류)가 '숲의 사람'이지만 도시 근처를 배회할 수밖에 없다. 가장 무난한 일은 건설 현장에 투입되는 것이다. 그러나 랄은 단순한 노무자가 아니었다.

"나는 반드시 아들을 대학까지 보낼 거예요."

"그럴 수 있을 겁니다. 아저씨 눈이 꼭 호랑이를 닮았습니다."

호랑이의 눈이라는 별명을 지어 주었더니 랄은 대단히 만족해했다. 그의 아내도 내가 지어준 별명에 수긍하는 눈치다. 붉은 사암으로 만든 선반에 깔끔하게 놓여 있는 소박한 가재도구들이 눈에 띈다. 사암은 공사판에서 일하다 남은 것을 가져온 것이다. 벽돌 사이사이에 진흙을 빈

틈없이 밀어 넣었다. 이곳은 그의 작은 성이다. 이 네댓 평짜리 공간은 아그라의 장대한 석벽 못지않게 나름대로 견고한 벽으로 둘러싸인 그와 가족의 공간이다. 작더라도 자신의 손으로 집을 지어야 사나이지. 오늘날 부유한 나라의 어떤 사내가 자기 집을 직접 짓는단 말인가.

가난하지만 그는 갖출 것은 갖춰야 성이 차는 사나이다. 아내는 한 모퉁이에서 나무 부스러기를 모아 차를 끓이고, 또 향신료를 돌에 간다. 이내 과자도 나왔다. 이 집에서 음식이란 얼마나 귀한 것인가. 귀한 음식의 온기가 느껴진다. 다만 저 맷돌, 인도 문화의 엄청난 연속성이 지긋이 어깨를 내리누른다.

"브라만 친구도 있습니까?"

"브라만 친구? 없소."

기름을 발라 뒤로 빗어 넘긴 머리, 한 치의 흐트러짐도 없는 몸짓, 도시의 언저리를 배회하지만 그는 숲의 사람이 맞다.

"카스트는 누가 만들었다고 생각하세요? 정말 신이 만들었습니까?"

"아니요, 카스트는 당연히 브라만이 만들었습니다. 그들이 모여 사람들을 영원히 부리기 위해 만들었습니다."

천천히 벽을 응시하는 그의 눈이 더욱 빛난다. 그 눈빛은 강하면서도 부드러웠다. 금속성의 푸른빛이 아니라 쇠를 녹이는 붉은빛이었다. 굵은 핏줄과 힘줄이 서로 교차하는 그의 검은 손등이 어두운 실내에서 반짝거린다.

"신을 사랑하십니까?"

"네, 사랑합니다. 나는 시바를 가장 사랑합니다."

"당신은 호랑이의 눈을 가지고 있어요. 시바도 분명 당신을 사랑할 겁니다. 시바는 호랑이를 타는 것을 좋아하지요. 그는 힘을 주는 사내니까요."

이제는 그가 주도적으로 물어 온다. 먼저 묻는 행위에 나는 커다란 감명을 받았다. 한계로 밀린 사람은 먼저 물어볼 힘조차 없다는 것을 알기에. 그는 몰린 사람이 아니었다.

"당신 나라에서는 어떤 땅에다 농사를 짓나요? 거기는 어디나 커다란 바위가 있습니까?"

"우리나라에서는 산 사이에 있는 계곡에서 농사를 지어요. 엄청나게 큰 산은 아니고 적당한 산들 사이에 물이 흐르는 평지가 있어요."

"당신 고향에서도 농사를 짓나요? 부모님의 농토는 있어요?"

"우리 고향에선 산 중턱에 농사를 지어요. 적당히 높은 구릉에서요."

"좋은 곳이군, 그곳은. 산이 있고 그 사이에 물이 흐르는 곳이라니."

그는 밖을 응시하면서 한국을 상상했다. 평소에 커다란 바위와 산이 있는 곳을 마음속에 그렸던 것 같다. 인도 중부의 아열대 지역 카주라

호에서는 그런 풍경을 찾을 수 없다. 이 적극적인 사나이의 공세는 계속된다.

"내 아들을 위해 한국인 여자 친구를 소개시켜 줄 수 있을까요?"

"물론이죠. 아드님이 나이가 되면요."

"내 아들을 보여 드리죠."

우리는 크게 웃었다. 그는 빈말을 하는 사람이 아니었다. 랄은 정말 아들에게 새로운 땅을 알려 주고 싶어 했다. 새로운 땅을 찾아 갈 수는 있을 것이다. 그러나 그 미남 아들이 인도에서 마음껏 사랑에 빠질 수 없다는 것을 나는 안다.

그러나 나는 이렇게 믿는다. 오늘날의 달리트는 오래전에는 가장 위대한 심장을 가진 자들이었을 것이다. 저들은 브라만과 크샤트리아 연합에 대항해 싸우다 패배한 사람들이었을 것이다. 그들은 패배했고, 포로가 되었고, 노예가 되었고, 그리고 결국 '손으로 건드려서도 안 되는 사람들'이란 꼬리표를 달게 되었을 것이다. 위대한 자들은 위대하다는 이유로 가장 먼저 핍박받는다. 위대한 행동 때문에 그들은 오늘 위대한 고행을 하고 있는 것이다.

랄은 밖으로 나가 발리의 자전거를 고쳤다. 그때 그의 아들을 보았다. 아버지처럼 새까만 피부에 하얀 이가 유독 빛나는 청소년이었다. 넓은 이마에 눈썹이 길게 옆으로 뻗은 미남자였다. 부드럽지만 두터운 턱 때문에 나는 녀석이 아버지처럼 강인하다는 것을 당장 알아보았다. 큼직한 코가 자리를 잡고, 이제 콧수염 자리에 살짝 검은 기운이 보인다. 역시 아버지처럼 잘 빗어 넘긴 머리에 기름을 바르고 나를 보고 은근한 미소를 짓는다. 어리지만 웅숭깊은 미소였다. 아버지보다 눈이 훨씬 부드럽다. 훌륭한 여자는 반드시 너를 좋아하리라. 브라만이든 크샤트리아든 아니면 외국인이든 너와 꼭 맞는 배필을 만나라.

나는 발리에게 이 고장에서 가장 카스트가 높은 사람들을 만나게 해 달라고 했다. 브라만이면 더욱 좋고, 우리를 냉대하지 않을 정도로 마음이 트인 사람이면 더욱 좋다고. 랄이 자전거를 멋지게 고쳐 준 덕분에 우리는 속도를 낼 수 있었다. 어디를 가나 대지의 향기는 다리에 힘을 보탠다. 소택지에서 천천히 썩어 가는 갈대에서 모락모락 일어나는 형용하기 힘든 향기, 인도의 뜨거운 대지만이 가진 이 향기는 독특하면서도 낯설지가 않다. 어디선가 맡아 본 향기 같지만 어디서인지 기억이 나지 않는다. 아주 오래된 향기이기는 한데.

우리는 '저택'으로 들어갔다. 이곳에서 이 정도 규모라면 저택이다. 대문이 있고, 들어서면 꼭 중국식 사합원을 닮은 집이 들어서 있다.

집주인 미자귀 랄라(36세, 아헤르왈(브라만과 크샤트리아 중간의 높은 자티))는 다른 신분의 사람들과 스스럼없이 어울리는 사람이었다. 역시 자신의 자티에 어울리는 정도의 자산을 가지고 있었다. 다행스럽게도 이들 자티의 사람 셋과 동시 인터뷰를 할 수가 있었다. 발리와 어울리는 만큼 젊고, 상당히 '진보적인' 사람들이었다.

"농사는 얼마만큼 지어요?"

"물소 네 마리 키우고, 내 밭 네 뙈기를 갈아요."

"집이 대단히 좋네요. 자기 자티를 자랑스럽게 생각하세요?"

"네, 저는 제 카스트에 자부심을 느낍니다."

"누가 카스트를 만들었을까요? 사람일까요, 신일까요?"

"사람입니다."

"사람이 만들었다면 사람이 없앨 수도 있겠군요."

"그렇지요. 카스트 없이 우리는 더 행복해질 수 있다고 생각합니다."

그와 이야기하면 꼭 나의 고향 안동 사람을 보는 것 같다. 자신의 고장, 혹은 자신이 '양반'의 후예라는 것에 자부심을 느끼면서도 그 제도의 약점을 인식하고 있다는 점도 꼭 같다. 발리는 그가 '깨인' 사람이라고 했다. 나는 짓궂은 질문을 이어 갔다.

"따님이 있지요. 따님이 달리트와 결혼한다고 하면 어떻게 하실 생각이세요?"

"내 딸이 달리트와 결혼하고 싶어 하면…… 저는 찬성합니다."

용기 있는 말이었다. 그러나 달리트와 실제로 결혼하는 상층 카스트, 특히 브라만 계급의 젊은이는 거의 없다. 랄라는 어차피 그런 일은 일어나지 않는다고 생각하는지 모른다. 그가 계급 의식을 전혀 가지고 있지 않다고 하더라도 자본주의 사회 인도에서 달리트는 처절한 가난을 물려받은 사람들이다. 예외가 있겠지만 예외는 그야말로 예외다. 이제 다른 주제로 이야기를 돌려 도전적인 질문을 던졌다.

"힌두와 무슬림의 싸움이 끊이지 않고 있어요. 정치인 중에는 힌두주의를 부추기는 사람들도 많은데요."

영문판 잡지에서 나렌드라 모디[45]의 횡설수설하는 글을 여러 편 읽었다. 이 기회주의자는 지금 성공가도를 달리는 중이다. 민주주의가 잘못 낳은 아들을 꼽으라면 나는 주저 없이 그자를 꼽을 자신이 있다. 주로 발리가 이야기하고 다른 사람들은 맞장구를 치는 식으로 이야기가 진행되었다.

"힌두와 무슬림의 싸움은 언제부터 시작되었다고 생각하세요?"

"역사적으로 달 호지가 인도로 와서 종교 사이에 질투심을 일으켰어요. 그전에는 서로 싸우지 않았죠."

"진정한 힌두는 싸움을 마음에 두지 않거든요."

"인도에서 태어나면 인도 사람이죠. 힌두든 무슬림이든 관계가 없어요."

나는 달 호지가 어떤 인물인지 모른다. 그러나 이런 판에 박힌 대답에 만족할 내가 아니다. 무슬림에 대한 테러는 하루 이틀 일이 아니고, 어제의 작태가 아니라 오늘의 누군가가 여전히 저지르고 있는 진행형의 사건이다. 역사에 죄를 뒤집어씌울 수는 없는 일이니까.

"우리는 종교 때문에 싸우는 사람들을 지지하지 않습니다. 그런 행동도 지지하지 않아요. 마음이 좁은 자들이 그런 근시안적인 행동을 하지요. 그들이 무슬림이면 무슬림 땅 파키스탄은 아버지의 땅이고 그들이 태어난 인도는 어머니의 땅입니다. 무슨 싸움이 있을 수 있겠어요?"

이들의 대답이 사실은 사실이다. 여전히 대다수의 힌두교도들이 무슬림과 함께 위태롭지만 평화롭게 살아가고 있으니까. 이제 화제를 돌려 긍정적인 질문을 하나 던졌다.

"2030년에는 인도가 경제 규모에서 미국을 추월할 것이라는 관측이 있습니다. 인도는 무엇을 준비해야 할까요?"

이 질문에는 모두 눈이 빛난다.

"서로 질시하지 않고 냉정(쿨 마인드)해야 해요. 싸움이 일어나서는 안 되죠."

"우선 서로 다르다고 때리지 말아야 합니다."

다시 물었다.

"어떤 신을 제일 좋아하세요?"

"크리슈나요. 내가 기도를 드리면 항상 들어줬으니까요."

"비슈누를 존경합니다. 그는 세상 어디에도 있는 존재지요."

"하누만을 가장 믿습니다. 지금은 깔리 유가(말세)예요. 모든 신들은 힘을 잃었어요. 오직 하누만의 힘만 남아 있습니다."

우리는 약 반 시간 동안 농담을 주고받았다. 같이 대화했던 한 사람 중, 유난히 피부가 검고, 눈에 자부심이 넘치며, 육체적으로도 강건한 바를랄은 그의 집을 보여주고 싶다고 했다. 오토바이를 타고 바를랄의 집으로 갔다. 그는 시골에서 상당히 성공한 사람이다. 자기 오토바이와 차도 있고, 자랑스러운 아들이 다섯이나 있으니.

"차로 한 달에 만 루피, 농사로 1년에 10만 루피를 법니다."

그의 소득은 한화로 약 500만 원. 가축과 채마밭은 갖추고 있으니 그의 실질 소득은 그보다 훨씬 많다고 봐야 한다. 그의 집은 대문을 갖추고 안은 널찍했다. 내가 본 달리트 중에는 서른 평을 땅으로 가진 사람이 가장 부자였다. 대개는 그저 열 평 남짓이 전 재산이었고, 연 소득은 잘 잡아야 60만 원 남짓이었다. 이 사람을 어떻게 그들과 비교할 수 있겠는가? 그럼에도 아비는 아이들을 더 나은 곳, 즉 외국에서 가르치고 싶은 소망이 있다.

"아들들이 외국으로 나갈 수 있다면 나는 정말 행복할 겁니다. 더 많은 기회를 가지도록 말이죠."

"아들들은 기회를 가질 겁니다. 비록 가난하지만 한국으로 온다면 제가 뭔가를 할 수 있을지도 모르죠."

사람에게 항산(恒産)이 있다는 것, 특히 가장에게 항산이 있다는 것은 이렇게 좋은 것이다. 자신감을 가지고 내일을 계획할 수 있으니까.

인터뷰한 세 사람 중 한 명, 유독 이름을 기억하지 못했던 사람이 자신의 땅콩 밭으로 나를 초대했다. 땅에서 갓 뽑은 땅콩을 포기째 건넨다. 땅콩 맛은 세계 어디나 똑같다. 어릴 적 하교 길에 다 캐낸 땅콩 밭을 헤집던 생각이 난다. 한두 꼬투리만 얻어도 기분이 좋은 시절이었다. 앉아서 두런두런 이야기를 나누었다. 이곳의 물소는 정말 지상 최고의 대접을 받고 있었다. 진흙으로 목욕을 시키고, 코뚜레로 꿰지도 않고 때리지도 않는다. 인도에서는 시골 부자가 최상, 도시 빈민이 최하의 삶을 살고 있다.

마지막으로 자그마한 발리의 집과 정원을 들렀다. 가난하지만, 또 이렇다 할 직업도 없지만 그는 근근이 저축을 하고 있다. 딸의 생일, 아들의 생일, 결혼기념일 등을 핑계로 사람들의 관심을 끄는 것 빼고는 모든 면이 진실한 사람이었다. 사례는 크면 큰 대로 작으면 작은 대로 받는 사람이다. 이렇게 염치를 알면 가이드로 일하기는 힘든 법이다. 아내와 아이들도 모두 표정이 좋다. 얼마를 벌든 그는 어쨌든 책임감 있는 사나이다. 유일한 재산인 그 두어 평짜리 정원과 방 하나짜리 집을 갖추기 위해 그는 6년 동안 집 없는 생활을 했다고 한다. 엄청난 의지다.

그는 바이샤 출신이지만 더 높은 카스트의 여인을 아내로 맞았다. 그들은 도시에서 만나 사랑에 빠졌다. 그러나 크샤트리아 출신의 며느리를 기어이 받아들이지 못한 아버지는 그에게 어떤 도움도 주지 않았다고 한다. 아이들에게 닭고기를 사 주지 못한 것이 마음에 걸린다. 아이들은 고기를 먹은 지 꽤 된 것 같았다. 아침에 닭고기를 사 준다고 약속을 했는데, 어떤 축제 기간이라 닭을 잡을 수 없다고 한다. 대신 발리가 만든 음식은 맛있었다.

달콤한 음식과 아이들의 맑은 눈을 대하고도 나는 서글픈 상념에 빠졌다. 도대체 저 카스트가 어떻게 인도인의 삶을 장악하게 되었을까. 네루가 "천천히 알아차릴 수 없게 퍼져서 그 숨통을 끊는 손아귀로 인도 생활의 모든 면을 움켜잡았다."라고 표현한 그 카스트. 간디가 시도했고 네루는 더 거칠게 공격했고, 암베드카르와 그의 친구들이 필사적으로 달려들었지만 카스트는 죽지 않았다.

아리안족의 침입과 카스트는 관련이 있지만 그 제도가 아리안 특유의 것이 아니라는 네루의 지적은 옳다. "이 제도는 아리안적인 것도 드라비다적인 것도 아니었던 듯하다. 그것은 상이한 여러 종족을 사회적으로 조직하고 여러 사실을 그 당시에 존재하던 상태 그대로 합리화하려는 시도였다."[46] 실제로 중국을 제외하고는 인도에 카스트가 성립하던 시기 다른 문명들은 대개 노예제에 의지했다. 물론 고대 인도의 카스트 제도는 처음부터 그렇게 경직된 것은 아니었을 것이다.

그것은 처음에는 생선을 자르는 칼의 성격을 가지고 있었다. 충돌을 막는 가림막이 되었고, 또 그 가림막 안에는 분명히 상호 부조의 정신, 때로는 엄격히 민주적인 정신도 살아 있었다. 또한 전쟁이 지속되는 상황이라면 어려운 싸움을 크샤트리아에게 '양보'하는 것도 하층계급에게는 이익이었으리라. 카스트는 노블레스 오블리제를 통해 상층 계급을 구속하는 역할도 했던 것이다. 그러나 생선은 사라지고 도마 위에 사람의 몸이 올라왔을 때조차 그 칼을 버리지 못했다는 점이 문제였다. 네루가 슬퍼했던 점이 바로 그것이었다. 대다수 인간에게서 기회를 빼앗아 사회를 타락시키고 '화석 현상'을 초래한 저 관습. 그것은 '악의 씨앗'이라기보다는 그 두꺼운 껍질 때문에 이제 싹을 틔울 수 없는 '마른 씨앗'과 비슷하다.

카스트가 성장하고 고착될 당시 실질적인 권한은 크샤트리아가 가지고 있었으리라. 그러나 통치를 위해서는 브라만의 지식이 필요했다. 영웅 신화들에 대한 네루의 지적은 서늘하다. "지배 계급은 언제나 폭이 넓었던 듯하다. 그래서 하려고만 들면 어떤 사람이건 간에, 정복 또는 그 밖의 수단으로 잡은 권력에 의해 크샤트리아로서 계급 질서 속에 가담하여, 승려들로 하여금 자기를 고대의 아리안 영웅과 연결해 주는 적당한 계보를 꾸며 내게 할 수 있었다."[47]

브라만과 크샤트리아 계급의 연합이 그들의 지위를 확고하게 해 주고 이익을 불려 주자 그 둘은 이제 헤어질 마음이 없었다. 둘이 힘을 합

쳐 더 많이 착취할 수 있으므로. 『마누법전』은 그들의 이데올로기를 가감 없이 보여 준다.

"왕에게는 부정이 없다. 서계(誓戒) 중에 있는 자, 제사를 치르는 자에게도 부정은 없다. …… 서계를 하는 자와 제사를 치르는 자는 항상 브라흐만 안에 있기 때문이다."[48]

왜 왕에게는 부정이 없다고 하는가?

"세상을 세운 왕에게는 부정이 적용되지 않는다. 죽은 자로 인한 정과 부정은 각 세계의 주인들의 힘으로 생기는 것이기 때문이다."[49]

그들은 공생해 왔고, 오늘날까지 그 관계는 와해되지 않았다.

"불은 물에서, 크샤트리아는 브라만에게서, 쇠는 돌에서 나왔다. 이들이 가지는 모든 자리를 뚫는 열은 각기 자기의 모태에 이르면 진정한다. …… 크샤트리아는 브라만 없이 번영할 수 없고, 브라만은 크샤트리아 없이 번영할 수 없다. 브라만과 크샤트리아는 협력하여 이 세상과

저 세상에서 번영한다."[50]

여행자는 또 움직여야 한다. 발리의 정원에는 파파야 몇 개가 열려 있고, 이름 모를 붉은 꽃을 단 나무가 한 떨기 있었다. 자그마한 사례를 하고 나는 다시 카주라호의 여관으로 발길을 돌렸다.

마른 대지 위를 자전거를 끌고 터벅터벅 걸어간다. 한낮의 태양이 내 정수리를 때릴 때 차라리 나는 행복했는데, 이제 태양이 지고 있다. 다시 두르가 사원 옆을 지난다. 미트라의 화살이 음습한 가면을 부수고 저 늙은 차별의 심장을 뚫기를 기도하고 기도했다.

서글픈 재회

그 여관에 묵으며, 카주라호 주위를 도는 며칠 동안 베지나트는 계속 약속을 지키지 못했다. 자기 집으로 초대한다는 약속, 함께 맥주는 마시자는 약속, 정오에 만나자는 약속 모두. 그리고 한두 가지 실언은 고의로 한 것 같기도 하다. 여관비는 400루피가 아니고 600루피라고. 자신이 잘못 말한 것이라고. 그와 맥주를 한 잔 하기 위해 일정을 하루 늦추기로 하고 열차표를 바꾸러 갔다.

지방의 작은 역의 역장은 지배자다. 열차표를 바꾸러 역장실에 들어가자 베지나트는 허리를 굽히고 역장의 발에 손을 대는 의식을 한다. 베지나트는 수드라에 가까운 자티를 가지고 있다. 역장은 당연히 우러름을 받아야 할 귀족이 아닌가. 거만한 태도로 이 당연한 의식을 받아들인 역장은 말 한마디 섞지 않고 열차표에 서명만 해 주었다.

베지나트는 다람쥐처럼 겁이 많은 아버지였다. 2남 2녀를 두었다는

데 그의 소득은 불안하다. 자기가 실언을 할 때마다 스스로를 심하게 비하했다. 그 자기 비하가 나를 더 힘들게 했다. 그날 저녁 나는 베지나트를 데리고 여관 밖으로 나왔다. 일이 끝난 한밤중이었지만 역시나 그는 주인의 눈치를 보며 여관을 나섰다.

막상 술을 한 잔 하자니 그는 호객하는 데 필요한 영어 빼고는 몇 마디 하지 못했다. 인도에서 영어로 의사소통을 하려는 나는 얼마나 무례한 인간인가. 그날 베지나트도 빨간색 킹피셔를 꽤 마셨다. 그는 발리를 알고 있었다.

"그 사람 알아요. 매일 딸이 생일이라고 하는 사람. 그 사람은 그래도 영어를 할 줄 아니까."

베지나트는 발리를 부러워했다. 그 정도 지식도 여기서는 큰 자산이니까. 그는 대신 자기 소유의 인력거를 갖고 싶어 한다. 약속을 지키지 못해 미안하다는 말을 처음부터 끝까지 반복한다. 술이 들어갈수록 마치 술주정처럼. 마실수록 처연해지는 그의 눈빛이 술을 부른다. 독처럼 따갑게 술이 들어가고 마셔도 취하지 않는 기이한 술자리가 이어졌다.

그다음 날 나는 그곳을 떠났다. 성(性)스러운 도시 카주라호. 달리트의 아이들은 여전히 배고프고, 위험한 거리에 노출되어 있다.(나중에 나는 뭄바이에서 농촌의 달리트가 얼마나 행복한지 알게 되었지만.) 마르고 지친 아이들을 보는 것은 허풍뿐인 나에게는 힘에 부치는 일이었다.

나는 고타마 싯다르타를 가슴에 품고 이곳에 왔다. 고타마는 이제 이 세상에 안 계시고, 그저 내 대뇌의 어떤 부분에 기억 혹은 작은 형상과 말씀으로 남아 있다. 그분은 아트만은 존재하지 않는 것이라고, 존재하지 않는 것을 존재하는 것이라 말하는 순간 인간의 고통이 시작된다고 말씀하셨기에, 나는 그분의 영혼을 느끼려 애쓰지 않는다. 다만, 어느 시절 그분이 숨 쉬었던 공기 속에서 그들이 밟았던 땅 위를 걸으며 영원하지 않는 것의 영원함을 느끼려 애쓰고 있었다.

고타마시여, 당신은 살아 있는 것은 모두 아픈 것을 싫어하니 살아 있는 것을 때리지 말라 하셨지만 이 땅에는 머리가 상한 이, 다리가 상한 이, 그리고 심장이 상한 이들이 가을이 와도 식지 않는 열기 속에서 시들어 갑니다. 그때 당신께서 보신 것이 이런 것이었습니까?

암베드카르의 목소리가 들린다. "당신들이 우리를 때리는 것, 그것이 당신에게 어떤 행복감을 줄지 모르겠습니다. 그러나 얻어맞는 것, 그것이 어떻게 우리에게 행복이 될 수 있겠습니까?" 암베드카르 당신도 보고 있나요? 지금도 당신의 친구들이 족쇄를 차고 시퍼렇게 멍든 가슴을 숨기고 이 메마른 대지를 걷고 있다는 것을. 언제 채찍질이 멈출까요? 등가죽이 얇은 어린 것들이 먼저 쓰러집니다. 누가 저 채찍을 빼앗을까요?

4 아르주나, 당신은 크리슈나보다 위대하다

마하바라타 - 큰 싸움에 관한 이야기

인도 거의 모든 도시의 박물관 전시실 끄트머리쯤에는 무굴 제국 시기의 세밀화들이 걸려 있다. 그리고 그 세밀화들 중에 빠지지 않는 주제가 하나 있다. 까마득한 옛날 델리 근처 어느 곳에서 삼계의 신과 인간과 짐승이 모여 쌍방이 모두 죽을 때까지 싸웠다는 이야기. 선신은 물론 온갖 괴물과 귀신이 하늘과 땅, 심지어 물속과 지하까지 다 차지하고 처절한 싸움을 벌이는 장면이다. 하늘을 뒤덮은 불덩이들과 화살, 그중에 무엇이 신의 손에서 나왔고 무엇이 인간의 손에서 나온 것인지, 화살을 뒤집어쓴 코끼리와 질주하는 전차들 중 누가 우리 편인지 적의 편인지도 모를 처절한 싸움터를 묘사한 그림. 바로 대 서사시『마하바라타』의 쿠룩쉐트라 전투를 묘사한 그림이다.

『마하바라타』는 단연코 세상에서 가장 긴 이야기이며 가장 복잡한 이야기다. 무려 10만 구절에 해당하는 글 속에 수백 개의 이야기가 촘

촘히 엮여 발효되어 있다. 언제부터 만들어지기 시작했는지는 모르지만 기원 전후 수백 년 사이에 끊임없이 덩치를 키우며 오늘날 전해지는 이야기에 가까워졌다고 추측할 뿐이다. 사촌지간인 판다바들과 카우라바들의 왕위 계승 싸움이 핵심 이야기지만 그와 관계없는 신화, 철학을 비롯한 온갖 학파의 학문들이 삽입되어 있다. 그중 하나가 바로 힌두 최고의 경전인 「바가바드기타」다.

『마하바라타』의 큰 줄거리는 단순하다. 싸움은 왕위 계승에서 시작되었다. 적장자인 형 드리타라슈트라는 장님이었기에 그 동생 판두가 바라타 왕국을 물려받았다. 이 형제는 각자 백 명과 세 명의 아들들을 거느리고 있었다. 왕 판두가 죽자 바로 계승을 둘러싼 알력이 생겼다. 드리타라슈트라의 아들들(카우라바)이 적장자인 아버지의 권한을 요구했던 것이다. 이리하여 왕국을 둘로 나누었지만 알력은 사라지지 않았다. 카우라바 측은 독점을 원했다.

카우라바들은 비겁한 음모를 꾸몄다. 사기 놀음판으로 판다바들에게 준 반쪽 왕국도 빼앗자는 것이었다. 결국 판다바들은 사기 주사위 놀음에 져서 왕국을 잃고 13년간 유랑 생활을 한다. 13년이 지나면 왕국의 일부를 나눠 주겠다는 약속을 믿고서. 그것도 모자랐던 것일까? 카우라바 측의 우두머리인 두료다나는 사촌들을 죽여 화근을 없애려 했다. 그러나 용맹과 지혜를 겸비한 판두의 세 아들은 번번이 화를 피하고 13년을 견딘다. 그러나 13년이 지나도 약속은 지켜지지 않았다. 이리하여 독점하고 싶은 자와 이에 대항하는 자 사이에 엄청난 대 결투가 시작되고, 전 인도의 왕국들이 양대 진영에 나뉘어 가담함으로써 세계 대전이 벌어졌던 것이다.

판두의 아들들 중에는 대전사 아르주나가 있었고, 두료다나 측에는 왕실의 큰 어른 비쉬마, 아르주나의 무예 스승 드로나, 그리고 무패의 전사이자 판다바들의 숨겨진 동복형제인 카르나가 포진하고 있었다. 지금 이야기할 이가 바로 판다바 최고의 영웅 아르주나다.

세상의 큰 싸움은 가까운 사이에서 시작한다. 모르는 이라면 아예 무시하면 되리라. 그러나 가까운 이들 사이에 쌓인 원한은 화해로 풀릴 수 없는 것이다. '어떻게 너희가 우리에게 그럴 수 있는가?'로 싸움이 시작되고, '너희만은 용서하지 않으리라.'에서 싸움이 끝난다. 사촌인 판다바 형제들을 제거하려는 카우라바들의 행위는 용서받기 어려운 것이었다. 그러나 권력이란 나누기 어려운 것이며 싸움터란 용광로 같은 곳이다. 그 용광로 속에 오래 있을수록 선악의 구분마저 흐릿하게 녹아들어 가고, 싸움의 규칙까지 녹아 버린다. 완전히 연소하기 전까지는 누구도 멈추지 못하는 핵분열의 용광로처럼.

아르주나의 고뇌와 크리슈나의 확신

양측이 전열해 있을 때 대전사 아르주나는 고뇌에 빠져 전차사(마부) 크리슈나에게 고백했다.

"이렇게 싸울 결심을 하고 정렬되어 있는 내 친족들을 보니, 나의 사지는 맥이 풀리고, 입은 바싹 타며, 나의 몸은 떨리고 털끝도 전율합니다. …… 그리고 불길한 징조들을 봅니다. 크리슈나시여! 전쟁에서 친족을 죽이고 행복을 구할 수는 없습니다. 크리슈나시여! 나는 승리를 원하지 않습니다. 왕국도 쾌락도 원하지 않습니다. 우리의 왕국이 무엇이며, 즐거움이나 삶이 무슨 소용이 있겠습니까? 크리슈나시여!

우리가 왕국과 즐거움과 쾌락을 바랐던 것은 그들을 위해서인데, 그들은 목숨과 부를 버리고 전쟁터에 정렬해 있습니다. …… 비록 저들이 나를 죽인다 할지라도, 저들을 죽이고 싶지 않습니다. 삼계의 왕권을 위한다 해도 저들을 죽일 수 없는 일인데, 하물며 땅의 지배를 위해서야! …… 만약 싸움에서 무기를 손에 든 드리타라슈트라의 아들들이 무장하지 않은 채 저항도 하지 않는 나를 죽인다면, 그것이 나에게 더 편할 것입니다."[51]

그러고는 슬픔을 더는 감추지 못하고 전차 위에 주저앉았다. 그러나 전차사 크리슈나는 아르주나를 질책했다.

"비겁하게 행동하지 마시오, 아르주나여! 이것은 그대에게 어울리지 않소. 하찮고 나약한 마음을 버리고 일어서시오."

아르주나는 다시 물었다.

"스승님들을 죽이라는 말입니까? 사촌들을 해치라는 말씀입니까?"

그리고 "나는 싸우지 않겠습니다."라고 외치고 입을 닫았다.

그러자 크리슈나가 설득했다.

"존재하지 않는 것으로부터 존재가 생겨날 수 없고 존재하는 것으로부터 비존재가 생겨날 수 없다오. 진리를 보는 자들은 이 둘의 차이를 안다오. …… 육신은 유한하지만 육신의 주인은 영원불멸하며 헤아릴 수 없는 것에 속해 있다고 말해진다오. 그러므로 싸우시오, 아르주나여."

이어서 그는 계급의 의무를 설한다.

"자신의 의무를 생각한다면 동요할 필요가 없소. 왜냐하면 크샤트리아에게는 의무에 따르는 싸움보다 더 나은 다른 것이 없기 때문이오. …… 싸움에서 죽임을 당한다면 천국에 이를 것이요, 승리한다면 땅을 누릴 것이오. 그러하니 싸움을 위해 결단을 내리고 일어서시오. 아르주나여!"

아르주나는 다시 절규한다.

"행위보다 지혜가 더 중요하다고 당신께서 생각하신다면, 크리슈나 시여! 저에게 왜 그와 같은 끔찍한 행위를 강요하십니까?"

크리슈나의 대답은 명확했다.

"나는 오래전에 이 세상에서 두 가지 가르침을 설했소. 이론적인 사람에게는 지혜의 요가로써, 실천적인 사람에게는 행위의 요가로써. …… 집착 없이 행해야 할 행위를 하시오. 왜냐하면 집착이 없는 사람은 행위를 하면서도 지고에 도달하기 때문이오."

이리하여 아르주나는 크리슈나의 격려에 고무되어 싸움에 나선다.[52]

전광석화 같은 이륜전차, 칼날을 어금니에 단 괴물 코끼리, 불을 뿜는 화살, 신의 주문을 실은 미사일(아스트라), 어떤 창도 뚫을 수 없는 갑옷, 신이 준 마법의 활이 동원되어 날마다 사람들이 개미 떼처럼 죽고, 아수라와 신들까지도 개입하는 초미의 전쟁이 벌어졌다.

대전사 아르주나는 처음부터 끝까지 고뇌했지만 운명의 화살은 먼저 그의 아들들을 앗아갔다. 여덟째 날, 아르주나는 사랑하는 아들 이라반을 잃었다. 아들이 죽었다는 소식을 듣고 아르주나는 인드라를 경배하며[53] 절규했다.

"내가 비겁자라는 소리를 듣기 싫어 싸움에 이끌려 들었다. 이 무슨 죄악이란 말인가? …… 분명히 위대한 지혜를 가진 고결한 비두라께서는 마음의 눈으로 쿠루와 판다바들의 끔찍한 파멸을 보셨구나. 크리슈나시여, 이 싸움에서 수많은 영웅들이 카우라바들에 의해 살육되었고, 또 수많은 카우라바의 영웅들이 우리에 의해 살해되었습니다. 오, 최고의 남자시여(크리슈나), 부를 위하여 용서받지 못할 행동들이 저질러지고 있나이다. 친척들을 살해하면서 얻으려는 부가 무슨 소용이 있답니까? 부가 없는 이로 치자면, 친척을 죽여 부를 얻느니 차라리 죽는 것이 더 나을 것입니다. 크리슈나시여, 친척들을 죽여 얻는 것이 도대체 무엇이란 말입니까?"

그러나 아군의 신망을 한 몸에 받는 아르주나는 싸움을 포기할 수 없었다.

"맙소사, 어리석은 두료다나의 잘못 때문에 크샤트리아 종족이 멸망하고 있습니다. 크리슈나여, 이제야 알겠습니다. 왕(아르주나의 형)께서 (약속대로) 왕국의 반이 아니라 다섯 마을만 넘겨줘도 싸움을 하지 않겠다고 간청했던 까닭을. 이토록 수많은 크샤트리아 용사들이 전장에 넘어져 있는 것을 보고, 나는 스스로를 질책합니다. 크샤트리아로 태어난 것을 혐오하면서요. 크샤트리아들은 저를 보고 전쟁에서 힘을 쓰지 못하는 이라고 비웃겠지요. 단지 그 때문에 저는 싸우고 있습니다. 그렇지 않다면, 크리슈나여, 친척들과의 싸움은 제게 역겨운 것일 뿐입니다. 말들을 적진으로 돌진시키십시오. 내 두 팔로 저 건너기 어려운 전장의 바다 반대편에 닿고야 말겠습니다."

아르주나의 활이 시위를 떠나면 어김없이 적들은 넘어졌지만 판다바 측의 전사자들도 만만치 않았다. 피가 강물이 되어 흐르고 시체가 산처럼 쌓였다.

열째 날, 비쉬마와 아르주나의 대결이 펼쳐진다. 비쉬마는 왕실의 가장 큰 어른, 가장 고귀한 인품의 소유자였다. 아르주나는 이제 그전처럼 고결하지 않았다. 목적은 오직 승리였다. 그는 여전사 시칸딘을 써서 비쉬마를 공격한다. 고결한 성품의 비쉬마가 여자를 죽이지 않을 것이라는 것을 알기에. 반격하지 않는 비쉬마를 향해 시칸딘은 계속 화살을 날렸고 드디어 화살 한 대가 비쉬마를 맞추었다. 그사이 아르주나 역시 갑옷이 가리지 못하는 부분만 골라서 화살을 날렸다. 가우라바 측의 총사령관이자 애초에 전쟁을 반대했던 어른 비쉬마는 화살 세례를 이기지 못하고 쓰러졌다. 위대한 무사 앞에서 아르주나는 눈에 눈물을 가득 머금고 머리를 조아렸다.

"쿠루족 최상의 어르신이시여, 제가 무엇을 해 드리리까?"

어른은 말했다.

"내 머리가 밑으로 떨어지려는구나. 좀 받쳐 주렴."

아르주나는 날카로운 화살대 세 개를 모아 비쉬마의 머리를 받쳤다. 비쉬마는 만족해서 말했다.

"판두의 아들아, 너는 내 침상이 될 베개를 주었구나. 네가 그렇게 하지 않았다면 너를 저주했을 것이다."

비쉬마는 죽음에 임해서 이제 싸움을 멈출 것을 요청했지만 소원은 이뤄지지 않았다. 그리고 아르주나는 또 다른 죽음을 맞는다. 젊은 아들 아비마뉴가 무려 여섯 명의 카우라바 측 용장들에게 포위되어 비참하게 죽은 것이다. 그리고 그들은 젊은이의 주검 앞에서 광란의 춤까지 췄다.

아르주나는 싸움에서 돌아와 아들을 찾았으나 아들이 보이지 않았다. 아들이 죽었다는 소식을 듣고 아버지는 거의 실성하고 말았다. '그토록 사랑스럽던 내 아들이 정녕 저승으로 떠났단 말이냐? 우리 편의 수많은 전사들은 그 어린 것이 죽는 것을 그냥 보고만 있었단 말인가?' 그는 다시 크리슈나에게 호소했다.

"크리슈나시여, 왜 전투 중에 이 말씀을 하지 않으셨나이까? 알았더라면 그 잔인한 전차사를 모두 쓸어버렸을 것인데요."

크리슈나는 위로하며 말했다.

"슬픔에 굴복하지 마시오. 이것이 바로 후퇴를 모르는 모든 용감한 영웅들이 갈 길, 특히 크샤트리아들이 갈 길이오. 그들이 할 일은 전쟁이기 때문이오. 오, 가장 지혜로운 이여, 이 또한 전쟁에 임해 물러나지 않는 영웅들의 조각상을 만드는 이(절대자)가 이미 만들어 놓은 목적지요. 물러나지 않는 전사에게 죽음은 필연적인 것이오. 아비마뉴는 정당한 행동을 한 이들에게 준비된 자리로 올라갔음이 분명하오."

아르주나는 거의 이성을 잃고 가차 없는 복수를 선언한다.

"내일 전투에서 아들을 죽인 자를 먼저 죽이겠다. 누구든 그를 엄호하게 위해 나에게 맞서는 자라면 내 화살로 뒤덮어 주겠다. 그가 드로나나 크리파라도!"

드로나와 크리파는 아르주나의 스승이 아닌가.

그 이후의 이야기는 이전에 그나마 정제되어 있던 『마하바라타』를 한 편의 대 참극으로 바꾸고 만다. 드로나는 아르주나의 동생 비마의 손에 죽었다. 드로나의 용맹에 아무도 대적하지 못할 때 갑자기 누군가가 "아스와타마가 죽었다!"라고 외쳤다. 아스와타마는 드로나의 아들이었다. 아들의 죽음 소식에 드로나는 갑자기 싸움이 싫어져서 칼을 버리고 죽음을 맞이했다. 죽은 것은 아들과 이름이 같은 코끼리였을 뿐인데. 그런 금지된 거짓말을 한 이는 바로 아르주나의 형이었다.

아르주나와 카르나가 다시 맞붙었을 때 카르나의 전차가 진흙탕에 빠지고 말았다. 진흙탕에 빠진 바퀴를 꺼내는 동안 공격해서는 안 되는 것이 무사 계급의 전통이었지만 아르주나는 규칙을 지키지 않았다.

"어린 내 아들을 죽일 때 당신들이 규칙을 지켰습니까?"

그럼에도 천성이 선량한 아르주나는 머뭇거렸다. 역시 크리슈나가 다시 독촉했다.

"의무를 이행하시오. 아르주나."

아르주나는 끝내 카르나를 죽인다. 사실 카르나는 아르주나의 동복형이었다.

이제는 진흙탕. 아르주나의 동생 비마는 사촌형이자 적군의 대장인

두료다나를 죽이고는 시체의 머리를 밟고 학대했다. 싸움은 이렇게 선악의 구분을 의미 없이 만든다.

결국 판다바들이 이겼다. 그러나 드로나의 아들 아스와타마는 억울했다. 드로나의 아들은 사령관에게 호소했다.

"저들이 사악한 수법으로 우리 아버지를 해쳤습니다. 제발 원수를 갚게 해 주시오."

절규하는 그 앞에 복수에 굶주린 장병들이 가세했다. 전투의 규칙은 완전히 깨어졌다. 그날 밤, 드로나의 아들 아스와타마는 판다바 진영을 야습해서 막사에 불을 질렀다. 끔찍한 대살육이 이어졌다. 판다바 형제들의 자식들은 이참에 모두 목숨을 잃었다. 양측 모두가 거의 다 죽고야 싸움은 끝났다. 아르주나는 싸움 앞에서 두고두고 괴로워했지만 막상 싸움에 빨려 들자 그도 잔혹한 전사일 뿐이었다.

영혼의 스승과 영혼 장사꾼

"만약 서방 세계가 무너진다면 평화주의자들이 그것에 대한 책임을 져야 할 것이다. 서방 세계가 평화주의자들을 따른다면, 사방 세계의 몰락은 확실하다. 그리하면 마하바라타 이후 인도가 스스로 빠졌던 혼란 속으로 서방 세계도 빠지게 될 것이다."[54]

지금은 고인이 되었지만 수많은 한국인에게 '위대한 스승'으로 추앙받는 오쇼 라즈니쉬라는 이가 있었다. 이 대담한 선언은 무엇을 근거로 한 것일까? 라즈니쉬가 싸움을 부추기는 크리슈나를 찬양하며 한 말이다.

그는 크리슈나를 지지하기 위해 이런 식으로 말한다. "세상은 전쟁과 평화의 오케스트라다. 그래서 전쟁광 히틀러가 절름발이인 것과 마찬가지로 오로지 평화만을 이야기하는 간디나 러셀도 절름발이다."

라즈니쉬의 주장이 이해가 되지 않는 바는 아니다. 바부르는 겨우 1만 5000명의 병력으로 델리를 점령하고 무굴 제국을 세웠다. 불의와 침략에 제대로 저항하지 못한 인도의 나약함은 비판을 받아야 한다. 근대의 제국주의 세력들 또한 인도의 나약함을 공략했다. 그래서 라즈니쉬는 이렇게 말했다.

"인도는 마하바라타 후에 붓다와 마하비라와 같은 많은 선인들이 있었다. 그들의 선(善)은 무한했고 부족함이 없었다. 사실 그 선은 지나쳐서, 너무나 지나쳐서, 이 나라의 정신은 그 선의 무게 아래 쪼그라들었다.[55] 그 결과 세계의 침략자들이 인도에 대군을 풀어 놓았다."

만약 라즈니쉬가 악에 대항하는 용기를 말했다면 나도 수긍할 것이다. 그러나 「바가바드기타」를 통해 그가 강조하는 것은 악에 대한 저항이 아니라, 전사는 적을 죽이는 것이 임무라는 '의무설(다르마)'과 적을 죽인다 해도 적은 죽지 않는다는 '아트만(眞我) 불사설'이다. 그러므로 전쟁은 한바탕 유희이며 에너지의 분출구가 된다. 선악, 역사, 연민 따위는 아무래도 상관없다. 이 논리에 따라 영혼의 스승이 마구잡이로 뱉어 낸 말들이란 이런 것이다.

"사실상 전쟁은 인간의 마음속에 그런 긴장의 상태를 만들어 내고, 그런 도전들을 제시하고, 활발하지 못한 우리의 잠재되어 있는 에너지의 뿌리를 흔든다. 그래서 그 결과로 에너지는 깨어나서 활동한다. …… 전쟁에 직면하면 인간의 두뇌는 큰 진보를 하며, 보통의 경우 수세기 동안 해야 할 것들이 한순간에 일어난다. …… 큰 전쟁을 치렀던 나라들은 오늘날 발전과 번영의 정점에 있다. 제1차 세계 대전이 끝났을 때,

사람들은 독일이 망하여 영원히 쇠퇴할 것으로 생각했다. 하지만 불과 20년 안에, 제2차 세계 대전에서 독일은 1차 세계 대전 때보다 더욱 강력한 국가가 되었다. …… 왜일까? 의지와 활력으로 이 나라는 1차 세계 대전으로 방출된 에너지를 활용했기 때문이다."

인도는 제대로 된 전쟁을 치르지 못했다.

"마하바라타와 같은 전쟁은 가난하고 후진된 사회에서는 일어나지 않는다. 거대한 전쟁을 벌이려면 부가 필요하다. 동시에 부와 번영을 창출하기 위해서는 전쟁이 필요하다. 왜냐하면 전쟁은 엄청난 도전의 순간이기 때문이다. 우리가 크리슈나가 주도했던 것과 같은 전쟁을 보다 많이 겪었다면 얼마나 좋았을까."

제국주의자들에게도 그토록 관대하던 그가 공산주의자들에게는 혹독하다. 평등은 그릇된 개념이라고 한다.

"공산주의와 평등은 인간의 본성에 위배된다. 자유가 선이며 평등은 악이다. 선과 악의 대 투쟁이 벌어질 것이며 크리슈나는 선(즉 미국)을 지지할 것이다."

나는 인도에 수많은 정신적 스승들이 있다고 믿는다. 그러나 당하는 존재들에 대한 연민이 없는 자, 영혼으로 수익을 올리면서 심지어 국가주의자보다 더 전체주의적인 이분법에 빠져 있는 자를 스승으로 인정할 수 없다. 더 깊은 연민을 가졌으며, 개인을 존중하고, 폭력에 단호하게 반대하는 스승들도 있지 않은가? 어떤 스승은 단호하게 말했다.

"(제가 보기에) 아주 확실하게 그릇된 직업, 그릇된 생계 수단이 있는데, 그것은 군인이거나 변호사거나 경찰이거나 정부에서 일하는 것 따위를 말입니다. 군대라는 것은 평화를 위해서 있는 것이 아닙니다. 전쟁을 위해 존재하는 것이지요. 전쟁을 일으키는 것이 군대의 기능이란 말입니다. …… 독자적인 주권 정부들이 존재하는 한, 군대라는 것도 존재하기 마련입니다. 그에 따르는 민족주의와 국경선을 지닌 채로 말입니다. …… 그러니까 여러분이 민족주의자로 행동하는 한, 올바른 생계 수단을 지닐 수는 없는 것입니다."[56]

　나는 자칭 '영혼의 스승'이라는 이에게 붓다의 삶을 말해 주고 싶다. 붓다에 의하면 약자에 대한 연민이 없는 자, 국가의 힘을 빌려 폭력을 행하는 자, 신분이나 운명에 따른 의무를 설하는 자는 비천한 자다. 붓다가 위대한 것은 단순히 크샤트리아의 지위를 버린 것 때문이 아니라 크샤트리아의 의무까지 부정했기 때문이다. 의무는 어떤 계급이 아니라 모두가 함께 지는 것이다. 인도가 외세에 그토록 쉽게 패배해 온 이유는 크샤트리아가 싸움의 의무를 독점했기 때문이다. 크샤트리아처럼 쉽게 배반하는 계급도 없다. 그들은 작은 패배도 견디지 못하고 순식간에 새로운 통치자를 인정하는 이들이다. 『마하바라타』안에는 오직 브라만과 크샤트리아만 있다. 수많은 왕조 국가에서 강조되던 '민의(民意)에 따른 천명(天命)' 이야기는 한 번도 나오지 않는다.

　네루와 간디가 관철하고자 했던 기획은 어떤 계급의 책임과 권리가 아니라 모두의 책임 모두의 권리라는 개념을 확립하는 것이었다. 또한 인도가 제국주의의 그늘에서 벗어나되 그들의 폭행을 모방하지 말자는 것이었다. 그것은 신에 도달했다고 주장하는 라즈니쉬 같은 정신주의자의 막말에 의해 파괴될 수 있는 가치가 아니다.

　아르주나는 비록 싸움터라는 진흙탕에 물들고 말았지만 크샤트리아의 의무에 대해 회의하고, 살생의 후과를 두려워함으로써 분명 운명론에 도전장을 던진 사람이다. 그는 다른 의견을 제시했지만 인도의 전통 속에 묻힌 수많은 개혁가들의 전형이다. 나에게는 고뇌하는 인간 아르주나가 확신에 찬 신 크리슈나보다 위대해 보인다.

5 갠지스 강을 따라서

바라나시 - 붓다를 떠올리다

카주라호 방문 이후 나의 머리를 온통 지배한 이는 붓다였다. 그는 인도의 전통에 정면으로 도전한 이였다. 아르주나처럼 고뇌에 머물지 않고 고뇌의 근원을 깨고자 했다. 나도 갠지스 강을 따라 그가 여행했던 길을 따르고 있다. 주마간산 격으로 도시들을 지나며 그를 떠올렸다.

10월 24일, 천신만고 끝에 바라나시에 도착했다. 열차는 가는 시간보다 서 있는 시간이 더 길었기에 늦은 밤에야 숙소를 찾을 수 있었다. 인도에 도착한 지 며칠이던가. 갠지스 강을 오르내리며 생의 후반기를 보낸 그 사람을 생각하며 나도 걸었다. 나는 신화를 찾아다니는 사람이지만 그는 신화를 부숴 버린 사람이기에. 나는 자기만을 바라보며 허덕거리지만 그는 아상(我相)을 깨트렸다고 하기에.

강으로 바짝 다가선 가트(돌계단)처럼, 삶에 너무나 가까이 다가선 갠지스. 사람이 가까이 다가올수록 갠지스는 더 움츠러든다. 물은 줄어들고 오염된다. 충분히 거리를 둬야 진짜 사랑을 할 수 있는 때도 있는데.

하수구의 물이 흘러드는 곳 바로 옆에서 아이는 연신 물을 마시고, 예물을 담은 비닐봉지가 휙휙 날아드는 와중에 청년은 낚시질에 열중한다. 용도를 다한 조그마한 신상을 물에 던지니, 몇 번 자맥질을 하더니 꼬르륵 가라앉는다. 한쪽에서는 물대포로 분뇨와 쓰레기를 강으로 밀어 넣고, 한쪽에서는 사람들이 솜처럼 가는 물고기를 모기장으로 잡는다.

벽마다 쓰인 광고 문구들. '아유르 베다', '치료'. 치료해야 할 병은 어디에 있을까?

강가를 걸어가다 보면 누구나 볼 수 있는 화장터의 드라마. 나는 한나절 동안 그 촬영장 옆에 있었다. 겨우 10분만 지나면 현실감이 달아나고 정말 드라마의 한가운데 놓인 듯 몽롱해진다.

누군가의 몸이 탄다. 이글거리는 태양에 장작불이 더해지니 화로 안에 들어온 듯 뜨겁다. 열기는 10미터 밖까지 뻗쳐 온다. 두개골은 이승을 버리지 못하겠다는 듯 불길에 버티다 무심한 막대기 세례에 부서진다. 두개골이 부서지자 뇌수 타는 냄새가 전해 오고, 척수에 남은 마지막 유기물이 분해되는 냄새가 난다. 장작을 아끼고 빨리 태우려는 기계적인 몽둥이질에 뼈마디는 하나씩 떨어져 나간다. 옆에 놓인 유골 단지는 신석기 시대 이래 거의 모양을 바꾸지 않았다.

강과 사람이 붙어 살 듯, 삶과 죽음이 불길 하나를 사이에 두고 마주하고 있다. 저 불길도 사그라지면 삶과 죽음은 서로 다가가 앉을까?

이제 나무토막과 유골을 구분하기 어려워졌다. 두개골에 마지막 타격이 가해지자 산산이 부서진다. 유기물은 모두 타서 이제 냄새도 나지 않는다. 존재하지 않는 것에서 존재가 생겨날 수 없듯이, 존재하는 것은 영원히 사라지지 않을까? 그의 영혼은 육신을 떠나 영원히 존재할까? 아니면 저 몸이 분해되고 몇 개의 더 단순한 화합물로 전환되듯 영혼도 분해되고 더 단순한 단위로 바뀔까? 뉘신지 모르겠으나 가는 모습을 온전히 보여 준 것에 감사드리오. 한쪽에서는 나무 더미에 황급히 물을 붓는다. 장작은 곧 돈이니. 만약 영혼이 있다면 갈 때는 솜씨 좋은 화장꾼을 만나야 하리. 솜씨 없는 이들은 그저 두드리기만 하고, 이리저리 뒤집을 뿐 재빨리 태우지 못한다.

시바에게 바치는 잔디가 호맘이라는 의식을 주관하며 『베다』를 외는 브라만들. 한 치도 어김없이 신들의 이름을 부르고 있으리라. 정확히 부르시길, 어떤 신들은 난폭하니까.

신분이 아닌 행위로써

바라나시에서 북쪽으로 약 6킬로미터 떨어진 곳에 위치한 사르나트는 불교의 4대 성지의 하나로 일컬어진다. 사르나트의 낮 거리는 두르가 축제 때문에 활기차면서도 어수선했다. 어김없이 나를 필요로 하는 이들이 몰려들었다. 사르나트에서는 여러 유형의 구걸꾼들이 있다. 한 사람에게 세 번이나 줬을 때는 짜증도 나고, 훼손된 돈이라고 바꿔 달라는 이는 얄밉기도 했다. 적다고 오히려 화를 내는 할아버지도 있었는데 영어를 할 줄 알았다.

"당신들 부자(내가 부자인가?)에게는 아무것도 아닌 돈이지만 우리에게는 밥 한 끼야."

나도 한마디 했다.

"할아버지, 오늘 하루 내가 몇 명을 상대한지 아세요? 열, 아니 스물은 돼요. 그런데 어떻게 매번 큰돈을 줄 수 있어요."

아이를 시켜서 구걸하는 부모가 밉기도 했지만 어떻게 하겠나? 그들이 바로 기회를 박탈당한 사람들인 것을.

여기가 바로 붓다가 서른다섯의 나이에 첫 설법을 했다는 녹야원이다. 순례자들의 발길이 오늘도 끊이지 않는 곳. 사르나트 불교 사원에서 밤에 붓다에게 108배를 했다. 땀인지 눈물인지 콧물인지 쉼 없이 얼굴에서 흘러 바닥으로 떨어진다. 그의 말씀이 하염없이 떠올랐다.

붓다가 위대한 것은 그가 위로 착취자에게 대항하고 아래로 착취당하는 이들을 아꼈기 때문이다. 스승의 제자는 이렇게 들었다고 한다.[57]

불(불의 신 아그니)을 섬기는 브라만 바라드바쟈가 마침 번제(燔祭, 불희생제)를 거행하고 있을 때 탁발승 붓다는 그의 집 근처를 지나고 있었다. 태울 제물을 준비해 둔 제단에 불길이 타오르고 있는 차에 초라한 몰골의 탁발승이 나타나자 바라드바쟈는 소리를 질렀다.

"거기 서 있어라. 이 초라한 놈아, 더 이상 오지 말고 거기 서 있어라. 이 비천한 놈아, 거기 서 있어라."

이 혹독한 홀대를 받고 붓다는 되물었다.

"바라드바쟈여, 과연 누가 비천한 사람이며, 또 사람이 비천하게 되는 조건을 알고 있소?"

다행히 이 브라만은 귀가 열린 사람이었던 모양이다.

"수행자여, 나는 잘 알지 못한다오. 나에게 분명히 알려 주시오."

원래 브라만이 아니었고 이제는 크샤트리아도 아니며 왕은 더더욱 아닌 붓다의 첫 몇 마디는 높은 계급 사람들의 행동을 지적한 것이다.

"분노와 증오심이 많고 사악하고 위선적이며, 그릇된 견해를 고집하고 권모술수를 일삼는 사람, 이런 자를 '비천한 사람'이라 한다오."

또 비천한 이는 누구인가? 그는 생명을 해치는 자다. 무고한 생명을 제사의 희생으로 불태우는 브라만, 영혼은 영원하니 자기가 죽이는 이들을 불쌍히 여기지 말라 하는 크샤트리아다.

"살아 있는 생명을 함부로 해치며, 살아 있는 생명체에 대한 연민이 없는 사람, 이런 자를 '비천한 사람'이라 한다오."

그다음은 왕을 꾸짖는 말씀이 아닐까?

"도시나 마을을 포위 공격하여, 선량한 인민을 괴롭히는 살인마, 광폭한 권력자로 알려진 사람, 이런 자를 '비천한 사람'이라 한다오."

붓다의 마지막 당부는 이런 것이었다. 신분을 믿지 말고 오직 고귀한 행위를 하라.

"인간은 결코 신분에 의해서 비천해지거나 고귀해지지 않는다오. 인간을 비천하고 고귀하게 만드는 것은 결코 신분이 아니라 그 자신의 행위라오."

선이 무르익으면 복을 받으리라

철로변 천막촌 사람들은 순식간에 노동력을 조합하는 능력이 있다. 바부 가트에 앉아 신상의 나무틀을 집으로 옮기는 사람들을 보노라면 그들의 놀라운 능력에 감탄할 수밖에 없다. 젊은 친구들이 강으로 뛰어들어 신상에 줄을 걸면 밖에 있는 사람들이 끌어당긴다. 뼈대가 부실한 신상들은 다시 강으로 돌려보낸다. 건져 낸 신상의 껍데기는 벗기고 뼈대만 추려서 집으로 가지고 간다.

새로 페인트칠을 한 배와 강둑 그 사이로 물살을 가르며 나룻배 한 척이 올라온다. 사람들을 가득 태우고 천천히 온몸을 흔들며. 노군 둘은 서로의 몸짓에 맞추어 춤을 춘다. 중력과 마찰력의 법칙을 거스르듯 배는 기어이 물살을 헤치며 올라가고, 뱃머리와 꼬리에 선 노군 둘은 끝까지 용기를 잃지 않는다. 몸을 완전이 뒤로 젖히고 노를 삿대 삼아 기어이 그 급류를 빠져나간다.

어떤 사조들은 정말 경악스러우리만치 오래 지속된다. 다양한 듯하지만 사실 어느 때부터 창조적인 것은 다 사라지고, 형틀만 남은 것들. 예를 들어 중국 청동기의 도철 문양, 인도 신상의 질감, 혹은 오늘날 서구의 인본주의?

매 순간 강으로 던져지는 우악스러운 쓰레기에도 불구하고 후글리 강은 갠지스 같은 냄새가 없다. 부패와 악취를 무마시킬 수 있을 정도의 속도를 갖추고 있으니까. 밀려오는 쓰레기 더미는 희미한 저녁 빛의 용서를 받아 회색 악어로 바뀌고, 태양은 물이 어두워질수록 더 붉어진다. 그리고 태양이 내려간다. 왜 이리 태양이 애처로워지는지. 빛이 저 태양에서 나온다는 것을 믿기가 힘들다. 멀리 빌딩과 희뿌연 연기가 섞인 지평선으로 내려가는 붉은 원반은 스스로 빛을 내는 것이 아니라 차라리 대지의 희미한 빛의 도움을 받고 있는 듯하다.

할머니는 성스러운 강에 옷을 빨고, 건너야 할 사람들과 남을 사람들이 반반씩 섞여 강둑을 지킨다. 코코넛을 주웠다고 좋아하는 소년이 물속에 발을 담근다. 신상이 가득 머금고 있는 수은이 적당히, 아주 서서히 관절을 마비시킬 정도로 들어 있는 강물이 소년의 검은 피부를 감싼다. 오늘밤은 바람이 지키고, 내일 아침이면 맥없이 물러난 태양이 다시 떠올라 세상을 책임지겠지. 물가의 까마귀 떼가 서서히 사람과 숫자 경쟁에 들어간다.

닿을 수 없을 만큼 높은 곳에 대해, 혹은 그런 수준의 행동들에 대해 이야기함으로써 우리는 오히려 그만큼 낮아지고 깊은 악으로 빠져든다. 선이란 반드시 실천해야 하는 것이라면, 실행할 수 없는 선을 말하는 것 자체가 악이다. 선을 알면서도 행하지 않으면 그것은 분열이고, 닿을 수 없음을 알면서도 닿을 것처럼 행동하는 것은 위선이기 때문이다. 위선과 분열이 오래되면 사람들은 자신을 믿지 않든지, 혹은 스스로를 속이게 된다. 기만과 불신은 인간의 자신감을 꺾고 그들을 무기력하게 만든다. 인도의 정신적 스승들은 드높은 다르마(法, 의무)를 너무 자주 말함으로써 다르마를 행할 실천적인 성실함을 던져 버렸다. 그러다 급기야 가장 기본적인 다르마인 인간에 대한 연민을 잊어버렸다. 가장 가난한 사람들의 몸에만 쌓이는 중금속. 어찌 그것이 저들만 감당해야 할 카르마란 말인가?

붓다가 정말 이런 말씀을 하셨는지는 의문이다. "악이 무르익기 전에는 악인도 복을 누린다. 악의 열매가 무르익으면 그때 벌을 받는다." 그러나 이 말씀은 분명히 하셨으리라 믿는다. "선이 무르익기 전에는 선인도 화를 겪는다. 그러나 선이 무르익으면 그는 반드시 복을 받는다." 이 세상에서 이 외에 달리 무엇을 따로 믿을 수 있겠는가.

6 태양신의 사원을 찾아

배낭 추적자

태양신의 사원을 찾아 떠난다.

콜카타발 부바네스와르행 버스는 이른 시간에 우리를 목적지에 데려다 주었다. 버스를 탈 때면 어김없이 찾아오는 설사. 잠을 깨니 바로 아랫배가 아파 온다. 버스에서 내리자마자 화장실을 찾아 달렸다. 화장실 겸 공중 샤워 시설로 달려 들어가서 하염없이 순서를 기다린다. 일 초 일 초를 버티며 앞 사람이 나오길 기다리다 낭패를 보기 직전에 문제를 해결했다.

일을 해결하고 나니 만사가 만만해 보이고 지나치게 느긋해진다. 아침은 거르고 코나르크행 버스를 잡아탔다. 어서 빨리 이 도시를 벗어나 코코넛과 바나나가 넘치는 시골 마을로 가고 싶다. 차는 가다 서다를 반복하며 시골 사람들의 사소한 욕구까지 다 채워 주었다. 조그만 마을에 닿을 때마다 한참을 기다리곤 한다. 나름대로 큰 마을에 도착해서 차가 선다. 이번에는 최소한 10분은 쉬겠지 생각하고 느긋하게 소변을 보러 갔다. 그래도 마을인지라 좀 으쓱한 곳을 찾아가 일을 치르고 왔더니, 아뿔싸 차가 없다. 아무리 둘러봐도 없다. 황급히 주위 사람들에게 물었다.

"차가 떠났소?"

한 사나이가 차의 진행 방향을 가리킨다. 출발했다는 뜻. 맙소사, 나의 모든 것이 들어 있는 배낭이 차 안에 모셔져 있다. 카메라와 인도에서 모은 온갖 자료들이 다 거기에 들어 있었다. 지저분한 신발까지 모셔 가는 곳이니 어찌 배낭의 안전을 보장하리오. 지금 따라잡지 않으면 절대 되찾을 수 없다!

오토릭샤를 급히 수배했다. 추격! 그러나 말이 통하는 사람이 하나도 없었다. 모인 사람들에게 몸짓 발짓으로 처절하게 "버스, 출발, 가방, 그 안에, 추격!"을 외쳤다.

영어는 못 알아듣지만 눈짓만으로 우주인의 속마음도 알아들을 정도로 감각이 보통 이상인 오토릭샤 아저씨가 알아듣고 나섰다. 나는 손짓으로 요금을 두 배 주겠다는 의사를 표시했다. 말은 어차피 알아들을 수 없으니 몸짓으로 계속 다급함을 표현했다. "그 배낭 없으면, 나도 없음. 성공하면 크게 사례." 답답함을 이루 말할 수 없다. 그러나 아저씨는 품격이 있다. 담배 한 개비를 물더니, 시동을 걸고 달린다. 마치 발리우드 영화의 한 장면처럼 야자나무가 획획 지나간다. 푹푹 팬 길도 아랑곳하지 않고 오직 전진. 그러나 아무리 용을 써도 오토릭샤는 오토바이 엔진에다 턱없이 큰 짐칸을 단 아둔한 녀석. 버스 속도의 반도 되지 않는다. 달려도 달려도 버스는 보이지 않고 온갖 생각이 다 난다. 마을들이 뜸해져서 버스도 열심히 달리고 있나 보다. 다행히 우리 운전사는 좌절을 모르는 사람이었다. 약삭빠른 이라면 이쯤에서 멈추고 뭔가 협상을 시작했겠지만 그는 오직 앞만 보고 달린다. '성스럽다'는 말 외에는 그의 진지함을 표현할 길이 없다. 그는 완전히 내 처지가 되어 버스를 추격하고 있었다. 그렇게 20분을 전속력으로 달리자 뭔가 익숙한 물체에서 사람들이 내리는 광경이 눈에 들어왔다. "야호!" 우리 둘은 환호성을 질렀다. 그런데 저놈이 또 떠난다. 그러나 눈에 들어왔으니 놓칠 수 있으랴. 다시 몇 분을 전속력으로 달려서 서 있는 버스를 따라잡았다. 작은 마을에서 사람을 내리고 있었다. 오토릭샤는 이 틈을 노려 전속력으로 달려 휙 오른쪽으로 꺾더니 버스 가는 길을 막아선다. 막아서는 장면에서 아저씨는 주윤발 이상으로 멋지게 옷깃을 휘날렸다.

허겁지겁 주머니에서 돈을 꺼내 주었다. 얼마인지도 세지 않았다. 나의 구세주에게 되도록 많이 줘야겠다는 생각에.

버스에 오르니 내 배낭은 문 옆에 그대로 앉아 있었다. 나는 승객들에게 항의를 했다.

"여러분, 나 몰라요? 왜 그냥 가요?"

사실 오줌 누러 갔다가 늦은 이는 나니 적반하장이다. 그렇지만 의문이었다. 인도 사람들처럼 남 챙기기 좋아하는 이들이 승객이 돌아오지 않은 차를 출발시킬 리가 없는데. 그러다 노인의 눈짓을 보고 드디어 사태를 파악했다. 그때 나는 제일 앞자리에 앉아 있었고 차는 만원이었다. 내가 내리는 사이에 누가 내 자리에 앉았는데, 그 사람의 뒤통수를 보고 사람들은 내가 탄 것으로 오해한 것. 그러니 아무도 말해 주는 사람이 없는 것이 당연했다. 뒤통수를 보고 어떻게 사람을 구분하랴.

그렇게 우여곡절 끝에 코나르크에 도착했다.

생명력의 사원

숙소를 잡고 수리야 사원으로 가기 위해 길을 나서자 바로 행복 덩어리들을 만났다. 세상에서 가장 상큼한 물을 머금고 있는 주머니이자 에너지 저장소인 야자를 쌓아 놓고 팔고 있었다. 갈고리 칼로 퍽퍽 내리친 후 물을 마시고 다시 둘로 쪼갠 뒤 껍질 주걱으로 퍼 먹으면 한 끼가 해결된다. 그 맛과 향도 놀랍지만 가격은 더 놀라워 한 개에 겨우 150원. 코나르크에서는 밥 대신 야자를 먹었다. 그날 후로 사흘 동안을 내리 먹었지만 전혀 물리지 않을 정도로 귀한 과일. 델리의 시장에 있는 밤톨같이 말라빠진 것들과는 비교도 되지 않을 정도로 크고 싱싱했다.

야자 파는 노점상들이 붙잡을 때마다 못 이기는 척하고 들어가다 보면 방광이 가득 찰 때쯤에야 거절할 마음이 생긴다. 수리야 사원 가는 길에만 야자 세 통을 먹었다. 겨우 100미터 남짓한 길에 나를 잡는 사람이 그렇게 많았고, 나는 기꺼이 그 요구에 응했다.

어떤 예술품은 보는 순간 사람을 압도한다. 수리야 사원은 인도에서 본 가장 특이한 경이로움이었다. 인도를 떠날 때까지 그런 예술품은 다시 보지 못했다. 이곳에서 내가 본 것은 뿜어져 나오는 힘과 생명력이었다. 여기 오지 않았다면 나는 인도 예술에 대한 편견을 벗어나지 못했을 것이다. 초기의 생명력이 복잡하기만 한 자잘한 장식과 문양으로 퇴락하고, 조각들에서 원시의 뼈대는 사라지고 한결같이 나긋나긋한 살집 일색으로 바뀌던 시기에, 인도 예술에 새 생명력을 불어넣을 사명을 지고 있다는 듯 그 거친 피부를 뽐내며 저 신전이 탄생했다. 이 신전에서 나는 지극히 전통적인 것에서 새 활력이 나올 수 있음을 보았다.

예술품으로서 이 신전이 더욱 위대한 것은 인도의 예술을 지배하고 있던 경직된 사고에 일대 반격을 가했기 때문이다. 자잘한 세부 항목은 전통적인 사조들을 받아들였지만 그 전체 기획은 그보다 훨씬 급진적이었다. 신전 하단의 강고한 안정감은 13세기 당시 이슬람 세력을 막아낸 칼링가 왕조의 넘치는 자신감을 반영한다. 기단을 쌓고 그 위에 집을 모방한 탑 같은 신전을 만드는 진부한 양식은 여기에 없었다. 바닥에 깔린 돌 위에서 건물은 바로 시작된다. 최하단의 돌에는 코끼리가 새겨져 있다. 대지를 짓밟는 코끼리처럼 신전은 대지에 뿌리를 박은 거대한 하나의 돌덩이처럼 서 있다.

신전은 왜 그리 대지에 다가가 있을까? 아, 이 신전은 태양신 수리야의 거대한 전차였다. 누가 이런 상상을 했을까?

일곱 마리 적갈색 말을 당신의 전차에 비끄러매고, 오 당신 멀리 보시는 분, 신(神) 수리야, 빛나는 머리카락을 지닌 이여.—『리그베다』, '수리야 찬가' 중에서

칼링가 사람들은 베다 시절의 상상력을 그대로 실행하고 말았다. 태양신의 전차를 끄는 역동적인 말들의 움직임은 이 왕국이 전진 중이라는 것을 의미한다. 페르시아의 왕은 원정을 떠날 때 수리야의 또 다른 현신인 미트라의 전차를 끌고 다녔다. 새하얀 백마가 끄는 전차가 등장하면 적은 숨을 죽였다. 선두의 말 뒤로는 긴 공간을 두어 전마가 짐꾼처럼 보이는 것을 방지했다. 마치 유선형의 탄환처럼 적진을 향해 달리는 전차의 속도감을 전혀 방해하지 않는 구조. 그 뒤로 안정감 있게 전차의 몸체, 즉 태양신의 집이 따라오고 있다. 조잡스러운 느낌을 주지 않기에 충분하도록 커다란 바퀴들이 받치고 있는 전차의 진면목을 바라보려면 유적지를 벗어나 측면 반얀나무 숲까지 들어가야 한다. 나의 빈약한 카메라는 그 진면목을 잡아낼 능력이 없었다. 저 전차의 정원은 몇일까? 전차 위에 무기를 들지 않은 사람들이 가득 타고 있는 모습이

훈훈하다.

전차 바퀴살과 몸체에는 힌두교에서 이상적으로 생각하는 삶, 즉 범행기(梵行期), 가주기(家住期), 임서기(林棲期), 유랑기(流浪期)의 네 단계를 거치는 삶을 묘사한 조각들이 새겨져 있다. 세세한 조각들의 섬세함이나 입체감은 카주라호의 석각에 비해 뒤쳐지지만 거친 편마암의 결이 주는 중후함으로 약점을 상쇄하고도 남는다.

이 신전에 대해 비난하는 이들은 물을 것이다. "저렇게 대단한 건물을 짓기 위해 인민들이 얼마나 억압받고 고초를 겪었을까?" 가끔 나도 그런 생각을 한다. 그러나 이 건물 앞에서만은 나는 다른 생각이 들었다. 저런 건물은 억압만으로 만들 수 있는 것이 아니다. 저 건물을 만들 때 사람들은 어떤 집단적인 열정에 빠져 있었음이 분명하다. 장인들과 시주자들은 '우리가 이겼다.' 혹은 '우리는 앞으로 나간다.'라는 집단적인 열정을 간직하고 있었을 것이다. 만약 내 생각이 옳다면 그런 엄청난 동의를 이끌어 낸 왕은 분명 영웅이었으리라.

그리고 이 사원 조각들의 모티프 중 누구의 눈에나 쉽게 들어오는 것은 암수가 얽혀 있는 나가(뱀의 형상을 한 아수라)의 형상이다. 이 나가의 형상과 중국 투루판에서 본 여와 복희 형상의 유사성은 더 이상 말할 나위도 없으리라. 태양이 온 세상의 생물들에게 생명을 불어넣듯이 이 왕국이 가장 강력한 생식력을 지닌 생물의 에너지로 충만하기를 기원하는 의미에서 저 조각들이 만들어졌으리라. 이 뱀 신들은 사람들의 시선은 아랑곳하지 않고 둘이, 혹은 셋이 거침없이 사랑을 나눈다. 뱀, 그들은 생명의 원천이 아닌가? 허물을 벗으며 영원히 사는 존재, 며칠 동안 사랑을 나눌 정도로 엄청난 성 에너지를 가진 존재. 서쪽으로 아프리카인들의 관념이나 아메리카 샤먼들의 믿음에 이르기까지 뱀은 창조자요, 부활하는 존재다. 세상이 창조되자 바로 뱀이 똬리를 틀어 이

세상을 받친다는 아프리카 폰족의 뱀과 창조의 신 비슈누를 받치고 있는 나가는 같은 존재다.

나가 조각들을 하나하나 살피고 다닐 때 여행에서 보아 온 뱀의 기억들이 떠오른다. 케르만샤 비시툰 비문 아래서도 나는 상상도 못했던 그를 만났다. 비시툰 비문 아래 조그마한 인공 연못, 그야말로 사막의 오아시스인 그 작은 별천지에 아담한 크기의 물고기들이 떼를 지어 헤엄치고 있는 것을 무심히 들여다보다가 뱀을 보고 소리쳤다.

"앗, 용이다."

엄지손가락만 한 물뱀들이 물풀을 헤치며 이리저리 고기 떼를 쫓고 있지 않은가. 그토록 척박한 사막 언저리 오아시스에 뱀이 산다?

겨울에는 영하 30도의 혹한에 여름에는 영상 50도의 혹서, 비 한 방울 내리지 않는 사막 투루판에서도 뱀을 보았다. 사실 그곳에서는 뱀이란 족속이 살 수 없다. 그러나 그곳 아스타나 고분군에서 출토된 그림에는 창조주인 뱀의 신 여와와 낭군 복희가 더위도 추위도 아랑곳하지 않고 서로 얽혀 있었다. 심지어 뱀이 절대로 살 수 없는 혹한의 중부 몽골 반(半)사막에 살았던 고대인들도 바위에 뿔 달린 뱀을 새겼다. 이만하면 고대인의 뱀 사랑은 말릴 수 없을 지경이다. 그러니 뱀이 없는 신화란 상상할 수도 없다.

열렬히 사랑하고 끊임없이 자식을 낳는 자, 시체를 남기지 않는 자, 허물을 벗고 영원히 사는 자, 물과 땅을 자유로이 오고 가는 자, 바로 불사의 뱀이다. 거대한 우주 뱀이 지난 흔적은 강이 되고, 웅크리면 산이 된다. 혹자는 용두사미(龍頭蛇尾)네 하며 뱀을 얕보지만 사실 용이 발 달린 뱀, 즉 사족 같은 존재일 뿐 그 몸통은 뱀이다.

바빌론 신화는 어떻게 전하였던가. 태초에는 바다의 여신 티아마트와 민물의 신 압수 외에 어떤 존재도 없었다. 티아마트는 어마어마하게 긴 몸과 꼬리를 가진 거대한 뱀과 닮았다. 아마도 성서에 나오는 거대한 바다뱀 레비아탄 같았을 것이다. 그녀는 창조주였다. 그녀가 압수와 결합하여 여러 신들을 만들었다. 이렇게 창조된 신들도 열심히 자식을 낳으니 신들의 세계는 점점 붐비고 시끄러워서 거대한 두 신은 편히 쉴 수가 없었다. 어느 날 압수가 참다 못해 티아마트에게 제안했다.

"저 소란스러운 것들 때문에 잠을 잘 수가 없습니다. 모두 없애 버립시다."

창조의 어머니 티아마트는 반대했다.

"차마 내가 낳은 자식들을 내 손으로 없앨 수는 없어."

그러나 압수의 계획은 젊은 신들에게 사전에 발각되고 말았다. 젊은 신들은 선수를 쳐서 압수가 잠을 잘 때 줄로 묶어서 꼼짝 못하게 한 후 죽여 버렸다. 그래도 바다 같은 마음의 티아마트는 애송이 신들을 용서했다.

그러나 거친 신 마르두크가 태어나자 상황은 달라졌다. 사나운 마르두크가 신계를 마구 휘젓고 다니자 티아마트에게 그의 비행을 막아 달라고 청원하는 소리가 끊이지 않았던 것이다. 드디어 티아마트가 나섰지만 마르두크는 전혀 기죽지 않았다. 이리하여 먼 손자와 할머니의 싸움이 시작된다.

마르두크는 신계 최강자의 특권인 번개와 폭풍을 부릴 줄 아는 자였다. 폭풍 전차를 타고 달려드는 마르두크를 티아마트가 한입에 삼키려 하자, 마르두크는 오히려 바람을 잡는 그물을 던져서 그녀를 얽었다. 그러고는 티아마트의 벌린 입으로 쉴 새 없이 폭풍을 불어넣었다. 폭풍 때문에 입을 닫지 못하는 틈에 마르두크는 그녀의 입으로 화살을 쏘아 넣어 급소를 끊었다. 이렇게 해서 신들의 창조자 티아마트는 자손에게 살해되었다.

그러나 죽어서도 그녀의 창조 행위는 끝나지 않는다. 마르두크는 기다란 그녀의 몸을 반으로 갈라 한쪽으로 하늘을 만들고 남은 한쪽으로 땅을 만들었다. 이렇게 해서 세상의 터전이 만들어지자 마르두크는 인간을 만들어 노역을 시켰다.

동쪽 중국에서 인간을 창조한 이는 여와라는 여신이다. 여와는 마르두크와 달리 그저 사람이 좋아서 그들을 만들었던 모양이다. 처음에 여와는 진흙으로 정성껏 사람을 빚고 조심스레 말렸다. 이리하여 들판에는 사람들이 뛰어 놀게 되었다. 그러나 아무리 열심히 빚어도 손으로 빚는 것은 한계가 있었다. 게다가 신이 아닌 진흙 인간들은 때가 되면 죽었다. 끝없는 노동에 지친 여와는 묘안을 냈다. '남녀가 서로 사랑을 하게 되면 내가 직접 만들지 않아도 되지 않을까?'

과연 남자와 여자를 만들고 서로 짝을 짓게 하니 인구는 자연히 불어났다. 그 와중에도 여와는 인간이 살 들판, 수풀을 만들고 하늘이 무너진 곳을 기우는 등 끊임없이 창조 작업을 벌였다. 얼마나 열심인지 70번이나 몸을 바꾸면서 작업을 했다고 한다.

그녀의 몸이 뱀이라는 것에 주의하자. 열정적으로 교접하고 자식을 낳지만 정작 자신은 허물을 벗고 다시 사는 존재. 뱀이 아니면 누가 그런 창조의 대업을 맡을 수 있을까? 중국에서는 지금도 이 뱀 신이 부부의 연을 맺어 주고 자식을 점지하는 이로 추앙받고 있다.

코나르크 태양신 사원의 나가 부부와 아스타나 고분의 여와 복희 그림의 모티프는 원래 서아시아에서 출발하여 페르시아에서 완성된 후 동쪽으로 옮겨 온 것 같다. 옷만 바꿔 입히면 나가가 여와가 되고 여와가 나가가 된다. 이렇게 뱀은 기다란 제 몸처럼 동서 세계를 연결해 왔다. 샘이 계속 솟아나고 창조주의 후손들이 그곳에서 끝없이 삶을 이어 가길 바라노라.

태양신의 동생과 바다에 빠지다

유물이야 지난 시대의 것에 불과하지만 태양은 오늘도 타오르고 그 아래 사람들은 생을 이어간다. 코나르크의 바닷가에는 태양신의 후예들이 살고 있다. 오늘날 태양이 떠오르는 바다를 지키는 사람들의 활력에 빠져들면, 어지간히 감동받기를 싫어하는 이라도 이곳이 태양신의 축복을 받은 곳임을 인정하게 되리라. 수리를 만난 것도 그런 경험이었다.

코나르크 해변의 어시장에서는 새치처럼 길쭉하게 생긴 물고기들을 모래 위에 올려놓고 판다. 냉장이나 냉동은 애초에 없다. 팔리지 않으면 바로 먹어야 한다. 어시장을 돌아보는 차에 새카만 얼굴에 장난기 넘치는 얼굴을 한 아저씨 한 명이 다가와 말을 걸더니 다짜고짜 자기 집으로 가잔다. 나야 반대할 이유가 없었다.

종려나무로 엮은 수리의 단칸집은 초라했지만, 그 내부는 정말 시원했다.

"수리야, 수리."

자기 이름이 태양신을 닮았다는 것이다. 마을 사람들이 모여들어 마치 신기한 짐승을 보듯이 나를 관찰했다. 수리의 아내가 새치를 얹은 커리 밥을 내왔다. 어디서도 먹을 수 없는 풍성한 생선 커리 쌀밥이다. 실컷 먹고 나서니 아이들이 몰려온다.

"볼펜 있어요?"

수리가 아이들을 쫓아낸다. 쫓겨났다가 깔깔대며 다시 등장하는 녀석들. 가난도 다 같은 가난이 아니다. 이 어촌에서는 아무리 가난해도 남은 물고기를 먹을 수 있으니 아이들도 영양 상태가 좋았다. 수리처럼 남의 배를 타는 이들이 대부분이었지만 이곳에서 배를 곯는 일은 없겠지. 수리가 다음 날 배를 같이 타자고 한다. 기름 값을 내면 자기 선장

네 배를 빌릴 수 있다고 한다. 그날 수리와 저녁을 먹고 기름과자를 한 봉지 샀다. 아이들에게 군것질거리를 주는 것이 제일 행복한 사나이.

다음 날 어촌으로 갔다. 자그마한 선착장에서 한 사내가 바다 쪽으로 등을 돌리고 똥을 눈다. 누는 족족 파도가 쓸어 간다. 똥을 누면서도 나를 관찰한다. 마음씨 넓은 바다에 어울리는 여유 있는 눈빛으로.

그날 배를 타고 바다로 나갔다. 벵골 만의 파도는 언제나 높다. 먼 바다에서 술렁이던 물결은 해안 가까운 곳에서 포말을 일으키며 튀어 오른다. 이 파도를 헤치고 배를 밀어서 모래 턱을 넘는 것이 숙제다. 그 방식은 가장 숙련된 뱃사람들만 알고 있다. 내가 먼저 배 위에 오르고 마을 사람들이 배를 민다. 바닥을 모래에 쿵쿵 찧으며 앞으로 나간다. 파도가 배를 띄웠다가 떨어뜨릴 때 실수하면 사람이 끌려 들어갈 수가 있다. 혹은 모래 턱에 배가 걸리면 뒤집힐 위험도 있다. 그렇지만 노련한 뱃사람들은 기꺼이 나를 위해 바다로 들어가 주었다. 마지막 모래 턱을 넘고 드디어 배가 깊은 바다로 들어섰다.

나 같은 초보자는 그냥 서 있기도 힘든 배 위에서 수리와 선장은 농담을 나누고 마음대로 걸어 다닌다. 벵골 만의 새파란 바다 위를 마음 껏 표류하다 뱃머리를 돌렸다. 해안선 1킬로미터 지점에서 내가 수영을 하고 싶다고 했더니 수리가 따라 들어가겠단다. 둘이 물로 뛰어들어 해안으로 헤엄을 쳤다. 따뜻한 물을 헤치며 다시 마지막 모래 턱에 발이 닿을 때까지 파도에 몸을 맡겼다. 모래사장으로 나오니 엄청난 인파가 몰려와 일종의 환영식을 벌여 준다. 누군가 영어로 축하해 주는 소리가 들렸다.

"엄청나게 힘이 센 사람이다!"

어부에게는 힘이 세다는 것이 가장 큰 칭찬일 것이다. 나도 이곳에서 태어났으면 어부가 되었겠지. 밖으로 나오니 수리의 아내가 또 새치 커리로 만든 밥을 내준다. 부끄러움 많은 아내에게 식사비를 주자니 손사래를 친다. 밥은 그냥 주는 거라고. 나도 고집을 부렸다. 내가 가진 것이란 지폐 몇 장뿐 달리 드릴 것도 없었다. 당돌한 아들 녀석이 또 나타나 누나 흉내를 낸다. "아저씨, 볼펜 있어요?"

그러나 이번에는 어머니에게 엉덩이를 한 대 맞고 볼멘소리를 하며 물러난다. 아이 같은 수리와 달리 아내는 갸름한 얼굴에 정숙한 위엄을 풍기는 미인이었다. 다만 전보다 훨씬 많아진 밥과 생선 때문에 애를 먹었다. 남기는 것은 상상도 못했으니까.

어부 수리는 태양신의 동생. 그날 나는 태양신의 동생과 바다에 뛰어들었다. 저녁 햇살을 받으며 어촌을 떠날 때 아이들이 몰려들어 나를 둘러싸고 "엄청나게 힘이 센 사람"을 연호한다. 그 호쾌한 파도를 뚫고 해안으로 헤엄쳐 가던 날을 잊을 수 있을지. 언제쯤 수리가 선장이 되는 날이 올지. 안녕, 코나르크.

여행의 시작

여행은 바다에서 끝났다. 인도 남동부 해안의 자그마한 유적지 마하발리푸람. 바다로 바짝 다가와 붙은 방갈로식 식당에서 맥주 두 병으로 여행의 마지막을 정리하고 있을 때 그 녀석이 다가왔다. 바다로 쭉 뺄은 베란다를 기어 올라와 한 손으로 난간을 잡고 한 손으로는 먹는 시늉을 한다. 나는 몸짓으로 대답했다.

'다 먹었어. 생선 머리밖에 없어.'

'그래도 먹을 수 있어.'

녀석도 몸짓으로 대답했다.

생선 머리를 녀석에게 건넸다. 그때 식당 주인이 달려왔다. 녀석은 잽싸게 뛰어내리더니 동생을 불렀다. 동생이 다가와 함께 생선 머리를 먹는다. 형이 꼬리를 동생이 머리를. 한 떠돌이 가족과 그렇게 만났다.

왜 평생 먹지 않던 생선을 이날 시켰는지. 어쩌다 뻔뻔스럽게 아이에게 뼈만 남은 생선을 넘겼는지. 나는 가슴을 아프게 쥐어뜯었다. 막내는 무엇이 그리 신나는지 연신 "빵야 빵야." 하며 바다를 향해 쏜다. 물가의 사자 같은 녀석. 저 멀리 '겨울비' 내리는 바다에는 노랑머리 한 명이 서핑 보드를 타고 수면을 오르락내리락하고 있었다.

심장이 뒤틀리고 눈이 아파 나도 다시 물에 들었다. 물에 모래 알갱이가 없는 곳까지, 힘이 빠질 때까지 바다로 나갔다. 물속에 들어가서 깊이를 재고 또 올라오고. 물가에서 사람들이 허둥댄다. 그때 보드를 배에 깔고 노랑머리가 나타났다. 나는 머리를 내밀어 알려 줬다.

"물에 빠진 거 아니다. 고맙다."

모래사장으로 나오니 빗물은 더 쓰고 뜨거웠다. 심장은 타고, 눈은 붓고, 팔다리는 떨리는 혼돈의 해변. 취한 때문인지 탈진한 때문인지 모래 위에 쓰러지자 몸을 일으킬 수가 없었다. 그날 열대 바다를 채운 물고기 한 마리는 요행이라도 소년의 손 안으로 거저 떨어지지 않았다. 소년의 눈은 나에게 물었다. '도대체 너는 무슨 이야기를 찾아다니느냐?' 이렇게 살아 있는 현실의 이야기는 죽은 이야기를 찾아다니는 이의 심장을 호되게 후려쳤다.

그러나 여행이 이렇게 바다와 소년에서 끝난 것은 행운이었다. 여행은 끝났지만 할 일은 이제부터라는 확신을 심어 주었으니까. 녀석은 언젠가 자기 배를 만들어 바다로 나갈 것이다. 고래, 새우, 오징어, 플랑크톤, 그리고 어부. 이 온갖 생명들이 함께 살아가는 거대한 바다에다 자기의 이야기를 보낼 것이다. 바다는 쉼 없이 이야기를 휘저어 아이의 이야기 하나쯤은 내가 있는 곳에도 닿겠지. 그때 우리가 이야기의 바다에서 만나려면 그 동안 유라시아의 이야기들을 이어 놓아야 하리라.

평평한 바다는 새로운 출발점이다. 이곳은 지구 중심을 향한 힘이 만든 광활한 균형, 수평선이 존재하는 곳이다. 이야기의 물줄기를 찾아가려면 우리는 바다를 기준으로 매번 새로운 여행을 떠나야 한다. 짧은 여행을 되돌아보면 갠지스 강의 이야기는 수다스럽고, 페초라 강의 이야기는 너무 소박하다. 황하는 시끌벅적한데 오논 강은 고요하다. 바다로 다시 나오지 않으면 우리는 어떤 이야기의 지류에 빠져 길을 잃고 만다. 짧은 이야기는 긴 이야기에, 구전된 이야기는 기록된 이야기에 패배하고 사라지고, 나도 그 흐름에 동참할 것이다. 마치 천박한 기준을 따르는 사내가 순결하고 수줍은 처녀를 바닥에 꿇어앉히고, 치렁치렁 치장한 복부인을 상석에 앉히듯이. 복잡한 서사와 단촐한 서사, 문명의 치장과 자연의 투박함 사이에서 균형을 잡기 위해서는, 이야기의 상류로 올라갔다가 미련 없이 빠져 나와야 한다. 거대한 바다는 가없이 깊지만 수면은 평평하다. 어쩌면 야생의 사고, 기록 없이 살아남은 것들이 이 광대한 융합의 바다에서는 오히려 이질적인 이야기들의 견고한 연결 고리가 되리라. 마치 아이들의 마음이 어른의 마음을 품듯이, 이야기의 바다는 문명이 만든 편견들을 품을 것이다. 이 바다에서 이야기는 선으로 이어지는 것을 넘어 자유롭게 섞이리라.

바닷가 소년의 얼굴에서 나는 새로 출발한다. 강물에 몸을 맡기면 모두 다시 바다에서 만나겠지.

주

1) 체렌 소드놈, 이평래 옮김, 『몽골민간신화』(대원사, 2001)의 내용을 기반으로 축약, 각색했다.

2) 페트로프(P. Petrov) 판본을 저본으로 한 일리야 N. 마다손, 양민종 옮김, 『바이칼의 게세르 신화』(솔, 2008)를 기본으로 요약했다.

3) 인용문과 이어지는 이야기는 곽진석 편, 『시베리아 만주-퉁구스족 신화』(제이엔씨, 2009)에 의거하여 축약 정리했다.

4) 주요 내용은 제임스 포사이스, 정재겸 옮김, 『시베리아 원주민의 역사』(솔출판사, 2009)를 참고하여 정리했다. 이 책은 자전거 여행 내내 나의 밤을 지켜 준 친구였다. 다 읽은 후에도 차마 버리지 못하고 모스크바에서 우편으로 무사히 고국으로 돌려보냈다. 나머지 책들은 대개 이국땅에 버려졌지만 『초사(楚辭)』의 앞부분 90페이지도 살아남았다. 사라진 이들에게 다시 한 번 경의를 표한다.

5) 내가 이런 엉뚱한 상상 속에서 즐거워 할 수 있었던 것은 메이어 여사 덕분이다.(Adrienne Mayor & Michael Heaney, 'Griffins and Arimaspeans' in *Folklore*, Vol.104, No.1/2, 1993) 그녀는 그리핀이, 머나먼 동방 고비 사막에

널려 있는 공룡의 뼈를 가지고 현지인들이 만들어 낸 괴수가 그리스까지 전해진 것이라고 단언한다. 그녀는 긴 여행을 통해 주장의 근거를 채집했는데, 나는 그 과정을 따라가 보았을 뿐이다. 다만 그녀가 이야기하지 않은 것들로 살을 붙일 수는 있었다. 이 글은 최근 번역된 아드리엔느 메이어, 김정미 옮김, 『화석 오디세이』(사람과사람, 2012)에도 실려 있다. 메이어의 주장을 직접 인용할 때는 이 책의 각 페이지를 따랐다.

6) 헤로도토스의 말을 직접 인용할 때는 박현태 옮김, 『역사』(동서문화사, 2008)의 각 페이지에서 옮겼다.

7) 원전은 Alexander Alexandrovich Fadeyer, *Leningrad in the Days of the Blockade*, tr. R. D. Charques(Hutchinson, 1946). 한국어 번역본인 존 캐리 엮음, 김기협 옮김, 『역사의 원전』(바다출판사, 2007), 751쪽에서 인용.

8) 이 분야의 독보적인 연구자인 보이스는 자라투스트라의 출생을 대략 기원전 1400년에서 1000년 사이 어느 날로 모호하게 제시한다. Mary Boyce, *A History of Zoroastrianism-The Early Period*(Brill, 1996), p. 190.

9) 타키투스, 천병희 옮김, 『게르마니아』(숲, 2012), 121쪽.

10) 필자가 사용한 텍스트는 *The Russian Primary Chronicle, Laurentian Text*, ed. Samuel Hazzard Cross and Olgerd P. Sherbowitz-Wetzor(Cambridge, Massachusetts: Medieval Academy of America, 1953)이다. 이 텍스트는 공개되어 있어서 누구나 이용할 수 있다.

11) Elizabeth Warner, *Russian Myths*(The British Museum Press, 2002), p. 15.

12) 여기에 인용한 대화는 Tamar Sharavidze, *Amiran*(Georgian National Museum, 2012)에 의거해 정리한 것이다.

13) 조로아스터(자라투스트라)의 고대 페르시아어 원음에 가장 가까운 발음.

14) 프리드리히 니체, 장희창 옮김, 「학자들에 관하여」, 『차라투스트라는 이렇게 말했다』(민음사, 2004), 221~222쪽.

15) James Darmesteter, Dhalla, B. N. Dhabhar, L. Mills, J. H. Peterson, C.

Bartholomae, *English translation of Holy Zend Avesta-Yasna*. http://www. avesta.org/avesta.html에서 무료로 다운받을 수 있다.

16) 이 여행에서 이란 대사관은 한국인을 위한 '페르시아 신화 기행'이라는 이름의 여행단을 모집했다. 필자는 이 여행의 큐레이터가 되었다. 최근의 긴박한 국제정치적 갈등 때문에 공식적인 외교 활동에 한계가 있는 상황에서, 한국인들의 이란 이해를 돕기 위해 대사관이 주최한 행사다. 비록 대사관의 김중식 참사관, 한국에서 온 초등학교 교사 김지혜 선생, 페르시아어를 유려하게 구사하는 안내인 송지혜 선생, 그리고 김중식 참사관의 자제로 호기심 넘치는 초등학생 유로와 중학생 유찬, 이렇게 조촐한 여행단이었지만 열사의 사막에서 함께 페르시아를 배웠다. 이분들과 즐거운 시간을 가졌지만 페르시아 문명 관찰이 주된 내용이라 자세히 다루지 못한다. 그러나 여전히 그분들께 깊은 고마움을 느끼고 있다.

17) 인용은 표준새번역 성경을 따랐다.

18) 비문 인용은 http://archive.org/stream/sculpturesinscri00brituoft/ sculpturesinscri00brituoft_djvu.txt의 원문을 번역한 것이다.

19) 인용문은 박현태 옮김, 『헤로도토스 역사』(동서문화사, 2012)에서 따왔다.

20) 플라톤, 박종현 옮김, 『플라톤의 법률』(서광사, 2009), 694a-b에 의거해 정리하였다.

21) 다리우스 1세와 크세르크세스 1세 시절의 대화는 『역사』에서 따왔다.

22) 인용문은 크세노폰, 천병희 옮김, 『페르시아 원정기』(숲, 2011)에서 취했다. 그리스어 원제 '아나바시스(Anabasis, 올라가기)'의 라틴어 번역이 '키루스 원정기(Expeditio Kyros)'가 되고, 또 한글 번역이 '페르시아 원정기'로 된 것을 보면 출판업자들은 자극적인 제목을 선호하는 것 같다. 이 책은 사실 반란에 동원된 그리스 용병의 일지에 지나지 않는다.

23) 이어지는 이야기의 인용문은 퀸투스 쿠르티우스 루푸스, 윤진 옮김, 『알렉산드로스 대왕 전기』(충북대출판부, 2010)에서 옮겼다.

24) 2006년 8월 10일, UC 버클리에서 '이슬람과 민주주의'라는 제목으로 가진 인터뷰에서 인용했다.

25) 시린 에바디, 아자데 모아베니, 황지현 옮김, 『히잡을 벗고, 나는 평화를 선택했다』(황금나침반, 2007).

26) 키루스 실린더는 영국 대영 박물관에 소장되어 있다. 인용은 대영 박물관에서 제공하는 키루스 실린더 영문 번역문을 재번역한 것이다.

27) 헤로도토스는 남신 미트라를 여신으로 착각했다. 그러나 문맥으로 보아 아나히타를 가리키는 것이 명백하다. 아나히타는 원래 페르시아의 여신이었으나 메소포타미아 일대의 여신 숭배를 받아들여 그 지위가 올라갔다고 파악하는 것이 상식적일 듯하다.

28) 현존하는 『아베스타』는 다섯 부분으로 구성되어 있다. 첫째, 「야스나」는 조로아스터의 언행이나 그에 대한 찬송이 주를 이룬다. 둘째, 「비스프라드」는 조로아스터교의 영적 지도자들에 대한 존경의 내용이 담겼다. 셋째, 「쿠르다 아베스타」는 기도문과 축복의 글이다. 넷째, 「야슈츠」는 여러 천사와 고대 영웅에게 바치는 21편의 찬송으로 풍부한 신화를 담고 있다. 다섯째, 「벤디다드」는 주로 인간이 지켜야 할 도덕률과 윤리 등이 기록되어 있다. 『아베스타』의 「야스나」와 「야슈츠」 번역 저본은 James Darmesteter, Dhalla, B. N. Dhabhar, L. Mills, J. H. Peterson, C. Bartholomae, *English translation of Holy Zend Avesta-Yasna*이며, http://www.avesta.org/avesta.html 에서 무료로 다운받을 수 있다.

29) '선한 목자'란 사실상 아리아인을 가리킨다. 고대 부족 사회에서 생존을 위해 적을 악하다고 부르는 것은 일상적이었다. 그러나 나는 지금 아나히타의 이데올로기적 이면을 찾는 것이 아니라, 어머니로서의 아나히타의 모습을 선택적으로 불러오고 있다.

30) Arthur George Warner, Edmond Warner, *Shahnama of Firdausi* Vol. 2(London, 1906), pp. 172~174. 팔레비어(중기 페르시아어)로 쓰인 시를

읽을 수 없어 영문판 해석을 대신 썼지만, 그 영문으로 된 시도 해석하기 까다로워 상당히 의역했음을 밝힌다.

31) 정치적 상황 때문에 오늘날 이란 문화를 접할 기회가 많지 않지만, 앞으로 한국과 이란의 교류와 상호 이해는 물질적인 면에서나 문화적인 면에서 기하급수적으로 증가할 것이다. 그 초석을 놓는 작업으로 페르시아 정신의 진수인 『샤 나메』를 번역할 시점이 왔다. 『천일야화』가 프랑스 문학에 기여한 것처럼, 『샤 나메』가 한국 문학에 막대한 자양분을 줄 것은 의심할 나위가 없다. 『샤 나메』가 쓰이고 약 2세기 후 아시아 대륙의 동단 고려에서 젊은 문인 이규보는 『샤 나메』와 꼭 같은 구조로 영웅 서사시 「동명왕편」을 선보이고, 또 그로부터 수십 년 후에 이승휴가 『제왕운기』를 쓴다.

32) 최근 우즈베키스탄 반체제 인사 세페르 베칸은 이슬람 카리모프의 딸 굴나라 카리모바가 스위스에 있는 그녀의 별장을 박물관에서 가져간 유물들로 치장했다고 폭로했다.(《경향신문》 2014년 1월 6일자) 권력으로 얻은 이권으로 이미 억만장자인 딸이 이 경이롭고 성스러운 땅을 떠나 굳이 스위스를 찾은 이유야 있겠지만, 박물관의 보물을 강탈해 간 것이 사실이라면 그녀는 아버지의 말씀이 마음에 들지 않았던 듯하다.

33) 이븐 바투타, 정수일 옮김, 『이븐 바투타 여행기』(창비, 2001).

34) 러시아의 저명한 저술가 솔로비요프는 스탈린 통치 아래 한창 서슬이 시퍼럴 때 이미 알려진 나스레딘을 의적으로 각색한 『고요를 깨는 자(Возмутитель спокойствия)』를 발표했고, 이 책은 바로 영어로 번역되었다. 필자는 타티아나 쉐부니나(Tatiana Shebunina)의 영어 번역본 『부하라의 모험(Adventures in Bukhara)』을 통해 의적 나스레딘을 보았다. 솔로비요프가 밝혔듯 이 이야기는 순수한 창작물이 아니고 민담에 기초하여 각색한 것이다. 이어지는 글의 대화 인용은 타티아나의 번역에 따른 것이다.

35) 이 이야기는 『산해경』, 『사기』, 『한비자』 등 여러 전적을 참고하여 재구성했다.

36) 『리그베다』는 랩프 그리피스(Ralph T. H. Griffith)의 1896년 영역본 *Rig Veda*를 저본으로 했다. 원문은 http://www.holybooks.com/rig-veda에서 다운받을 수 있다.

37) 유성준 역해, 『초사』(혜원문화사, 2007)의 「천문」 부분에서 발췌했다.

38) 개역개정 성경 「욥기」 38장에서 발췌했다.

39) E. W. West의 『분다히스(*Bundahis*)』(『아베스타』에 근원을 둔 페르시아의 '창세기'다. 팔레비어로 기록되어 있으나 원전은 훨씬 오래전부터 전해져 온 것으로 보인다.) 영문 번역문 *Sacred Books of the East*, volume 5(Oxford University Press, 1897)의 첫 부분이다.

40) 위야사, 박경숙 옮김, 『마하바라따 1』(새물결, 2012), 41쪽.

41) 원래 이 글은 여행 출발 시에 쓴 것이다. 다른 편들은 모두 시간의 순서에 따랐지만 이 편만 예외다.

42) 아미타브 고시, 이종인 옮김, 『유리 궁전』(올, 2011), 49쪽.

43) 제임스 힐튼, 이경식 옮김, 『잃어버린 지평선』(문예출판사, 2004).

44) 수많은 이형이 존재하지만 『라마야나』의 이야기를 따라 정리했다. 저본은 영문판 Sreenivasa Ayyangar, *Ramayana of Valmeeki*(ALV Press And Guardian Press, Madras, 1910)의 43장이다.

45) 여행 당시에는 구자라트 주지사였으나 최근(2014년) 인도 총리가 되었다. 유독 내가 마음에 들어 하지 않는 이들이 성공 가도를 달리는 어떤 법칙이 있는 듯하다.

46) 자와할랄 네루, 김종철 옮김, 『인도의 발견』(우물이 있는 집, 2003), 112쪽.

47) 앞의 책, 113~114쪽.

48) 이재숙, 이광수 옮김, 『마누법전』(한길사, 1999), 235쪽.

49) 앞의 책, 236쪽.

50) 앞의 책, 417쪽.

51) 「바가바드기타」 부분의 인용은 임승택 옮김, 『바가바드기타 강독』(경서원,

2006)에서 옮겼다.

52) 이어지는 인용문은 Pratap Chandra Roy의 영문판 *THE MAHABHARATA OF KRISHNA-DWAIPAYANA VYASA*, Calcutta Oriental Pub. Co의 제 5~7권(원문은 https://archive.org/details/mahabharataofkri05roypuoft, https://archive.org/details/mahabharataofkri06roypuoft, https://archive.org/details/mahabharataofkri07roypuoft에서 받을 수 있다.)의 각 부분에 의거하여 일부 축약하고 일부 이름을 바꾸어 의미가 통하게 정리했다. 신들의 이름은 상황에 따라 수도 없이 다른 이름으로 불리기 때문이다.

53) 아르주나는 인드라의 아들이다.

54) 오쇼 라즈니쉬, 김병채 옮김, 『지금 여기의 신 크리슈나』(슈리 크르슈나다스 아쉬람, 2004).

55) 라즈니쉬가 한 말의 인용은 『지금 여기의 신 크리슈나』, 39~64쪽에서 가져왔으며, 경우에 따라 번역을 수정했다.

56) 크리쉬나무르티, 김기호 옮김, 『올바른 생계에 대하여』(고요아침, 2009), 90~91쪽.

57) 직접 인용은 석지현 옮김, 『숫타니파타』(민족사, 2009)의 37~41쪽을 기본으로 일부는 줄이거나 어투를 바꾼 부분이 있다.

유라시아
신화
기행

시베리아에서 히말라야까지
2만 5000킬로미터
유라시아 신화의 현장을 찾아서

1판 1쇄 펴냄 2014년 9월 12일
1판 4쇄 펴냄 2014년 12월 22일

지은이 공원국
발행인 박근섭·박상준
펴낸곳 (주)민음사

출판등록 1966. 5. 19. 제16-490호
주소   (135-887) 서울시 강남구 도산대로1길 62
          강남출판문화센터 5층
대표전화 515-2000 | 팩시밀리 515-2007
홈페이지 www.minumsa.com

ISBN 978-89-374-8948-8 (03900)